# 个人所得税业务知识应学应会习题集

本书编写组◎主编

中国商业出版社

**图书在版编目(CIP)数据**

个人所得税业务知识应学应会习题集 /《个人所得税业务知识应学应会习题集》编写组主编. --北京 ：中国商业出版社，2024.6

ISBN 978-7-5208-2922-9

Ⅰ. ①个… Ⅱ. ①个… Ⅲ. ①个人所得税-税收管理-中国-习题集 Ⅳ. ①F812.424-44

中国国家版本馆 CIP 数据核字(2024)第 099320 号

责任编辑:王 静

中国商业出版社出版发行

(www.zgsycb.com 100053 北京广安门内报国寺 1 号)

总编室:010-63180647 编辑室:010-83114579

发行部:010-83120835/8286

新华书店经销

涿州汇美亿浓印刷有限公司印刷

*

787 毫米×1092 毫米 16 开 22.5 印张 500 千字

2024 年 6 月第 1 版 2024 年 6 月第 1 次印刷

定价:98.00 元

* * * *

(如有印装质量问题可更换)

# 前　　言

为深入贯彻国家税务总局持续提升新时代税务干部队伍税收治理能力新要求，进一步提高税务系统广大个人所得税岗位干部业务素养、业务能力、业务作风，本书编写组精心筹划、有的放矢，认真组织个人所得税专家、骨干编写了这本《个人所得税业务知识应学应会习题集》。

本书是以个人所得税最新政策规定为依据编写的大容量、高质量习题辅导用书。共分为四章，第一章为个人所得税知识点汇总；第二章为个人所得税热点问答；第三章为个人所得税练习题；第四章为模拟试卷及答案解析。

本书紧跟立法，依据准确，内容全面，知识结构设置独特、新颖。希望本书成为个人所得税岗位干部学习的参考书、练兵比武的备考书。本书依据政策截止到2024年3月31日。

由于编写时间有限，书中难免存在疏漏之处，敬请广大读者谅解并批评指正，以便及时修正和完善。

本书编写组

2024年4月13日

# 目　录


**第一章　个人所得税知识点汇总 …………………………………… 001**

第一节　个人所得税概述 ………………………………………… 001

第二节　个人所得税的纳税人和征税对象 ……………………… 003

第三节　个人所得税应纳税所得额确定 ………………………… 005

第四节　个人所得税税率和应纳税额计算 ……………………… 11

第五节　个人所得税税收优惠政策 ……………………………… 016

第六节　个人所得税征收管理政策 ……………………………… 017

**第二章　个人所得税热点问答 ……………………………………… 022**

1. 自主就业退役士兵在享受税收优惠政策时需要留存什么资料？ ……… 022
2. 从事个体经营的自主就业退役士兵可以享受哪些税收优惠政策？ …… 022
3. 个人所得税生产经营所得如何通过网络渠道进行申报？ ……………… 023
4. 两个子女中的一个无赡养父母的能力，是否可以由余下那名子女享受 3 000 元/月的赡养老人专项附加扣除的标准？ ……………………… 023
5. 纳税人可通过什么渠道办理 2023 年度个人所得税综合所得汇算？ …… 023
6. 纳税人办理 2023 年度个人所得税综合所得汇算需要提交什么资料，保存多久？ …………………………………………………………… 023
7. 哪些人不需要办理 2023 年度个人所得税综合所得汇算？ …………… 024
8. 纳税人应在什么时间办理 2023 年度个人所得税综合所得汇算？ …… 024
9. 纳税人在办理 2023 年度个人所得税综合所得汇算时可享受的税前扣除有哪些？ ……………………………………………………………… 024
10. 2023 年度个人所得税综合所得汇算的内容是什么？如何计算？ …… 025
11. 哪些人需要办理 2023 年度个人所得税综合所得汇算？ ……………… 025
12. 纳税人可自主选择哪些办理方式来办理 2023 年度个人所得税综合所得汇算？ …………………………………………………………… 025
13. 纳税人向哪里的税务机关申报办理 2023 年度个人所得税综合所得汇算？ …………………………………………………………… 026

14. 纳税人如何办理2023年度个人所得税综合所得汇算的补税？ …… 026
15. 税务机关针对2023年度个人所得税综合所得汇算会推出哪些服务？ …… 026
16. 纳税人如何办理2023年度个人所得税综合所得汇算的退税？ …… 027
17. 支持居民换购住房个人所得税政策是如何规定的？ …… 027
18. 对在大湾区工作的境外高端人才和紧缺人才是否有个人所得税优惠政策？ …… 028
19. 享受居民换购住房个人所得税优惠政策的纳税人须满足什么条件？ …… 028
20. 纳税人享受居民换购住房个人所得税退税政策应提供什么资料？ …… 028
21. 个人捐赠住房作为公共租赁住房，有何个人所得税优惠政策？ …… 028
22. 城镇住房保障家庭从地方政府领取的住房租赁补贴是否缴纳个人所得税？ …… 028
23. 外籍个人在中国境内工作超过183天，属于居民个人，按照税法相关规定，应如何进行专项附加扣除？ …… 029
24. 个人投资者持有铁路债券取得的利息收入，有何个人所得税优惠政策？ …… 029
25. 父母是中国国籍居民个人，子女是外国国籍，分别在境内和境外接受全日制学历教育，是否可以享受子女教育专项附加扣除？ …… 029
26. 居民个人可免于办理个人所得税综合所得汇算清缴的情形有哪些？ …… 029
27. 外籍个人取得的出差补贴是否免征个人所得税？有何具体规定？ …… 029
28. 外籍个人取得的搬迁费是否免征个人所得税？有何具体规定？ …… 030
29. 外籍个人取得的住房补贴、伙食补贴、洗衣费是否免征个人所得税？有何具体规定？ …… 031
30. 针对远洋船员有何个人所得税优惠政策？ …… 033
31. 合伙创投企业采取股权投资方式直接投资于初创科技型企业，个人所得税有什么优惠政策？ …… 033
32. 对境外个人投资者投资经国务院批准对外开放的中国境内原油等货物期货品种取得的所得，如何缴纳个人所得税？ …… 033
33. 对内地个人投资者通过基金互认买卖香港基金份额取得的转让差价所得，是否征收个人所得税？ …… 033
34. 对内地个人投资者通过深港通投资香港联交所上市股票取得的转让差价所得，是否征收个人所得税？ …… 034
35. 对内地个人投资者通过沪港通投资香港联交所上市股票取得的转让差价所得，是否征收个人所得税？ …… 034
36. 创投企业选择按单一投资基金核算的，其个人合伙人应从该基金分得的股权转让所得和股息红利所得，如何计算个人所得税？ …… 034
37. 创投企业选择按年度所得整体核算的，其个人合伙人应从创投企业取得的所得，如何计算个人所得税？ …… 035

38. 个人从任职受雇企业以低于公平市场价格取得股票(权)的,不符合递延纳税条件的,如何计税? …… 035
39. 居民个人取得上市公司股权激励所得,如何计算个人所得税? …… 036
40. 个人投资者持有创新企业 CDR 取得的股息红利所得,如何缴纳个人所得税? …… 036
41. 个人投资者转让创新企业 CDR 取得的差价所得,如何缴纳个人所得税? …… 036
42. 个体工商户个人所得税减半政策如何计算减免税额? …… 036
43. 个体工商户享受个人所得税减半政策如何申报? …… 037
44. 个体工商户如何享受个人所得税减半政策? …… 037
45. 个体工商户个人所得税减半政策区分征收方式吗? …… 037
46. 个体工商户个人所得税减半政策的具体规定是什么? …… 038
47. 对个人股权转让过程中取得的违约金,是否征收个人所得税? …… 038
48. 个人养老金个人缴费应于何时享受税前扣除优惠? …… 038
49. 税收协定条款中的教育机构是指什么? …… 038
50. 可以在哪儿下载安装自然人电子税务局(扣缴端)? …… 038

**第三章　个人所得税练习题 …… 039**

**第四章　模拟试卷及答案解析 …… 304**

模拟试卷(一) …… 304
模拟试卷(一)答案及解析 …… 314
模拟试卷(二) …… 328
模拟试卷(二)答案及解析 …… 338

# 第一章　个人所得税知识点汇总

## 第一节　个人所得税概述

### 一、个人所得税的概念

个人所得税是以个人(含个体工商户、个人独资企业的投资人、合伙企业的个人合伙人、承租承包者个人)取得的各项应税所得为征税对象而征收的一种税。作为征税对象的个人所得,有狭义和广义之分。狭义的个人所得,仅限于每年经常、反复发生的所得。广义的个人所得,是指个人在一定期间内,通过各种方式所获得的一切利益,而不论这种利益是偶然的,还是经常的,是货币、有价证券,还是实物。目前包括我国在内的世界各国所实行的个人所得税,大多以广义解释的个人所得概念为基础。随着社会经济的发展,个人所得税的地位和作用越来越重要,目前已成为国际上普遍征收的一个税种,而且在许多国家尤其是发达国家已经确立了主体税种的地位,成为财政收入的主要来源。

### 二、个人所得税的产生与发展

1950 年,中央人民政府政务院颁布了新中国税制建设的纲领性文件《全国税政实施要则》,其中涉及对个人所得征税的主要是薪级报酬所得税和存款利息所得税。

1980 年 9 月,《中华人民共和国个人所得税法》正式颁布。该法的征税对象包括中国公民和中国境内的外籍人员。但由于规定的免征额较高(每月或每次 800 元),而当时国内居民工资收入普遍偏低,因此绝大多数国内居民不在征税范围之内。为了有效调节社会成员收入水平的差距,1986 年 1 月,国务院发布了《中华人民共和国城乡个体工商业户所得税暂行条例》(已失效),同年 9 月颁布了《中华人民共和国个人收入调节税暂行条例》(已失效),上述规定仅适用于本国居民。

1993年10月31日第八届全国人民代表大会常务委员会第四次会议通过《关于修改〈中华人民共和国个人所得税法〉的决定》，对《中华人民共和国个人所得税法》进行了第一次修正，初步建立起内外统一的个人所得税制度。其后，随着经济社会形势的发展变化，国家对个人所得税制进行了几次重大调整：1999年恢复征收储蓄存款利息所得个人所得税；2006年和2008年两度提高工资、薪金所得项目减除费用标准；2007年将储蓄存款利息所得个人所得税税率由20%调减为5%；2008年暂免征收储蓄存款利息所得个人所得税；2010年对个人转让上市公司限售股取得的所得征收个人所得税。

2018年8月31日，第十三届全国人民代表大会常务委员会第五次会议通过《关于修改〈中华人民共和国个人所得税法〉的决定》，这是对《中华人民共和国个人所得税法》的第七次修正，初步建立了综合与分类相结合的税制模式。同年12月18日，中华人民共和国国务院令第707号文件将修订后的《中华人民共和国个人所得税法实施条例》对外公布，自2019年1月1日起施行。个人所得税属于中央地方共享税，中央政府分享比例为60%，地方政府分享比例为40%。

## 三、个人所得税的特点

我国个人所得税主要有以下特点。

### （一）实行混合征收

世界各国的个人所得税制大体可分为三种类型：分类征收制、综合征收制和混合征收制。这三种税制各有所长，各国可根据本国具体情况选择、运用。我国在2018年12月31日前个人所得税采用的是分类征收制，将个人取得的应税所得划分为11类，分别计算、分别课征。

自2019年1月1日起，我国个人所得税采用混合征收制，将个人取得的应税所得划分为9类，个人的工资、薪金所得，劳务报酬所得，稿酬所得和特许权使用费所得采用综合征收，除这些之外的其他各项所得采用分类征收。

### （二）累进税率与比例税率并用

累进税率可以合理调节收入分配，体现公平；比例税率计算简便，便于实行源泉扣缴。现行《中华人民共和国个人所得税法》根据纳税人取得的各类所得，将上述两种形式的税率综合运用于个人所得税制。其中，对综合所得（含工资、薪金所得，劳务报酬所得，稿酬所得，特许权使用费所得）、经营所得采用超额累进税率，实现量能负担。其他各项应税所得采用比例税率。

### （三）费用扣除额范围宽

各国个人所得税扣除的方法及额度不尽相同。我国个人所得税本着费用扣除从宽、从简的原则，规定了定额扣除、定率扣除和核算扣除等多种方法。如居民个人的综合所得，以每一纳税年度的收入额减除费用60 000元以及专项扣除、专项附加扣除和依法规定的其他扣除后的余额，为应纳税所得额；财产租赁所得，每次收入不超过4 000元的，定额扣除费用800元；每次收入超过4 000元的，定率减除20%的费用。个体工商户的生产经营所得，以会计核算为基础的全年收入总额减除成本、费用以及损失后的余额，为应纳税所得额。

(四)源泉扣缴与自行申报相结合

我国个人所得税的纳税方法，有自行申报纳税和全员全额扣缴申报纳税两种。对凡是可以在应税所得的支付环节扣缴个人所得税的，均由扣缴义务人履行代扣代缴义务；对于没有扣缴义务人的，以及取得综合所得(含工资、薪金所得，劳务报酬所得，稿酬所得和特许权使用费)需要办理汇算清缴的，由纳税人自行申报纳税和年终汇算清缴。此外，对其他不便于扣缴税款的，亦规定由纳税人自行申报纳税。

## 第二节　个人所得税的纳税人和征税对象

### 一、个人所得税的纳税人

《中华人民共和国个人所得税法》采用住所和居住时间两个标准将个人所得税纳税人区分为居民个人和非居民个人两类，两类纳税人在纳税义务和征税方式上均有所区别。

(一)居民个人及其纳税义务

1.居民个人

在中国境内有住所，或者无住所而一个纳税年度内在中国境内居住累计满183天的个人，为居民个人。在中国境内有住所，是指因户籍、家庭、经济利益关系而在中国境内习惯性居住。习惯性居住是判定纳税人是居民或非居民的一个法律意义上的标准，不是指实际居住或在某一个特定时期内的居住地。

纳税年度，是指自公历1月1日起至12月31日止的期间。

自2019年1月1日起，无住所个人一个纳税年度内在中国境内累计居住天数，按照个人在中国境内累计停留的天数计算。在中国境内停留的当天满24小时的，计入中国境内居住天数，在中国境内停留的当天不足24小时的，不计入中国境内居住天数。

2.纳税义务

居民个人承担无限纳税义务，即居民个人来源于中国境内的所得和来源于中国境外的所得，都要在中国依法缴纳个人所得税。

在中国境内无住所的个人，在中国境内居住累计满183天的年度连续不满6年的，经向主管税务机关备案，其来源于中国境外且由境外单位或者个人支付的所得，免予缴纳个人所得税；在中国境内居住累计满183天的任一年度中有一次离境超过30天的，其在中国境内居住累计满183天的年度的连续年限重新起算。

(二)非居民个人及其纳税义务

1.非居民个人

非居民个人,是指不符合居民个人判定标准(条件)的纳税人,即在中国境内无住所又不居住,或者无住所而一个纳税年度内在中国境内居住累计不满183天的个人,为非居民个人。

2.纳税义务

非居民个人承担有限纳税义务,即仅就其来源于中国境内的所得缴纳个人所得税。在中国境内无住所的个人,在一个纳税年度内在中国境内居住累计不超过90天的,其来源于中国境内的所得,由境外雇主支付并且不由该雇主在中国境内的机构、场所负担的部分,免予缴纳个人所得税。

## 二、个人所得税的征税对象

(一)工资、薪金所得

工资、薪金所得,是指个人因任职或者受雇取得的工资、薪金、奖金、年终加薪、劳动分红、津贴、补贴以及与任职或者受雇有关的其他所得。

(二)劳务报酬所得

劳务报酬所得,是指个人从事劳务取得的所得,包括从事设计、装潢、安装、制图、化验、测试、医疗、法律、会计、咨询、讲学、翻译、审稿、书画、雕刻、影视、录音、录像、演出、表演、广告、展览、技术服务、介绍服务、经纪服务、代办服务以及其他劳务取得的所得。

(三)稿酬所得

稿酬所得,是指个人因其作品以图书、报刊等形式出版、发表而取得的所得。

(四)特许权使用费所得

特许权使用费所得,是指个人提供专利权、商标权、著作权、非专利技术以及其他特许权的使用权取得的所得;提供著作权的使用权取得的所得,不包括稿酬所得。我国纳入课税范围的特许权主要涉及以下四种:(1)专利权;(2)商标权;(3)著作权;(4)非专利技术。

(五)经营所得

经营所得,是指以下几项。

1.个体工商户从事生产、经营活动取得的所得,个人独资企业投资人、合伙企业的个人合伙人来源于境内注册的个人独资企业、合伙企业生产、经营的所得。

2.个人依法从事办学、医疗、咨询以及其他有偿服务活动取得的所得。

3.个人对企业、事业单位承包经营、承租经营以及转包、转租取得的所得。

4.个人从事其他生产、经营活动取得的所得。

(六)利息、股息、红利所得

利息、股息、红利所得,是指个人拥有债权、股权等而取得的利息、股息、红利所得。

(七)财产租赁所得

财产租赁所得，是指个人出租不动产、机器设备、车船以及其他财产取得的所得。

(八)财产转让所得

财产转让所得，是指个人转让有价证券、股权、合伙企业中的财产份额、不动产、机器设备、车船以及其他财产取得的所得。

(九)偶然所得

偶然所得，是指个人得奖、中奖、中彩以及其他偶然性质的所得。

### 三、个人所得税所得来源地的确定

除国务院财政、税务主管部门另有规定外，下列所得，不论支付地点是否在中国境内，均为来源于中国境内的所得。

1. 因任职、受雇、履约等在中国境内提供劳务取得的所得。

2. 将财产出租给承租人在中国境内使用而取得的所得。

3. 许可各种特许权在中国境内使用而取得的所得。

4. 转让中国境内的不动产等财产或者在中国境内转让其他财产取得的所得。

5. 从中国境内企业、事业单位、其他组织以及居民个人取得的利息、股息、红利所得。

## 第三节　个人所得税应纳税所得额确定

个人所得的形式，包括现金、实物、有价证券和其他形式的经济利益；所得为实物的，应当按照取得的凭证上所注明的价格计算应纳税所得额，无凭证的实物或者凭证上所注明的价格明显偏低的，参照市场价格核定应纳税所得额；所得为有价证券的，根据票面价格和市场价格核定应纳税所得额；所得为其他形式的经济利益的，参照市场价格核定应纳税所得额。

个人所得税法列举征税的个人所得共九项，其中综合所得包括四项：工资、薪金所得，劳务报酬所得，稿酬所得和特许权使用费所得。居民个人取得综合所得按纳税年度合并计算个人所得税；非居民个人取得这四项所得，按月或者按次分项计算个人所得税。纳税人取得其他五项所得，依照规定分别计算个人所得税。

### 一、个人所得税应纳税所得额基本规定

个人所得税的计税依据是纳税人取得的应纳税所得额。应纳税所得额是个人取得的各项应税收入减去税法规定的扣除项目金额后的余额。《中华人民共和国个人所得

税法》针对不同的应税项目，规定了不同的费用减除标准，因此，在计算应纳税所得额时，需要按照不同应税项目分项计算。

(一)居民个人综合所得应纳税所得额的确定

居民个人的综合所得，以每一纳税年度的收入额减除费用六万元以及专项扣除、专项附加扣除和依法确定的其他扣除后的余额，为应纳税所得额。其计算公式为：

应纳税所得额＝纳税年度的收入额－6万元/年－专项扣除－专项附加扣除－其他扣除－捐赠

1. 收入额

每一纳税年度的收入额等于工资、薪金所得，劳务报酬所得，稿酬所得和特许权使用费所得等四项综合所得之和。其中：工资、薪金所得以收入全额为收入额，劳务报酬所得、稿酬所得、特许权使用费所得以收入减除20%的费用后的余额为收入额，稿酬所得的收入额减按70%计算。劳务报酬所得、稿酬所得、特许权使用费所得，属于一次性收入的，以取得该项收入为一次；属于同一项目连续性收入的，以一个月内取得的收入为一次。

2. 基本减除费用

基本减除费用，对全员适用。此项费用考虑了个人基本生活支出情况，设置定额扣除标准，即每年60 000元，相当于每月5 000元的基本费用扣除。

3. 专项扣除

专项扣除，包括居民个人按照国家规定的范围和标准缴纳的基本养老保险、基本医疗保险、失业保险等社会保险费和住房公积金等。

4. 专项附加扣除

专项附加扣除，包括3岁以下婴幼儿照护、子女教育、继续教育、大病医疗、住房贷款利息或者住房租金、赡养老人等支出，具体范围、标准和实施步骤由国务院确定，并报全国人民代表大会常务委员会备案。

(1)子女教育。

子女，是指婚生子女、非婚生子女、继子女、养子女。父母之外的其他人担任未成年人的监护人的，比照本规定执行。纳税人的子女接受全日制学历教育的相关支出，按照每个子女每月2 000元的标准定额扣除。学历教育包括义务教育(小学、初中教育)、高中阶段教育(普通高中、中等职业、技工教育)、高等教育(大学专科、大学本科、硕士研究生、博士研究生教育)。年满3岁至小学入学前处于学前教育阶段的子女，按上述规定执行。

父母可以选择由其中一方按扣除标准的100%扣除，也可以选择由双方分别按扣除标准的50%扣除，具体扣除方式在一个纳税年度内不能变更。纳税人子女在中国境外接受教育的，纳税人应当留存境外学校录取通知书、留学签证等相关教育的证明资料备查。扣除计算时间为学前教育阶段，为子女年满3周岁当月至小学入学前一月。学历教育，为子女接受全日制学历教育入学的当月至全日制学历教育结束的当月。

包含因病或其他非主观原因休学但学籍继续保留的休学期间，以及施教机构按规定组织实施的寒暑假等假期。

(2)继续教育。

纳税人在中国境内接受学历(学位)继续教育的支出，在学历(学位)教育期间按照每月400元定额扣除。同一学历(学位)继续教育的扣除期限不能超过48个月。纳税人接受技能人员职业资格继续教育、专业技术人员职业资格继续教育的支出，在取得相关证书的当年，按照3 600元定额扣除。个人接受本科及以下学历(学位)继续教育，符合规定扣除条件的，可以选择由其父母扣除，也可以选择由本人扣除。纳税人接受技能人员职业资格继续教育、专业技术人员职业资格继续教育的，应当留存相关证书等资料备查。

扣除计算时间：学历(学位)继续教育，为在中国境内接受学历(学位)继续教育入学的当月至学历(学位)继续教育结束的当月。技能人员职业资格继续教育、专业技术人员职业资格继续教育，为取得相关证书的当年。包含因病或其他非主观原因休学但学籍继续保留的休学期间，以及施教机构按规定组织实施的寒暑假等假期。

(3)大病医疗。

在一个纳税年度内，纳税人发生的与基本医保相关的医药费用支出，扣除医保报销后个人负担(指医保目录范围内的自付部分)累计超过15 000元的部分，由纳税人在办理年度汇算清缴时，在80 000元限额内据实扣除。纳税人发生的医药费用支出可以选择由本人或者其配偶扣除，未成年子女发生的医药费用支出可以选择由其父母一方扣除。纳税人发生的医药费用支出可以选择由本人或者其配偶扣除；未成年子女发生的医药费用支出可以选择由其父母一方扣除。纳税人及其配偶、未成年子女发生的医药费用支出，按《国务院关于印发〈个人所得税专项附加扣除暂行办法〉的通知》(国发〔2018〕41号)的规定分别计算扣除额。

纳税人应当留存医药服务收费及医保报销相关票据原件(或者复印件)等资料备查。医疗保障部门应当向患者提供在医疗保障信息系统记录的本人年度医药费用信息查询服务。扣除计算时间：医疗保障信息系统记录的医药费用实际支出的当年。

(4)住房贷款利息。

纳税人本人或者配偶单独或者共同使用商业银行或者住房公积金个人住房贷款为本人或者其配偶购买中国境内住房，发生的首套住房贷款利息支出，在实际发生贷款利息的年度，按照每月1 000元的标准定额扣除，扣除期限最长不超过240个月。纳税人只能享受一次首套住房贷款的利息扣除。上述所称首套住房贷款，是指购买住房享受首套住房贷款利率的住房贷款。

经夫妻双方约定，可以选择由其中一方扣除，具体扣除方式在一个纳税年度内不能变更。夫妻双方婚前分别购买住房发生的首套住房贷款，其贷款利息支出，婚后可以选择其中一套购买的住房，由购买方按扣除标准的100%扣除，也可以由夫妻双方对各自购买的住房分别按扣除标准的50%扣除，具体扣除方式在一个纳税年度内不能变更。

纳税人应当留存住房贷款合同、贷款还款支出凭证备查。

(5)住房租金。

纳税人在主要工作城市没有自有住房而发生的住房租金支出，可以按照以下标准定额扣除：直辖市、省会(首府)城市、计划单列市以及国务院确定的其他城市，扣除标准为每月 1 500 元；除上述所列城市以外，市辖区户籍人口超过 100 万的城市，扣除标准为每月 1 100 元；市辖区户籍人口不超过 100 万的城市，扣除标准为每月 800 元(市辖区户籍人口，以国家统计局公布的数据为准)。纳税人的配偶在纳税人的主要工作城市有自有住房的，视同纳税人在主要工作城市有自有住房。

上述主要工作城市，是指纳税人任职受雇的直辖市、计划单列市、副省级城市、地级市(地区、州、盟)全部行政区域范围；纳税人无任职受雇单位的，为受理其综合所得汇算清缴的税务机关所在城市。住房租金支出由签订租赁住房合同的承租人扣除。夫妻双方主要工作城市相同的，只能由一方扣除住房租金支出。

纳税人及其配偶在一个纳税年度内不能同时分别享受住房贷款利息和住房租金专项附加扣除。

纳税人应当留存住房租赁合同、协议等有关资料备查。

(6)赡养老人。

纳税人赡养一位及以上被赡养人的赡养支出，统一按照以下标准定额扣除：①纳税人为独生子女的，按照每月 3 000 元的标准定额扣除。②纳税人为非独生子女的，由其与兄弟姐妹分摊每月 3 000 元的扣除额度，每人分摊的额度不能超过每月 1 500 元。可以由赡养人均摊或者约定分摊，也可以由被赡养人指定分摊。约定或者指定分摊的须签订书面分摊协议，指定分摊优先于约定分摊。具体分摊方式和额度在一个纳税年度内不能变更。

上述所称被赡养人，是指年满 60 岁的父母(指生父母、继父母、养父母)，以及子女均已去世的年满 60 岁的祖父母、外祖父母。

扣除计算时间为被赡养人年满 60 周岁的当月至赡养义务终止的年末。

(7)3 岁以下婴幼儿照护。

纳税人照护 3 岁以下婴幼儿子女的相关支出，按照每个婴幼儿每月 2 000 元的标准定额扣除。从婴幼儿出生的当月至年满 3 周岁的前一个月，纳税人可以享受该项专项附加扣除。

父母可以选择由其中一方按扣除标准的 100%扣除，也可以选择由双方分别按扣除标准的 50%扣除，具体扣除方式在一个纳税年度内不能变更。

上述专项附加扣除规定中所称父母，是指生父母、继父母、养父母。所称子女，是指婚生子女、非婚生子女、继子女、养子女。父母之外的其他人担任未成年人的监护人的，比照《个人所得税专项附加扣除暂行办法》规定执行。

5. 依法确定的其他扣除

其他扣除，包括个人缴付符合国家规定的企业年金、职业年金，个人购买符合国家规定的商业健康保险、税收递延型商业养老保险的支出，以及国务院规定可以扣除的其他项目。

上述专项扣除、专项附加扣除和依法确定的其他扣除，以居民个人一个纳税年度的应纳税所得额为限额。一个纳税年度扣除不完的，不结转以后年度扣除。

(二)非居民个人工资、薪金所得，劳务报酬所得，稿酬所得，特许权使用费所得应纳税所得额的确定

非居民个人取得上述四项所得，按月或者按次分项计算个人所得税。其中，非居民个人的工资、薪金所得，以每月收入额减除费用 5 000 元后的余额为应纳税所得额。计算公式为：

应纳税所得额＝月收入额－5 000 元

劳务报酬所得、稿酬所得、特许权使用费所得，以每次收入额为应纳税所得额。每次收入额为每次收入减除 20％的费用后的余额。计算公式为：

劳务报酬所得、特许权使用费所得应纳税所得额＝每次收入额＝每次收入×(1－20％)

稿酬所得的收入额减按 70％计算。计算公式为：

稿酬所得应纳税所得额＝每次收入额＝每次收入×(1－20％)×70％

劳务报酬所得、稿酬所得、特许权使用费所得，属于一次性收入的，以取得该项收入为一次；属于同一项目连续性收入的，以一个月内取得的收入为一次。

(三)纳税人经营所得应纳税所得额的确定

经营所得，以每一纳税年度的收入总额减除成本、费用以及损失后的余额，为应纳税所得额。上述所称成本、费用，是指生产、经营活动中发生的各项直接支出和分配计入成本的间接费用以及销售费用、管理费用、财务费用；上述所称损失，是指生产、经营活动中发生的固定资产和存货的盘亏、毁损、报废损失，转让财产损失，坏账损失，自然灾害等不可抗力因素造成的损失以及其他损失。

取得经营所得的个人，没有综合所得的，计算其每一纳税年度的应纳税所得额时，应当减除费用六万元、专项扣除、专项附加扣除以及依法确定的其他扣除。专项附加扣除在办理汇算清缴时减除。计算公式为：

应纳税所得额＝收入总额－成本－费用－损失－税金－其他支出－允许弥补的以前年度亏损

从事生产、经营活动，未提供完整、准确的纳税资料，不能正确计算应纳税所得额的，由主管税务机关核定应纳税所得额或者应纳税额。

(四)纳税人财产租赁所得应纳税所得额的确定

财产租赁所得，每次收入不超过 4 000 元的，减除费用 800 元；4 000 元以上的，减除 20％的费用，其余额为应纳税所得额。计算公式为：

每次收入不足 4 000 元的，应纳税所得额＝每次(月)收入额－准予扣除项目－修缮费用(800 元为限)－800 元

每次收入4 000元以上的，应纳税所得额=[每次(月)收入额－准予扣除项目－修缮费用(800元为限)]×(1－20%)

财产租赁所得，以一个月内取得的收入为一次。

(五)纳税人财产转让所得应纳税所得额的确定

财产转让所得，以转让财产的收入额减除财产原值和合理费用后的余额，为应纳税所得额。计算公式为：

应纳税所得额=收入总额－财产原值－合理费用

上述所称财产原值，按照下列方法确定。

1.有价证券，为买入价以及买入时按照规定交纳的有关费用。

2.建筑物，为建造费或者购进价格以及其他有关费用。

3.土地使用权，为取得土地使用权所支付的金额、开发土地的费用以及其他有关费用。

4.机器设备、车船，为购进价格、运输费、安装费以及其他有关费用。

5.其他财产，参照上述规定的方法确定财产原值。

纳税人未提供完整、准确的财产原值凭证，不能按照上述规定的方法确定财产原值的，由主管税务机关核定财产原值。

合理费用，是指卖出财产时按照规定支付的有关税费。

(六)利息、股息、红利所得和偶然所得应纳税所得额的确定

利息、股息、红利所得和偶然所得，以每次收入额为应纳税所得额。利息、股息、红利所得，以支付利息、股息、红利时取得的收入为一次。偶然所得，以每次取得该项收入为一次。

## 二、个人所得税应纳税所得额其他规定

(一)外币折算

各项所得的计算，以人民币为单位。所得为人民币以外的货币的，按照办理纳税申报或者扣缴申报的上一月最后一日人民币汇率中间价，折合成人民币计算应纳税所得额。年度终了后办理汇算清缴的，对已经按月、按季或者按次预缴税款的人民币以外货币所得，不再重新折算；对应当补缴税款的所得部分，按照一纳税年度最后一日人民币汇率中间价，折合成人民币计算应纳税所得额。

(二)个人所得税计征时间的规定

《中华人民共和国个人所得税法》对纳税人的征税时间有3种规定：一是按年计征，如居民个人取得的综合所得，经营所得；二是按月计征，如非居民个人取得的工资、薪金所得；三是按次计征，如利息、股息、红利所得，财产租赁所得，偶然所得，非居民个人取得的劳务报酬所得，稿酬所得，特许权使用费所得等。

(三)共同收入处理

两个以上的个人共同取得同一项目收入的,应当对每个人取得的收入分别按照《中华人民共和国个人所得税法》的规定计算纳税。

(四)捐赠扣除

个人将其所得对教育、扶贫、济困等公益慈善事业进行捐赠,捐赠额未超过纳税人申报的应纳税所得额30%的部分,可以从其应纳税所得额中扣除;国务院规定对公益慈善事业捐赠实行全额税前扣除的,从其规定。

个人将其所得对教育、扶贫、济困等公益慈善事业进行捐赠,是指个人将其所得通过中国境内的公益性社会组织、国家机关向教育、扶贫、济困等公益慈善事业的捐赠;应纳税所得额,是指计算扣除捐赠额之前的应纳税所得额。

## 第四节　个人所得税税率和应纳税额计算

### 一、个人所得税税率

《中华人民共和国个人所得税法》根据所得项目规定了以下3种税率。

1.综合所得,适用3%至45%的超额累进税率。

2.经营所得,适用5%至35%的超额累进税率。

3.利息、股息、红利所得,财产租赁所得,财产转让所得和偶然所得,适用20%的比例税率。

个人所得税税率表一(综合所得适用)

| 级数 | 全年应纳税所得额 | 税率(%) |
|---|---|---|
| 1 | 不超过36 000元的 | 3 |
| 2 | 超过36 000元至144 000元的部分 | 10 |
| 3 | 超过144 000元至300 000元的部分 | 20 |
| 4 | 超过300 000元至420 000元的部分 | 25 |
| 5 | 超过420 000元至660 000元的部分 | 30 |
| 6 | 超过660 000元至960 000元的部分 | 35 |
| 7 | 超过960 000元的部分 | 45 |

(注1:本表所称全年应纳税所得额是指依照《中华人民共和国个人所得税法》第六条的规定,居民个人取得综合所得以每一纳税年度收入额减除费用6万元以及专项扣除、专项附加扣除和依法确定的其他扣除后的余额。

注2:非居民个人取得工资、薪金所得,劳务报酬所得,稿酬所得和特许权使用费所得,依照本表按月换算后计算应纳税额。)

个人所得税税率表二(经营所得适用)

| 级数 | 全年应纳税所得额 | 税率(%) |
|---|---|---|
| 1 | 不超过30 000元的 | 5 |
| 2 | 超过30 000元至90 000元的部分 | 10 |
| 3 | 超过90 000元至300 000元的部分 | 20 |
| 4 | 超过300 000元至500 000元的部分 | 30 |
| 5 | 超过500 000元的部分 | 35 |

(注:本表所称全年应纳税所得额是指依照《中华人民共和国个人所得税法》第六条的规定,以每一纳税年度的收入总额减除成本、费用以及损失后的余额。)

## 二、个人所得税应纳税额计算

我国个人所得税的应纳税额按照应纳税所得额乘以适用税率计算。不同所得项目应纳税额的具体计算方法如下。

### (一)居民个人综合所得应纳税额的计算

居民个人综合所得应纳税额的计算公式为:

应纳税额=综合所得应纳税所得额×适用税率-速算扣除数

居民个人取得综合所得,按年计算个人所得税;有扣缴义务人的,由扣缴义务人按月或者按次预扣预缴税款;符合相关规定的,还应当办理汇算清缴。因此,居民个人综合所得应纳税额的计算方法,包括预扣预缴税款的计算方法和综合所得汇算清缴的计算方法。

1.居民个人综合所得预扣预缴税款的计算

(1)居民个人工资、薪金所得预扣预缴税款的方法。

扣缴义务人向居民个人支付工资、薪金所得时,应当按照累计预扣法计算预扣税款,并按月办理扣缴申报。

累计预扣法,是指扣缴义务人在一个纳税年度内预扣预缴税款时,以纳税人在本单位截至当前月份工资、薪金所得累计收入减除累计免税收入、累计减除费用、累计专项扣除、累计专项附加扣除和累计依法确定的其他扣除后的余额为累计预扣预缴应纳税所得额,适用个人所得税预扣率表一,计算累计应预扣预缴税额,再减除累计减免税额和累计已预扣预缴税额,其余额为本期应预扣预缴税额。余额为负值时,暂不退税。纳税年度终了后余额仍为负值时,由纳税人通过办理综合所得年度汇算清缴,税款多退少补。计算公式如下:

本期应预扣预缴税额=(累计预扣预缴应纳税所得额×预扣率-速算扣除数)-累计减免税额-累计已预扣预缴税额

累计预扣预缴应纳税所得额=累计收入-累计免税收入-累计减除费用-累计专项扣除-累计专项附加扣除-累计依法确定的其他扣除

其中：累计减除费用，按照5 000元/月乘以纳税人当年截至本月在本单位的任职受雇月份数计算。即纳税人如果1月入职，则扣缴义务人发放1月工资扣缴税款时，减除费用按5 000元计算；2月发放工资扣缴税款时，减除费用按10 000元计算，以此类推。全日制学历教育的学生因实习取得的劳务报酬所得按此方法预扣预缴税款。

纳税人同时从两处以上取得工资、薪金所得，并由扣缴义务人减除专项附加扣除的，对同一专项附加扣除项目，在一个纳税年度内只能选择从一处取得的所得中减除。年度预扣预缴税额与年度应纳税额不一致的，由居民个人在办理综合所得年度汇算清缴时多退少补。

**个人所得税预扣率表一（居民个人工资、薪金所得预扣预缴适用）**

| 级数 | 累计预扣预缴应纳税所得额 | 预扣率（%） | 速算扣除数 |
|---|---|---|---|
| 1 | 不超过36 000元 | 3 | 0 |
| 2 | 超过36 000元至144 000元的部分 | 10 | 2 520 |
| 3 | 超过144 000元至300 000元的部分 | 20 | 16 920 |
| 4 | 超过300 000元至420 000元的部分 | 25 | 31 920 |
| 5 | 超过420 000元至660 000元的部分 | 30 | 52 920 |
| 6 | 超过660 000元至960 000元的部分 | 35 | 85 920 |
| 7 | 超过960 000元的部分 | 45 | 181 920 |

（2）居民个人劳务报酬所得、稿酬所得、特许权使用费所得预扣预缴税款的计算。

扣缴义务人向居民个人支付劳务报酬所得、稿酬所得和特许权使用费所得的，按以下方法按次或者按月预扣预缴个人所得税。

劳务报酬所得、稿酬所得、特许权使用费所得以每次收入减除费用后的余额为收入额；其中，稿酬所得的收入额减按70%计算。

减除费用：预扣预缴税款时，劳务报酬所得、稿酬所得、特许权使用费所得每次收入不超过4 000元的，减除费用按800元计算；每次收入4 000元以上的，减除费用按收入的20%计算。

应纳税所得额：劳务报酬所得、稿酬所得、特许权使用费所得，以每次收入额为预扣预缴应纳税所得额，计算应预扣预缴税额。劳动报酬所得适用个人所得税预扣率表二，稿酬所得、特许权使用费所得适用20%的比例预扣率。

**个人所得税预扣率表二（居民个人劳务报酬所得预扣预缴适用）**

| 级数 | 预扣预缴应纳税所得额 | 预扣率（%） | 速算扣除数 |
|---|---|---|---|
| 1 | 不超过20 000元 | 20 | 0 |
| 2 | 超过20 000元至50 000元的部分 | 30 | 2 000 |
| 3 | 超过50 000元的部分 | 40 | 7 000 |

2.居民个人综合所得汇算清缴的计算

居民个人取得劳务报酬所得、稿酬所得、特许权使用费所得,应当在汇算清缴时向税务机关提供有关信息,减除专项附加扣除。

纳税年度终了后,居民个人需要汇总纳税年度全年取得的综合所得收入额,减除费用6万元以及专项扣除、专项附加扣除、依法确定的其他扣除和符合条件的公益慈善事业捐赠后,适用综合所得个人所得税税率并减去速算扣除数,计算本年度最终应纳税额,再减去纳税年度已预缴税额,得出应退或应补税额,向税务机关申报并办理退税或补税。计算公式如下:

应退或应补税额=[(综合所得收入额-60 000元-“三险一金”等专项扣除-子女教育等专项附加扣除-依法确定的其他扣除-符合条件的公益慈善事业捐赠)×适用税率-速算扣除数]-已预缴税额

(二)非居民个人工资、薪金所得,劳务报酬所得,稿酬所得和特许权使用费所得应纳税额的计算

非居民个人取得上述四项所得,按月或者按次分项计算个人所得税,计算公式为:

应纳税额=应纳税所得额×适用税率-速算扣除数

非居民个人的工资、薪金所得,以每月收入额减除费用五千元后的余额为应纳税所得额;劳务报酬所得、稿酬所得、特许权使用费所得,以每次收入额为应纳税所得额,适用个人所得税税率表三计算应纳税额。劳务报酬所得、稿酬所得、特许权使用费所得以收入减除20%的费用后的余额为收入额。其中,稿酬所得的收入额减按70%计算。

**个人所得税税率表三**

**(非居民个人工资、薪金所得,劳务报酬所得,稿酬所得,特许权使用费所得适用)**

| 级数 | 应纳税所得额 | 税率(%) | 速算扣除数 |
| --- | --- | --- | --- |
| 1 | 不超过3 000元的 | 3 | 0 |
| 2 | 超过3 000元至12 000元的部分 | 10 | 210 |
| 3 | 超过12 000元至25 000元的部分 | 20 | 1 410 |
| 4 | 超过25 000元至35 000元的部分 | 25 | 2 660 |
| 5 | 超过35 000元至55 000元的部分 | 30 | 4 410 |
| 6 | 超过55 000元至80 000元的部分 | 35 | 7 160 |
| 7 | 超过80 000元的部分 | 45 | 15 160 |

(三)纳税人经营所得应纳税额的计算

纳税人取得经营所得,按年计算个人所得税。计算公式为:

应纳税额=全年应纳税所得额×适用税率-速算扣除数=(全年收入总额-成本-费用-损失)×适用税率-速算扣除数

(四)纳税人分类所得应纳税额的计算

纳税人取得利息、股息、红利所得,财产租赁所得,财产转让所得和偶然所得,采用

分类征税方式,按月或者按次分别计算个人所得税,有扣缴义务人的,由扣缴义务人按月或者按次代扣代缴税款。计算公式为:

应纳税额=应纳税所得额×适用税率(20%)

(五)居民取得境外所得应纳税额的计算

为避免双重征税,遵循国际惯例,我国在对纳税人的境外所得征税时,采取税收抵免的办法,允许对该所得在境外的已纳税额从应纳税额中抵免。

1.计算方法

居民个人从中国境内和境外取得的综合所得、经营所得,应当分别合并计算应纳税额;从中国境内和境外取得的其他所得,应当分别单独计算应纳税额。

(1)居民个人来源于中国境外的综合所得,应当与境内综合所得合并计算应纳税额。

(2)居民个人来源于中国境外的经营所得,应当与境内经营所得合并计算应纳税额。居民个人来源于境外的经营所得,按照《中华人民共和国个人所得税法》及其实施条例的有关规定计算的亏损,不得抵减其境内或他国(地区)的应纳税所得额,但可以用来源于同一国家(地区)以后年度的经营所得按中国税法规定弥补。

(3)居民个人来源于中国境外的利息、股息、红利所得,财产租赁所得,财产转让所得和偶然所得,不与境内所得合并,应当分别单独计算应纳税额。

2.税收抵免

居民个人从中国境外取得的所得,可以从其应纳税额中抵免已在境外缴纳的个人所得税税额,但抵免额不得超过该纳税人境外所得依照《中华人民共和国个人所得税法》规定计算的应纳税额。

(1)已在境外缴纳的个人所得税税额,是指居民个人来源于中国境外的所得,依照该所得来源国家(地区)的法律应当缴纳并且实际已经缴纳的所得税税额。

(2)纳税人境外所得依照《中华人民共和国个人所得税法》规定计算的应纳税额,是居民个人抵免已在境外缴纳的综合所得、经营所得以及其他所得的所得税税额的限额(以下简称抵免限额)。除国务院财政、税务主管部门另有规定外,来源于中国境外一个国家(地区)的综合所得抵免限额、经营所得抵免限额以及其他所得抵免限额之和,为来源于该国家(地区)所得的抵免限额。

居民个人在中国境外一个国家(地区)实际已经缴纳的个人所得税税额,低于依照上述(2)规定计算出的来源于该国家(地区)所得的抵免限额的,应当在中国缴纳差额部分的税款;超过来源于该国家(地区)所得的抵免限额的,其超过部分不得在本纳税年度的应纳税额中抵免,但是可以在以后纳税年度来源于该国家(地区)所得的抵免限额的余额中补扣。补扣期限最长不得超过5年。

(3)居民个人申请抵免已在境外缴纳的个人所得税税额,除另有规定外,当提供境外税务机关出具的税款所属年度的有关纳税凭证。

# 第五节　个人所得税税收优惠政策

## 一、个人所得税免税项目

根据《中华人民共和国个人所得税法》及其实施条例，下列各项个人所得，免征个人所得税。

1. 省级人民政府、国务院部委和中国人民解放军军以上单位，以及外国组织、国际组织颁发的科学、教育、技术、文化、卫生、体育、环境保护等方面的奖金。

2. 国债和国家发行的金融债券利息。其中：国债利息，是指个人持有中华人民共和国财政部发行的债券而取得的利息；国家发行的金融债券利息，是指个人持有经国务院批准发行的金融债券而取得的利息。

3. 按照国家统一规定发给的补贴、津贴。按照国家统一规定发给的补贴、津贴，是指按照国务院规定发给的政府特殊津贴、院士津贴，以及国务院规定免予缴纳个人所得税的其他补贴、津贴。

4. 福利费、抚恤金、救济金。其中：福利费，是指根据国家有关规定，从企业、事业单位、国家机关、社会组织提留的福利费或者工会经费中支付给个人的生活补助费；救济金，是指各级人民政府民政部门支付给个人的生活困难补助费。

5. 保险赔款。

6. 军人的转业费、复员费、退役金。

7. 按照国家统一规定发给干部、职工的安家费、退职费、基本养老金或者退休费、离休费、离休生活补助费。离退休人员按规定领取离退休工资或养老金外，另从原任职单位取得的各类补贴、奖金、实物，不属于个人所得税法规定可以免税的退休工资、离休工资、离休生活补助费，应税的按“工资、薪金所得”应税项目的规定缴纳个人所得税。

8. 依照有关法律规定应予免税的各国驻华使馆、领事馆的外交代表、领事官员和其他人员的所得。这是指依照《中华人民共和国外交特权与豁免条例》和《中华人民共和国领事特权与豁免条例》规定免税的所得。

9. 中国政府参加的国际公约、签订的协议中规定免税的所得。

10. 国务院规定的其他免税所得。

上述第10项免税规定，由国务院报全国人民代表大会常务委员会备案。

## 二、个人所得税减征项目

根据《中华人民共和国个人所得税法》，有下列情形之一的，可以减征个人所得税，具体幅度和期限，由省、自治区、直辖市人民政府规定，并报同级人民代表大会常务委员会备案。

1.残疾、孤老人员和烈属的所得。

2.因自然灾害造成重大损失的。

国务院可以规定其他减税情形，报全国人民代表大会常务委员会备案。

## 第六节　个人所得税征收管理政策

我国个人所得税实行源泉扣缴和纳税人自行申报纳税两种征税方式。对分类所得采取代扣代缴，实行按月、按次计税。对综合所得采取预扣预缴和自行申报相结合的方式，按年计税，按月、按次预扣预缴税款，年度终了后汇算清缴。经营所得实行按季度或者按月份预缴，年度终了后汇算清缴。

### 一、个人所得税扣缴申报纳税

（一）扣税时间

扣缴义务人向个人支付应税款项时，应当依照《中华人民共和国个人所得税法》规定预扣或者代扣税款，按时缴库，并专项记载备查。扣缴义务人，是指向个人支付所得的单位或者个人。支付，包括现金支付、汇拨支付、转账支付和以有价证券、实物以及其他形式的支付。

（二）申报缴库时间

扣缴义务人应当依法办理全员全额扣缴申报，并向纳税人提供其个人所得和已扣缴税款等信息。扣缴义务人每月或者每次预扣、代扣的税款应当在次月15日内缴入国库，并向税务机关报送扣缴个人所得税申报表。全员全额扣缴申报，是指扣缴义务人在代扣税款的次月15日内，向主管税务机关报送其支付所得的所有个人的有关信息、支付所得数额、扣除事项和数额、扣缴税款的具体数额和总额以及其他相关涉税信息资料。

（三）所得的扣缴办法

1.居民个人取得综合所得，有扣缴义务人的，由扣缴义务人按月或者按次预扣预缴税款。预扣预缴办法由国务院税务主管部门制定。个人所得税以所得人为纳税人，以支付所得的单位或者个人为扣缴义务人。纳税人有中国公民身份号码的，以中国公民身份号码为纳税人识别号；纳税人没有中国公民身份号码的，由税务机关赋予其纳税人识别号。扣缴义务人扣缴税款时，纳税人应当向扣缴义务人提供纳税人识别号。对扣缴义务人按照规定扣缴的税款，按年付给2%的手续费。

(1)扣缴义务人向居民个人支付工资、薪金所得时，应当按照累计预扣法计算预扣税款，并按月办理扣缴申报。居民个人向扣缴义务人提供专项附加扣除信息的，扣缴义务人按月预扣预缴税款时应当按照规定予以扣除，不得拒绝。

(2)扣缴义务人向居民个人支付劳务报酬所得、稿酬所得、特许权使用费所得时，应当按照规定方法按次或者按月预扣预缴税款。

2. 非居民个人取得工资、薪金所得，劳务报酬所得，稿酬所得和特许权使用费所得，有扣缴义务人的，由扣缴义务人按月或者按次代扣代缴税款。

3. 纳税人取得利息、股息、红利所得，财产租赁所得，财产转让所得和偶然所得，有扣缴义务人的，由扣缴义务人按月或者按次代扣代缴税款。

(四)扣缴保障

1. 扣缴义务人扣缴税款时，纳税人应当向扣缴义务人提供纳税人识别号。纳税人识别号，是税务机关根据税法规定的编码规则，编制并且赋予纳税人用来确认其身份的数字代码标识。赋予自然人纳税人全国唯一的纳税人识别号，相当于赋予了"税务登记证号"。税法规定，纳税人有中国公民身份号码的，以中国公民身份号码为纳税人识别号；纳税人没有中国公民身份号码的，由税务机关赋予其纳税人识别号。

2. 对扣缴义务人按照所扣缴的税款，付给2%的手续费。税务机关按照规定付给扣缴义务人手续费，应当填开退还书；扣缴义务人凭退还书，按照国库管理有关规定办理退库手续。扣缴义务人领取的扣缴手续费可用于提升办税能力、奖励办税人员。

3. 扣缴义务人应当按照纳税人提供的信息计算办理扣缴申报，不得擅自更改纳税人提供的信息。纳税人发现扣缴义务人提供或者扣缴申报的个人信息、所得、扣缴税款等与实际情况不符的，有权要求扣缴义务人修改。扣缴义务人拒绝修改的，纳税人应当报告税务机关，税务机关应当及时处理。

4. 纳税人、扣缴义务人应当按照规定保存与专项附加扣除相关的资料。税务机关可以对纳税人提供的专项附加扣除信息进行抽查，具体办法由国务院税务主管部门另行规定。税务机关发现纳税人提供虚假信息的，应当责令改正并通知扣缴义务人；情节严重的，有关部门应当依法予以处理，纳入信用信息系统并实施联合惩戒。

5. 个人所得税的征收管理，依照《中华人民共和国个人所得税法》和《中华人民共和国税收征收管理法》的规定执行。纳税人、扣缴义务人和税务机关及其工作人员违反《中华人民共和国个人所得税法》规定的，依照《中华人民共和国税收征收管理法》和有关法律法规的规定追究法律责任。

## 二、个人所得税自行申报纳税

自行申报纳税，是由纳税人自行在税法规定的纳税期限内，向税务机关申报取得的应税所得项目和数额，如实填写个人所得税纳税申报表，并按照税法规定计算应纳税额，据此缴纳个人所得税的一种方法。

(一)有下列情形之一的,纳税人应当依法办理纳税申报

1.取得综合所得需要办理汇算清缴。

2.取得应税所得没有扣缴义务人。

3.取得应税所得,扣缴义务人未扣缴税款。

4.取得境外所得。

5.因移居境外注销中国户籍。

6.非居民个人在中国境内从两处以上取得工资、薪金所得。

7.国务院规定的其他情形。

(二)综合所得汇算清缴

1.居民个人取得综合所得,按年计算个人所得税;有扣缴义务人的,由扣缴义务人按月或者按次预扣预缴税款;需要办理汇算清缴的,应当在取得所得的次年 3 月 1 日至 6 月 30 日内办理汇算清缴。取得综合所得需要办理汇算清缴的情形包括以下几项。

(1)从两处以上取得综合所得,且综合所得年收入额减除专项扣除的余额超过 6 万元。

(2)取得劳务报酬所得、稿酬所得、特许权使用费所得中一项或者多项所得,且综合所得年收入额减除专项扣除的余额超过 6 万元。

(3)纳税年度内预缴税额低于应纳税额。

(4)纳税人申请退税。

具体到每一纳税年度需要办理汇算清缴的情形,需要参照国家税务总局当年发布的有关政策。

2.非居民个人取得工资、薪金所得,劳务报酬所得,稿酬所得和特许权使用费所得,有扣缴义务人的,由扣缴义务人按月或者按次代扣代缴税款,不办理汇算清缴。

3.年度汇算不涉及财产租赁等分类所得,以及纳税人按规定选择不并入综合所得计算纳税的所得。纳税人取得综合所得办理汇算清缴的具体办法,由国务院税务主管部门制定。

(三)其他情形的纳税申报

1.纳税人取得经营所得,按年计算个人所得税,由纳税人在月度或者季度终了后 15 日内向税务机关报送纳税申报表,并预缴税款;在取得所得的次年 3 月 31 日前办理汇算清缴。

2.纳税人取得应税所得没有扣缴义务人的,应当在取得所得的次月 15 日内向税务机关报送纳税申报表,并缴纳税款。

3.纳税人取得应税所得,扣缴义务人未扣缴税款的,纳税人应当在取得所得的次年 6 月 30 日前,缴纳税款;税务机关通知限期缴纳的,纳税人应当按照期限缴纳税款。注意,如果是居民个人取得综合所得,扣缴义务人未扣缴税款的,应当按照上述第(二)项有关汇算清缴的规定办理。

4.居民个人从中国境外取得所得的，应当在取得所得的次年3月1日至6月30日内申报纳税。

5.纳税人因移居境外注销中国户籍的，应当在注销中国户籍前办理税款清算。

6.非居民个人在中国境内从两处以上取得工资、薪金所得的，应当在取得所得的次月15日内申报纳税。纳税人办理纳税申报的地点以及其他有关事项的具体办法，由国务院税务主管部门制定。

## 三、个人所得税反避税规定

为维护国家税收权益，根据自然人避税的特点，参照《中华人民共和国企业所得税法》有关反避税规定，税法明确针对个人有下列情形之一的，税务机关有权按照合理方法进行纳税调整：

1.个人与其关联方之间的业务往来不符合独立交易原则而减少本人或者其关联方应纳税额，且无正当理由。

2.居民个人控制的，或者居民个人和居民企业共同控制的设立在实际税负明显偏低的国家(地区)的企业，无合理经营需要，对应当归属于居民个人的利润不作分配或者减少分配。

3.个人实施其他不具有合理商业目的的安排而获取不当税收利益。

税务机关依法作出纳税调整，需要补征税款的，应当补征税款，并依法加收利息。利息，应当按照税款所属纳税申报期最后一日中国人民银行公布的与补税期间同期的人民币贷款基准利率计算，自税款纳税申报期满次日起至补缴税款期限届满之日止按日加收。纳税人在补缴税款期限届满前补缴税款的，利息加收至补缴税款之日。

## 四、部门协作管理

### (一)部门信息共享

公安、人民银行、金融监督管理等相关部门应当协助税务机关确认纳税人的身份、金融账户信息。教育、卫生、医疗保障、民政、人力资源社会保障、住房和城乡建设、公安、人民银行、金融监督管理等相关部门应当向税务机关提供纳税人子女教育、继续教育、大病医疗、住房贷款利息、住房租金、赡养老人、3岁以下婴幼儿照护等专项附加扣除信息。

### (二)部门协同管理

个人转让不动产的，税务机关应当根据不动产登记等相关信息核验应缴的个人所得税，登记机构办理转移登记时，应当查验与该不动产转让相关的个人所得税的完税凭证。个人转让股权办理变更登记的，市场主体登记机关应当查验与该股权交易相关的个人所得税的完税凭证。

(三)纳税信用运用

有关部门依法将纳税人、扣缴义务人遵守《中华人民共和国个人所得税法》的情况纳入信用信息系统,并实施联合激励或者惩戒。

# 第二章　个人所得税热点问答

**1. 自主就业退役士兵在享受税收优惠政策时需要留存什么资料?**

《财政部 税务总局 退役军人事务部关于进一步扶持自主就业退役士兵创业就业有关税收政策的公告》(财政部 税务总局 退役军人事务部公告 2023 年第 14 号)规定:“四、自主就业退役士兵从事个体经营的,在享受税收优惠政策进行纳税申报时,注明其退役军人身份,并将《中国人民解放军退出现役证书》、《中国人民解放军义务兵退出现役证》、《中国人民解放军士官退出现役证》或《中国人民武装警察部队退出现役证书》、《中国人民武装警察部队义务兵退出现役证》、《中国人民武装警察部队士官退出现役证》留存备查。

企业招用自主就业退役士兵享受税收优惠政策的,将以下资料留存备查:1. 招用自主就业退役士兵的《中国人民解放军退出现役证书》、《中国人民解放军义务兵退出现役证》、《中国人民解放军士官退出现役证》或《中国人民武装警察部队退出现役证书》、《中国人民武装警察部队义务兵退出现役证》、《中国人民武装警察部队士官退出现役证》;2. 企业与招用自主就业退役士兵签订的劳动合同(副本),为职工缴纳的社会保险费记录;3. 自主就业退役士兵本年度在企业工作时间表(见附件)。”

**2. 从事个体经营的自主就业退役士兵可以享受哪些税收优惠政策?**

《财政部 税务总局 退役军人事务部关于进一步扶持自主就业退役士兵创业就业有关税收政策的公告》(财政部 税务总局 退役军人事务部公告 2023 年第 14 号)规定:“一、自 2023 年 1 月 1 日至 2027 年 12 月 31 日,自主就业退役士兵从事个体经营的,自办理个体工商户登记当月起,在 3 年(36 个月,下同)内按每户每年 20 000 元为限额依次扣减其当年实际应缴纳的增值税、城市维护建设税、教育费附加、地方教育附加和个人所得税。限额标准最高可上浮 20%,各省、自治区、直辖市人民政府可根据本地区实际情况在此幅度内确定具体限额标准。

纳税人年度应缴纳税款小于上述扣减限额的,减免税额以其实际缴纳的税款为限;大于上述扣减限额的,以上述扣减限额为限。纳税人的实际经营期不足 1 年的,应当按月换算其减免税限额。换算公式为:减免税限额=年度减免税限额÷12×实际经营月数。城市维护建设税、教育费附加、地方教育附加的计税依据是享受本项税收优惠政策前的增值税应纳税额。”

**3. 个人所得税生产经营所得如何通过网络渠道进行申报?**

个人所得税经营所得网上申报目前可以通过自然人电子税务局扣缴端和 WEB 端扣缴功能进行代理申报,也可以由投资人或业主自己在自然人电子税务局 WEB 端自行申报。

【自然人电子税务局扣缴端】代理申报:办税人员登录扣缴端后,单击顶部“经营所得”按钮进入申报模块进行经营所得月(季)度申报、缴款等操作。

【自然人电子税务局 WEB 端扣缴功能】代理申报:办税人员可以登录自然电子税务局 WEB 端,单击“单位办税”,选择对应的单位,单击“经营所得”进入申报模块进行经营所得月(季)度申报、缴款等操作。

【自然人电子税务局 WEB 端】业主或投资人可以通过自然人电子税务局 WEB 端进行申报。首次登录需要通过实名认证,登录成功后,单击顶部“申报管理”按钮进入申报界面,可申报“经营所得个人所得税月(季)度申报(A 表)”“经营所得个人所得税年度申报(B 表)”“多处经营所得个人所得税汇总年度申报(C 表)”。

**4. 两个子女中的一个无赡养父母的能力,是否可以由余下那名子女享受 3 000 元/月的赡养老人专项附加扣除的标准?**

不可以。纳税人为非独生子女的,由其与兄弟姐妹分摊每月 3 000 元的扣除额度,每人分摊的额度不能超过每月 1 500 元,不能由其中一人单独享受全部扣除。

**5. 纳税人可通过什么渠道办理 2023 年度个人所得税综合所得汇算?**

根据《国家税务总局关于办理 2023 年度个人所得税综合所得汇算清缴事项的公告》(国家税务总局公告 2024 年第 2 号)第七条的规定,为便利纳税人,税务机关为纳税人提供高效、快捷的网络办税渠道。纳税人可优先通过个税 App 及网站办理汇算,税务机关将为纳税人提供申报表项目预填服务;不方便通过上述方式办理的,也可以通过邮寄方式或到办税服务厅办理。

选择邮寄申报的,纳税人需将申报表寄送至按本公告第九条确定的主管税务机关所在省、自治区、直辖市和计划单列市税务局公告的地址。

**6. 纳税人办理 2023 年度个人所得税综合所得汇算需要提交什么资料,保存多久?**

根据《国家税务总局关于办理 2023 年度个人所得税综合所得汇算清缴事项的公告》(国家税务总局公告 2024 年第 2 号)第八条的规定,纳税人办理汇算,适用个人所得税年度自行纳税申报表(附件 2、3),如需修改本人相关基础信息,新增享受扣除或者税收优惠的,还应按规定一并填报相关信息、提供佐证材料。纳税人需仔细核对,确保所填信息真实、准确、完整。

纳税人、代办汇算的单位,需各自将专项附加扣除、税收优惠材料等汇算相关资料,自汇算期结束之日起留存 5 年。

存在股权(股票)激励(含境内企业以境外企业股权为标的对员工进行的股权激励)、职务科技成果转化现金奖励等情况的单位,应当按照相关规定进行报告、备案。同时，纳税人在一个纳税年度内从同一单位多次取得股权激励的，由该单位合并计算扣缴税款。纳税人在一个纳税年度内从不同单位取得股权激励的，可将之前单位取得的股权激励有关信息提供给现单位并由其合并计算扣缴税款，也可在次年3月1日至6月30日自行向税务机关办理合并申报。

**7. 哪些人不需要办理2023年度个人所得税综合所得汇算?**

根据《国家税务总局关于办理2023年度个人所得税综合所得汇算清缴事项的公告》(国家税务总局公告2024年第2号)第二条的规定，纳税人在2023年已依法预缴个人所得税且符合下列情形之一的，无需办理汇算：(1)汇算需补税但综合所得收入全年不超过12万元的；(2)汇算需补税金额不超过400元的；(3)已预缴税额与汇算应纳税额一致的；(4)符合汇算退税条件但不申请退税的。

**8. 纳税人应在什么时间办理2023年度个人所得税综合所得汇算?**

根据《国家税务总局关于办理2023年度个人所得税综合所得汇算清缴事项的公告》(国家税务总局公告2024年第2号)第五条的规定，2023年度汇算办理时间为2024年3月1日至6月30日。在中国境内无住所的纳税人在3月1日前离境的，可以在离境前办理。

**9. 纳税人在办理2023年度个人所得税综合所得汇算时可享受的税前扣除有哪些?**

根据《国家税务总局关于办理2023年度个人所得税综合所得汇算清缴事项的公告》(国家税务总局公告2024年第2号)第四条的规定，下列在2023年发生的税前扣除，纳税人可在汇算期间填报或补充扣除。

(1)减除费用6万元，以及符合条件的基本养老保险、基本医疗保险、失业保险等社会保险费和住房公积金等专项扣除。

(2)符合条件的3岁以下婴幼儿照护、子女教育、继续教育、大病医疗、住房贷款利息或住房租金、赡养老人专项附加扣除。

(3)符合条件的企业年金和职业年金、商业健康保险、个人养老金等其他扣除。

(4)符合条件的公益慈善事业捐赠。

同时取得综合所得和经营所得的纳税人，可在综合所得或经营所得中申报减除费用6万元、专项扣除、专项附加扣除以及依法确定的其他扣除，但不得重复申报减除。

纳税人与其配偶共同填报3岁以下婴幼儿照护、子女教育、大病医疗、住房贷款利息及住房租金等专项附加扣除的，以及与兄弟姐妹共同填报赡养老人专项附加扣除的，需要与其他填报人沟通填报扣除金额，避免超过规定额度或比例填报专项附加扣除。纳税人填报不符合规定的，一经发现，税务机关将通过手机个人所得税App、自然人电子税务局网站或者扣缴义务人等渠道进行提示提醒。根据《财政部 税务总局关于个人所得税综合所得汇算清缴涉及有关政策问题的公告》(财政部 税务总局公告2019年第94号)有关规定，对于拒不更正或者不说明情况的纳税人，税务机关将暂停其享受专项附加扣除。纳税人按规定更正相关信息或者说明情况后，可继续享受专项附加扣除。

**10. 2023 年度个人所得税综合所得汇算的内容是什么？如何计算？**

根据《国家税务总局关于办理 2023 年度个人所得税综合所得汇算清缴事项的公告》(国家税务总局公告 2024 年第 2 号)第一条的规定，2023 年度终了后，居民个人(以下称纳税人)需要汇总 2023 年 1 月 1 日至 12 月 31 日取得的工资薪金、劳务报酬、稿酬、特许权使用费等四项综合所得的收入额，减除费用 6 万元以及专项扣除、专项附加扣除、依法确定的其他扣除和符合条件的公益慈善事业捐赠后，适用综合所得个人所得税税率并减去速算扣除数(税率表见附件 1)，计算最终应纳税额，再减去 2023 年已预缴税额，得出应退或应补税额，向税务机关申报并办理退税或补税。具体计算公式如下：

应退或应补税额＝[(综合所得收入额－60 000 元－“三险一金”等专项扣除－子女教育等专项附加扣除－依法确定的其他扣除－符合条件的公益慈善事业捐赠)×适用税率－速算扣除数]－已预缴税额

汇算不涉及纳税人的财产租赁等分类所得，以及按规定不并入综合所得计算纳税的所得。

**11. 哪些人需要办理 2023 年度个人所得税综合所得汇算？**

根据《国家税务总局关于办理 2023 年度个人所得税综合所得汇算清缴事项的公告》(国家税务总局公告 2024 年第 2 号)第三条的规定，符合下列情形之一的，纳税人需办理汇算。

(1)已预缴税额大于汇算应纳税额且申请退税的。

(2)2023 年取得的综合所得收入超过 12 万元且汇算需要补税金额超过 400 元的。

因适用所得项目错误或者扣缴义务人未依法履行扣缴义务，造成 2023 年少申报或者未申报综合所得的，纳税人应当依法据实办理汇算。

**12. 纳税人可自主选择哪些办理方式来办理 2023 年度个人所得税综合所得汇算？**

根据《国家税务总局关于办理 2023 年度个人所得税综合所得汇算清缴事项的公告》(国家税务总局公告 2024 年第 2 号)第六条的规定，纳税人可自主选择下列办理方式。

(1)自行办理。

(2)通过任职受雇单位(含按累计预扣法预扣预缴其劳务报酬所得个人所得税的单位)代为办理。

纳税人提出代办要求的，单位应当代为办理，或者培训、辅导纳税人完成汇算申报和退(补)税。

由单位代为办理的，纳税人应提前与单位以书面或者电子等方式进行确认，补充提供 2023 年在本单位以外取得的综合所得收入、相关扣除、享受税收优惠等信息资料，并对所提交信息的真实性、准确性、完整性负责。纳税人未与单位确认请其代为办理的，单位不得代办。

(3)委托受托人(含涉税专业服务机构或其他单位及个人)办理，纳税人需与受托人签订授权书。

单位或受托人为纳税人办理汇算后，应当及时将办理情况告知纳税人。纳税人发现汇算申报信息存在错误的，可以要求单位或受托人更正申报，也可自行更正申报。

**13. 纳税人向哪里的税务机关申报办理2023年度个人所得税综合所得汇算？**

根据《国家税务总局关于办理2023年度个人所得税综合所得汇算清缴事项的公告》（国家税务总局公告2024年第2号）第九条的规定，按照方便就近原则，纳税人自行办理或受托人为纳税人代为办理的，向纳税人任职受雇单位的主管税务机关申报；有两处及以上任职受雇单位的，可自主选择向其中一处申报。

纳税人没有任职受雇单位的，向其户籍所在地、经常居住地或者主要收入来源地的主管税务机关申报。主要收入来源地，是指2023年向纳税人累计发放劳务报酬、稿酬及特许权使用费金额最大的扣缴义务人所在地。

单位为纳税人代办汇算的，向单位的主管税务机关申报。

为方便纳税服务和征收管理，汇算期结束后，税务部门将为尚未办理汇算申报、多次股权激励合并申报的纳税人确定其主管税务机关。

**14. 纳税人如何办理2023年度个人所得税综合所得汇算的补税？**

根据《国家税务总局关于办理2023年度个人所得税综合所得汇算清缴事项的公告》（国家税务总局公告2024年第2号）第十条对办理补税的规定，纳税人办理汇算补税的，可以通过网上银行、办税服务厅POS机刷卡、银行柜台、非银行支付机构等方式缴纳。邮寄申报并补税的，纳税人需通过个税App及网站或者主管税务机关办税服务厅及时关注申报进度并缴纳税款。

汇算需补税的纳税人，汇算期结束后未申报补税或未足额补税的，一经发现，税务机关将依法责令限期改正并向纳税人送达有关税务文书，对已签订《税务文书电子送达确认书》的，通过个税App及网站等渠道进行电子文书送达；对未签订《税务文书电子送达确认书》的，以其他方式送达。同时，税务机关将依法加收滞纳金，并在其个人所得税《纳税记录》中予以标注。

纳税人因申报信息填写错误造成汇算多退或少缴税款的，纳税人主动或经税务机关提醒后及时改正的，税务机关可以按照“首违不罚”原则免予处罚。

**15. 税务机关针对2023年度个人所得税综合所得汇算会推出哪些服务？**

根据《国家税务总局关于办理2023年度个人所得税综合所得汇算清缴事项的公告》（国家税务总局公告2024年第2号）第十一条的规定，税务机关推出系列优化服务措施，加强汇算的政策解读和操作辅导力度，分类编制办税指引，通俗解释政策口径、专业术语和操作流程，多渠道、多形式开展提示提醒服务，并通过个税App及网站、12366纳税缴费服务平台等渠道提供涉税咨询，帮助纳税人解决疑难问题，积极回应纳税人诉求。

汇算开始前，纳税人可登录个税App及网站，查看自己的综合所得和纳税情况，核对银行卡、专项附加扣除涉及人员身份信息等基础资料，为汇算做好准备。

为合理有序引导纳税人办理汇算，提升纳税人办理体验，主管税务机关将分批分期通知提醒纳税人在确定的时间段内办理。同时，税务部门推出预约办理服务，有汇算初期(3月1日至3月20日)办理需求的纳税人，可以根据自身情况，在2月21日后通过个税App预约上述时间段中的任意一天办理。3月21日至6月30日，纳税人无需预约，可以随时办理。

对符合汇算退税条件且生活负担较重的纳税人，税务机关提供优先退税服务。独立完成汇算存在困难的年长、行动不便等特殊人群提出申请，税务机关可提供个性化便民服务。

根据《关于〈国家税务总局关于办理2023年度个人所得税综合所得汇算清缴事项的公告〉的解读》，2024年汇算在持续优化纳税服务的基础上，又新推出了以下便利化举措。

(1)进一步扩大优先退税服务范围。对年收入额6万元以下且已预缴个人所得税的纳税人，在之前年度提供个人所得税App、自然人电子税务局网站简易申报快速办理服务的基础上，进一步提供优先退税服务，不断提升纳税人的获得感。

(2)进一步拓展汇算申报表项目预填服务。依托国家医疗保障局、人力资源和社会保障部向税务部门共享的医疗费用数据、个人养老金数据，为纳税人提供大病医疗专项附加扣除信息、个人养老金信息预填服务，为纳税人提供更好的申报体验。

(3)进一步优化纳税人个税App操作体验。升级个税App版本，重构频道页面，重新设计功能图标，避免业务功能交叉，一体化展示办(理)查(询)事项，更加突出"待办"提示，纳税人体验将更加友好。

**16. 纳税人如何办理2023年度个人所得税综合所得汇算的退税?**

根据《国家税务总局关于办理2023年度个人所得税综合所得汇算清缴事项的公告》(国家税务总局公告2024年第2号)第十条对办理退税的规定，纳税人申请汇算退税，应当提供其在中国境内开设的符合条件的银行账户。税务机关按规定审核后，按照国库管理有关规定办理税款退库。纳税人未提供本人有效银行账户，或者提供的信息资料有误的，税务机关将通知纳税人更正，纳税人按要求更正后依法办理退税。

为方便办理退税，2023年综合所得全年收入额不超过6万元且已预缴个人所得税的纳税人，可选择使用个税App或网站提供的简易申报功能，便捷办理汇算退税。

申请2023年度汇算退税及其他退税的纳税人，如存在应当办理2022年及以前年度汇算补税但未办理，或者经税务机关通知2022年及以前年度汇算申报存在疑点但未更正或说明情况的，需在办理2022年及以前年度汇算申报补税、更正申报或者说明有关情况后依法申请退税。

**17. 支持居民换购住房个人所得税政策是如何规定的?**

根据《财政部 税务总局 住房城乡建设部关于延续实施支持居民换购住房有关个人所得税政策的公告》(财政部 税务总局 住房城乡建设部公告2023年第28号)的规定，自2024年1月1日至2025年12月31日，对出售自有住房并在现住房出售后1年内在市场重新购买住房的纳税人，对其出售现住房已缴纳的个人所得税予以退税优惠。

其中，新购住房金额大于或等于现住房转让金额的，全部退还已缴纳的个人所得税；新购住房金额小于现住房转让金额的，按新购住房金额占现住房转让金额的比例退还出售现住房已缴纳的个人所得税。

**18. 对在大湾区工作的境外高端人才和紧缺人才是否有个人所得税优惠政策?**

《财政部 税务总局关于延续实施粤港澳大湾区个人所得税优惠政策的通知》(财税〔2023〕34号)规定："一、广东省、深圳市按内地与香港个人所得税税负差额，对在大湾区工作的境外(含港澳台，下同)高端人才和紧缺人才给予补贴，该补贴免征个人所得税。

二、在大湾区工作的境外高端人才和紧缺人才的认定和补贴办法，按照广东省、深圳市的有关规定执行。

三、本通知适用范围包括广东省广州市、深圳市、珠海市、佛山市、惠州市、东莞市、中山市、江门市和肇庆市等大湾区珠三角九市。

四、本通知执行至2027年12月31日。"

**19. 享受居民换购住房个人所得税优惠政策的纳税人须满足什么条件?**

根据《财政部 税务总局 住房城乡建设部关于延续实施支持居民换购住房有关个人所得税政策的公告》(财政部 税务总局 住房城乡建设部公告2023年第28号)的规定，享受本公告规定优惠政策的纳税人须同时满足以下条件。

(1)纳税人出售和重新购买的住房应在同一城市范围内。同一城市范围是指同一直辖市、副省级城市、地级市(地区、州、盟)所辖全部行政区划范围。

(2)出售自有住房的纳税人与新购住房之间须直接相关，应为新购住房产权人或产权人之一。

**20. 纳税人享受居民换购住房个人所得税退税政策应提供什么资料?**

根据《财政部 税务总局 住房城乡建设部关于延续实施支持居民换购住房有关个人所得税政策的公告》(财政部 税务总局 住房城乡建设部公告2023年第28号)的规定，符合退税优惠政策条件的纳税人应向主管税务机关提供合法、有效的售房、购房合同和主管税务机关要求提供的其他有关材料，经主管税务机关审核后办理退税。

**21. 个人捐赠住房作为公共租赁住房，有何个人所得税优惠政策?**

根据《财政部 税务总局关于继续实施公共租赁住房税收优惠政策的公告》(财政部 税务总局公告2023年第33号)的规定，个人捐赠住房作为公租房，符合税收法律法规规定的，对其公益性捐赠支出未超过其申报的应纳税所得额30%的部分，准予从其应纳税所得额中扣除。

**22. 城镇住房保障家庭从地方政府领取的住房租赁补贴是否缴纳个人所得税?**

根据《财政部 税务总局关于继续实施公共租赁住房税收优惠政策的公告》(财政部 税务总局公告2023年第33号)的规定，对符合地方政府规定条件的城镇住房保障家庭从地方政府领取的住房租赁补贴，免征个人所得税。

**23. 外籍个人在中国境内工作超过183天，属于居民个人，按照税法相关规定，应如何进行专项附加扣除？**

外籍个人在一个纳税年度内在中国境内累计居住超过183天的，是中国税收居民。中国税收居民，可以享受专项附加扣除。用人单位为外籍个人实报实销或以非现金方式支付的住房补贴、伙食补贴、洗衣费、搬迁费、出差补贴、探亲费，以及外籍个人发生的语言费、子女教育费等津补贴，在2019年1月1日至2027年12月31日的过渡期内，仍免予征收个人所得税。期间，外籍个人符合居民个人条件的，可以选择享受个人所得税专项附加扣除，也可以选择按照《财政部 国家税务总局关于个人所得税若干政策问题的通知》（财税字〔1994〕020号）、《国家税务总局关于外籍个人取得有关补贴征免个人所得税执行问题的通知》（国税发〔1997〕54号）和《财政部 国家税务总局关于外籍个人取得港澳地区住房等补贴征免个人所得税的通知》（财税〔2004〕29号）规定，享受住房补贴、语言训练费、子女教育费等津补贴免税优惠政策，但不得同时享受。外籍个人一经选择，在一个纳税年度内不得变更。

**24. 个人投资者持有铁路债券取得的利息收入，有何个人所得税优惠政策？**

（1）根据《财政部 税务总局关于铁路债券利息收入所得税政策的公告》（财政部 税务总局公告2019年第57号）的规定：对个人投资者持有2019－2023年发行的铁路债券取得的利息收入，减按50%计入应纳税所得额计算征收个人所得税。税款由兑付机构在向个人投资者兑付利息时代扣代缴。

（2）根据《财政部 税务总局关于铁路债券利息收入所得税政策的公告》（财政部 税务总局公告2023年第64号）的规定，对个人投资者持有2024—2027年发行的铁路债券取得的利息收入，减按50%计入应纳税所得额计算征收个人所得税。税款由兑付机构在向个人投资者兑付利息时代扣代缴。

**25. 父母是中国国籍居民个人，子女是外国国籍，分别在境内和境外接受全日制学历教育，是否可以享受子女教育专项附加扣除？**

纳税人的子女接受全日制学历教育的相关支出，按照每个子女每月2 000元的标准定额扣除。纳税人的子女为外国国籍，无论接受境内还是境外学历教育，均可以享受子女教育专项附加扣除。

**26. 居民个人可免于办理个人所得税综合所得汇算清缴的情形有哪些？**

根据《财政部 税务总局关于延续实施个人所得税综合所得汇算清缴有关政策的公告》（财政部 税务总局公告2023年第32号）的规定，2024年1月1日至2027年12月31日居民个人取得的综合所得，年度综合所得收入不超过12万元且需要汇算清缴补税的，或者年度汇算清缴补税金额不超过400元的，居民个人可免于办理个人所得税综合所得汇算清缴。居民个人取得综合所得时存在扣缴义务人未依法预扣预缴税款的情形除外。

**27. 外籍个人取得的出差补贴是否免征个人所得税？有何具体规定？**

（1）根据《财政部 国家税务总局关于个人所得税若干政策问题的通知》（财税字

〔1994〕020 号)第二条的规定,外籍个人按合理标准取得的境内、外出差补贴暂免征收个人所得税。

(2)根据《国家税务总局关于外籍个人取得有关补贴征免个人所得税执行问题的通知》(国税发〔1997〕54 号)的规定,对外籍个人按合理标准取得的境内、外出差补贴免征个人所得税,应由纳税人提供出差的交通费、住宿费凭证(复印件)或企业安排出差的有关计划,由主管税务机关确认免税。

(3)根据《国家税务总局关于取消及下放外商投资企业和外国企业以及外籍个人若干税务行政审批项目的后续管理问题的通知》(国税发〔2004〕80 号)的规定,取消外籍个人住房、伙食等补贴免征个人所得税审批的后续管理。

根据《财政部 国家税务总局关于个人所得税若干政策问题的通知》(财税字〔1994〕020 号)第二条、《国家税务总局关于外籍个人取得有关补贴征免个人所得税执行问题的批复》(国税发〔1997〕54 号)的规定,外籍个人以非现金或实报实销形式取得的住房补贴、伙食补贴、洗衣费、搬迁费、出差补贴、探亲费、语言训练费、子女教育费等补贴,由纳税人提供有关凭证,主管税务机关核准后给予免征个人所得税。取消上述核准后,外籍个人取得上述补贴收入,在申报缴纳或代扣代缴个人所得税时,应按国税发〔1997〕54 号的规定提供有关有效凭证及证明资料。主管税务机关应按照国税发〔1997〕54 号的要求,就纳税人或代扣代缴义务人申报的有关补贴收入逐项审核。对其中有关凭证及证明资料,不能证明其上述免税补贴的合理性的,主管税务机关应要求纳税人或代扣代缴义务人在限定的时间内,重新提供证明材料。凡未能提供有效凭证及证明资料的补贴收入,主管税务机关有权给予纳税调整。

(4)根据《财政部 税务总局关于延续实施外籍个人有关津补贴个人所得税政策的公告》(财政部 税务总局公告 2023 年第 29 号)第一条的规定,外籍个人符合居民个人条件的,可以选择享受个人所得税专项附加扣除,也可以选择按照《财政部 国家税务总局关于个人所得税若干政策问题的通知》(财税字〔1994〕020 号)、《国家税务总局关于外籍个人取得有关补贴征免个人所得税执行问题的通知》(国税发〔1997〕54 号)和《财政部 国家税务总局关于外籍个人取得港澳地区住房等补贴征免个人所得税的通知》(财税〔2004〕29 号)规定,享受住房补贴、语言训练费、子女教育费等津补贴免税优惠政策,但不得同时享受。外籍个人一经选择,在一个纳税年度内不得变更。(本公告执行至 2027 年 12 月 31 日。)

**28. 外籍个人取得的搬迁费是否免征个人所得税?有何具体规定?**

(1)根据《财政部 国家税务总局关于个人所得税若干政策问题的通知》(财税字〔1994〕020 号)第二条的规定,外籍个人以非现金形式或实报实销形式取得的住房补贴、伙食补贴、搬迁费、洗衣费,暂免征收个人所得税。

(2)根据《国家税务总局关于外籍个人取得有关补贴征免个人所得税执行问题的通知》(国税发〔1997〕54 号)的规定,对外籍个人因到中国任职或离职,以实报实销形式取得的搬迁费收入免征个人所得税,应由纳税人提供有效凭证,由主管税务机关审核认定，就其合理的部分免税。外商投资企业和外国企业在中国境内的机构、场所，以搬迁费名义每月或定期向其外籍雇员支付的费用，应计入工资薪金所得征收个人所得税。

(3)根据《财政部 国家税务总局关于外籍个人取得港澳地区住房等补贴征免个人所得税的通知》(财税〔2004〕29号)的规定，受雇于我国境内企业的外籍个人(不包括香港澳门居民个人)，因家庭等原因居住在香港、澳门，每个工作日往返于内地与香港、澳门等地区，由此境内企业(包括其关联企业)给予在香港或澳门住房、伙食、洗衣、搬迁等非现金形式或实报实销形式的补贴，凡能提供有效凭证的，经主管税务机关审核确认后，可以依照《财政部 国家税务总局关于个人所得税若干政策问题的通知》(财税字〔1994〕020号)第二条以及《国家税务总局关于外籍个人取得有关补贴征免个人所得税执行问题的通知》(国税发〔1997〕54号)第一条、第二条的规定，免予征收个人所得税。

(4)根据《国家税务总局关于取消及下放外商投资企业和外国企业以及外籍个人若干税务行政审批项目的后续管理问题的通知》(国税发〔2004〕80号)的规定，取消外籍个人住房、伙食等补贴免征个人所得税审批的后续管理。

根据《财政部 国家税务总局关于个人所得税若干政策问题的通知》(财税字〔1994〕020号)第二条、《国家税务总局关于外籍个人取得有关补贴征免个人所得税执行问题的批复》(国税发〔1997〕54号)的规定，外籍个人以非现金或实报实销形式取得的住房补贴、伙食补贴、洗衣费、搬迁费、出差补贴、探亲费、语言训练费、子女教育费等补贴，由纳税人提供有关凭证，主管税务机关核准后给予免征个人所得税。取消上述核准后，外籍个人取得上述补贴收入，在申报缴纳或代扣代缴个人所得税时，应按国税发〔1997〕54号的规定提供有关有效凭证及证明资料。主管税务机关应按照国税发〔1997〕54号的要求，就纳税人或代扣代缴义务人申报的有关补贴收入逐项审核。对其中有关凭证及证明资料，不能证明其上述免税补贴的合理性的，主管税务机关应要求纳税人或代扣代缴义务人在限定的时间内，重新提供证明材料。凡未能提供有效凭证及证明资料的补贴收入，主管税务机关有权给予纳税调整。

(5)根据《财政部 税务总局关于延续实施外籍个人有关津补贴个人所得税政策的公告》(财政部 税务总局公告2023年第29号)第一条的规定，外籍个人符合居民个人条件的，可以选择享受个人所得税专项附加扣除，也可以选择按照《财政部 国家税务总局关于个人所得税若干政策问题的通知》(财税字〔1994〕020号)、《国家税务总局关于外籍个人取得有关补贴征免个人所得税执行问题的通知》(国税发〔1997〕54号)和《财政部 国家税务总局关于外籍个人取得港澳地区住房等补贴征免个人所得税的通知》(财税〔2004〕29号)规定，享受住房补贴、语言训练费、子女教育费等津补贴免税优惠政策，但不得同时享受。外籍个人一经选择，在一个纳税年度内不得变更。(本公告执行至2027年12月31日。)

**29. 外籍个人取得的住房补贴、伙食补贴、洗衣费是否免征个人所得税？有何具体规定？**

(1)根据《财政部 国家税务总局关于个人所得税若干政策问题的通知》(财税字

〔1994〕020 号)第二条的规定,外籍个人以非现金形式或实报实销形式取得的住房补贴、伙食补贴、搬迁费、洗衣费,暂免征收个人所得税。

(2)根据《国家税务总局关于外籍个人取得有关补贴征免个人所得税执行问题的通知》(国税发〔1997〕54 号)的规定,对外籍个人以非现金形式或实报实销形式取得的合理的住房补贴、伙食补贴和洗衣费免征个人所得税,应由纳税人在初次取得上述补贴或上述补贴数额、支付方式发生变化的月份的次月进行工资薪金所得纳税申报时,向主管税务机关提供上述补贴的有效凭证,由主管税务机关核准确认免税。

(3)根据《财政部 国家税务总局关于外籍个人取得港澳地区住房等补贴征免个人所得税的通知》(财税〔2004〕29 号)的规定,受雇于我国境内企业的外籍个人(不包括香港澳门居民个人),因家庭等原因居住在香港、澳门,每个工作日往返于内地与香港、澳门等地区,由此境内企业(包括其关联企业)给予在香港或澳门住房、伙食、洗衣、搬迁等非现金形式或实报实销形式的补贴,凡能提供有效凭证的,经主管税务机关审核确认后,可以依照《财政部 国家税务总局关于个人所得税若干政策问题的通知》(财税字〔1994〕020 号)第二条以及《国家税务总局关于外籍个人取得有关补贴征免个人所得税执行问题的通知》(国税发〔1997〕54 号)第一条、第二条的规定,免予征收个人所得税。

(4)根据《国家税务总局关于取消及下放外商投资企业和外国企业以及外籍个人若干税务行政审批项目的后续管理问题的通知》(国税发〔2004〕80 号)的规定,取消外籍个人住房、伙食等补贴免征个人所得税审批的后续管理。

根据《财政部 国家税务总局关于个人所得税若干政策问题的通知》(财税字〔1994〕020 号)第二条、《国家税务总局关于外籍个人取得有关补贴征免个人所得税执行问题的批复》(国税发〔1997〕54 号)的规定,外籍个人以非现金或实报实销形式取得的住房补贴、伙食补贴、洗衣费、搬迁费、出差补贴、探亲费、语言训练费、子女教育费等补贴,由纳税人提供有关凭证,主管税务机关核准后给予免征个人所得税。取消上述核准后,外籍个人取得上述补贴收入,在申报缴纳或代扣代缴个人所得税时,应按国税发〔1997〕54 号的规定提供有关有效凭证及证明资料。主管税务机关应按照国税发〔1997〕54 号的要求,就纳税人或代扣代缴义务人申报的有关补贴收入逐项审核。对其中有关凭证及证明资料,不能证明其上述免税补贴的合理性的,主管税务机关应要求纳税人或代扣代缴义务人在限定的时间内,重新提供证明材料。凡未能提供有效凭证及证明资料的补贴收入,主管税务机关有权给予纳税调整。

(5)根据《财政部 税务总局关于延续实施外籍个人有关津补贴个人所得税政策的公告》(财政部 税务总局公告 2023 年第 29 号)第一条的规定,外籍个人符合居民个人条件的,可以选择享受个人所得税专项附加扣除,也可以选择按照《财政部 国家税务总局关于个人所得税若干政策问题的通知》(财税字〔1994〕020 号)、《国家税务总局关于外籍个人取得有关补贴征免个人所得税执行问题的通知》(国税发〔1997〕54 号)和《财政部 国家税务总局关于外籍个人取得港澳地区住房等补贴征免个人所得税的通知》(财税〔2004〕29 号)规定,享受住房补贴、语言训练费、子女教育费等津补贴免税优惠政策,但不得同时享受。外籍个人一经选择，在一个纳税年度内不得变更。（本公告执行至2027年12月31日。）

**30. 针对远洋船员有何个人所得税优惠政策？**

根据《财政部 税务总局关于延续实施远洋船员个人所得税政策的公告》（财政部 税务总局公告2023年第31号）的规定：(1)一个纳税年度内在船航行时间累计满183天的远洋船员，其取得的工资薪金收入减按50%计入应纳税所得额，依法缴纳个人所得税。

(2)本公告所称的远洋船员是指在海事管理部门依法登记注册的国际航行船舶船员和在渔业管理部门依法登记注册的远洋渔业船员。

(3)在船航行时间是指远洋船员在国际航行或作业船舶和远洋渔业船舶上的工作天数。一个纳税年度内的在船航行时间为一个纳税年度内在船航行时间的累计天数。

(4)远洋船员可选择在当年预扣预缴税款或者次年个人所得税汇算清缴时享受上述优惠政策。

(5)海事管理部门、渔业管理部门同税务部门建立信息共享机制，定期交换远洋船员身份认定、在船航行时间等有关涉税信息。

(6)本公告执行至2027年12月31日。

**31. 合伙创投企业采取股权投资方式直接投资于初创科技型企业，个人所得税有什么优惠政策？**

根据《财政部 税务总局关于创业投资企业和天使投资个人有关税收政策的通知》（财税〔2018〕55号）的规定，有限合伙制创业投资企业（以下简称合伙创投企业）采取股权投资方式直接投资于初创科技型企业满2年的，该合伙创投企业的合伙人分别按以下方式处理。

(1)法人合伙人可以按照对初创科技型企业投资额的70%抵扣法人合伙人从合伙创投企业分得的所得；当年不足抵扣的，可以在以后纳税年度结转抵扣。

(2)个人合伙人可以按照对初创科技型企业投资额的70%抵扣个人合伙人从合伙创投企业分得的经营所得；当年不足抵扣的，可以在以后纳税年度结转抵扣。

**32. 对境外个人投资者投资经国务院批准对外开放的中国境内原油等货物期货品种取得的所得，如何缴纳个人所得税？**

根据《财政部 税务总局 中国证监会关于延续实施支持原油等货物期货市场对外开放个人所得税政策的公告》（财政部 税务总局 中国证监会公告2023年第26号）的规定，对境外个人投资者投资经国务院批准对外开放的中国境内原油等货物期货品种取得的所得，暂免征收个人所得税。

（本公告执行至2027年12月31日。）

**33. 对内地个人投资者通过基金互认买卖香港基金份额取得的转让差价所得，是否征收个人所得税？**

根据《财政部 税务总局 中国证监会关于延续实施沪港、深港股票市场交易互联互通机制和内地与香港基金互认有关个人所得税政策的公告》(财政部 税务总局 中国证监会公告 2023 年第 23 号)的规定,对内地个人投资者通过沪港通、深港通投资香港联交所上市股票取得的转让差价所得和通过基金互认买卖香港基金份额取得的转让差价所得,继续暂免征收个人所得税。

(本公告执行至 2027 年 12 月 31 日。)

**34. 对内地个人投资者通过深港通投资香港联交所上市股票取得的转让差价所得,是否征收个人所得税?**

根据《财政部 税务总局 中国证监会关于延续实施沪港、深港股票市场交易互联互通机制和内地与香港基金互认有关个人所得税政策的公告》(财政部 税务总局 中国证监会公告 2023 年第 23 号)的规定,对内地个人投资者通过沪港通、深港通投资香港联交所上市股票取得的转让差价所得和通过基金互认买卖香港基金份额取得的转让差价所得,继续暂免征收个人所得税。

(本公告执行至 2027 年 12 月 31 日。)

**35. 对内地个人投资者通过沪港通投资香港联交所上市股票取得的转让差价所得,是否征收个人所得税?**

根据《财政部 税务总局 中国证监会关于延续实施沪港、深港股票市场交易互联互通机制和内地与香港基金互认有关个人所得税政策的公告》(财政部 税务总局 中国证监会公告 2023 年第 23 号)的规定,对内地个人投资者通过沪港通、深港通投资香港联交所上市股票取得的转让差价所得和通过基金互认买卖香港基金份额取得的转让差价所得,继续暂免征收个人所得税。

(本公告执行至 2027 年 12 月 31 日。)

**36. 创投企业选择按单一投资基金核算的,其个人合伙人应从该基金分得的股权转让所得和股息红利所得,如何计算个人所得税?**

根据《财政部 税务总局 国家发展改革委 中国证监会关于延续实施创业投资企业个人合伙人所得税政策的公告》(财政部 税务总局 国家发展改革委 中国证监会公告 2023 年第 24 号)的规定,创投企业选择按单一投资基金核算的,其个人合伙人从该基金应分得的股权转让所得和股息红利所得,按照 20%税率计算缴纳个人所得税。

单一投资基金核算,是指单一投资基金(包括不以基金名义设立的创投企业)在一个纳税年度内从不同创业投资项目取得的股权转让所得和股息红利所得按下述方法分别核算纳税。

(1)股权转让所得。单个投资项目的股权转让所得,按年度股权转让收入扣除对应股权原值和转让环节合理费用后的余额计算,股权原值和转让环节合理费用的确定方法,参照股权转让所得个人所得税有关政策规定执行;单一投资基金的股权转让所得,按一个纳税年度内不同投资项目的所得和损失相互抵减后的余额计算,余额大于或等于零的,即确认为该基金的年度股权转让所得;余额小于零的,该基金年度股权转让所得按零计算且不能跨年结转。

个人合伙人按照其应从基金年度股权转让所得中分得的份额计算其应纳税额，并由创投企业在次年3月31日前代扣代缴个人所得税。如符合《财政部 税务总局关于创业投资企业和天使投资个人有关税收政策的通知》(财税〔2018〕55号)规定条件的，创投企业个人合伙人可以按照被转让项目对应投资额的70%抵扣其应从基金年度股权转让所得中分得的份额后再计算其应纳税额，当期不足抵扣的，不得向以后年度结转。

(2)股息红利所得。单一投资基金的股息红利所得，以其来源于所投资项目分配的股息、红利收入以及其他固定收益类证券等收入的全额计算。

个人合伙人按照其应从基金股息红利所得中分得的份额计算其应纳税额，并由创投企业按次代扣代缴个人所得税。

(3)除前述可以扣除的成本、费用之外，单一投资基金发生的包括投资基金管理人的管理费和业绩报酬在内的其他支出，不得在核算时扣除。

本条规定的单一投资基金核算方法仅适用于计算创投企业个人合伙人的应纳税额。

(本公告执行至2027年12月31日。)

**37. 创投企业选择按年度所得整体核算的，其个人合伙人应从创投企业取得的所得，如何计算个人所得税?**

根据《财政部 税务总局 国家发展改革委 中国证监会关于延续实施创业投资企业个人合伙人所得税政策的公告》(财政部 税务总局 国家发展改革委 中国证监会公告2023年第24号)的规定，创投企业选择按年度所得整体核算的，其个人合伙人应从创投企业取得的所得，按照“经营所得”项目、5%～35%的超额累进税率计算缴纳个人所得税。

创投企业年度所得整体核算，是指将创投企业以每一纳税年度的收入总额减除成本、费用以及损失后，计算应分配给个人合伙人的所得。如符合《财政部 税务总局关于创业投资企业和天使投资个人有关税收政策的通知》(财税〔2018〕55号)规定条件的，创投企业个人合伙人可以按照被转让项目对应投资额的70%抵扣其可以从创投企业应分得的经营所得后再计算其应纳税额。年度核算亏损的，准予按有关规定向以后年度结转。

按照“经营所得”项目计税的个人合伙人，没有综合所得的，可依法减除基本减除费用、专项扣除、专项附加扣除以及国务院确定的其他扣除。从多处取得经营所得的，应汇总计算个人所得税，只减除一次上述费用和扣除。

(本公告执行至2027年12月31日。)

**38. 个人从任职受雇企业以低于公平市场价格取得股票(权)的，不符合递延纳税条件的，如何计税?**

根据《财政部 国家税务总局关于完善股权激励和技术入股有关所得税政策的通知》(财税〔2016〕101号)第四条的规定，个人从任职受雇企业以低于公平市场价格取得股票(权)的，凡不符合递延纳税条件，应在获得股票(权)时，对实际出资额低于公平市场价格的差额，按照“工资、薪金所得”项目，参照《财政部 国家税务总局关于个人股票期权所得征收个人所得税问题的通知》（财税〔2005〕35 号）有关规定计算缴纳个人所得税。

**39. 居民个人取得上市公司股权激励所得，如何计算个人所得税？**

根据《财政部 税务总局关于延续实施上市公司股权激励有关个人所得税政策的公告》（财政部 税务总局公告 2023 年第 25 号）的规定，居民个人取得股票期权、股票增值权、限制性股票、股权奖励等股权激励（以下简称股权激励），符合《财政部 国家税务总局关于个人股票期权所得征收个人所得税问题的通知》（财税〔2005〕35 号）、《财政部 国家税务总局关于股票增值权所得和限制性股票所得征收个人所得税有关问题的通知》（财税〔2009〕5 号）、《财政部 国家税务总局关于将国家自主创新示范区有关税收试点政策推广到全国范围实施的通知》（财税〔2015〕116 号）第四条、《财政部 国家税务总局关于完善股权激励和技术入股有关所得税政策的通知》（财税〔2016〕101 号）第四条第（一）项规定的相关条件的，不并入当年综合所得，全额单独适用综合所得税率表，计算纳税。计算公式为：

应纳税额＝股权激励收入×适用税率－速算扣除数

居民个人一个纳税年度内取得两次以上（含两次）股权激励的，应合并按上述规定计算纳税。

（本公告执行至 2027 年 12 月 31 日。）

**40. 个人投资者持有创新企业 CDR 取得的股息红利所得，如何缴纳个人所得税？**

根据《财政部 税务总局 中国证监会关于继续实施创新企业境内发行存托凭证试点阶段有关税收政策的公告》（财政部 税务总局 中国证监会公告 2023 年第 22 号）第一条第二款的规定，自 2023 年 9 月 21 日至 2025 年 12 月 31 日，对个人投资者持有创新企业 CDR 取得的股息红利所得，实施股息红利差别化个人所得税政策，具体参照《财政部 国家税务总局 证监会关于实施上市公司股息红利差别化个人所得税政策有关问题的通知》（财税〔2012〕85 号）、《财政部 国家税务总局 证监会关于上市公司股息红利差别化个人所得税政策有关问题的通知》（财税〔2015〕101 号）的相关规定执行，由创新企业在其境内的存托机构代扣代缴税款，并向存托机构所在地税务机关办理全员全额明细申报。对于个人投资者取得的股息红利在境外已缴纳的税款，可按照个人所得税法以及双边税收协定（安排）的相关规定予以抵免。

**41. 个人投资者转让创新企业 CDR 取得的差价所得，如何缴纳个人所得税？**

根据《财政部 税务总局 中国证监会关于继续实施创新企业境内发行存托凭证试点阶段有关税收政策的公告》（财政部 税务总局 中国证监会公告 2023 年第 22 号）第一条第一款的规定，自 2023 年 9 月 21 日至 2025 年 12 月 31 日，对个人投资者转让创新企业 CDR 取得的差价所得，暂免征收个人所得税。

**42. 个体工商户个人所得税减半政策如何计算减免税额？**

根据《国家税务总局关于进一步落实支持个体工商户发展个人所得税优惠政策有

关事项的公告》(国家税务总局公告2023年第12号)第三条的规定，个体工商户按照以下方法计算减免税额：

减免税额=(经营所得应纳税所得额不超过200万元部分的应纳税额－其他政策减免税额×经营所得应纳税所得额不超过200万元部分÷经营所得应纳税所得额)×50%。

[本公告自2023年1月1日起施行，2027年12月31日终止执行。《国家税务总局关于落实支持个体工商户发展个人所得税优惠政策有关事项的公告》(国家税务总局公告2023年第5号)同时废止。]

**43. 个体工商户享受个人所得税减半政策如何申报?**

根据《国家税务总局关于进一步落实支持个体工商户发展个人所得税优惠政策有关事项的公告》(国家税务总局公告2023年第12号)第四条的规定，个体工商户需将按上述方法计算得出的减免税额填入对应经营所得纳税申报表"减免税额"栏次，并附报《个人所得税减免税事项报告表》。对于通过电子税务局申报的个体工商户，税务机关将提供该优惠政策减免税额和报告表的预填服务。实行简易申报的定期定额个体工商户，税务机关按照减免后的税额进行税款划缴。

[本公告自2023年1月1日起施行，2027年12月31日终止执行。《国家税务总局关于落实支持个体工商户发展个人所得税优惠政策有关事项的公告》(国家税务总局公告2023年第5号)同时废止。]

**44. 个体工商户如何享受个人所得税减半政策?**

根据《国家税务总局关于进一步落实支持个体工商户发展个人所得税优惠政策有关事项的公告》(国家税务总局公告2023年第12号)第二条的规定，个体工商户在预缴税款时即可享受，其年应纳税所得额暂按截至本期申报所属期末的情况进行判断，并在年度汇算清缴时按年计算、多退少补。若个体工商户从两处以上取得经营所得，需在办理年度汇总纳税申报时，合并个体工商户经营所得年应纳税所得额，重新计算减免税额，多退少补。

[本公告自2023年1月1日起施行，2027年12月31日终止执行。《国家税务总局关于落实支持个体工商户发展个人所得税优惠政策有关事项的公告》(国家税务总局公告2023年第5号)同时废止。]

**45. 个体工商户个人所得税减半政策区分征收方式吗?**

根据《国家税务总局关于进一步落实支持个体工商户发展个人所得税优惠政策有关事项的公告》(国家税务总局公告2023年第12号)第一条的规定，对个体工商户年应纳税所得额不超过200万元的部分，减半征收个人所得税。个体工商户在享受现行其他个人所得税优惠政策的基础上，可叠加享受本条优惠政策。个体工商户不区分征收方式，均可享受。

[本公告自2023年1月1日起施行，2027年12月31日终止执行。《国家税务总局关于落实支持个体工商户发展个人所得税优惠政策有关事项的公告》(国家税务总局公告2023年第5号)同时废止。]

**46. 个体工商户个人所得税减半政策的具体规定是什么?**

根据《财政部 税务总局关于进一步支持小微企业和个体工商户发展有关税费政策的公告》(财政部 税务总局公告 2023 年第 12 号)第一条的规定,自 2023 年 1 月 1 日至 2027 年 12 月 31 日,对个体工商户年应纳税所得额不超过 200 万元的部分,减半征收个人所得税。个体工商户在享受现行其他个人所得税优惠政策的基础上,可叠加享受本条优惠政策。

**47. 对个人股权转让过程中取得的违约金,是否征收个人所得税?**

《国家税务总局关于个人股权转让过程中取得违约金收入征收个人所得税问题的批复》(国税函〔2006〕866 号)规定:"根据《中华人民共和国个人所得税法》的有关规定,股权成功转让后,转让方个人因受让方个人未按规定期限支付价款而取得的违约金收入,属于因财产转让而产生的收入。转让方个人取得的该违约金应并入财产转让收入,按照'财产转让所得'项目计算缴纳个人所得税,税款由取得所得的转让方个人向主管税务机关自行申报缴纳。"

根据《国家税务总局关于发布〈股权转让所得个人所得税管理办法(试行)〉的公告》(国家税务总局公告 2014 年第 67 号)第八条的规定,转让方取得与股权转让相关的各种款项,包括违约金、补偿金以及其他名目的款项、资产、权益等,均应当并入股权转让收入。

**48. 个人养老金个人缴费应于何时享受税前扣除优惠?**

根据《财政部 税务总局关于个人养老金有关个人所得税政策的公告》(财政部 税务总局公告 2022 年第 34 号)第二条的规定,个人缴费享受税前扣除优惠时,以个人养老金信息管理服务平台出具的扣除凭证为扣税凭据。取得工资薪金所得、按累计预扣法预扣预缴个人所得税劳务报酬所得的,其缴费可以选择在当年预扣预缴或次年汇算清缴时在限额标准内据实扣除。选择在当年预扣预缴的,应及时将相关凭证提供给扣缴单位。扣缴单位应按照本公告有关要求,为纳税人办理税前扣除有关事项。取得其他劳务报酬、稿酬、特许权使用费等所得或经营所得的,其缴费在次年汇算清缴时在限额标准内据实扣除。个人按规定领取个人养老金时,由开立个人养老金资金账户所在市的商业银行机构代扣代缴其应缴的个人所得税。

**49. 税收协定条款中的教育机构是指什么?**

根据《国家税务总局关于进一步完善税收协定中教师和研究人员条款执行有关规定的公告》(国家税务总局公告 2016 年第 91 号)的规定,税收协定条款中所称"大学、学院、学校或其他政府承认的教育机构",在我国是指实施学前教育、初等教育、中等教育、高等教育和特殊教育的学校,具体包括幼儿园、普通小学、成人小学、普通初中、职业初中、普通高中、成人高中、中专、成人中专、职业高中、技工学校、特殊教育学校、外籍人员子女学校、普通高校、高职(专科)院校和成人高等学校。培训机构不属于学校。

**50. 可以在哪儿下载安装自然人电子税务局(扣缴端)?**

您可通过所在省(市、自治区、直辖市)税务局的官方网站下载自然人电子税务局(扣缴端);或进入自然人电子税务局网页端(https://etax.chinatax.gov.cn),单击主页右上角的"下载服务",找到"软件工具"中的"自然人电子税务局(扣缴端)",单击"下载"操作。

# 第三章　个人所得税练习题

## 一、单项选择题

1. 下列属于“稿酬所得”的项目是（　　）。

A. 记者在本单位刊物发表文章取得的报酬

B. 提供著作权的使用权而取得的报酬

C. 将国外的作品翻译出版取得的报酬

D. 书画家出席笔会现场书写作画的出场费收入

**【参考答案】** C

**【答案解析】** 选项A，属于“工资、薪金所得”；选项B，属于“特许权使用费所得”；选项D，属于“劳务报酬所得”。

2. 对于个人的财产转让所得，在计算征收个人所得税时，准予从收入中扣除的财产原值及合理费用不包括（　　）。

A. 有价证券的原值

B. 建筑物的建造费用

C. 机器设备的购进价格及运输费

D. 转让土地使用权所取得的价外收入

**【参考答案】** D

**【答案解析】** 按个人所得税法的规定，计算财产转让所得时，应将与其相关的成本、费用和税费予以扣除。

3. 个人获取的下列所得不属于按照“偶然所得”项目计算缴纳个人所得税的是（　　）。

A. 参加客户单位的周年庆典活动，收到客户单位随机赠送的网络红包

B. 无偿获得房产公司赠与的住房

C. 为他人提供担保取得的收入

D. 参加本单位的年会活动，获得的有奖竞猜奖品

**【参考答案】** D

**【答案解析】** 根据《财政部 税务总局关于个人取得有关收入适用个人所得税应税所得项目的公告》(财政部 税务总局公告 2019 年第 74 号),企业在业务宣传、广告等活动中,随机向本单位以外的个人赠送礼品(包括网络红包),以及企业在年会、座谈会、庆典以及其他活动中向本单位以外的个人赠送礼品,个人取得的礼品收入,按照“偶然所得”项目计算缴纳个人所得税,但企业赠送的具有价格折扣或折让性质的消费券、代金券、抵用券、优惠券等礼品除外。因此,参加本单位的年会活动,获得的有奖竞猜奖品,按照“偶然所得”计征个人所得税。

4. 公民张某向其投资的企业(非个人独资企业、合伙企业)借款,在该纳税年度终了后既不归还,又未用于企业生产经营。对于该借款的税务处理正确的是(　　)。

A. 不用缴纳个人所得税

B. 按照“工资、薪金所得”项目缴纳个人所得税

C. 按照“经营所得”项目缴纳个人所得税

D. 按照“利息、股息、红利所得”项目缴纳个人所得税

**【参考答案】** D

**【答案解析】** 根据《财政部 国家税务总局关于规范个人投资者个人所得税征收管理的通知》(财税〔2003〕158 号)的规定,纳税年度内个人投资者从其投资企业(个人独资企业、合伙企业除外)借款,在该纳税年度终了后既不归还,又未用于企业生产经营的,其未归还的借款可视为企业对个人投资者的红利分配,依照“利息、股息、红利所得”项目计征个人所得税。

5. 关于综合所得专项附加扣除中的子女教育支出,下列说法错误的是(　　)。

A. 在税前扣除子女教育支出时,必须留存学校录取通知书等相关教育的证明资料备查

B. 纳税人的子女接受全日制学历教育的相关支出,按照每个子女每月 2000 元的标准定额扣除

C. 年满 3 岁至小学入学前处于学前教育阶段的子女,按照子女教育支出扣除

D. 父母可以选择由其中一方按扣除标准的 100%扣除,也可以选择由双方分别按扣除标准的 50%扣除

**【参考答案】** A

**【答案解析】** 根据《国务院关于印发〈个人所得税专项附加扣除暂行办法〉的通知》(国发〔2018〕41 号)的规定,只有纳税人子女在中国境外接受教育的,纳税人才需要留存境外学校录取通知书、留学签证等相关教育的证明资料备查;如果在境内接受教育,无需留存资料备查。

6. 某个体工商户 2023 年实际发放员工工资 10 万元。在计算应缴纳个人所得税时,可以扣除的员工的职工福利费为(　　)元。

A. 6 000　　　　B. 7 500

C. 14 000　　　　D. 42 000

**【参考答案】** C

**【答案解析】** 根据《国家税务总局个体工商户个人所得税计税办法》(国家税务总局令第 35 号)第二十七条,个体工商户向当地工会组织拨缴的工会经费、实际发生的职工福利费支出、职工教育经费支出分别在工资薪金总额的 2%、14%、2.5%的标准内据实扣除。因此,可以扣除的职工福利费支出＝10×10 000×14%＝14 000(元)。

7. 某个体工商户发生的下列支出中,允许在个人所得税税前扣除的是(　　)。

A. 业主的工资薪金支出

B. 直接向某灾区小学的捐赠

C. 已缴纳的城市维护建设税及教育费附加

D. 代公司员工负担的个人所得税税款

**【参考答案】** C

**【答案解析】** 选项 A,个体工商户用于个人和家庭的支出,不得税前扣除;个体工商户生产经营活动中,应当分别核算生产经营费用和个人、家庭费用。对于因生产经营与个人、家庭生活混用难以分清的费用,其 40%视为与生产经营有关费用,准予扣除。选项 B,个体工商户直接对受益人的捐赠不得扣除。选项 D,个体工商户代其从业人员或者他人负担的税款,不得税前扣除。

8. 某设计师业余时间为某企业做产品设计。该企业支付其设计费 80 000 元,则该企业应预扣预缴该设计师就该产品设计所得的个人所得税为(　　)元。

A. 16 000　　　　B. 18 600

C. 22 000　　　　D. 25 000

**【参考答案】** B

**【答案解析】** 根据《国家税务总局关于发布〈个人所得税扣缴申报管理办法(试行)〉的公告》(国家税务总局 2018 年 61 号)第八条的有关规定,扣缴义务人向居民个人支付劳务报酬所得、稿酬所得、特许权使用费所得时,应当按照以下方法按次或者按月预扣预缴税款。劳务报酬所得、稿酬所得、特许权使用费所得以收入减除费用后的余额为收入额;其中,稿酬所得的收入额减按 70%计算。

减除费用:预扣预缴税款时,劳务报酬所得、稿酬所得、特许权使用费所得每次收入不超过 4 000 元的,减除费用按 800 元计算;每次收入 4 000 元以上的,减除费用按收入的 20%计算。

应纳税所得额:劳务报酬所得、稿酬所得、特许权使用费所得,以每次收入额为预扣预缴应纳税所得额,计算应预扣预缴税额。劳务报酬所得适用个人所得税预扣率表二,稿酬所得、特许权使用费所得适用 20%的比例预扣率。

该设计师业余时间进行产品设计所得为劳务报酬所得。因此,该企业应预扣预缴该设计师的个人所得税＝80 000×(1－20%)×40%－7 000＝18 600(元)。

9. 以下对于个人独资企业计算个人所得税时有关扣除项目的表述，不正确的是（　　）。

A. 投资者工资不得在税前扣除

B. 企业发生的职工工会经费、职工福利费、职工教育经费扣除比例分别是 2%、14%、2.5%

C. 投资者及其家庭发生的生活费用与企业生产经营费用混合在一起，并且难以划分的，40%视为与生产经营有关费用，准予扣除

D. 企业计提的各种准备金不得在税前扣除

**【参考答案】** C

**【答案解析】** 根据《财政部 国家税务总局关于印发〈关于个人独资企业和合伙企业投资者征收个人所得税的规定〉的通知》（财税〔2000〕91 号）的规定，个人独资企业和合伙企业的投资者及其家庭发生的生活费用与企业生产经营费用混合在一起，并且难以划分的，全部视为投资者个人及其家庭发生的生活费用，不允许在税前扣除。根据《国家税务总局个体工商户个人所得税计税办法》（国家税务总局令第 35 号）的规定，个体工商户生产经营活动中，应当分别核算生产经营费用和个人、家庭费用。对于生产经营与个人、家庭生活混用难以分清的费用，其 40%视为与生产经营有关费用，准予扣除。

10. 以下关于个人所得税专项附加扣除的表述正确的是（　　）。

A. 纳税人境内在职研究生教育支出，可选择由其父母扣除（子女教育）

B. 参加境外全日制继续教育，属于"继续教育"专项附加扣除的范围

C. 父母贷款但产权登记为子女的购房，选择父母或子女享受住房贷款利息定额扣除政策

D. 纳税人 2023 年同时取得 CPA 和 TA 证书，不能同时享受 2 个职业资格继续教育专项附加扣除

**【参考答案】** D

**【答案解析】** 根据《个人所得税专项附加扣除暂行办法》，纳税人在中国境内接受学历（学位）继续教育的支出，在学历（学位）教育期间按照每月 400 元定额扣除。同一学历（学位）继续教育的扣除期限不能超过 48 个月。纳税人接受技能人员职业资格继续教育、专业技术人员职业资格继续教育的支出，在取得相关证书的当年，按照 3600 元定额扣除。个人接受本科及以下学历（学位）继续教育，符合本办法规定扣除条件的，可以选择由其父母扣除，也可以选择由本人扣除。

纳税人本人或者配偶单独或者共同使用商业银行或者住房公积金个人住房贷款为本人或者其配偶购买中国境内住房，发生的首套住房贷款利息支出，在实际发生贷款利息的年度，按照每月 1 000 元的标准定额扣除，扣除期限最长不超过 240 个月。纳税人只能享受一次首套住房贷款的利息扣除。

选项 A，纳税人境内在职研究生教育支出，只能本人享受继续教育专项附加扣除；

选项 B,“继续教育”专项附加扣除仅限于境内的符合条件的教育,不含境外教育;选项 C,父母贷款但产权登记为子女的购房,父母和子女均不能享受住房贷款利息定额扣除政策。

11. 以下在计算个人独资企业生产经营所得的应纳税所得额时,不允许扣除的项目是(　　)。

A. 因贩卖假货被群众举报,工商部门查收的假货造成的损失

B. 以融资租赁方式租入固定资产的折旧费用

C. 财产保险支出

D. 因迟交社保,而向社保部门缴纳的滞纳金

**【参考答案】** A

**【答案解析】** 选项 A,罚金、罚款和被没收财物的损失是不允许税前扣除的。选项 D,不允许税前扣除的是税收的滞纳金,社保的滞纳金是可以税前扣除的。

12. 在确定综合所得的年收入额时,下列说法错误的是(　　)。

A. 劳务报酬所得,每次收入不超过 4 000 元的,允许减除 800 元的费用

B. 劳务报酬所得以收入减除 20%的费用后的余额为收入额

C. 稿酬所得以收入减除 20%的费用后的余额为收入额,稿酬所得的收入额减按 70%计算

D. 特许权使用费所得以收入减除 20%的费用后的余额为收入额

**【参考答案】** A

**【答案解析】** 根据《中华人民共和国个人所得税法》的规定,在计算综合所得的年收入额时,无论每次收入是否超过 4 000 元,均按照下列规定计算:劳务报酬所得、稿酬所得、特许权使用费所得以收入减除 20%的费用后的余额为收入额。稿酬所得的收入额减按 70%计算。

13. 2023 年 5 月,在 A 公司工作的张某,工作之余为另一家公司修理电脑取得 3 000 元收入,以下说法正确的是(　　)。

A. 以 2 400 元计入年综合所得

B. 以 2 800 元计入年综合所得

C. A 公司应预扣张某个人所得税额为 460 元

D. A 公司应预扣张某个人所得税额为 576 元

**【参考答案】** A

**【答案解析】** 劳务报酬所得以收入减除 20%的费用后的余额为收入额。故兼职收入应计入年综合所得＝3 000×(1－20%)＝2 400(元)。扣缴义务人向居民个人支付劳务报酬所得,按次或者按月预缴个人所得税,劳务报酬所得每次收入不超过 4 000 的,减除费用按 800 元计算;每次收入 4 000 元以上的,减除费用按 20%计算。故 A 公司应预扣张某个人所得税额＝(3 000－800)×20%＝420(元)。

14. 小王工作后在境内进行了在职教育学习。根据规定,在计算个人所得税时,在

学历(学位)教育期间按照每月(　　)元定额扣除。

A. 200　　B. 300

C. 400　　D. 500

**【参考答案】** C

**【答案解析】** 根据《个人所得税专项附加扣除暂行办法》的规定,纳税人在中国境内接受学历(学位)继续教育的支出,在学历(学位)教育期间按照每月 400 元定额扣除。

15. 小杨 2023 年度仅取得经营所得,计算个人所得税应纳税额时,只能在办理汇算清缴时扣除的是(　　)。

A. 依法其他扣除　　B. 专项扣除

C. 费用扣除　　D. 专项附加扣除

**【参考答案】** D

**【答案解析】** 根据《中华人民共和国个人所得税法实施条例》,取得经营所得的个人,没有综合所得的,专项附加扣除是在办理汇算清缴时减除,这里费用扣除和专项扣除、依法其他扣除是可以在预缴时扣除,也可以在汇算清缴时扣除的。

16. 张某因生了一场大病,花费医疗费用合计 24.5 万元,其中医保报销 14 万元,其余为医保目录中的个人自费部分。张某大病医疗个人所得税汇算清缴时抵扣的金额为(　　)万元。

A. 8　　B. 9

C. 9.5　　D. 1.5

**【参考答案】** A

**【答案解析】** 根据《个人所得税专项附加扣除暂行办法》,在一个纳税年度内,纳税人发生的与基本医保相关的医药费用支出,扣除医保报销后个人负担(指医保目录范围内的自付部分)累计超过 15 000 元的部分,由纳税人在办理年度汇算清缴时,在 80 000 元限额内据实扣除。张某个人负担的部分=24.5-14=10.5(万元)其中超过 1.5 万元的部分=10.5-1.5=9(万元)。所以能抵扣 8 万元。

17. 下列关于个人所得税专项附加扣除,表述错误的是(　　)。

A. 子女教育支出从符合条件的当月起开始起算每人每月 2 000 元定额扣除

B. 纳税人发生的与基本医保相关的医药费用,扣除医保报销后个人负担(指医保目录范围内的自付部分)累计超过 15 000 元的部分,在 80 000 元限额内据实扣除

C. 学历继续教育为取得相关证书的年度,定额扣除 3 600 元/年

D. 非独生子女赡养老人支出,每人分摊额度不超过每月 1 500 元

**【参考答案】** C

**【答案解析】** 根据《国务院关于印发个人所得税专项附加扣除暂行办法的通知》(国发〔2018〕41 号)第八条的规定,纳税人在中国境内接受学历(学位)继续教育的支出,在学历(学位)教育期间按照每月 400 元定额扣除。同一学历(学位)继续教育的扣除期限不能超过 48 个月。纳税人接受技能人员职业资格继续教育、专业技术人员职业资格

继续教育的支出，在取得相关证书的当年，按照 3 600 元定额扣除。

18. 下列关于个人所得税专项附加扣除时限的表述中，正确的是（　　）。

A. 住房贷款利息，扣除时限最长不得超过 180 个月

B. 3 岁以下婴幼儿照护，扣除时间为婴幼儿出生的当月至年满 3 周岁的当月

C. 技能人员职业资格继续教育，扣除时间为取得相关证书的当年

D. 大病医疗，扣除时间为医疗保障信息系统记录的医药费用实际支出的次年

**【参考答案】** C

**【答案解析】** 根据《国务院关于印发个人所得税专项附加扣除暂行办法的通知》（国发〔2018〕41 号）规定，纳税人接受技能人员职业资格继续教育、专业技术人员职业资格继续教育的支出，在取得相关证书的当年，按照 3 600 元定额扣除。选项 A，住房贷款利息扣除时限最长不超过 240 个月（20 年）；选项 B，3 岁以下婴幼儿照护，扣除时间为婴幼儿出生的当月至年满 3 周岁的前一个月；选项 D，大病医疗扣除时间为医疗保障信息系统记录的医药费用实际支出的当年。

19. 下列说法中错误的是（　　）。

A. 新股东以不低于净资产价格收购股权的，企业原盈余积累已全部计入股权交易价格，新股东取得盈余积累转增股本的部分，按“利息、股息红利所”得征收个人所得税

B. 新股东以低于净资产价格收购股权的，企业原盈余积累中，对于股权收购价格减去原股本的差额部分已经计入股权交易价格，新股东取得盈余积累转增股本的部分，不征收个人所得税

C. 对于股权收购价格低于原所有者权益的差额部分未计入股权交易价格，新股东取得盈余积累转增股本的部分，应按照“利息、股息、红利所得”项目征收个人所得税

D. 新股东将所持股权转让时，其财产原值为其收购企业股权实际支付的对价及相关税费

**【参考答案】** A

**【答案解析】** 根据《国家税务总局关于个人投资者收购企业股权后将原盈余积累转增股本个人所得税问题的公告》（国家税务总局公告 2013 年第 23 号）规定，1 名或多名个人投资者以股权收购方式取得被收购企业 100%股权，股权收购前，被收购企业原账面金额中的“资本公积、盈余公积、未分配利润”等盈余积累未转增股本，而在股权交易时将其一并计入股权转让价格并履行了所得税纳税义务。股权收购后，企业将原账面金额中的盈余积累向个人投资者（新股东，下同）转增股本，有关个人所得税问题区分以下情形处理：（1）新股东以不低于净资产价格收购股权的，企业原盈余积累已全部计入股权交易价格，新股东取得盈余积累转增股本的部分，不征收个人所得税。（2）新股东以低于净资产价格收购股权的，企业原盈余积累中，对于股权收购价格减去原股本的差额部分已经计入股权交易价格，新股东取得盈余积累转增股本的部分，不征收个人所

得税；对于股权收购价格低于原所有者权益的差额部分未计入股权交易价格，新股东取得盈余积累转增股本的部分，应按照“利息、股息、红利所得”项目征收个人所得税。新股东以低于净资产价格收购企业股权后转增股本，应按照下列顺序进行，即：先转增应税的盈余积累部分，然后再转增免税的盈余积累部分。

20. 根据个人所得税法的相关规定，下列关于“每次收入”确定的说法，错误的是（　　）。

A. 偶然所得，以取得该项收入为一次

B. 财产租赁所得，以一个月内取得的收入为一次

C. 利息所得，以合同约定的应取得利息收入的时间为一次

D. 因同一项目连续取得劳务报酬所得，以一个月内取得的收入为一次

**【参考答案】** C

**【答案解析】** 根据《中华人民共和国个人所得税法实施条例》第十四条第三款的规定，利息、股息、红利所得，以支付利息、股息、红利时取得的收入为一次。

21. 2023 年 10 月张某将其自有一套 60 平方米的住房租给李某，租赁期限为 1 个月，租金为 2 000 元。此租赁业务需要缴纳的相关税费为 800 元，则张某应缴纳个人所得税（　　）元。

A. 40　　B. 80

C. 160　　D. 320

**【参考答案】** A

**【答案解析】** 个人出租住房取得的所得暂减按 10%的税率计征个人所得税。因此，张某应缴纳个人所得税＝（2 000－800－800）×10%＝40（元）。

22. 个人投资者从基金分配取得的下列收入中，由基金管理企业代扣代缴个人所得税的是（　　）。

A. 国债利息收入　　B. 储蓄存款利息收入

C. 企业债券价差收入　　D. 买卖股票价差收入

**【参考答案】** C

**【答案解析】** 选项 ABD，免征个人所得税。

23. 个人转让下列财产取得的差价收入中，免征个人所得税的是（　　）。

A. 自行研发的机器设备　　B. 从二级市场购买的 A 股股票

C. 从二手车市场购入的机动车辆　　D. 从二级市场购买的企业债券

**【参考答案】** B

**【答案解析】** 根据《财政部 国家税务总局 证监会关于个人转让上市公司限售股所得征收个人所得税有关问题的通知》（财税〔2009〕167 号）第八条的规定，对个人在上海证券交易所、深圳证券交易所转让从上市公司公开发行和转让市场取得的上市公司股票所得，继续免征个人所得税。选项 ACD，按照财产转让所得缴纳个人所得税。

24. 个人取得的下列利息收入中，不免征个人所得税的是（　　）。

A. 教育储蓄存款利息收入

B. 国家金融债券利息收入

C. 个人投资者持有 2024—2027 年发行的铁路债券取得的利息收入

D. 国债利息收入

**【参考答案】** C

**【答案解析】** 根据《财政部 税务总局关于铁路债券利息收入所得税政策的公告》（财政部 税务总局公告 2023 年第 64 号），对个人投资者持有 2024—2027 年发行的铁路债券取得的利息收入，减按 50%计入应纳税所得额计算征收个人所得税。税款由兑付机构在向个人投资者兑付利息时代扣代缴。

25. 下列选项中，不免征个人所得税的是（　　）。

A. 个人办理代扣代缴税款手续，按规定取得的扣缴手续费

B. 个人举报、协查各种违法、犯罪行为而获得的奖金

C. 国债和国家发行的金融债券利息

D. 因严重自然灾害遭受重大损失的

**【参考答案】** D

**【答案解析】** 根据《中华人民共和国个人所得税法》第五条的规定，有下列情形之一的，可以减征个人所得税，具体幅度和期限，由省、自治区、直辖市人民政府规定，并报同级人民代表大会常务委员会备案：(1)残疾、孤老人员和烈属的所得；(2)因自然灾害遭受重大损失的。国务院可以规定其他减税情形，报全国人民代表大会常务委员会备案。

26.（　　）应当对纳税人报送的专项附加扣除信息的真实性、准确性、完整性负责。

A. 扣缴义务人　　B. 纳税人

C. 扣缴义务人或纳税人　　D. 受托人或纳税人

**【参考答案】** B

**【答案解析】** 根据《国家税务总局关于修订发布〈个人所得税专项附加扣除操作办法（试行）〉的公告》（国家税务总局公告 2022 年第 7 号）的规定，纳税人应当对报送的专项附加扣除信息的真实性、准确性、完整性负责。

27.（　　）应当在董事会或股东会结束后 5 个工作日内，向主管税务机关报送与股权变动事项相关的董事会或股东会决议、会议纪要等资料。

A. 纳税人　　B. 扣缴义务人

C. 被投资企业　　D. 投资企业

**【参考答案】** C

**【答案解析】** 根据《国家税务总局关于发布〈股权转让所得个人所得税管理办法（试行）〉的公告》（国家税务总局公告 2014 年第 67 号）第二十二条的规定，被投资企业应当在董事会或股东会结束后 5 个工作日内，向主管税务机关报送与股权变动事项相

关的董事会或股东会决议、会议纪要等资料。

28. 2020 年 1 月,居民个人王某获得境内某上市公司授予的不可公开交易股权 30 000 份,授予价格每份 5 元,当日该股收盘价为 7 元。2023 年 1 月,王某对上述股票全部行权,当日收盘价为 9 元;6 月王某取得股息收入 20 000 元;12 月王某将股票转让,取得收入 300 000 元。则下列表述中正确的是(　　)。

A. 王某应就行权缴纳个人所得税 30 000 元

B. 王某应就行权缴纳个人所得税 9 480 元

C. 王某应就转让所得缴纳个人所得税 60 000 元

D. 王某应就股息所得缴纳个人所得税 4 000 元

**【参考答案】** B

**【答案解析】** 根据《财政部 税务总局关于延续实施全年一次性奖金个人所得税政策的公告》(财政部 税务总局公告 2023 年第 30 号)的规定,居民个人取得全年一次性奖金,符合《国家税务总局关于调整个人取得全年一次性奖金等计算征收个人所得税方法问题的通知》(国税发〔2005〕9 号)规定的,在 2027 年 12 月 31 日前不并入当年综合所得,以全年一次性奖金收入除以 12 个月得到的数额,按照该公告所附按月换算后的综合所得税率表,确定适用税率和速算扣除数,单独计算纳税。选项 AB,居民个人取得股票期权、股票增值权、限制性股票、股权奖励等股权激励,符合规定条件的,不并入当年综合所得,全额单独适用综合所得税率表,计算纳税。故王某应缴纳个人所得税=(9－5)×30 000×10%－2520=9 480(元)。选项 C,转让境内上市公司股票免税。选项 D,持股期限在 1 个月以上至 1 年(含 1 年)的,其股息红利暂减按 50%计入应纳税所得额。

29. 2022 年 1 月某上市公司员工周某以 1 元/股的价格持有该公司的限制性股票 5 万股(通过股权激励方式取得)。该股票在中国证券登记结算公司登记日收盘价为 3 元/股,2023 年 12 月解禁股票 3 万股,解禁当日收盘价 8 元/股。暂不考虑交易环节发生的相关税费。周某本次解禁股票的应纳税所得额是(　　)元。

A. 135 000　　B. 147 000

C. 180 000　　D. 286 000

**【参考答案】** A

**【答案解析】** 根据《税务总局关于股权激励有关个人所得税问题的通知》(国税函〔2009〕461 号)的规定,原则上应在限制性股票所有权归属于被激励对象时确认其限制性股票所得的应纳税所得额。计算被激励对象限制性股票应纳税所得额的关键是计算股票登记日收盘价和本批次解禁股票当日收盘价的平均价。周某本次解禁股票的应纳税所得额=(4+7)÷2×30 000－50 000×(30 000÷50 000)=135 000(元)。

30. 2018 年 8 月 31 日,《中华人民共和国个人所得税法》经第十三届全国人民代表大会常务委员会第五次会议审议通过修改决定。这是个人所得税法(　　)。

A. 第 5 次修正　　B. 第 6 次修正

C. 第 7 次修正　　D. 第 8 次修正

【参考答案】 C

【答案解析】 2018年8月31日第十三届全国人民代表大会常务委员会第五次会议通过《关于修改〈中华人民共和国个人所得税法〉的决定》，这是个人所得税法第7次修正。

31. 下列所得中应按照综合所得计算个人所得税的是（　　）。

A. 居民因见义勇为从当地市政府取得的奖金

B. 居民参加受雇单位年终庆典获得的奖品

C. 非居民参加中国境内音乐节取得的演出报酬

D. 非居民投资中国B股取得的股息

【参考答案】 B

【答案解析】 根据《中华人民共和国个人所得税法》第二条的规定，居民个人取得工资、薪金所得，劳务报酬所得，稿酬所得，特许权使用费所得属于综合所得，按纳税年度合并计算个人所得税。选项B，居民个人参加受雇单位年终庆典获得的奖品应按"工资、薪金所得"归入综合所得计算缴纳个人所得税。

32. 2020年5月，甲某以一项生物专利权投资入股到境内居民企业A，A企业给予对价全部为股权。该专利权原值10万元，评估价值100万元。假定上述技术成果的评估价值是合理的，甲某在2021年6月以150万元转让上述股权。下列说法正确的是（　　）。

A. 若选择技术成果投资入股递延纳税政策，经向主管税务机关审批，投资入股当期可暂不纳税，允许递延至转让股权时计算缴纳所得税

B. 若选择技术成果投资入股递延纳税政策，在2021年6月转让股权时，缴纳10万元个人所得税

C. 若选择按现行有关税收政策，2020年5月投资入股时，应确认90万元的非货币性资产转让所得，缴纳18万元个人所得税，可申请在5年内分期缴纳

D. 若选择按现行有关税收政策，2020年5月投资入股时，应确认90万元的非货币性资产转让所得，缴纳18万元个人所得税，可申请在6年内分期缴纳

【参考答案】 C

【答案解析】 根据《财政部 国家税务总局关于完善股权激励和技术入股有关所得税政策的通知》（财税〔2016〕101号）第三条的规定，企业或个人以技术成果投资入股到境内居民企业，被投资企业支付的对价全部为股票（权）的，企业或个人可选择继续按现行有关税收政策执行，也可选择适用递延纳税优惠政策。选择技术成果投资入股递延纳税政策的，经向主管税务机关备案，投资入股当期可暂不纳税，允许递延至转让股权时，按股权转让收入减去技术成果原值和合理税费后的差额计算缴纳所得税。选项A，应为向主管税务机关备案，而不是审批；选项B，若选择技术成果投资入股递延纳税政策，甲某转让股权应缴纳个人所得税＝（150－10）×20％＝28（万元）；选项CD，若选择继续按现行有关税收政策，2020年5月投资入股时应缴纳个人所得税＝（100－10）×

20%=18(万元),并在不超过5个公历年度内(含)分期缴纳个人所得税。

33. 2022年5月,居民个人江某因绩效突出,公司以100万元的价格向其出售一套住房。该住房的建造成本价格为320万元,则江某此项业务应缴纳个人所得税(　　)万元。

A. 106.844　　B. 23.66

C. 51.48　　D. 52.48

**【参考答案】** A

**【答案解析】** 根据《财政部 税务总局关于个人所得税法修改后有关优惠政策衔接问题的通知》(财税〔2018〕164号)第六条的规定,单位按低于购置或建造成本价格出售住房给职工,职工因此而少支出的差价部分,符合《财政部 国家税务总局关于单位低价向职工售房有关个人所得税问题的通知》(财税〔2007〕13号)第二条规定的,不并入当年综合所得,以差价除以12个月得到的数额,按照月税率表确定适用税率和速算扣除数,单独计算纳税。江某少支出的差价部分为340-100=240(万元),240÷12=20(万元),查看月度税率表,适用税率为45%,速算扣除数为15 160元,则江某应缴纳个人所得税=240×45%-1.516=106.844(万元)。

34. 2024年5月,居民个人李某取得稿酬所得45 000元。该笔所得应缴纳个人所得税(　　)元。

A. 7 200　　B. 5 040

C. 4 410　　D. 3 600

**【参考答案】** B

**【答案解析】** 应缴纳个人所得税=45 000×(1-20%)×20%×(1-30%)=5 040(元)。

35. 2024年,居民个人黄某在甲国转让股权的应纳税所得额为50 000元,已按甲国税法缴纳个人所得税9 000元;在甲国取得偶然所得10 000元,已按甲国税法缴纳个人所得税2 500元。若无其他所得项目,则黄某在我国应补缴个人所得税(　　)元。

A. 50　　B. 500

C. 1 000　　D. 1 100

**【参考答案】** B

**【答案解析】** 根据《中华人民共和国个人所得税法》《中华人民共和国个人所得税法实施条例》的规定,居民个人从中国境外取得的所得,可以从其应纳税额中抵免已在境外缴纳的个人所得税税额,但抵免额不得超过该纳税人境外所得依照《中华人民共和国个人所得税法》规定计算的应纳税额。纳税人境外所得依照《中华人民共和国个人所得税法》规定计算的应纳税额,是居民个人抵免已在境外缴纳的综合所得、经营所得以及其他所得的所得税税额的限额(以下简称抵免限额)。除国务院财政、税务主管部门另有规定外,来源于中国境外一个国家(地区)的综合所得抵免限额、经营所得抵免限额以及其他所得抵免限额之和,为来源于该国家(地区)所得的抵免限额。居民个人在中国境外一个国家(地区)实际已经缴纳的个人所得税税额,低于依照前款规定计算出的来源于该国家(地区)所得的抵免限额的,应当在中国缴纳差额部分的税款。转让股权在我国应缴纳个人所得税=50 000×20%=10 000(元),偶然所得应缴纳个人所得税=10 000×20%=2 000(元),应补缴个人所得税=10 000+2 000-(9 000+2 500)=500(元)。

36. 2023 年 10 月张某将其自有住房租给李某,租赁期限为 2 个月,租金为 2 000 元。此租赁业务需要缴纳的相关税费为 350 元。则张某应缴纳个人所得税(　　)元。

A. 85　　　　B. 132

C. 170　　　　D. 264

**【参考答案】** C

**【答案解析】** 根据《财政部 国家税务总局关于调整住房租赁市场税收政策的通知》(财税〔2000〕125 号)第三条的规定,对个人出租房屋取得的所得暂减按 10%的税率计征个人所得税。张某应缴纳个人所得税=(2 000-350-800)×10%×2=170(元)。

37. 2024 年 1 月,居民个人李某与原公司解除劳动合同,取得一次性经济补偿 240 000 元,生活补助费 60 000 元。若李某所在地职工平均工资为每月 5 000 元,则李某就其取得的一次性补偿收入应缴纳个人所得税(　　)元。

A. 0　　　　B. 4 680

C. 9 480　　　　D. 3 480

**【参考答案】** C

**【答案解析】** 根据财政部 税务总局 2023 年第 30 号公告,居民个人取得全年一次性奖金,符合《国家税务总局关于调整个人取得全年一次性奖金等计算征收个人所得税方法问题的通知》(国税发〔2005〕9 号)规定的,不并入当年综合所得,以全年一次性奖金收入除以 12 个月得到的数额,按照本公告所附按月换算后的综合所得税率表,确定适用税率和速算扣除数,单独计算纳税。政策执行至 2027 年 12 月 31 日。

个人与用人单位解除劳动关系取得一次性补偿收入(包括用人单位发放的经济补偿金、生活补助费和其他补助费),在当地上年职工平均工资 3 倍数额以内的部分,免征个人所得税;超过 3 倍数额的部分,不并入当年综合所得,单独适用综合所得税率表,计算纳税。故李某的应纳税所得额=240 000+60 000-12×5 000×3=120 000(元),查看综合所得年度税率表,适用税率为 10%,速算扣除数为 2 520 元,故李某应缴纳个人所得税=120 000×10%-2520=9 480(元)。

38. 下列有关个人所得税的说法,不正确的是(　　)。

A. 利息、股息、红利所得是指个人拥有债权、股权而取得的利息、股息、红利所得

B. 现阶段对储蓄存款利息所得暂免征收个人所得税

C. 对职工个人以股份形式取得的仅作为分红依据、不拥有所有权的企业量化资产,减半征收个人所得税

D. 对职工个人以股份形式取得的企业量化资产参与企业分配而获得的股息、红利,应按“利息、股息、红利所得”项目征收个人所得税

**【参考答案】** C

**【答案解析】** 选项C,对职工个人以股份形式取得的仅作为分红依据、不拥有所有权的企业量化资产,不征收个人所得税。

39. 根据个人所得税法的规定,下列选项中属于我国非居民个人的是(　　)。

A. 在我国有住所,因学习在法国居住半年的张某

B. 2月至7月来华出差的杰瑞

C. 在我国居住2年,第3年回国探亲两个月的安妮

D. 2022年1月20日来华学习,1年后回国的罗伯特

**【参考答案】** B

**【答案解析】** 在中国境内有住所或在中国境内无住所,但在一个纳税年度内在中国境内住满183天的个人为居民个人。2月至7月最多为182天,29+31+30+31+30+31=182(天),因此杰瑞属于非居民个人。

40. 个人取得下列所得不免征个人所得税的是(　　)。

A. 退役士兵按规定取得的一次性退役金以及地方政府发放的一次性经济补助

B. 个人购买社会福利有奖募捐奖券一次中奖收入9000元

C. 企业对累计消费达到一定额度,给予额外抽奖机会,个人的获奖所得

D. 个人转让自用5年以上的家庭唯一住房

**【参考答案】** C

**【答案解析】** 选项A,对退役士兵按照规定取得的一次性退役金以及地方政府发放的一次性经济补助,免征个人所得税;选项B,对个人购买社会福利有奖募捐奖券一次中奖收入不超过1万元的,暂免征收个人所得税,超过1万元的,按全额征税;选项D,个人转让自用5年以上的家庭唯一住房免征个人所得税。

41. 2024年5月,居民个人李某受邀给甲公司的职工进行培训。甲公司支付其培训费3 800元。则甲公司应预扣预缴李某个人所得税(　　)元。

A. 220　　B. 600

C. 440　　D. 480

**【参考答案】** B

**【答案解析】** 根据《国家税务总局关于发布〈个人所得税扣缴申报管理办法(试行)〉的公告》(国家税务总局公告2018年第61号)规定。李某5月收入3 800元,未超过4 000元,扣除费用为800元,故该公司应预扣预缴李某个人所得税=(3 800-800)×20%=600(元)。

42. 2023年7月,某应届大学毕业生甲入职A公司,在发放7月工资时,可以扣除的减除费用是(　　)元。

A. 5 000　　B. 30 000

C. 35 000　　D. 60 000

**【参考答案】** C

**【答案解析】** 根据《国家税务总局关于完善调整部分纳税人个人所得税预扣预缴方法的公告》(国家税务总局公告 2020 年第 13 号)第一条的规定，2020 年 7 月开始，对一个纳税年度内首次取得工资、薪金所得的居民个人，扣缴义务人在预扣预缴个人所得税时，可按照 5 000 元/月乘以纳税人当年截至本月月份数计算累计减除费用。

43. 2023 年保险营销员裴某取得不含税佣金收入 40 万元。假定不考虑其他收入、附加税费、专项扣除、专项附加扣除及其他扣除，2023 年裴某应缴纳的个人所得税是(　　)元。

A. 9 480　　B. 16 080

C. 19 080　　D. 25 080

**【参考答案】** D

**【答案解析】** 根据《财政部 国家税务总局关于个人所得税法修改后有关优惠政策衔接问题的通知》(财税〔2018〕164 号)第三条的规定，保险营销员、证券经纪人取得的佣金收入，属于劳务报酬所得，以不含增值税的收入减除 20%的费用后的余额为收入额，收入额减去展业成本以及附加税费后，并入当年综合所得，计算缴纳个人所得税。保险营销员、证券经纪人展业成本按照收入额的 25%计算。收入额＝400 000×(1－20%)＝360 000(元)，展业成本＝360 000×25%＝90 000(元)，并入综合所得的金额＝360 000－90 000＝270 000(元)。应缴纳的个人所得税＝(270 000－60 000)×20%－16 920＝25 080(元)。

44. 2023 年甲某中了彩票，获得奖金 60 万元，将其中 40 万元通过县慈善总会捐赠用于教育事业。甲某需要缴纳个人所得税(　　)万元。

A. 10　　B. 7

C. 4　　D. 0

**【参考答案】** C

**【答案解析】** 《财政部 国家税务总局关于教育税收政策的通知》(财税〔2004〕39 号)第一条第八款规定："纳税人通过中国境内非营利的社会团体、国家机关向教育事业的捐赠，准予在企业所得税和个人所得税前全额扣除。"捐赠用于教育事业，可以全额扣除，甲某需要缴纳个人所得税＝(60－40)×20%＝4(万元)。

45. 2023 年 1 月，中国公民李某取得翻译收入 30 000 元，通过非营利性社会团体向福利性老年机构捐赠 4 500 元。李某就该笔翻译收入应预缴的个人所得税为(　　)元。

A. 1 052　　B. 2 150

C. 4 800　　D. 1 072

**【参考答案】** C

**【答案解析】** 根据《财政部 税务总局关于公益慈善事业捐赠个人所得税政策的公告》(财政部税务总局公告 2019 年第 99 号)第四条的规定，居民个人取得劳务报酬所得、稿酬所得、特许权使用费所得的，预扣预缴时不扣除公益捐赠支出，统一在汇算清缴时扣除。因此，李某应预缴个人所得税＝30 000×(1－20%)×20%＝4 800(元)。

46. 2024年2月，张某将闲置多年的一套住房出租给外来打工人员周某，并约定按月收取租金4 000元。当月房屋漏水，张某修缮房屋花费1 000元，则张某当月应纳个人所得税(　　)元。

A. 480　　B. 240

C. 120　　D. 200

**【参考答案】** B

**【答案解析】** 根据《中华人民共和国个人所得税法》的规定，应纳税所得额的计算，财产租赁所得，每次收入不超过4 000元的，减除费用800元；4 000元以上的，减除20%的费用，其余额为应纳税所得额。根据《国家税务总局关于印发〈征收个人所得税若干问题的规定〉的通知》(国税发〔1994〕89号)的规定，允许扣除的修缮费用，以每次800元为限，一次扣除不完的，准予在下一次继续扣除，直至扣完为止。对个人出租房屋取得的所得暂减按10%的税率征收个人所得税。则张某应缴纳个人所得税=(4 000−800−800)×10%=240(元)。

47. 2024年年初余某将自有商铺对外出租，不含增值税租金为6000元/月。在不考虑其他税费的情况下，余某每月租金应缴纳个人所得税(　　)元。

A. 528　　B. 640

C. 960　　D. 1 440

**【参考答案】** C

**【答案解析】** 根据《中华人民共和国个人所得税法》的规定，利息、股息、红利所得，财产租赁所得，财产转让所得和偶然所得，适用比例税率，税率为20%。财产租赁所得，每次收入不超过4 000元的，减除费用800元；4 000元以上的，减除20%的费用，其余额为应纳税所得额。出租商铺应纳税所得额的计算公式为：(1)每次(月)收入不超过4 000元的：应纳税所得额=每次(月)收入额−800；(2)每次(月)收入超过4 000元的：应纳税所得额=每次(月)收入额×(1−20%)取得的财产租赁收入。余某每月租金应缴纳个人所得税=6 000×(1−20%)×20%=960(元)。

48. 按现行个人所得税政策，上市公司员工股票期权行权时，股票实际购买价低于购买日市价的差额，单独计征个人所得税所对应的项目是(　　)。

A. 工资、薪金所得　　B. 经营所得

C. 利息所得　　D. 股息、红利所得

**【参考答案】** A

**【答案解析】** 根据《财政部 国家税务总局关于个人股票期权所得征收个人所得税问题的通知》(财税〔2005〕35号)的规定，现行个人所得税政策，上市公司员工股票期权行权时，股票实际购买价低于购买日市价的差额，单独计征个人所得税所对应的项目是"工资、薪金所得"。

49. 按照现行个人所得税法的规定，下列表述正确的是(　　)。

A. 纳税人在两处或两处以上取得工资、薪金所得，可从两处或两处收入来源地选择

并固定在一地税务机关申报纳税

B. 个人经政府有关部门批准，取得执照从事办学、医疗等活动，应按“劳务报酬所得”项目征收个人所得税

C. 个人对企事业单位承包、承租经营，一律按“承包、承租经营所得”项目征收个人所得税

D. 个人投资兴办两个或两个以上企业的，其费用扣除标准由税务机关核定在其中一处扣除

**【参考答案】** A

**【答案解析】** 按照个人所得税法的规定，纳税人在两处或两处以上取得工资、薪金所得，可从两处或两处收入来源地选择并固定在一地税务机关申报纳税。选项B，个人经政府有关部门批准，取得执照从事办学、医疗等活动，应按“经营所得”项目征收个人所得税。选项C，个人对企事业单位承包、承租经营，要分不同情况：对经营成果不拥有所有权的，按“工资、薪金所得”项目征税；对经营成果拥有所有权的，按“企事业单位的承包经营、承租经营所得”项目征个人所得税。选项D，个人投资兴办两个或两个以上企业的，其费用扣除标准由投资者选择在其中一个企业的生产经营所得中扣除，不是由税务机关核定。

50. 按照现行个人所得税法的规定，下列各项表述中正确的是(　　)。

A. 个人经政府有关部门批准，取得执照从事办学、医疗等活动，应按“经营所得”项目征收个人所得税

B. 任职、受雇于报纸、杂志等单位的记者、编辑等专业人员，因在本单位的报纸、杂志上发表作品取得的所得，应按照“稿酬所得”项目缴纳个人所得税

C. 个人对企事业单位承包、承租经营，无论采用何种形式经营，一律按“经营所得”项目征收个人所得税

D. 个人独资企业的投资者用企业资金为其本人购买汽车和住房，该财产购置支出应按“利息、股息、红利所得”项目计征个人所得税

**【参考答案】** A

**【答案解析】** 选项A，根据《国家税务总局关于个人从事医疗服务活动征收个人所得税问题的通知》(国税发〔1997〕178号)的规定，个人经政府有关部门批准，取得执照，以门诊部、诊所、卫生所(室)、卫生院、医院等医疗机构形式从事疾病诊断、治疗及售药等服务活动，应当以该医疗机构取得的所得，作为个人应纳税所得，按照“个体工商户的生产、经营所得”应税项目缴纳个人所得税。选项B，任职、受雇于报纸、杂志等单位的记者、编辑等专业人员，因在本单位的报纸、杂志上发表作品取得的所得，属于因任职、受雇而取得的所得，应与其当月工资收入合并，按“工资、薪金所得”项目征收个人所得税；选项C，个人对企事业单位承包、承租经营，要分不同情况，分别按“工资、薪金所得”企事业单位的“承包经营、承租经营所得”项目征个人所得税：选项D，个人独资企业的投资者以企业资金为其本人购买汽车和住房，应按“经营所得”项目计征个人所得税。

51. 保险营销员、证券经纪人取得的佣金收入，属于劳务报酬所得，以不含增值税的

收入减除（　　）的费用后的余额为收入额，收入额减去展业成本以及附加税费后，并入当年综合所得，计算缴纳个人所得税。保险营销员、证券经纪人展业成本按照收入额的（　　）计算。

A. 20%；20%　　B. 20%；25%

C. 25%；30%　　D. 25%；40%

**【参考答案】** B

**【答案解析】** 根据《财政部 税务总局关于个人所得税法修改后有关优惠政策衔接问题的通知》（财税〔2018〕164号）第三条的规定，保险营销员、证券经纪人取得的佣金收入，属于劳务报酬所得，以不含增值税的收入减除20%的费用后的余额为收入额，收入额减去展业成本以及附加税费后，并入当年综合所得，计算缴纳个人所得税。保险营销员、证券经纪人展业成本按照收入额的25%计算。

52. 北京市公民张某是一名证券经纪人，2023年全年取得不含增值税的佣金收入200 000元，缴纳附加税费合计为760元。办理年度综合所得汇算清缴时，全年佣金收入计入综合所得的金额为（　　）元。

A. 119 240　　B. 144 000

C. 143 136　　D. 171 936

**【参考答案】** A

**【答案解析】** 根据《财政部 税务总局关于个人所得税法修改后有关优惠政策衔接问题的通知》（财税〔2018〕164号）第三条的规定，保险营销员、证券经纪人取得的佣金收入，属于劳务报酬所得，以不含增值税的收入减除20%的费用后的余额为收入额，收入额减去展业成本以及附加税费后，并入当年综合所得，计算缴纳个人所得税。保险营销员、证券经纪人展业成本按照收入额的25%计算。扣缴义务人向保险营销员、证券经纪人支付佣金收入时，应按照根据《国家税务总局关于发布〈个人所得扣缴申报管理办法（试行）〉的公告》（国家税务总局公告2018年第61号）规定的累计预扣法计算预扣税款。展业成本＝200 000×（1－20%）×25%＝40 000（元）；全年佣金收入计入综合所得的金额＝200 000×（1－20%）－40 000－760＝119 240（元）。

53. 被投资企业的土地使用权、房屋、房地产企业未销售房产、知识产权、探矿权、采矿权、股权等资产占企业总资产比例超过规定百分比的，主管税务机关可参照纳税人提供的具有法定资质的中介机构出具的资产评估报告核定股权转让收入。该百分比是（　　）。

A. 10%　　B. 20%

C. 25%　　D. 50%

**【参考答案】** B

**【答案解析】** 根据《国家税务总局关于发布〈股权转让所得个人所得税管理办法（试行）〉的公告》（国家税务总局公告2014年第67号）第十四条的规定，被投资企业的土地使用权、房屋、房地产企业未销售房产、知识产权、探矿权、采矿权、股权等资产占企业总资产比例超过20%的，主管税务机关可参照纳税人提供的具有法定资质的中介机构出具的资产评估报告核定股权转让收入。

54. 不属于个人所得税“综合所得”项目的是(　　)。

A. 报社专业编辑在本报社发表文章取得的收入

B. 王某在甲公司兼职取得的收入

C. 张某自营运输车辆取得的收入

D. 某知名作家出版新书取得的收入

**【参考答案】** C

**【答案解析】** 根据《中华人民共和国个人所得税法》第二条的规定，综合所得为：(1)工资、薪金所得；(2)劳务报酬所得；(3)稿酬所得；(4)特许权使用费所得。选项A，报社专业编辑在本人工作报社发表文章取得的收入属于工资、薪金所得；选项B，王某兼职取得的收入属于劳务报酬所得；选项C张某自营运输车辆取得的收入属于生产经营所得；选项D知名作家出版新书取得收入属于稿酬所得。

55. 曾某将自有商铺对外出租，不含税租金为9 000元/月。在不考虑其他税费的情况下，曾某每月取得的租金应缴纳个人所得税(　　)元。

A. 450　　B. 180

C. 1 440　　D. 1 640

**【参考答案】** C

**【答案解析】** 曾某每月取得的租金应缴纳个人所得税＝9 000×80%×20%＝1 440(元)。

56. 某教师2024年3月被培训机构聘请授课3天，每天课酬税前700元。该培训机构2024年3月应为该教师预扣预缴个人所得税为(　　)元。

A. 0　　B. 260

C. 320　　D. 350

**【参考答案】** B

**【答案解析】** 根据《国家税务总局关于发布〈个人所得税扣缴申报管理办法(试行)〉的公告》(国家税务总局公告2018年第61号)的规定，扣缴义务人向居民个人支付劳务报酬所得，稿酬所得，特许权使用费所得时，应当按照以下方法按次或者按月预扣预缴税款。劳务报酬所得、稿酬所得、特许权使用费所得以收入减除费用后的余额为收入额；其中，稿酬所得的收入额减按70%计算。减除费用：预扣预缴税款时，劳务报酬所得、稿酬所得、特许权使用费所得每次收入不超过4 000元的，减除费用按800元计算；每次收入4 000元以上的，减除费用按收入的20%计算。2024年3月该培训机构应为该教师预扣预缴个人所得税＝(700×3－800)×20%＝260(元)。

57. 陈某2022年8月购买某上市公司的股票10 000股。该上市公司2023年度的利润方案为每10股送4股，并于2023年1月实施，该股票的面值为每股2元。该上市公司应扣缴陈某的个人所得税为(　　)元。

A. 300　　B. 800
C. 1 500　　D. 3 000

**【参考答案】** B

**【答案解析】** 配股分红属于股息、红利所得。对个人投资者从上市公司取得的股息、红利所得，持股期限在1个月以上至1年的，暂减按50%计入个人应纳税所得额。该上市公司应扣缴陈某的个人所得税＝10 000/10×4×2×50%×20%＝800(元)。

58. 某公司员工宋某，2023年2月1日实际取得工资6 800元，该公司扣缴其个人所得税时应减除的费用标准为(　　)元/月。

A. 800　　B. 2 000
C. 3 500　　D. 5 000

**【参考答案】** D

**【答案解析】** 根据《财政部 税务总局关于2018年第四季度个人所得税减除费用和税率适用问题的通知》(财税〔2018〕98号)第一条的规定，对纳税人在2018年10月1日(含)后实际取得的工资、薪金所得，减除费用统一按照5 000元/月执行。

59. 某出租车驾驶员从出租车经营单位承包单车，则对于该驾驶员从事客货营运取得的收入，在征收个人所得税时适用的项目是(　　)。

A. 劳务报酬所得　　B. 经营所得
C. 工资、薪金所得　　D. 特许权使用费所得

**【参考答案】** C

**【答案解析】** 根据《国家税务总局关于印发〈机动出租车驾驶员个人所得税征收管理暂行办法〉的通知》(国税发〔1995〕50号)第六条的规定，出租汽车经营单位对出租车驾驶员采取单车承包或承租方式运营，出租车驾驶员从事客货运营取得的收入，按工资、薪金所得项目征税。

60. 除纳税人另有要求外，扣缴义务人应当于(　　)，向纳税人提供已办理的专项附加扣除项目及金额等信息。

A. 年度终了后一个月内　　B. 年度终了后两个月内
C. 年度终了后三个月内　　D. 随时

**【参考答案】** B

**【答案解析】** 根据《国家税务总局关于发布〈个人所得税专项附加扣除操作办法(试行)〉的公告》(国家税务总局公告2018年第60号)第二十五条的规定，除纳税人另有要求外，扣缴义务人应当于年度终了后两个月内，向纳税人提供已办理的专项附加扣除项目及金额等信息。

61. 创投企业选择按单一投资基金核算的，其个人合伙人从该基金应分得的股权转让所得和股息红利所得，按照(　　)税率计算缴纳个人所得税。

A. 20%　　B. 10%
C. 15%　　D. 25%

**【参考答案】** A

**【答案解析】** 根据《财政部 税务总局 发展改革委 证监会关于创业投资企业个人合伙人所得税政策问题的通知》(财税〔2019〕8号)第二条的规定,创投企业选择按单一投资基金核算的,其个人合伙人从该基金应分得的股权转让所得和股息红利所得,按照20%税率计算缴纳个人所得税。

62. 创投企业选择按单一投资基金核算的,其个人合伙人从该基金应分得的股权转让所得和股息红利所得,(　　)。

A. 按照“经营所得”项目、5%～35%的超额累进税率计算缴纳个人所得税

B. 按照20%税率计算缴纳个人所得税

C. 按照“综合所得”项目、3%～45%的超额累进税率计算缴纳个人所得税

D. 免征个人所得税

**【参考答案】** B

**【答案解析】** 根据《财政部 税务总局 发展改革委 证监会关于创业投资企业个人合伙人所得税政策问题的通知》(财税〔2019〕8号)第二条的规定,创投企业选择按单一投资基金核算的,其个人合伙人从该基金应分得的股权转让所得和股息红利所得,按照20%税率计算缴纳个人所得税。

63. 创投企业选择按单一投资基金核算或按创投企业年度所得整体核算后,(　　)年内不能变更。

A. 2　　B. 3

C. 5　　D. 10

**【参考答案】** B

**【答案解析】** 根据《财政部 税务总局 发展改革委 证监会关于创业投资企业个人合伙人所得税政策问题的通知》(财税〔2019〕8号)的规定,创投企业选择按单一投资基金核算或按创投企业年度所得整体核算后,3年内不能变更。

64. 从2019年1月1日起,纳税人申请开具税款所属期为2019年1月1日(含)以后的个人所得税缴(退)税情况证明的,税务机关应当开具(　　)。

A. 介绍信　　B. 加盖税务机关公章的证明信

C.《纳税记录》　　D.《税收完税证明》

**【参考答案】** C

**【答案解析】** 根据《国家税务总局关于将个人所得税〈税收完税证明〉(文书式)调整为〈纳税记录〉有关事项的公告》(国家税务总局公告2018年第55号),从2019年1月1日起,纳税人申请开具税款所属期为2019年1月1日(含)以后的个人所得税缴(退)税情况证明的,税务机关不再开具《税收完税证明》(文书式),调整为开具《纳税记录》(具体内容及式样见附件);纳税人申请开具税款所属期为2018年12月31日(含)以前个人所得税缴(退)税情况证明的:税务机关继续开具《税收完税证明》(文书式)。

65. 从事个体经营的军队转业干部,可在(　　)年内免征个人所得税。

A. 3　　B. 5

C. 7　　D. 10

【参考答案】　A

【答案解析】　根据《财政部 国家税务总局关于自主择业的军队转业干部有关税收政策问题的通知》(财税〔2003〕26号)的规定,从事个体经营的军队转业干部,经主管税务机关批准,自领取税务登记证之日起,3年内免征个人所得税。

66. 从事个体经营的随军家属,自领取税务登记证之日起,在一定年度内可享受免征个人所得税的税收优惠,则这一年限是(　　)。

A. 1年　　B. 2年

C. 3年　　D. 5年

【参考答案】　C

【答案解析】　根据《财政部 国家税务总局关于随军家属就业有关税收政策的通知》(财税〔2000〕84号)规定,从事个体经营的随军家属,自领取税务登记证之日起,3年内免征个人所得税。

67. 单位应当于年度终了后(　　)内,向员工提供个人所得和已扣缴税款等信息。

A. 4个月　　B. 3个月

C. 2个月　　D. 1个月

【参考答案】　C

【答案解析】　根据《国家税务总局关于发布〈个人所得税扣缴申报管理办法(试行)〉的公告》(国家税务总局公告2018年第61号),支付工资、薪金所得的扣缴义务人应当于年度终了后两个月内,向纳税人提供其个人所得和已扣缴税款等信息。纳税人年度中间需要提供上述信息的,扣缴义务人应当提供。

68. 对个人持有的上市公司限售股,解禁前取得的股息红利减按(　　)计入应纳税所得额,适用20%的税率计征个人所得税。

A. 20%　　B. 40%

C. 50%　　D. 80%

【参考答案】　C

【答案解析】　根据《财政部 国家税务总局 证监会关于实施上市公司股息红利差别化个人所得税政策有关问题的通知》(财税〔2012〕85号)第四条的规定,对个人持有的上市公司限售股,解禁前取得的股息红利继续暂减按50%计入应纳税所得额,适用20%的税率计征个人所得税。

69. 对个人出租住房取得的所得减按(　　)的税率征收个人所得税。

A. 5%　　B. 3%

C. 1.5%　　D. 10%

【参考答案】　D

【答案解析】　根据《财政部 国家税务总局关于廉租住房经济适用住房和住房租赁

有关税收政策的通知》(财税〔2008〕24 号)第二条的规定,对个人出租住房取得的所得减按 10%的税率征收个人所得税。

70. 对个人多次取得同一被投资企业股权的,个人转让部分股权时,采用的确定其股权原值的方法是(　　)。

A. 加权平均法　　B. 交易价格法

C. 累计收入法　　D. 个别计价法

**【参考答案】** A

**【答案解析】** 根据《国家税务总局关于发布〈股权转让所得个人所得税管理办法(试行)〉的公告》(国家税务总局公告 2014 年第 67 号)第十八条的规定,对个人多次取得同一被投资企业股权的,转让部分股权时,采用"加权平均法"确定其股权原值。

71. 对个人股东股权转让所得征收个人所得税的主管税务机关是(　　)。

A. 交易行为发生地税务机关　　B. 个人股东户籍所在地税务机关

C. 被投资企业所在地税务机关　　D. 个人股东经常居住地税务机关

**【参考答案】** C

**【答案解析】** 根据《股权转让所得个人所得税管理办法(试行)》的规定,个人股权转让所得个人所得税以被投资企业所在地税务机关为主管税务机关。

72. 对居民个人的综合所得,依法确定的其他扣除不包括(　　)。

A. 个人缴付符合国家规定的企业年金　　B. 个人缴付符合国家规定的职业年金

C. 子女教育支出　　D. 商业健康保险

**【参考答案】** C

**【答案解析】** 依法确定的其他扣除,包括个人缴付符合国家规定的企业年金、职业年金、个人购买符合国家规定的商业健康保险、税收递延型商业养老保险的支出,以及国务院规定可以扣除的其他项目。

73. 对于高新技术企业的科技人员因企业转化科技成果而取得的股权奖励,分期纳税的最长期限是(　　)年。

A. 2　　B. 5

C. 8　　D. 10

**【参考答案】** B

**【答案解析】** 根据《财政部 国家税务总局关于将国家自主创新示范区有关税收试点政策推广到全国范围实施的通知》(财税〔2015〕116 号)第四条的规定,自 2016 年 1 月 1 日起,全国范围内的高新技术企业转化科技成果,给予本企业相关技术人员的股权奖励,个人一次缴纳税款有困难的,可根据实际情况自行制定分期缴税计划,在不超过 5 个公历年度内(含)分期缴纳,并将有关资料报主管税务机关备案。

74. 对于个人股权转让收入,主管税务机关在进行核定时优先选择的方法是(　　)。

A. 参照法　　B. 类比法

C. 净资产核定法　　D. 加权平均法

【参考答案】 C

【答案解析】 根据《国家税务总局关于发布〈股权转让所得个人所得税管理办法(试行)〉的公告》(国家税务总局公告 2014 年第 67 号)第十四条的规定，主管税务机关应依次按照下列方法核定股权转让收入：(1)净资产核定法；(2)类比法；(3)其他合理方法。

75. 对于个人所得免征增值税的，确定计税依据时，成交价格、租金收入、转让房地产取得的收入(　　)。

A. 扣减增值税额　　B. 不扣减增值税额

C. 不含增值税　　D. 应换算成不含税收入

【参考答案】 B

【答案解析】 根据《财政部 国家税务总局关于营改增后契税 房产税 土地增值税 个人所得税计税依据问题的通知》(财税〔2016〕43 号)，免征增值税的，确定计税依据时，成交价格、租金收入、转让房地产取得的收入不扣减增值税额。

76. 居民个人的下列所得，不并入综合所得计税的是(　　)。

A. 稿酬所得　　B. 劳务报酬所得

C. 经营所得　　D. 工资、薪金所得

【参考答案】 C

【答案解析】 综合所得包含工资、薪金所得，劳务报酬所得，稿酬所得，特许权使用费所得。

77. 非上市公司员工获得本公司符合条件的股票期权、限制性股票等奖励，可享受的税收优惠政策是(　　)。

A. 减税政策　　B. 免税政策

C. 递延纳税政策　　D. 先征后退政策

【参考答案】 C

【答案解析】 根据《财政部 国家税务总局关于完善股权激励和技术入股有关所得税政策的通知》(财税〔2016〕101 号)的规定，非上市公司授予本公司员工的股票期权、股权期权、限制性股票和股权奖励，符合规定条件的，经向主管税务机关备案，可实行递延纳税政策。

78. 对于纳税人享受子女教育专项附加扣除的起始时间，学前教育阶段为子女年满 3 周岁当月至小学入学(　　)。

A. 前一月　　B. 当月

C. 年末　　D. 下年

【参考答案】 A

【答案解析】 根据《国家税务总局关于发布〈个人所得税专项附加扣除操作办法(试行)〉的公告》(国家税务总局公告 2018 年第 60 号)第三条的规定，学前教育阶段，为子女年满 3 周岁当月至小学入学前一月。

79. 对于县级政府颁发的科学方面的奖金，应当(　　)。

A. 征收个人所得税　　B. 免征个人所得税

C. 适当减征个人所得税　　D. 减半征收个人所得税

**【参考答案】** A

**【答案解析】** 根据《中华人民共和国个人所得税法》的规定，省级人民政府、国务院部委和中国人民解放军军以上单位，以及外国组织、国际组织颁发的科学、教育、技术、文化、卫生、体育、环境保护等方面的奖金，免征个人所得税。县级政府颁发的奖金应按规定征收个人所得税。

80. 房地产开发企业与商铺购买者签订协议，以优惠价格出售其开发的商铺给购买者个人，但购买者个人在一定时期内必须将购买的商铺无偿提供给房地产开发企业对外出租使用。根据有关规定，对购买者个人少支出的购房价款，以下表述正确的是(　　)。

A. 不需要缴纳个人所得税

B. 视同偶然所得

C. 按照财产租赁所得项目缴纳个人所得税

D. 按照财产转让所得项目一次性缴纳个人所得税

**【参考答案】** C

**【答案解析】** 根据《国家税务总局关于个人与房地产开发企业签订有条件优惠价格协议购买商店征收个人所得税问题的批复》(国税函〔2008〕576 号)，对购买者个人少支出的购房价款，应视同个人财产租赁所得，按照"财产租赁所得"项目征收个人所得税。每次财产租赁所得的收入额，按照少支出的购房价款和协议规定的租赁月份数平均计算确定。

81. 非独生子女赡养老人专项附加扣除的分摊方式不包括(　　)。

A. 赡养人平均分摊　　B. 赡养人约定分摊

C. 被赡养人约定分摊　　D. 被赡养人指定分摊

**【参考答案】** C

**【答案解析】** 根据《国家税务总局关于贯彻执行提高个人所得税有关专项附加扣除标准政策的公告》(国家税务总局公告 2023 年第 14 号)，自 2023 年 1 月 1 日起，赡养老人专项附加扣除标准，由每月 2 000 元提高到 3 000 元，其中，独生子女按照每月 3 000 元的标准定额扣除；非独生子女与兄弟姐妹分摊每月 3 000 元的扣除额度，每人不超过 1 500 元。需要分摊享受的，可以由赡养人均摊或者约定分摊，也可以由被赡养人指定分摊。约定或者指定分摊的须签订书面分摊协议，指定分摊优先于约定分摊。

82. 某非居民个人 2023 年 6 月取得数月奖金共 60 000 元，取得境内雇主支付的工资 10 000 元和境外雇主支付的工资 15 000 元。则其应就取得的数月奖金缴纳个人所得税(　　)元。

A. 4 740　　B. 4 840

C. 4 940　　D. 5 040

【参考答案】 A

【答案解析】 根据《财政部 税务总局关于非居民个人和无住所居民个人有关个人所得税政策的公告》(财政部税务总局公告 2019 年第 35 号)的规定，非居民个人一个月内取得数月奖金，不与当月其他工资薪金合并，按 6 个月分摊计税，不减除费用，适用月度税率表计算应纳税额。则其应就数月奖金应纳税额＝[(60 000÷6)×10%－210]×6＝4 740(元)。

83. 某非居民个人 2023 年 4 月受境外 L 母公司派遣来华，到上海 N 子公司进行设备调试工作；5 月取得上海 N 子公司支付的工资 32 000 元，当月 L 母公司未向其支付工资。不考虑其他事项，其 5 月在我国应缴纳个人所得税(　　)元。

A. 810　　B. 4 090

C. 4 320　　D. 5 400

【参考答案】 B

【答案解析】 根据《财政部 税务总局关于非居民个人和无住所居民个人有关个人所得税政策的公告》(财政部税务总局公告 2019 年第 35 号)的规定，非居民个人当月取得工资薪金所得，以按照本公告第二条规定计算的当月收入额，减去税法规定的减除费用后的余额，为应纳税所得额，适用本公告所附按月换算后的综合所得税率表，计算应纳税额。该非居民个人应纳个人所得税＝(32 000－5 000)×25%－2 660＝4 090(元)。

84. 非居民个人在中国境内从两处以上取得工资薪金所得自行纳税申报的期限为取得所得的(　　)。

A. 次年 3 月 1 日至 6 月 30 日　　B. 次年 5 月 31 日前

C. 次年 6 月 30 日前　　D. 次月 15 日内

【参考答案】 D

【答案解析】 根据《国家税务总局关于个人所得税自行纳税申报有关问题的公告》(国家税务总局公告 2018 年第 62 号)，非居民个人在中国境内从两处以上取得工资、薪金所得的，应当在取得所得的次月 15 日内，向其中一处任职、受雇单位所在地主管税务机关办理纳税申报，并报送《个人所得税自行纳税申报表(A 表)》。

85. 某非居民个人(非高管)，2024 年 1 月 1 日上午 9 点入境我国，2024 年 3 月 1 日下午 4 点离境后不再来中国，1 月其取得境内公司支付的工资 20 000 元和境外母公司支付的工资 20 000 元，则其 1 月的工资薪金收入额为(　　)元。

A. 1 580　　B. 1 590

C. 773.87　　D. 873.87

【参考答案】 B

【答案解析】 根据《财政部 税务总局关于在中国境内无住所的个人居住时间判定标准的公告》(财政部税务总局公告 2019 年 34 号)、《财政部 税务总局关于非居民个人和无住所居民个人有关个人所得税政策的公告》(财政部税务总局公告 2019 年第 35 号)的规定,无住所个人一个纳税年度内在中国境内累计居住天数,在中国境内停留的当天满 24 小时的,计入中国境内居住天数,在中国境内停留的当天不足 24 小时的,不计入中国境内居住天数。非居民个人在境内停留的当天不足 24 小时的,按照半天计算境内工作天数。故该非居民个人在我国居住天数=30+29=59(天),1 月境内工作天数=30.5 天。在一个纳税年度内,在境内累计居住不超过 90 天的非居民个人,仅就归属于境内工作期间并由境内雇主支付或者负担的工资薪金所得计算缴纳个人所得税,则其工资薪金收入额=(20 000−5 000)×20%−1 410=1 590(元)。

86. 非上市公司授予本公司员工的股票期权,符合规定条件并向主管税务机关备案的,可享受个人所得税的(　　)。

A. 减税政策　　　　B. 延期纳税政策

C. 分期纳税政策　　　　D. 递延纳税政策

**【参考答案】** D

**【答案解析】** 根据《财政部 国家税务总局关于完善股权激励和技术入股个人所得税政策的通知》(财税〔2016〕101 号)的规定,非上市公司授予本公司员工的股票期权、股权期权、限制性股票和股权奖励,符合规定条件的,经向主管税务机关备案,可实行递延纳税政策,即员工在取得股权激励时可暂不纳税,递延至转让该股权时纳税;股权转让时,按照股权转让收入减除股权取得成本以及合理税费后的差额,适用“财产转让所得”项目,按照 20%的税率计算缴纳个人所得税。

87. 个人办理提前退休手续而取得的一次性补贴收入,应按照办理提前退休手续至法定离退休年龄之间(　　)平均分摊,确定适用税率和速算扣除数,单独适用综合所得税率表,计算纳税。

A. 实际月份数　　　　B. 已工作年度数

C. 实际年度数　　　　D. 已工作月份数

**【参考答案】** C

**【答案解析】** 根据《财政部 税务总局关于个人所得税法修改后有关优惠政策衔接问题的通知》(财税〔2018〕164 号)的规定,个人办理提前退休手续而取得的一次性补贴收入,应按照办理提前退休手续至法定离退休年龄之间实际年度数平均分摊,确定适用税率和速算扣除数,单独适用综合所得税率表,计算纳税。

88. 个人独资企业的投资者庄某,在 2023 年的支出中有 60 万元难以划分是家庭发生的生活费用还是企业生产经营费用,那么该费用正确的税务处理是(　　)。

A. 不得在税前扣除　　　　B. 按 60 万元的 25%在税前扣除

C. 按 60 万元的 50%在税前扣除　　　　D. 按 60 万元的 75%在税前扣除

**【参考答案】** A

**【答案解析】** 根据《财政部 国家税务总局关于印发〈关于个人独资企业和合伙企业投资者征收个人所得税的规定〉的通知》(财税〔2000〕91 号)的规定,个人独资企业投资者及其家庭发生的生活费用与企业生产经营费用混合在一起，并且难以划分的，全部视为投资者个人及其家庭发生的生活费用，不允许在税前扣除。

89. 以下关于个人发生的公益捐赠支出金额的描述，不正确的是（　　）。

A. 捐赠货币性资产的，按照实际捐赠金额确定

B. 捐赠股权的，按照股权的财产原值确定

C. 捐赠房产的，按照房产的市场价格确定

D. 捐赠除股权、房产以外的其他非货币性资产的，按照非货币性资产的市场价格确定

**【参考答案】** C

**【答案解析】** 根据《财政部 税务总局关于公益慈善事业捐赠个人所得税政策的公告》（财政部 税务总局公告 2019 年第 99 号）的规定，个人发生的公益捐赠支出金额，按照以下规定确定：(1)捐赠货币性资产的，按照实际捐赠金额确定；(2)捐赠股权、房产的，按照个人持有股权、房产的财产原值确定；(3)捐赠除股权、房产以外的其他非货币性资产的，按照非货币性资产的市场价格确定。

90. 个人发生公益捐赠支出不能及时取得捐赠票据的，应在捐赠之日起（　　）日内向扣缴义务人补充提供捐赠票据。

A. 15　　B. 30

C. 60　　D. 90

**【参考答案】** D

**【答案解析】** 根据《财政部 税务总局关于公益慈善事业捐赠个人所得税政策的公告》（财政部 税务总局公告 2019 年第 99 号）的规定，个人发生公益捐赠时不能及时取得捐赠票据的，可以暂时凭公益捐赠银行支付凭证扣除，并向扣缴义务人提供公益捐赠银行支付凭证复印件。个人应在捐赠之日起 90 日内向扣缴义务人补充提供捐赠票据。

91. 个人根据国家有关政策规定缴付的年金个人缴费部分，在不超过本人缴费工资计税基数的（　　）标准内的部分，暂从个人当期的应纳税所得额中扣除。

A. 3%　　B. 4%

C. 5%　　D. 6%

**【参考答案】** B

**【答案解析】** 根据《财政部 人力资源社会保障部 国家税务总局关于企业年金职业年金个人所得税有关问题的通知》（财税〔2013〕103 号）的规定，个人根据国家有关政策规定缴付的年金个人缴费部分，在不超过本人缴费工资计税基数的 4%标准内的部分，暂从个人当期的应纳税所得额中扣除。

92. 个人将其所得对教育、扶贫、济困等公益慈善事业进行捐赠，捐赠额未超过纳税人申报的应纳税所得额（　　）的部分，可以从其应纳税所得额中扣除。

A. 50%　　B. 40%

C. 30%　　D. 20%

**【参考答案】** C

**【答案解析】** 根据《中华人民共和国个人所得税法》的规定，个人将其所得对教育，扶贫，济困等公益慈善事业进行捐赠，捐赠额未超过纳税人申报的应纳税所得额30%的部分可以从其应纳税所得额中扣除；国务院规定对公益慈善事业捐赠实行全额税前扣除的，从其规定。

93. 个人取得的下列所得中，不征收个人所得税的是(　　)。

A. 个人从事种植业、养殖业、饲养业和捕捞业取得的所得

B. 个人取得的特许权经济赔偿收入

C. 作者去世后，个人取得的遗作稿酬

D. 个人购买体育彩票一次中奖收入12 000元

**【参考答案】** D

**【答案解析】** 根据《财政部 国家税务总局关于个人所得税若干政策问题的通知》(财税字〔1994〕020号)第一条的规定，个体工商户或个人专营种植业、养殖业、饲养业、捕捞业，其经营项目属于农业税(包括农业特产税，下同)、牧业税征税范围并已征收了农业税、牧业税的，不再征收个人所得税；不属于农业税、牧业税征税范围的，应对其所得征收个人所得税。兼营上述四业并四业的所得单独核算的，比照上述原则办理，对于属于征收个人所得税的，应与其他行业的生产、经营所得合并计征个人所得税；对于四业的所得不能单独核算的，应就其全部所得计征个人所得税。

94. 个人取得下列所得应缴纳个人所得税的是(　　)。

A. 个人取得福利费、救济金

B. 个人购买社会福利有奖募捐奖券一次中奖收入8 000元

C. 企业对累计消费达到一定额度，给予额外抽奖机会，个人的获奖所得

D. 个人转让自用5年以上的家庭唯一住房

**【参考答案】** C

**【答案解析】** 选项A，个人取得福利费、救济金免征个人所得税；选项B，对个人购买社会福利有奖募捐奖券一次中奖收入不超过1万元的，暂免征收个人所得税，超过1万元的，按全额征税；选项D，个人转让自用5年以上的家庭唯一住房免征个人所得税。

95. 某个人独资企业2023年自行计算的生产经营费用60万元，该企业的生产经营费用与其家庭生活费用无法划分。该个人独资企业允许税前扣除的生产经营费用为(　　)万元。

A. 0　　　　B. 30

C. 45　　　　D. 20

**【参考答案】** A

**【答案解析】** 个人独资企业生产经营费用与其家庭生活费用无法划分，不得税前扣除。

96. 某歌手与某酒吧签订演出协议，每周末进行演出，每次演出的出场费为800元，

按周发放演出酬劳。第一个月演出5次,第二个月演出6次。该歌手两个月共应预扣预缴个人所得税为(　　)元。

A. 800　　B. 1 152

C. 1 408　　D. 1 280

**【参考答案】** C

**【答案解析】** 属于同一事项连续取得收入,以一个月内取得的收入为一次。应预扣预缴个人所得税税额=(800×5－800)×20%＋800×6×(1－20%)×20%=640＋768=1 408(元)。

97. 李某2023年5月投资境内某上市公司,取得其22%的股权。2023年年底,李某获得该公司利润分红130 000元;该公司为李某购买小汽车用于其办公使用,并未办理车辆过户,小汽车的市场价格为100 000元。则李某应缴纳的个人所得税为(　　)元。

A. 22 000　　B. 13 000

C. 24 000　　D. 32 000

**【参考答案】** B

**【答案解析】** 公司为李某购买的办公使用的小汽车,并未办理车辆过户手续,车辆所有权还是属于公司,不属于股东李某所得,不征收个人所得税。李某获得股息红利,并且持有时间为超过1个月且不超过1年的,减按50%计入应纳税所得额,所以李某应缴纳的个人所得税=130 000×50%×20%=13 000(元)。

98. 个人所得税法规定的专项扣除,除了居民个人按照国家规定的范围和标准缴纳的基本养老保险、基本医疗保险、失业保险外,还应包括(　　)。

A. 工伤保险　　B. 住房公积金

C. 子女教育扣除　　D. 生育保险

**【参考答案】** B

**【答案解析】** 根据《中华人民共和国个人所得税法》的规定,专项扣除,包括居民个人按照国家规定的范围和标准缴纳的基本养老保险、基本医疗保险、失业保险等社会保险费和住房公积金。

99. 甲某以非货币性资产投资取得的所得,应按照"(　　)"项目,依法计算缴纳个人所得税。

A. 投资所得　　B. 利息股息红利所得

C. 财产转让所得　　D. 特许权使用费

**【参考答案】** C

**【答案解析】** 根据《财政部 国家税务总局关于个人非货币性资产投资有关个人所得税政策的通知》(财税〔2015〕41号)的规定,个人以非货币性资产投资,属于个人转让非货币性资产和投资同时发生。对个人转让非货币性资产的所得,应按照"财产转让所得"项目,依法计算缴纳个人所得税。

100. 个人转让已购商品房在转让前实际发生的装修费用，符合规定的，可在房屋原值的(　　)扣除。

A. 5%　　B. 10%

C. 15%　　D. 20%

**【参考答案】** B

**【答案解析】** 根据《国家税务总局关于个人住房转让所得征收个人所得税有关问题的通知》(国税发〔2006〕108号)的规定，纳税人能提供实际支付装修费用的税务统一发票，并且发票上所列付款人姓名与转让房屋产权人一致的，经税务机关审核，其转让的住房在转让前实际发生的装修费用，可在以下规定比例内扣除。(1)已购公有住房、经济适用房：最高扣除限额为房屋原值的15%。(2)商品房及其他住房：最高扣除限额为房屋原值的10%。

101. 个体工商户李某2023年为其从业人员赵某实际发放工资100万元，李某领取劳动报酬35万元。则2023年李某允许税前扣除的从业人员补充养老保险限额是(　　)万元。

A. 7.35　　B. 5.25

C. 5　　D. 1

**【参考答案】** C

**【答案解析】** 根据《国家税务总局个体工商户个人所得税计税办法》(国家税务总局令第35号)的规定，个体工商户为从业人员缴纳的补充养老保险费、补充医疗保险费，分别在不超过从业人员工资总额5%标准内的部分据实扣除；超过部分，不得扣除。2023年该个体工商户允许税前扣除的从业人员补充养老保险限额=100×5%=5(万元)。

102. 个体工商户生产经营所得在计算个人所得税时，可按规定在税前扣除的项目是(　　)。

A. 赞助支出　　B. 被没收财物的损失

C. 与家庭生活混用费用的40%　　D. 业主的工资支出

**【参考答案】** C

**【答案解析】** 根据《国家税务总局个体工商户个人所得税计税办法》(国家税务总局令第35号)的规定，个体工商户生产经营活动中，应当分别核算生产经营费用和个人、家庭费用。对于生产经营与个人、家庭生活混用难以分清的费用，其40%视为与生产经营有关费用，准予扣除。

103. 个体工商户屠某为研究开发新产品，购置了一定价值的测试仪器，若该仪器的购置费准予在计算个人所得税应纳税所得额时直接扣除则该仪器、装置的单台价值所在的区间范围是(　　)。

A. 10万元以下　　B. 12万元以下

C. 15万元以下　　D. 20万元以下

**【参考答案】** A

**【答案解析】** 根据《国家税务总局个体工商户个人所得税计税办法》(国家税务总局令第35号)的规定,个体工商户研究开发新产品、新技术、新工艺所发生的开发费用,以及研究开发新产品、新技术而购置单台价值在10万元以下的测试仪器和试验性装置的购置费准予直接扣除;单台价值在10万元以上(含10万元)的测试仪器和试验性装置,按固定资产管理,不得在当期直接扣除。

104. 个体工商户为从业人员缴纳的补充养老保险费,在计算个人所得税时,可按从业人员工资总额(　　)据实扣除。

A. 1%　　B. 4%

C. 5%　　D. 8%

**【参考答案】** C

**【答案解析】** 根据《国家税务总局个体工商户个人所得税计税办法》(国家税务总局令第35号)的规定,个体工商户按照国务院有关主管部门或者省级人民政府规定的范围和标准为其业主和从业人员缴纳的基本养老保险费、基本医疗保险费、失业保险费、生育保险费、工伤保险费和住房公积金,准予扣除。个体工商户为从业人员缴纳的补充养老保险费、补充医疗保险费,分别在不超过从业人员工资总额5%标准内的部分据实扣除;超过部分,不得扣除。

105. 个体工商户发生的下列支出中,允许在个人所得税税前扣除的是(　　)。

A. 家庭生活支出2万元

B. 直接向灾区捐赠10万元

C. 缴纳城市维护建设税及教育费附加4万元

D. 代公司员工李某负担个人所得税税款5万元

**【参考答案】** C

**【答案解析】** 根据《国家税务总局个体工商户个人所得税计税办法》(国家税务总局令第35号)的规定,个体工商户用于个人和家庭的支出,不得税前扣除;个体工商户生产经营活动中,应当分别核算生产经营费用和个人、家庭费用。对于因生产经营与个人、家庭生活混用难以分清的费用,其40%视为与生产经营有关费用,准予扣除。个体工商户直接对受益人的捐赠不得扣除。个体工商户代其从业人员或者他人负担的税款不得税前扣除。

106. 下列关于个体工商户在计算经营所得时扣除项目范围和标准,不正确的是(　　)。

A. 按规定的范围和标准为业主和从业人员缴纳的"五险一金"准予扣除

B. 从2018年1月1日起,职工教育经费支出按工资、薪金总额的8%据实扣除

C. 发生与其生产经营活动直接相关的广告费和业务宣传费按当年销售(营业)收入的15%以内,据实扣除

D. 在生产经营活动中发生的合理的不需要资本化的借款费用,准予扣除

**【参考答案】** B

**【答案解析】** “从 2018 年 1 月 1 日起，职工教育经费支出按工资、薪金总额的 8% 据实扣除”只适用于企业所得税，不适用于个人所得税。

107. 个体工商户朱某 2023 年 5 月 1 日申请营业执照，当年 9 月 1 日开始生产经营。该期间发生的下列支出，允许作为开办费在个人所得税税前扣除的是（　　）。

A. 为研究开发新产品而购置的固定资产

B. 因购买固定资产发生的汇兑损失 2 万元

C. 发生的已形成无形资产的支出 10 万元

D. 实际发生的 40 万元业务招待费中 60% 的部分

**【参考答案】** D

**【答案解析】** 根据《国家税务总局个体工商户个人所得税计税办法》国家税务总局令第 35 号）的规定，个体工商户自申请营业执照之日起到开始生产经营之日止所发生的符合规定的费用，除为取得固定资产、无形资产的支出，以及应计入资产价值的汇兑损益、利息支出外，作为开办费；业主自申请营业执照之日起至开始经营之日止所发生的业务招待费，按实际发生额的 60% 计入个体工商户的开办费。

108. 根据有关规定，下列说法正确的是（　　）。

A. 个人独资企业的投资者以企业资金为家庭成员支付与企业生产经营无关的消费性支出，依照利息、股息、红利所得项目征税

B. 纳税人在广告设计中提供名义、形象取得所得，按“特许权使用费”项目计算纳税

C. 非专利技术使用权让渡给他人使用按“财产租赁所得”缴纳个人所得税

D. 实行查账征税方式的个人独资企业和合伙企业改为核定征税方式后，在查账征税方式下认定的年度经营亏损未弥补完的部分，不得再继续弥补

**【参考答案】** D

**【答案解析】** 根据《国家税务总局关于〈关于个人独资企业和合伙企业投资者征收个人所得税的规定〉执行口径的通知》（国税函〔2001〕84 号）的规定，实行查账征税方式的个人独资企业和合伙企业改为核定征税方式后，在查账征税方式下认定的年度经营亏损未弥补完的部分，不得再继续弥补。选项 A，个人独资企业的投资者以企业资金为本人、家庭成员支付与企业生产经营无关的消费性支出，应该并入生产经营所得，按“经营所得”项目缴纳个人所得税；选项 B，个人提供名义、形象取得所得，按“劳务报酬所得”项目计算纳税；选项 C，非专利技术使用权让渡给他人使用按“特许权使用费所得”缴纳个人所得税。

109. 根据《中华人民共和国个人所得税法》，下述关于个人所得税扣缴义务人的说法，不正确的是（　　）。

A. 以支付所得的单位或者个人为扣缴义务人

B. 扣缴义务人应当按照国家规定办理全员全额扣缴申报，并向纳税人提供其个人所得和已扣缴税款等信息

C. 非居民个人取得工资、薪金所得，有扣缴义务人的，扣缴义务人按月或者按次代

扣代缴税款，并在年终办理汇算清缴

D. 有关部门依法将扣缴义务人遵守个人所得税法的情况纳入信用信息系统，并实施联合激励或者惩戒

**【参考答案】** C

**【答案解析】** 根据《中华人民共和国个人所得税法》的规定，非居民个人取得工资、薪金所得，劳务报酬所得，稿酬所得和特许权使用费所得，有扣缴义务人的，由扣缴义务人按月或者按次代扣代缴税款，不办理汇算清缴。

110. 员工行权时，从企业取得股票的实际购买价（施权价）低于购买日公平市场价的差额，缴纳个人所得税其适用的应税所得项目是（　　）。

A. 偶然所得　　B. 特许权使用费

C. 工资、薪金所得　　D. 利息、股息、红利所得

**【参考答案】** C

**【答案解析】** 根据《财政部 国家税务总局关于个人股票期权所得征收个人所得税问题的通知》（财税〔2005〕35 号）的规定，员工行权时，其从企业取得股票的实际购买价（施权价）低于购买日公平市场价（指该股票当日的收盘价）的差额，是因员工在企业的表现和业绩情况而取得的与任职、受雇有关的所得，应按"工资、薪金所得"适用的规定计算缴纳个人所得税。

111. 根据个人所得税法的相关规定，下列收入中，按"劳务报酬所得"项目纳税的是（　　）。

A. 来源于非任职公司的董事费收入

B. 退休人员再任职取得的收入

C. 担任任职公司的关联企业的监事取得的监事费收入

D. 在任职公司担任监事的监事费收入

**【参考答案】** A

**【答案解析】** 个人担任公司董事、监事，且不在公司任职、受雇的情形，取得的董事费按"劳务报酬所得"项目征税方法计算征收个人所得税；个人在公司（包括关联公司）任职、受雇，同时兼任董事、监事的，应将董事费、监事费与个人工资收入合并，统一按"工资、薪金所得"项目缴纳个人所得税。

112. 个人持有限售股中存在部分限售股成本原值不明确，导致无法准确计算全部限售股成本原值的，证券登记结算公司应按实际转让收入的（　　）确认限售股成本原值和合理税费。

A. 5%　　B. 10%

C. 15%　　D. 20%

**【参考答案】** C

**【答案解析】** 根据《财政部 国家税务总局证监会关于个人转让上市公司限售股所得征收个人所得税有关问题的通知》（财税〔2009〕167 号）的规定，因个人持有限售股中

存在部分限售股成本原值不明确，导致无法准确计算全部限售股成本原值的，证券登记结算公司一律以实际转让收入的15%作为限售股成本原值和合理税费。

113.根据个人所得税法的规定，下列说法正确的是(　　)。

A.房屋产权所有人将房屋产权无偿赠与兄弟姐妹需征收个人所得税

B.企业年金的个人缴费部分，不得在计算个人当月工资、薪金所得个人所得税时扣除

C.个人取得的国家发行的金融债券利息免征个人所得税

D.个人在广告设计、制作、发布过程中提供形象而取得的所得，属于特许权使用费所得

**【参考答案】** C

**【答案解析】** 根据《中华人民共和国个人所得税法》，国家发行的金融债券利息免征个人所得税；房屋产权所有人将房屋产权无偿赠与兄弟姐妹不征收个人所得税；企业年金个人缴费的部分，在不超过本人缴费工资计税基数的4%标准内的部分，暂从个人当期的应纳税所得额中扣除；个人在广告设计、制作、发布过程中因提供形象而取得的所得，属于劳务报酬所得。

114.下列所得中不适用七级超额累进税率的是(　　)。

A.居民个人的偶然所得　　B.非居民个人的工资所得

C.居民个人的综合所得　　D.居民个人的经营所得

**【参考答案】** D

**【答案解析】** 根据《中华人民共和国个人所得税法》的规定，个人所得税的税率：(1)综合所得，适用3%至45%的超额累进税率；(2)经营所得，适用5%至35%的超额累进税率；(3)利息、股息、红利所得，财产租赁所得，财产转让所得和偶然所得，适用比例税率，税率为20%。选项D，经营所得适用的是五档税率；选项ABC，均适用不同级次的七级超额累进税率。

115.下列选项不实行个人所得税全员全额扣缴申报的应税所得是(　　)。

A.工资、薪金所得　　B.经营所得

C.劳务报酬所得　　D.偶然所得

**【参考答案】** B

**【答案解析】** 根据《国家税务总局关于发布〈个人所得扣缴申报管理办法(试行)〉的公告》(国家税务总局公告2018年第61号)的规定，实行个人所得税全员全额扣缴申报的应税所得包括：(1)工资、薪金所得；(2)劳务报酬所得(3)稿酬所得；(4)特许权使用费所得；(5)利息、股息、红利所得；(6)财产租赁所得；(7)财产转让所得；(8)偶然所得。

116.下列关于住房租金专项附加扣除的表述，错误的是(　　)。

A.纳税人及其配偶在主要工作城市均没有自有住房而发生的住房租金支出，只能由一方扣除

B.纳税人应当留存住房租赁合同、协议等有关资料备查

C. 住房租金支出由签订租赁住房合同的承租人扣除

D. 纳税人及其配偶不在一个城市在一个纳税年度内可以同时分别享受住房贷款利息和住房金专项附加扣除

**【参考答案】** A

**【答案解析】** 根据《国务院关于印发个人所得税专项附加扣除暂行办法的通知》(国发〔2018〕41 号)的规定,纳税人及其配偶在一个纳税年度内不能同时分别享受住房贷款利息和住房金专项附加扣除。

117. 根据相关规定,下列项目中,属于工资、薪金所得的是(　　)。

A. 出租汽车经营单位对出租车驾驶员采取单车承包或承租方式运营,出租车驾驶员从事客货营运取得的收入

B. 出租汽车经营单位将出租车的所有权转移给驾驶员的,出租车驾驶员从事客货营运取得的收入

C. 独立董事取得的董事费收入

D. 保险营销员取得佣金收入

**【参考答案】** A

**【答案解析】** 选项 A,根据《国家税务总局关于印发〈机动出租车驾驶员个人所得税征收管理暂行办法〉的通知》(国税发〔1995〕50 号)的规定,出租汽车经营单位对出租车驾驶员采取单车承包或承租方式运营,出租车驾驶员从事客货运营取得的收入,按工资、薪金所得项目征税;选项 B,属于经营所得;选项 CD,属于劳务报酬所得。

118. 取得工资薪金、连续性劳务报酬所得的个人,其缴纳税收递延型商业养老保险保费的扣除限额是(　　)。

A. 当月工资薪金 6%或 1 000 元

B. 1 000 元

C. 当地上年平均月工资

D. 当月工资薪金、连续性劳务报酬收入的 6%和 1 000 元孰低

**【参考答案】** D

**【答案解析】** 根据《财政部 税务总局 人力资源社会保障部 银保监会 证监会关于开展个人税收递延型商业养老保险试点的通知》(财税〔2018〕22 号)的规定,取得工资薪金、连续性劳务报酬所得的个人,其缴纳的保费准予在申报扣除当月计算应纳税所得额时予以限额据实扣除,扣除限额按照当月工资薪金、连续性劳务报酬收入的 6%和 1 000 元孰低办法确定。

119. 根据个人所得税法的有关规定,下列表述正确的是(　　)。

A. 同一作品先在报刊上连载,然后再出版取得的稿酬所得应合并为一次纳税

B. 作者去世后,对取得其遗作稿酬的个人,按特许权使用费所得征税

C. 同一作品出版后,加印取得的稿酬应合并为一次所得纳税

D. 同一作品在两处同时出版、发表取得的稿酬所得合并为一次纳税

**【参考答案】** C

**【答案解析】** 根据《国家税务总局关于印发〈征收个人所得税若干问题的规定〉的通知》(国税发〔1994〕89号)的规定,作者去世后,对取得其遗作稿酬的个人,按稿酬所得征收个人所得税。同一作品先在报刊上连载,然后再出版取得的稿酬所得,应当分次纳税;同一作品出版后,加印取得的稿酬应合并为一次所得纳税;同一作品在两处同时出版、发表取得的稿酬所得为分别在各处取得的所得分次纳税。

120. 下列关于赡养老人专项附加扣除要求的说法,正确的是(　　)。

A. 被赡养人指的是年满60周岁的生父母

B. 纳税人有亲兄弟的,可按1 500元、500元的方式分配扣除额度

C. 计算时间为被赡养人年满60周岁的当月至赡养义务终止的月末

D. 纳税人为非独生子女的,可以约定分摊也可以由被赡养人指定分摊,其中指定分摊优先于约定分摊

**【参考答案】** D

**【答案解析】** 根据《国务院关于印发个人所得税专项附加扣除暂行办法的通知》(国发〔2018〕41号)的规定,选项A,被赡养人指的是年满60周岁的生父母、继父母、养父母;选项B,纳税人为非独生子女的可以约定分摊,但每人分摊的额度不能超过每月1 000元;选项C,计算时间为被赡养人年满60周岁的当月至赡养义务终止的年末。

121. 下列选项中,以转让当日该股份实际转让价格确认转让收入的情形是(　　)。

A. 个人用限售股接受要约收购

B. 个人持有的限售股被司法扣划

C. 个人用限售股认购或申购交易型开放式指数基金份额

D. 个人通过大交易系统转让限售股

**【参考答案】** D

**【答案解析】** 根据《财政部 国家税务总局 证监会关于个人转让上市公司限售股所得征收个人所得税有关问题的补充通知》(财税〔2010〕70号)的规定,个人通过证券交易所集中交易系统或大交易系统转让限售股,转让收入以转让当日该股份实际转让价格计算。

122. 下列选项中按照“经营所得”项目征税的是(　　)。

A. 个人独资企业用本企业资金为优秀员工购买小汽车

B. 上市公司个人股东从该公司借款,在该纳税年度终了后既不归还又未用于公司生产经营

C. 合伙企业的个人投资者用企业资金为本人购买房屋

D. 有限责任公司的个人投资者用公司资金为本人购买房屋

**【参考答案】** C

**【答案解析】** 根据《财政部 国家税务总局关于规范个人投资者个人所得税征收管理的通知》(财税〔2003〕158号)的规定,个人独资企业、合伙企业的个人投资者以企业资

金为本人、家庭成员及其相关人员支付与企业生产经营无关的消费性支出及购买汽车、住房等财产性支出，视为企业对个人投资者的利润分配，并入投资者个人的生产经营所得，依照“个体工商户的生产经营所得”项目计征个人所得税。选项A，属于“工资、薪金所得”；选项BD；属于“利息、股息、红利所得”。

123. 下列个人，属于个人所得税法所称居民个人的是（　　）。

A. 在中国境内虽无住所但居住满90天，有来自境内所得的外籍个人

B. 2023年1月1日至5月30日在境内居住之后再未入境的外籍个人

C. 2023年3月1日至10月31日在境内履职的外籍个人

D. 在中国境内无住所且不居住，但有来自境内所得的外籍个人

**【参考答案】** C

**【答案解析】** 在中国境内有住所，或者无住所而一个纳税年度内在中国境内居住累计满183天的个人为居民个人；在我国居住天数不足183天，不属于我国居民个人。

124. 某非居民个人在我国某出版社出版一部长篇小说，取得稿酬收入120 000元（不含税）。该出版社应代扣代缴个人所得税（　　）元。

A. 11 040　　B. 13 440

C. 16 360　　D. 17 400

**【参考答案】** C

**【答案解析】** 应代扣代缴个人所得税＝120 000×（1－20％）×70％×35％－7 160＝16 360（元）。

125. 按照保险合同约定，居民个人应领取税收递延型商业养老保险的养老金收入3 000元。保险机构应代扣代缴个人所得税（　　）元。

A. 300　　B. 225

C. 125　　D. 75

**【参考答案】** B

**【答案解析】** 个人领取的税收递延型商业养老保险的养老金收入，其中25％部分予以免税，其余75％部分按照10％的比例税率计算缴纳个人所得税。保险机构应代扣代缴个人所得税＝3 000×（1－25％）×10％＝225（元）。

126. 根据量化资产个人所得税的相关规定，下列错误的是（　　）。

A. 对职工个人以股份形式取得的拥有所有权的企业量化资产，暂缓征收个人所得税

B. 职工个人将股份转让时，就其转让收入额，减除个人取得该股份时实际支付的费用支出和合理转让费用后的余额按“财产转让所得”项目计征个人所得税

C. 职工个人以股份形式取得的企业量化资产参与企业分配获得股息，按取得“工资、薪金所得”项目征收个人所得税

D. 对职工个人以股份形式取得的量化资产仅作为办分红依据，不拥有所有权的企业量化资产，不征收个人所得税

**【参考答案】** C

**【答案解析】** 根据《国家税务总局关于企业改组改制过程中个人取得的量化资产征收个人所得税问题的通知》(国税发〔2000〕60 号)，职工个人以股份形式取得的企业量化资产参与企业分配获得股息，按照“利息、股息、红利所得”项目征收个人所得税。

127. 关于股权激励有关个人所得税的征收方法，下列说法中错误的是(　　)。

A. 任职于上市公司的员工取得的限制性股票所得，按照“工资、薪金所得”纳税

B. 限制性股票个人所得税纳税义务发生时间为每一批限制性股票解禁的日期

C. 个人在纳税年度内取得 2 次以上股票增值权所得的，应合并纳税

D. 被激励对象为缴纳个人所得税款而出售股票其出售价格与原计税价格不一致的，按照出售价格计算税额

**【参考答案】** D

**【答案解析】** 根据《税务总局关于股权激励有关个人所得税问题的通知》(国税函〔2009〕461 号)的规定，被激励对象为缴纳个人所得税款而出售股票，其出售价格与原计税价格不一致的，按照原计税价格计算税额。

128. 关于取得综合所得需要办理汇算清缴情形的表述错误的是(　　)。

A. 从两处以上取得综合所得，且综合所得年收入额减除专项扣除的余额超过 6 万元

B. 取得劳务报酬所得、稿酬所得、特许权使用费所得中一项或者多项所得，且综合所得年收入额减除专项扣除的余额超过 6 万元

C. 纳税年度内预缴税额高于应纳税额

D. 纳税人申请退税

**【参考答案】** C

**【答案解析】** 根据国家税务总局 2018 年第 62 号公告的相关规定，取得综合所得需要办理汇算清缴的情形包括：(1)从两处以上取得综合所得，且综合所得年收入额减除专项扣除的余额超过 6 万元；(2)取得劳务报酬所得，稿酬所得、特许权使用费所得中一项或者多项所得，且综合所得年收入额减除专项扣除的余额超过 6 万元；(3)纳税年度内预缴税额低于应纳税额；(4)纳税人申请退税。

129. 合伙企业的投资者以企业资金为其家庭购买汽车和住房，则对取得的汽车和住房计征个人所得税时，适用的项目是(　　)。

A. 工资、薪金所得　　B. 财产转让所得

C. 经营所得　　D. 利息、股息、红利所得

**【参考答案】** C

**【答案解析】** 根据《财政部 国家税务总局关于规范个人投资者个人所得税征收管理的通知》(财税〔2003〕158 号)的规定，个人独资企业、合伙企业的个人投资者以企业资金为本人、家庭及其相关人员支付与企业生产经营无关的消费性支出及购买汽车、住房等财产性支出，视为企业对个人投资者的利润分配，并入投资者个人的生产经营所得依

照“经营所得”项目计征个人所得税。

130. 甲某就职于某科技公司，下列收入属于“工资、薪金所得”的是(　　)。

A. 独生子女补贴

B. 出差取得的差旅费津贴

C. 该科技公司发放的一次性安家补助

D. 在浙江日报发表论文取得的稿费

**【参考答案】** C

**【答案解析】** 根据《国家税务总局关于印发〈征收个人所得税若干问题的规定〉的通知》(国税发〔1994〕89 号)的规定，下列不属于工资、薪金性质的补贴、津贴或者不属于纳税人本人工资、薪金所得项目的收入，不征税：(1)独生子女补贴；(2)执行公务员工资制度未纳入基本工资总额的补贴、津贴差额和家属成员的副食品补贴；(3)托儿补助费；(4)差旅费津贴、误餐补助。选项 A，属于劳务报酬所得；选项 B，不征税个人所得税；选项 D，属于稿酬所得。

131. 王某 2024 年 1 月工资为 9 000 元，王某个人上一年度月平均工资为 5 000 元。其工作所在地上一年度职工月平均工资为 4 000 元。王某所任职的企业按照国家规定的标准给职工缴纳企业年金的企业缴费部分，王某个人按照当月工资的 5%缴纳企业年金的个人缴费部分。假设无其他扣除项目，王某任职企业当月应预扣预缴王某的个人所得税(　　)元。

A. 38　　B. 76

C. 88　　D. 114

**【参考答案】** D

**【答案解析】** 个人根据国家有关政策规定缴付的年金个人缴费部分，在不超过本人缴费工资计税基数的 4%标准内的部分，暂从个人当期的应纳税所得额中扣除。个人缴费工资计税基数为本人上一年度月平均工资。王某上一年月平均工资没有超过当地月平均工资的 300%，所以按照 5 000 元作为企业年金个人缴费工资计税基数。应预扣预缴个人所得税＝(9 000－5 000×4%－5 000)×3%＝114(元)。

132. 甲企业职工李先生 2023 年每月工资薪金收入 8 000 元，符合扣除标准的“三险一金”为 600 元/月。2023 年 1 月，甲企业统一给员工购买了每人每年 2 500 元符合规定的商业健康保险，则甲企业 1 月应代扣代缴李先生个人所得税(　　)元。

A. 49　　B. 98

C. 147　　D. 210

**【参考答案】** C

**【答案解析】** 单位统一组织为员工购买或者单位和个人共同负担购买符合规定的商业健康保险产品，单位负担部分应当实名计入个人工资薪金明细清单，视同个人购买，并自购买产品次月起，在不超过 200 元/月的标准内按月扣除。甲企业 1 月应代扣代缴李先生个人所得税＝(8 000＋2 500－5 000－600)×3%＝147(元)。

133. 境内居民张某 2023 年 3 月 1 日购入某创新企业境内发行存托凭证(CDR),6 月 3 日,取得该 CDR 派发的股息红利 10 000 万元。张某应缴纳个人所得税(　　)万元。

A. 0　　B. 1 000

C. 2 000　　D. 3 000

**【参考答案】** B

**【答案解析】** 对个人投资者持有创新企业 CDR 取得的股息、红利所得,3 年内实施股息、红利差别化个人所得税政策,具体参照《财政部 国家税务总局 证监会关于实施上市公司股息、红利差别化个人所得税政策有关问题的通知》(财税〔2012〕85 号)、《财政部 国家税务总局 证监会关于上市公司股息、红利差别化个人所得税政策有关问题的通知》(财税〔2015〕101 号)的相关规定执行。个人从公开发行和转让市场取得的上市公司股票,持股期限在 1 个月以内(含 1 个月)的,其股息红利所得全额计入应纳税所得额;持股期限在 1 个月以上至 1 年(含 1 年)的,暂减按 50%计入应纳税所得额;所得统一适用 20%的税率计征个人所得税。应缴纳个人所得税=10 000×50%×20%=1 000(万元)。

134. 居民个人方某 2021 年 1 月开始持有上市公司 60 万份限售股。限售期间取得股息红利 30 万元。2024 年 2 月 29 日转让该限售股,取得转让收入 750 万元。由于历史原因,该限售股成本原值无法准确计量,方某应缴纳个人所得税(　　)万元。

A. 156　　B. 150

C. 130.5　　D. 132.6

**【参考答案】** C

**【答案解析】** 企业未能提供完整、真实的限售股原值凭证,不能准确计算该限售股原值的,主管税务机关一律按该限售股转让收入的 15%,核定为该限售股原值和合理税费。对个人持有的上市公司限售股,解禁后取得的股息、红利,按照规定计算纳税,持股时间自解禁日起计算;解禁前取得的股息、红利继续暂减按 50%计入应纳税所得额,适用 20%的税率计征个人所得税。所以方某应缴纳个人所得税=750×(1-15%)×20%+30×50%×20%=130.5(万元)。

135. 下列关于专项附加扣除的说法,符合个人所得税法相关规定的是(　　)。

A. 住房贷款利息扣除的期限最长不得超过 240 个月

B. 直辖市的住房租金支出的扣除标准是每月 1 500 元

C. 职业资格技术教育在取得相关证书的当年,按照 3 600 元定额标准扣除

D. 赡养老人专项附加扣除的起始时间为被赡养人男性年满 60 周岁,女性年满 55 周岁的当月

**【参考答案】** D

**【答案解析】** 根据《国家税务总局关于修订发布〈个人所得税专项附加扣除操作办法(试行)〉的公告》(国家税务总局公告 2022 年第 7 号)的规定,赡养老人专项附加扣除

的起始时间为被赡养人年满60周岁的当月。

136. 王某向个人养老金资金账户缴费时，在综合所得或经营所得中可以据实扣除的限额标准是（　　）元/年。

A. 5 000　　B. 6 000

C. 12 000　　D. 24 000

**【参考答案】** C

**【答案解析】** 根据《财政部 税务总局关于个人养老金有关个人所得税政策的公告》（财政部 税务总局公告2022年第34号）的规定，自2022年1月1日起，对个人养老金实施递延纳税优惠政策。在缴费环节，个人向个人养老金资金账户的缴费，按照12 000元/年的限额标准，在综合所得或经营所得中据实扣除。

137. 2023年12月，李某出售了一套住房，转让金额为300万元，缴纳个人所得税15万元。2024年4月，其在同一城市重新购买了一套住房，新购住房金额为400万元。假定李某同时满足享受换购住房个人所得税政策的其他条件，以上金额均为不含增值税价格，则李某申请个人所得税退税的金额为（　　）万元。

A. 5　　B. 10

C. 15　　D. 20

**【参考答案】** C

**【答案解析】** 根据《财政部 税务总局关于支持居民换购住房有关个人所得税政策的公告》（财政部 税务总局公告2022年第30号）的规定，新购住房金额大于或等于现住房转让金额的，全部退还已缴纳的个人所得税。由于新购住房金额大于现住房转让金额，李某可申请的退税金额为现住房转让时缴纳的个人所得税15万元。

138. 个人取得的下列所得，按“经营所得”项目计征个人所得税的是（　　）。

A. 个人独资企业对外投资分得的股息、红利

B. 合伙个人获得合伙企业购买且所有权办理在合伙个人名下的住房

C. 个人股东获得居民企业购买且所有权办理在股东个人名下的车辆

D. 合伙企业的个人投资者对外投资分得的股息、红利

**【参考答案】** B

**【答案解析】** 选项ACD，按“利息、股息、红利所得”项目计征个人所得税。

139. 根据个人所得税法的相关规定，下列说法中错误的是（　　）。

A. 个人独资企业计提的各种准备金支出不得扣除

B. 个体工商户代其从业人员或者他人负担的税款，不得税前扣除

C. 个体工商户为业主缴纳的补充医疗保险，在不超过其工资薪金5%的部分可以税前扣除，超过的部分不得扣除

D. 个体工商户业主的工资薪金支出不得税前扣除

**【参考答案】** C

**【答案解析】** 根据个体工商户个人所得税计税办法，个体工商户业主本人缴纳的

补充养老保险费补充医疗保险费，以当地（地级市）上年度社会平均工资的 3 倍为计算基数，分别在不超过该计算基数 5%标准内的部分据实扣除；超过部分，不得扣除。

140. 李某在 2024 年 1 月将一处住房出租给某公司作为招待客房（已签订合同，该公司也索要了增值税专用发票）。下列各项税务处理中，正确的是（　　）。

A. 应按 12%的税率缴纳房产税

B. 应按 0.05%的税率缴纳印花税

C. 应按 20%的税率缴纳个人所得税

D. 应在 5%征收率基础上减按 1.5%计算缴纳增值税

**【参考答案】** D

**【答案解析】** 个人出租居住用房，应按 4%的税率缴纳房产税；按 10%的税率缴纳个人所得税；在 5%征收率基础上减按 1.5%缴纳增值税；对个人出租、承租住房签订的租赁合同，免征印花税。

141. 下列选项中关于个体工商户从事生产、经营活动取得的所得的说法，正确的是（　　）。

A. 个体工商户直接对受益人的捐赠可以限额扣除

B. 个体工商户按照规定缴纳的摊位费、行政性收费等，不超过限额部分准予扣除

C. 个体工商户因研究开发新产品而购置单台价值 9 万元的测试仪器的购置费准予直接扣除

D. 个体工商户业主本人实际发生的职工福利费支出，以当地上年度社会平均工资的 5 倍为计算基数

**【参考答案】** C

**【答案解析】** 个体工商户直接对受益人的捐赠不得扣除；个体工商户按照规定缴纳的摊位费、行政性收费、协会会费等，按实际发生数额扣除；个体工商户因研究开发新产品、新技术而购置单台价值在 10 万元以下的测试仪器和试验性装置的购置费准予直接扣除。个体工商户业主本人实际发生的职工福利费支出，以当地上年度社会平均工资的 3 倍为计算基数。

142. 2023 年退休公民韩某每月领取养老保险 3 800 元，年金 600 元，该年金交付时未缴纳个人所得税。2023 年韩某应缴纳个人所得税（　　）元。

A. 0　　B. 180

C. 216　　D. 72

**【参考答案】** C

**【答案解析】** 养老保险无需缴纳个人所得税，未缴纳个人所得税的年金领取时全额按工资薪金所得缴纳个人所得税。韩某应缴纳的个人所得税＝600×3%×12＝216（元）。

143. 李某采取单车承包的方式承包了医疗出租车运营单位的汽车，则李某应该按照（　　）项目缴纳个人所得税。

A. 劳务报酬所得　　B. 经营所得

C. 工资、薪金所得　　D. 财产租赁所得

**【参考答案】** C

**【答案解析】** 出租车驾驶员从事出租车运营取得的收入，适用的个人所得税项目为：(1)出租汽车经营单位对出租车驾驶员采取单车承包或承租方式运营，出租车驾驶员从事客货运营取得的收入，按工资、薪金所得项目征税。(2)从事个体出租车运营的出租车驾驶员取得的收入，按经营所得项目缴纳个人所得税。(3)出租车属个人所有，但挂靠出租汽车经营单位或企事业单位，驾驶员向挂靠单位缴纳管理费的，或出租汽车经营单位将出租车所有权转移给驾驶员的，出租车驾驶员从事客货运营取得的收入，比照经营所得项目征税。

144. 中国公民张某 2022 年 10 月取得一笔咨询收入 35 000 元，其中通过境内非营利性社会团体向遭受严重自然灾害地区捐赠 10 000 元。张某当月应缴纳的个人所得税是(　　)元。

A. 6 000　　B. 6 400

C. 5 200　　D. 3 648

**【参考答案】** C

**【答案解析】** 根据财政部 税务总局 2019 年第 99 号公告的规定，居民个人取得劳务报酬所得、稿酬所得、特许权使用费所得的，预扣预缴时不扣除公益性捐赠支出，统一在汇算清缴时扣除。张某当月应缴纳的个人所得税＝35 000×(1－20%)×30%－2 000＝5 200(元)。

145. 2024 年 1 月，中国公民王某以 5 万元的资金持有深圳证券交易所的某境内上市公司的股票 20 000 股，3 月取得该上市公司每股 0.5 元的分红，4 月将上述股票以 7 万元的价格转让。王某上述行为应缴纳个人所得税(　　)元。

A. 0　　B. 1 000

C. 2 000　　D. 2 500

**【参考答案】** B

**【答案解析】** 转让境内上市公司股票的行为暂不缴纳个人所得税。根据《财政部 国家税务总局 证监会关于上市公司股息红利差别化个人所得税政策有关问题的通知》(财税〔2015〕101 号)的规定，个人从公开发行和转让市场取得的上市公司股票，持股期限在 1 个月以内(含 1 个月)的，其股息红利所得全额计入应纳税所得额；持股期限在 1 个月以上至 1 年(含 1 年)的，暂减按 50%计入应纳税所得额；上述所得统一适用 20%的税率计征个人所得税。故王某应缴纳个人所得税＝20 000×0.5×50%×20%＝1 000(元)。

146. 2024 年 2 月，甲某取得了单位发放的年终奖 36 001 元，适用单独适用全年一次性奖金政策，则甲某取得的年终奖应当缴纳个人所得税(　　)元。

A. 1 080.03　　B. 3 600.1

C. 3 390.1　　　　　　D. 3 560.1

【参考答案】 C

【答案解析】 根据《财政部 税务总局关于延续实施全年一次性奖金个人所得税政策的公告》(财政部 税务总局公告 2023 年第 30 号)，居民个人取得全年一次性奖金，符合《国家税务总局关于调整个人取得全年一次性奖金等计算征收个人所得税方法问题的通知》(国税发〔2005〕9 号)规定的，不并入当年综合所得，以全年一次性奖金收入除以 12 个月得到的数额，按照本公告所附按月换算后的综合所得税率表，确定适用税率和速算扣除数，单独计算纳税。政策执行至 2027 年 12 月 31 日。

36 001÷12＝3 000.08(元)，适用 10％的税率和 210 元速算扣除数。甲某应缴纳个人所得税＝36 001×10％－210＝3 390.1(元)。

147. 下列专项附加扣除项目中，纳税人不可以选择在预扣预缴环节享受的是(　　)。

A. 子女教育　　　　　　B. 住房贷款利息

C. 赡养老人　　　　　　D. 大病医疗

【参考答案】 D

【答案解析】 根据《国家税务总局关于修订发布〈个人所得税专项附加扣除操作办法(试行)〉的公告》(国家税务总局公告 2022 年第 7 号)的规定，享受大病医疗专项附加扣除的纳税人，由其在次年 3 月 1 日至 6 月 30 日内，自行向汇缴地主管税务机关办理汇算清缴申报时扣除。

148. 某企业雇员王某 2023 年每月领取工资 7 500 元，12 月领取加班奖金 500 元、季度奖金 2 000 元。2023 年前 11 个月王某的工资薪金所得已经累计预扣预缴个人所得税 730 元。假设无其他扣除项目，王某 2023 年 12 月工资薪金所得应缴纳个人所得税(　　)元。

A. 160.5　　　　　　B. 505

C. 900　　　　　　D. 245

【参考答案】 D

【答案解析】 王某 12 月应缴纳个人所得税＝(7 500×12＋500＋2 000－5 000×12)×3％－730＝245(元)。

149. 根据个人所得税法的相关规定，下列关于“每次”确定的说法，错误的是(　　)。

A. 一次性劳务报酬所得，以取得该项收入为一次

B. 财产租赁所得，以一个月内取得的收入为一次

C. 偶然所得，以取得该项收入为一次

D. 利息所得，以每个月应取得利息收入的时间为一次

【参考答案】 D

【答案解析】 根据《中华人民共和国个人所得税法实施条例》的相关规定，《中华人

民共和国个人所得税法》第六条第一款第二项、第四项、第六项所称每次,分别按照下列方法确定。(1)劳务报酬所得、稿酬所得、特许权使用费所得,属于一次性收入的,以取得该项收入为一次;属于同一项目连续性收入的,以一个月内取得的收入为一次。(2)财产租赁所得,以一个月内取得的收入为一次。(3)利息、股息、红利所得,以支付利息、股息、红利时取得的收入为一次。(4)偶然所得,以每次取得该项收入为一次。

150. 实行全员全额扣缴申报个人所得税的所得不包括( )。

A. 财产租赁所得　　B. 经营所得

C. 工资、薪资所得　　D. 劳务报酬所得

**【参考答案】** B

**【答案解析】** 根据《国家税务总局关于发布〈个人所得税扣缴申报管理办法(试行)〉的公告》(国家税务总局公告 2018 年第 61 号),实行个人所得税全员全额扣缴申报的应税所得包括:(1)工资、薪金所得;(2)劳务报酬所得;(3)稿酬所得;(4)特许权使用费所得;(5)利息、股息、红利所得;(6)财产租赁所得;(7)财产转让所得;(8)偶然所得。

151. 下列房产处置,不需要缴纳个人所得税的是( )。

A. 转让离婚析产商铺

B. 居民个人转让自用 3 年唯一生活用房

C. 离婚析产方式分割房屋产权

D. 转让无偿受赠房屋

**【参考答案】** C

**【答案解析】** 根据《国家税务总局关于明确个人所得税若干政策执行问题的通知》(国税发〔2009〕121 号)的规定,通过离婚析产的方式分割房屋产权是夫妻双方对共同共有财产的处置,个人因离婚办理房屋产权过户手续,不征收个人所得税。

152. 个人所得税的纳税义务人不包括( )。

A. 一人有限公司　　B. 个体工商户

C. 合伙企业的合伙人　　D. 个人独资企业投资者

**【参考答案】** A

**【答案解析】** 根据《中华人民共和国企业所得税法》的相关规定,一人有限公司为企业所得税纳税人。

153. 根据个人所得税法的相关规定,个人转让限售股时,以转让当日该股份实际转让价格计算转让收入的情形是( )。

A. 个人用限售股接受要约收购

B. 个人持有的限售股被司法扣划

C. 个人用限售股认购或申购交易型开放式指数基金份额

D. 个人通过证券交易所集中交易系统或大宗交易系统转让限售股

**【参考答案】** D

**【答案解析】** 选项 A,转让收入以要约收购的价格计算;选项 B,转让收入以司法执

行日的前一交易日该股收盘价计算；选项C，转让收入以股份过户日的前一交易日该股份收盘价计算。

154. 对个人转让新三板挂牌公司原始股取得的所得，征收个人所得税的项目为(　　)。

A. 财产转让所得　　B. 经营所得

C. 利息、股息、红利所得　　D. 工资、薪金所得

**【参考答案】** A

**【答案解析】** 根据《财政部 税务总局 证监会关于个人转让全国中小企业股份转让系统挂牌公司股票有关个人所得税政策的通知》(财税〔2018〕137号)的规定，对个人转让新三板挂牌公司原始股取得的所得，按照“财产转让所得”，适用20%的比例税率征收个人所得税。

155. 下列不属于特许权使用费所得的是(　　)。

A. 提供非专利技术的所得

B. 发表稿件取得的所得

C. 文字作品手稿原件公开拍卖取得的所得

D. 提供专利取得的所得

**【参考答案】** B

**【答案解析】** 发表稿件取得的所得属于稿酬所得，不属于特许权使用费。

156. 下列个人财产转让所得，不需要缴纳个人所得税的是(　　)。

A. 境内上市公司股票转让所得　　B. 土地使用权转让所得

C. 机器设备转让所得　　D. 建筑物转让所得

**【参考答案】** A

**【答案解析】** 根据《财政部 国家税务总局关于个人转让股票所得继续暂免征收个人所得税的通知》(财税字〔1998〕61号)的规定，为了配合企业改制，促进股票市场的稳健发展，经报国务院批准，从1997年1月1日起，对个人转让上市公司股票取得的所得继续暂免征收个人所得税。

157. 某杂志社专职记者2024年1月取得工资8 500元，同时由于在本单位杂志上发表多篇文章，取得所得1 500元，则该记者本月应预扣预缴个人所得税额(　　)元。

A. 85　　B. 105

C. 125　　D. 150

**【参考答案】** D

**【答案解析】** 任职、受雇于报纸、杂志等单位的记者、编辑等专业人员，因在本单位的报刊、杂志上发表作品取得的所得，属于因任职、受雇而取得的所得，应与其当月工资收入合并，按“工资、薪金所得”计算缴纳个人所得税。该记者本月应预扣预缴个人所得税＝(8 500＋1 500－5 000)×3%＝150(元)。

158. 2023年5月公民王某将持有的境内上市公司限售股转让，取得转让收入20万

元。假设该限售股原值无法确定，王某转让限售股应缴纳的个人所得税为(　　)万元。

A. 0　　B. 2

C. 3.4　　D. 4

**【参考答案】** C

**【答案解析】** 限售股转让收入扣除限售股原值和合理税费后的余额为该限售股转让所得。企业未能提供完整、真实的限售股原值凭证，不能准确计算该限售股原值的，主管税务机关一律按该限售股转让收入的15%，核定为该限售股原值和合理税费。王某应缴纳个人所得税＝20×(1－15%)×20%＝3.4(万元)。

159. 王某在距法定退休还有4年的2022年3月办理内部退养手续。当月领取工资4 300元及一次性补贴100 000元。王某当月应缴纳个人所得税(　　)元。

A. 2 979　　B. 3 600

C. 3 735　　D. 3 585

**【参考答案】** A

**【答案解析】** 个人在办理内部退养手续后从原任职单位取得的一次性收入，应按办理内部退养手续后至法定离退休年龄之间的所属月份进行平均，并与领取当月的工资、薪金所得合并后减除当月费用扣除标准，以余额为基数确定适用税率，再将当月工资、薪金加上取得的一次性收入，减去费用扣除标准，按适用税率计征个人所得税。(100 000÷48＋4 300－5 000＝1 383.33(元)，适用3%税率，王某应缴纳的个人所得税＝(4 300＋100 000－5 000)×3%＝2 979(元)。

160. 某教师2023年5月所取得的下列收入中，征收个人所得税的是(　　)。

A. 国债利息收入　　B. 任职高校发放的误餐补助

C. 为某企业开设讲座取得的酬金　　D. 任职高校为其缴付的住房公积金

**【参考答案】** C

**【答案解析】** 国债利息收入，免征个人所得税；任职高校发放的误餐补助，不征收个人所得税；住房公积金，免征个人所得税。为某企业开设讲座取得的酬金应计算缴纳个人所得税。

161. 个人下列所得，应按“工资、薪金所得”缴纳个人所得税的是(　　)。

A. 取得年终加薪

B. 从事个体出租车运营的出租车驾驶员取得的收

C. 个人从事彩票代销业务而取得的所得

D. 个人从企业取得的不竞争款项

**【参考答案】** A

**【答案解析】** 选项BC，按“经营所得”项目缴纳个人所得税；选项D，个人从企业取得的不竞争款项，按“偶然所得”缴纳个人所得税。

162. 企业向个人赠送商品和提供服务的下列情形中，应征收个人所得税的是(　　)。

A. 企业在向个人销售商品(产品)和提供服务的同时给予赠品

B. 企业通过价格折让方式向个人提供服务

C. 企业对累积消费达到一定额度的个人按消费积分反馈礼品

D. 企业在业务宣传、广告等活动中,随机向本单位以外的个人赠送礼品,对个人取得的礼品所得

**【参考答案】** D

**【答案解析】** 企业在销售商品(产品)和提供服务过程中向个人赠送礼品,属于下列情形之一的,不征收个人所得税:(1)企业通过价格折扣、折让方式向个人销售商品(产品)和提供服务;(2)企业在向个人销售商品(产品)和提供服务的同时给予赠品,如通信企业对个人购买手机赠话费、入网费,或者购话费赠手机等;(3)企业对累积消费达到一定额度的个人按消费积分反馈礼品。

163. 居民李先生及 75 岁的父亲 2023 年发生的医药费支出,在扣除医保报销后个人负担金额分别为 16 000 元和 92 000 元。李先生综合所得年度汇算清缴时可以扣除的大病医疗的最高金额是(　　)元。

A. 1 000　　B. 77 000

C. 80 000　　D. 16 000

**【参考答案】** A

**【答案解析】** 在一个纳税年度内,纳税人发生的与基本医保相关的医药费用支出,扣除医保报销后个人负担(指医保目录范围内的自付部分)累计超过 15 000 元的部分,由纳税人在办理年度汇算清缴时,在 80 000 元限额内据实扣除。

164. 下列与个人任职有关的收入,不属于全年一次性奖金计税的是(　　)。

A. 提前退休取得一次性收入　　B. 实行年薪制而兑现年薪收入

C. 年终加薪收入　　D. 实行绩效工资办法兑现的绩效工资

**【参考答案】** A

**【答案解析】** 根据《国家税务总局关于调整个人取得全年一次性奖金等计算征收个人所得税方法问题的通知》(国税发〔2005〕9 号)的规定,全年一次性奖金包括年终加薪、实行年薪制和绩效工资办法的单位根据考核情况兑现的年薪和绩效工资。

165. 符合居民条件的外资企业个人,从境内任职单位取得的下列所得中免征个人所得税的是(　　)。

A. 定额包干形式的搬迁费　　B. 实报实销形式的住房补贴

C. 现金形式的伙食补贴　　D. 定额包干形式的出差补贴

**【参考答案】** B

**【答案解析】** 选项 AD,员工出差,食宿包干,差旅补助需要缴纳个人所得税。选项 C,公司给员工人人有份的现金形式的餐费补贴属于不得免税的福利费,应当并入职工的当月工资薪金收入计缴个人所得税。选项 B,企业以现金形式发给个人的住房补贴、医疗补助费,应全额计入领取人的当期工资、薪金收入计征个人所得税。但对外籍个人

以实报实销形式取得的住房补贴，暂免征收个人所得税。

166. LEO先生2023年9月3日下午来到中国，任职于境内的某大使馆；2023年10月26日下午离境。LEO先生境内居住天数为（　　）、境内工作天数为（　　）。

A. 54天；53天　　B. 53天；54天

C. 52天；53天　　D. 53天；52天

**【参考答案】** C

**【答案解析】** 入境、离境当天不满24小时，居住天数按0天算，而工作天数按半天算。9月居住天数为27天、工作天数为27.5天，10月居住天数为25天、工作天数为25.5天，因此境内的居住天数合计为52天，工作天数合计为53天。

167. 个人获取的下列所得，不按照“偶然所得”项目计征个人所得税的是（　　）。

A. 无偿获得房产公司赠与的住房

B. 参加客户单位的业务宣传活动，随机获得客户单位赠送的礼品

C. 参加本单位的年会活动，获得的有奖竞猜奖品

D. 为他人提供担保取得的收入

**【参考答案】** C

**【答案解析】** 企业在业务宣传、广告等活动中，随机向本单位以外的个人赠送礼品（包括网络红包），以及企业在年会、座谈会、庆典以及其他活动中向本单位以外的个人赠送礼品，个人取得的礼品收入，按照“偶然所得”项目计算缴纳个人所得税。

168. 中国居民周某为某单位雇员，2023年1月至12月，从单位取得工资薪金55 000元。2024年1月到4月期间，每月的工资收入为9 000元，2024年4月计算周某工资薪金所得，预扣预缴税款时累计减除费用是（　　）元。

A. 5 000　　B. 15 000

C. 20 000　　D. 60 000

**【参考答案】** D

**【答案解析】** 对上一完整纳税年度内每月均在同一单位预扣预缴工资、薪金所得个人所得税且全年工资、薪金收入不超过60 000元的居民个人，扣缴义务人在预扣预缴本年度、工资、薪金所得个人所得税时，累计减除费用自1月起直接按照全年60 000元计算扣除。

169. 张某兄妹2人均为居民个人，父母均年满60周岁。同时张某还赡养其祖父母。2023年张某综合所得申报缴纳个人所得税时，最多可以扣除的金额是（　　）元。

A. 6 000　　B. 12 000

C. 18 000　　D. 24 000

**【参考答案】** C

**【答案解析】** 根据个人所得税专项扣除办法，非独生子女，赡养老人支出最多扣除不超过1 500元/月，一年最多可扣除金额是18 000元。被赡养人是指年满60岁的父母，以及子女均已去世的年满60岁的祖父母、外祖父母。

170. 2024 年 3 月高先生办理提前退休手续时，距离法定退休年龄还差 3 年。公司按照规定给予高先生一次性补贴 240 000 元。高先生领取补贴应缴纳个人所得税（　）元。

A. 1 248　　　　B. 5 180

C. 1 800　　　　D. 2 590

**【参考答案】** C

**【答案解析】** 个人办理提前退休手续而取得的一次性补贴收入，应按照办理提前退休手续至法定离退休年龄之间实际年度数平均分摊，确定适用税率和速算扣除数，单独适用综合所得税率表，计算纳税。计算公式：应纳税额=[（一次性补贴收入/办理提前退休手续至法定退休年龄的实际年度数）－费用扣除标准]×适用税率－速算扣除数×办理提前退休手续至法定退休年龄的实际年度数，高先生应缴纳个人所得税=(240 000÷3－60 000)×3%×3=1 800(元)。

171. 下列关于个人所得税的表述，错误的是（　　）。

A. 个人捐赠住房作为公共租赁住房，对其公益性捐赠支出可以全额税前扣除

B. 个人持有全国股份转让系统挂牌公司的股票，持股期限在 1 个月以内的，其股息红利所得全额计入应纳税所得额

C. 对符合地方政府规定条件的低收入保障家庭从地方政府领取的住房租赁补贴，免征个人所得税

D. 内地个人投资者通过沪港通投资香港联交所上市的非 H 股取得的股息红利，由中国结算按照 20%的税率代扣代缴个人所得税

**【参考答案】** A

**【答案解析】** 个人捐赠住房作为公共租赁住房，对其公益性捐赠支出未超过其申报的应纳税所得额 30%的部分，准予从其应纳税所得额中扣除。

172. 下列关于个人所得税征管缴纳的说法，错误的是（　）。

A. 居民个人从中国境外取得所得的，应当在取得所得的次年 3 月 1 日至 6 月 30 日内，向中国境内任职、受雇单位所在地主管税务机关办理纳税申报

B. 扣缴义务人应扣未扣的税款，其应纳税款由纳税人缴纳，扣缴义务人应承担应扣未扣税款 50%以上 3 倍以下的罚款

C. 纳税人取得经营所得，按年计算个人所得税，由纳税人在月度或者季度终了后 15 日内向税务机关报送纳税申报表，并预缴税款

D. 纳税人取得经营所得，按年计算个人所得税，在取得所得的次年 4 月 30 日前办理汇算清缴

**【参考答案】** D

**【答案解析】** 纳税人取得经营所得，按年计算个人所得税，由纳税人在月度或者季度终了后 15 日内向税务机关报送纳税申报表，并预缴税款；在取得所得的次年 3 月 31 日前办理汇算清缴。

173. 下列关于个人投资者收购企业股权后将盈余积累转增股本有关个人所得税的表述，错误的是（　　）。

A. 新股东以不低于净资产价格收购股权的，企业原盈余积累已全部计入股权交易价格，新股东取得盈余积累转增股本的部分，按股息红利所得征收个人所得税

B. 新股东以低于净资产价格收购股权的，企业原盈余积累中，对于股权收购价格减去原股本的差额部分已经计入股权交易价格，新股东取得盈余积累转增股本的部分，不征收个人所得税

C. 对于股权收购价格低于原所有者权益的差额部分未计入股权交易价格，新股东取得盈余积累转增股本的部分，应按照"利息、股息、红利所得"项目征收个人所得税

D. 新股东将所持股权转让时，其财产原值为其收购企业股权实际支付的对价及相关税费

**【参考答案】** A

**【答案解析】** 新股东以不低于净资产价格收购股权的，企业原盈余积累已全部计入股权交易价格，新股东取得盈余积累转增股本的部分，不征收个人所得税。

174. 个人股权转让价格明显偏低且无正当理由的，主管税务机关对其股权转让收入进行核定征收时首选的方法是（　　）。

A. 类比法　　　　　　B. 净资产核定法

C. 加权平均法　　　　D. 算术平均法

**【参考答案】** B

**【答案解析】** 根据《国家税务总局关于发布〈股权转让所得个人所得税管理办法（试行）〉的公告》（国家税务总局公告 2014 年第 67 号）的规定，主管税务机关应依次按照下列方法核定股权转让收入：(1)净资产核定法；(2)类比法；(3)其他合理方法。

175. 关于财产拍卖的个人所得税处理，下列说法正确的是（　　）。

A. 个人拍卖自己的文字作品复印件所得，按"特许权使用费所得"项目计税

B. 个人向居住地主管税务机关，办理拍卖所得税税款的纳税申报

C. 经认定的海外回流文物的财产原值无法确定的，按转让收入的 3%征收率计税

D. 个人财产拍卖的应纳税所得额，减按 10%税率计算缴纳个人所得税

**【参考答案】** A

**【答案解析】** 选项 B，个人向拍卖单位所在地主管税务机关，办理拍卖所得税税款的纳税申报；选项 C，拍卖品为经文物部门认定是海外回流文物的，按转让收入额的 2%征收率计算缴纳个人所得税；选项 D，个人财产拍卖的应纳税所得额适用 20%的个人所得税税率。

176. 周某 2023 年 3 月购买了一只 2023 年 9 月 1 日解禁的某上市公司的股票，分别于 2023 年 6 月 6 日、2023 年 12 月 1 日取得股息红利 1 000 万元和 300 万元，两次股息所得合计应缴纳个人所得税（　　）万元。

A. 200　　B. 130

C. 160　　D. 100

**【参考答案】** B

**【答案解析】** 对个人持有的上市公司限售股，解禁后取得的股息、红利，按照规定计算纳税。持股时间自解禁日起计算；解禁前取得的股息、红利继续暂减按 50%计入应纳税所得额，适用 20%的税率计征个人所得税。解禁前的股息红利应缴纳的个人所得税＝1 000×50%×20%＝100(万元)；解禁后的股息红利，因持股期限在 1 个月以上至 1 年(含 1 年)的，暂减按 50%计入应纳税所得额，因此应缴纳的个人所得税＝300×50%×20%＝30(万元)；应缴纳的个人所得税合计＝100＋30＝130(万元)。

177. 根据个人所得税股票期权的相关规定，下列税务处理错误的是(　　)。

A. 分得的股息按“工资、薪金所得”项目缴纳个人所得税

B. 行权时的行权价与实际购买价之间的差额按“财产转让所得”项目缴纳个人所得税

C. 股票期权行权后转让净收入应按“特许权使用费”项目适用的征免规定计算缴纳个人所得税

D. 行权时的行权价与施权价之间的差额按“股息，红利所得”项目缴纳个人所得税

**【参考答案】** C

**【答案解析】** 根据《财政部 国家税务总局关于个人股票期权所得征收个人所得税问题的通知》(财税〔2005〕35 号)的规定，员工将行权后的股票再转让时获得的高于购买日公平市场价的差额，是因个人在证券二级市场上转让股票等有价证券而获得的所得，应按照“财产转让所得”适用的征免规定计算缴纳个人所得税。

178. 个体工商户向当地工会组织拨缴的工会经费、实际发生的职工福利费支出、职工教育经费支出分别在工资薪金总额的一定比例内据实扣除，下列选项中不属于该比例的是(　　)。

A. 2%　　B. 2.5%

C. 8%　　D. 14%

**【参考答案】** C

**【答案解析】** 根据《国家税务总局个体工商户个人所得税计税办法》(国家税务总局令第 35 号)第二十七条的规定，个体工商户向当地工会组织拨缴的工会经费、实际发生的职工福利费支出、职工教育经费支出分别在工资薪金总额的 2%、14%、2.5%的标准内据实扣除。

179. 个体工商户业主本人向当地工会组织缴纳的工会经费、实际发生的职工福利费支出、职工教育经费支出，以(　　)为计算基数。

A. 当地(地级市)上年度社会平均工资的 2 倍

B. 当地(地级市)上年度社会平均工资的 3 倍

C. 本人上年度月平均工资的 2 倍

D. 本人上年度月平均工资的 3 倍

**【参考答案】** B

**【答案解析】** 根据《国家税务总局个体工商户个人所得税计税办法》(国家税务总局令第 35 号)第二十七条的规定,个体工商户业主本人向当地工会组织缴纳的工会经费、实际发生的职工福利费支出、职工教育经费支出,以当地(地级市)上年度社会平均工资的 3 倍为计算基数。

180. 居民个人取得下列所得,应并入综合所得计算应纳税额的是(　　)。

A. 个人按规定领取的企业年金　　B. 个体工商户取得的经营所得

C. 证券经纪人取得的佣金收入　　D. 个人取得的财产转让所得

**【参考答案】** C

**【答案解析】** 综合所得具体包括工资、薪金所得,劳务报酬所得,稿酬所得,特许权使用费所得。选项 A,个人领取的企业年金不并入综合所得,全额单独计算应纳税款;选项 B,属于经营所得;选项 D,财产转让所得不属于综合所得。

181. 徐某夫妇的 4 个子女在中学就读,根据个人所得税的相关规定,徐某夫妇每月最高可享受的税前扣除金额是(　　)元。

A. 1 000　　B. 4 000

C. 3 000　　D. 2 000

**【参考答案】** B

**【答案解析】** 根据《国务院关于印发个人所得税专项附加扣除暂行办法的通知》(国发〔2018〕41 号),纳税人的子女接受全日制学历教育的相关支出,按照每个子女每月 1 000 元的标准定额扣除。因此,徐某夫妇每月最高可享受的税前扣除金额为 4 000 元。

182. 杨某在某上市公司任职同时担任公司的董事。2023 年每月取得该公司支付工资 5 000 元,6 月取得公司支付的董事费收入 30 000 元,杨某从中拿出 5 000 元通过国家机关向红十字事业捐款,并选择在预扣预缴时扣除。杨某申报的专项附加扣除为 1 000 元/月,杨某 6 月应预扣预缴个人所得税(　　)元。

A. 220　　B. 280

C. 460　　D. 570

**【参考答案】** D

**【答案解析】** 个人通过非营利性的社会团体向红十字事业的捐赠在计算个人所得税时,准予全额扣除;在任职公司取得董事费收入与任职公司的工资合并按照工资薪金缴纳个人所得税。前 5 个月预扣预缴的个人所得税为 0,杨某 6 月应预扣预缴个人所得税=(5 000×6+30 000−5 000×6−1 000×6−5 000)×3%−0=570(元)。

183. 王某在 A 市有多家商铺,2023 年将其中 3 个出租。在计算商铺租赁所得个人所得税时,不得在税前扣除的是(　　)。

A. 缴纳的印花税　　B. 缴纳的城市维护建设税

C. 经核准的修缮费用　　D. 违章租赁的罚款

【参考答案】 D

【答案解析】 个人出租财产取得的财产租赁收入，在计算缴纳个人所得税时，应依次扣除以下费用:(1)财产租赁过程中缴纳的税费;(2)向出租方支付的租金;(3)由纳税人负担的该出租财产实际开支的修缮费用;(4)税法规定的费用扣除标准。

184. 甲某投资成立个人独资企业 A。2023 年 A 企业全年的生产经营费用为 50 万元，A 企业的生产经营费用与甲某的家庭生活费用无法划分，则允许税前扣除的生产经营费用为(　　)万元。

A. 0　　B. 25

C. 30　　D. 20

【参考答案】 A

【答案解析】 根据《财政部 国家税务总局关于个人独资企业和合伙企业投资者征收个人所得税的规定》(财税〔2000〕91 号)的规定，个人独资企业和合伙企业的投资者及其家庭发生的生活费用与企业生产经营费用混合在一起，并且难以划分的，全部视为投资者个人及其家庭发生的生活费用，不允许在税前扣除。

185. 甲某退休后，按月领取退休工资 6 000 元和职业年金 3 000 元。已知缴纳年金时未缴纳过税款，甲某每月应缴纳个人所得税(　　)元。

A. 60　　B. 90

C. 300　　D. 0

【参考答案】 B

【答案解析】 根据《财政部 税务总局关于个人所得税法修改后有关优惠政策衔接问题的通知》(财税〔2018〕164 号)的规定，个人达到国家规定的退休年龄，领取的企业年金职业年金，符合规定的，不并入综合所得，全额单独计算应纳税款。其中按月领取的，适用月度税率表计算纳税;按季领取的，平均分摊计入各月，按每月领取额适用月度税率表计算纳税;按年领取的，适用综合所得税率表计算纳税。退休工资属于法定免税收入，职业年金每月应缴纳个人所得税＝3 000×3%＝90(元)。

186. 甲某为某中小高新技术企业股东。2023 年 4 月，公司经股东大会决定以未分配利润、盈余公积、资本公积向个人股东转增股本，甲某获得转增的股本 50 万元。甲某应缴纳的个人所得税为(　　)万元。

A. 2　　B. 4

C. 0　　D. 10

【参考答案】 D

【答案解析】 自 2016 年 1 月 1 日起，全国范围内的中小高新技术企业以未分配利润、盈余公积、资本公积向个人股东转增股本时，个人股东一次缴纳个人所得税确有困难的，可根据实际情况自行制定分期缴税计划，在不超过 5 个公历年度内(含)分期缴纳，并将有关资料报主管税务机关备案。个人股东获得转增的股本，应按照“利息、股息、红利所得”项目，适用 20%税率征收个人所得税。甲某应缴纳个人所得税＝50×

20%＝10(万元)。

187. 根据个人所得税法的有关规定，下列选项属于居民个人与非居民个人的划分标准的是(　　)。

A. 户籍标准　　B. 住所标准

C. 工作地标准　　D. 国籍标准

**【参考答案】** B

**【答案解析】** 我国的个人所得税法参照国际通行做法，依据住所和居住时间两个标准，将个人所租税纳税义务人区分为居民纳税人和非居民纳税人，行使不同的税收管辖权。

188. 下列关于从事建筑安装业个人取得所得征税办法的表述中，错误的是(　　)。

A. 对从事建筑安装业工程作业的其他人员取得的所得，分别按照“工资、薪金所得”项目和“劳务报酬所得”项目征税

B. 承揽建筑安装工程作业的单位和个人是个人所得税的代扣代缴义务人

C. 对未领取营业执照承揽建筑安装工程作业的单位和个人，主管税务机关可以根据其工程规模，责令其缴纳一定数额的纳税保证金，在纳税人按规定的期限结清税款后，退还纳税保证金

D. 对经营成果归承包人个人所有的所得，或按合同(协议)规定，将一部分经营成果留归承包人个人的所得，按“工资、薪金所得”项目征税

**【参考答案】** D

**【答案解析】** 根据《国家税务总局关于印发〈建筑安装业个人所得税征收管理暂行办法〉的通知》(国税发〔1996〕127 号)的规定，承包建筑安装业各项工程作业的承包人取得的所得，应区别不同情况计征个人所得税：经营成果归承包人个人所有的所得，或按照承包合同(协议)规定，将一部分经营成果留归承包人个人的所得，按对企事业单位的承包经营、承租经营所得项目征税；以其他分配方式取得的所得，按工资、薪金所得项目征税。

189. 根据个人所得税法的规定，下列说法中不符合财产租赁所得计税方法的是(　　)。

A. 财产租赁所得一般以个人每次取得的收入，定额或定率减除规定费用后的余额为应纳税所得额

B. 每次收入不超过 4 000 元，定额减除费用 800 元，每次收入在 4 000 元以上，定率减除 20%的费用

C. 允许扣除的修缮费用，以每次 800 元为限

D. 对个人按市场价格出租的居民住房取得的所得，自 2001 年 1 月 1 日起暂减按 4%的税率征收个人所得税

**【参考答案】** D

**【答案解析】** 对个人按市场价格出租的居民住房取得的所得，自 2001 年 1 月 1 日

起暂减按10%的税率征收个人所得税。

190. 下列各项中，不属于工资、薪金所得的是（　　）。

A. 企业支付给营销人员的年终奖　　B. 个体工商户业主的工资

C. 大学发给本校老师的科研奖励　　D. 企业支付给职工的过节费

**【参考答案】** B

**【答案解析】** 个体工商户业主的工资应计入个体工商户的生产、经营所得，按照“经营所得”项目计征个人所得税。

191. 下列关于上市公司股息、红利差别化个人所得税政策的表述中，错误的是（　　）。

A. 个人从公开发行和转让市场取得的上市公司股票，持股期限超过1年的，股息、红利所得暂免征收个人所得税

B. 个人从公开发行和转让市场取得的上市公司股票，持股期限在1个月以内（含1个月）的，其股息、红利所得全额计入应纳税所得额

C. 个人转让股票时，按照先进先出的原则计算持股期限，即证券账户中先取得的股票视为先转让

D. 对个人持有的上市公司限售股，解禁后取得的股息、红利，按照规定计算纳税，持股时间自解禁日起计算，解禁前取得的股息、红利全额计入应纳税所得额，适用20%的税率计征个人所得税

**【参考答案】** D

**【答案解析】** 对个人持有的上市公司限售股，解禁后取得的股息利息，按照《财政部 国家税务总局 证监会关于实施上市公司股息红利差别化个人所得税政策有关问题的通知》规定计算纳税，持股时间自解禁日起计算；解禁前取得的股息红利继续暂减按50%计入应纳税所得额，适用20%的税率计征个人所得税。

192. 下列关于个人投资者的所得税征收管理的说法，错误的是（　　）。

A. 投资者应纳的个人所得税税款，按年计算，分月或者分季预缴，由投资者在每月或者每季度终了后15日内预缴，年度终了后3个月内汇算清缴，多退少补

B. 个人独资企业投资者的生产经营费用与家庭生活费用难以划分的，费用的40%视为与生产经营有关，准予扣除

C. 投资者兴办两个或两个以上企业的，如果都属于个人独资性质，企业的年度经营亏损不能跨企业弥补

D. 以合伙企业名义对外投资分回的股息、红利应按比例确定各个投资者的份额，分别按股息、红利所得应税项目计算缴纳个人所得税

**【参考答案】** B

**【答案解析】** 根据个人所得税扣除标准的规定，个人独资企业投资者及其家庭发生的生活费用与企业生产经营费用混合在一起，并且难以划分的，全部视为投资者个人及其家庭发生的生活费用，不允许在税前扣除。

193. 下列关于个人所得税减免税优惠的表述中，正确的是(　　)。

A. 个人取得 2019 年发行的铁路债券利息免征个人所得税

B. 法律援助人员按规定获得的法律援助补贴按照劳务报酬所得征收个人所得税

C. 残疾、孤老人员的所得免征个人所得税

D. 个人取得的教育储蓄存款利息免征个人所得税

**【参考答案】** D

**【答案解析】** 选项 A，对个人投资者持有 2019—2023 年发行的铁路债券取得的利息收入，减按 50%计入应纳税所得额计算征收个人所得税。选项 B，对法律援助人员按照《中华人民共和国法律援助法》规定获得的法律援助补贴，免征个人所得税。法律援助机构向法律援助人员支付法律援助补贴时，应当为获得补贴的法律援助人员办理个人所得税劳务报酬所得免税申报。选项 C，残疾、孤老人员和烈属的所得，经批准可以减征个人所得税。

194. 某出版社要出版作家的一本小说，由作家提供书稿，然后出版社委托翻译人员翻译，整理成中英文对照版后出版发行。出版社与作家、翻译人员达成协定，小说出版后作家、译者都署名，出版社支付给作者 10 万元，支付给译者 2 万元。则下列说法错误的是(　　)。

A. 该作者的所得应当按照稿酬所得缴纳个人所得税

B. 翻译人员应预扣预缴的个人所得税是 0.32 万元

C. 翻译人员的所得应当按照稿酬所得缴纳个人所得税

D. 作家应预扣预缴的个人所得税是 1.12 万元

**【参考答案】** B

**【答案解析】** 由于出版时作家和翻译人均署名，所以作家和翻译人员的所得都属于稿酬所得，作家应预扣预缴的个人所得税＝10×(1－20%)×70%×20%＝1.12(万元)；翻译人员应预扣预缴的个人所得税＝2×(1－20%)×70%×20%＝0.224(万元)。

195. 李某于 2023 年 5 月 28 日到 6 月 4 日为某大厦设计一个规划图，协议规定按完工进度分 3 次付款，5 月分别支付 10 000 元、15 000 元，6 月支付 3 500 元；7 月提供装潢获得收入 5 000 元。除个人所得税外不考虑其他税费，则下列表述不正确的是(　　)。

A. 设计业务分 3 次预扣预缴个人所得税

B. 设计业务和装潢业务分别预扣预缴个人所得税

C. 装潢业务共预扣预缴个人所得税 800 元

D. 设计业务共预扣预缴个人所得税 4 840 元

**【参考答案】** A

**【答案解析】** 劳务报酬所得，凡属于一次性收入的，以取得该收入为一次，按次确定应纳税所得额；凡属于同一项目连续性收入的，一个月的收入作为一次，据以确定应纳税所得；设计业务取得 3 次收入属于李某的一次性收入，不属于连续性收入，设计业务应预扣预缴个人所得税额＝(10 000＋15 000＋3 500)×(1－20%)×30%－2 000＝

4 840(元);提供设计业务和装潢业务不属于同一项目,不能合并纳税。装潢业务应预扣预缴个人所得税=5 000×(1-20%)×20%=800(元)。

196. 下列项目中,不属于个人所得税免税项目的是(　　)。

A. 保险赔款　　B. 军人的转业费

C. 福利费、抚恤金、救济金　　D. 因自然灾害造成重大损失的

**【参考答案】** D

**【答案解析】** 根据《中华人民共和国个人所得税法》第五条的规定,有下列情形之一的,可以减征个人所得税,具体幅度和期限,由省、自治区、直辖市人民政府规定,并报同级人民代表大会常务委员会备案:(1)残疾、孤老人员和烈属的所得;(2)因自然灾害遭受重大损失的。国务院可以规定其他减税情形,报全国人民代表大会常务委员会备案。

197. 居民个人方某一次性取得稿酬收入 18 000 元,按现行个人所得税的相关规定,其预扣预缴个人所得税的应纳税所得额是(　　)元。

A. 10 080　　B. 14 400

C. 16 000　　D. 20 000

**【参考答案】** A

**【答案解析】** 预扣预缴个人所得税的应纳税所得额=18 000×(1-20%)×70%=10 080(元)。

198. 非居民个人取得工资、薪金所得的征收管理,下列说法正确的是(　　)。

A. 依据综合所得税率表,按月代扣代缴税款

B. 向扣缴义务人提供专项附加扣除信息的,可按扣除专项附加后的余额代扣税款

C. 扣缴义务人不可将同期的工资薪金和股息红利所得合并代扣代缴税款

D. 由扣缴义务人按年代扣代缴税款,不办理汇算清缴

**【参考答案】** C

**【答案解析】** 非居民个人取得工资、薪金所得,有扣缴义务人的,由扣缴义务人按月代扣代缴税款,不办理汇算清缴。选项 A,非居民个人适用月度税率表;选项 B,非居民个人不得扣除专项附加扣除;选项 D,由扣缴义务人按月代扣代缴税款,不办理汇算清缴。

199. 2023 年 12 月,某单位购置一批商品房销售给职工,陈某以 50 万元的价格购买了其中一套,单位原购置价格为 56 万元。对上述业务处理正确的是(　　)。

A. 陈某 12 月应缴纳的个人所得税 5 790 元

B. 低价购房差价应与当月工资薪金合并计算缴纳个人所得税

C. 低价购房差价应按偶然所得缴纳个人所得税

D. 低价购房差价并入当年综合所得计算纳税

**【参考答案】** A

**【答案解析】** 单位按低于购置或建造成本价格出售住房给职工,职工因此而少支出的差价部分,不并入当年综合所得,以差价收入除以 12 个月得到的数额,按照月度税

率表确定适用税率和速算扣除数，单独计算纳税。低于购置成本购买住房的差价为 6 万元，60 000÷12＝5 000（元），适用税率 10%，速算扣除数 210 元。应缴纳个人所得税＝60 000×10%－210＝5 790（元）。

200. 根据个人所得税的有关规定，下列说法错误的是（　　）。

A. 雇员取得的半年奖、季度奖，都应该单独作为一个月的工资、薪金所得计征个人所得税

B. 以合伙企业名义对外投资分回的股息，应按照利息、股息、红利所得项目征收个人所得税

C. 演员与他人组合“走穴”演出取得的报酬，应按劳务报酬所得项目计算纳税

D. 按照国家或省级地方政府规定的比例缴付的住房公积金存入银行个人账户所取得的利息免予征收个人所得税

**【参考答案】** A

**【答案解析】** 根据《国家税务总局关于调整个人取得全年一次性奖金等计算征收个人所得税方法问题的通知》（国税发〔2005〕9 号），雇员取得的半年奖、季度奖，应与当月工资、薪金合并纳税。

201. 赵某 2023 年从 A 国取得股息所得（税前）折合人民币 8 000 元，已在 A 国缴纳个人所得税 400 元；从 B 国取得翻译所得（税前）折合人民币 60 000 元，已在 B 国缴纳个人所得税 18 000 元。下列说法正确的是（　　）。（赵某 2023 年无其他综合所得项目）

A. 对 A 国所得补缴个人所得税 1 200 元

B. 对 A 国所得不补缴个人所得税

C. 对 B 国所得补缴个人所得税 5 600 元

D. 赵某应补缴个人所得税合计为 0 元

**【参考答案】** A

**【答案解析】** 来自 A 国所得抵免限额＝8 000×20%＝1 600（元），在 A 国实际缴纳个人所得税 400 元，应补缴个人所得税＝1 600－400＝1 200（元）；来自 B 国所得的抵免限额＝60 000×（1－20%）－60 000＜0（元），已在 B 国缴纳个人所得税 18 000 元，无需补税，超过了抵免限额的部分不允许在应纳税额中抵扣，但可在以后纳税年度的 B 国的扣除限额的余额中补扣。合计应补缴个人所得税合计 1 200 元。

202. 计算个人所得税综合所得应纳税所得额时，下列支出不得扣除的是（　　）。

A. 个人购买的互助型医疗保险支出

B. 个人缴付符合国家规定的企业年金支出

C. 个人缴付符合国家规定的职业年金支出

D. 个人购买符合国家规定的商业健康保险支出

**【参考答案】** A

**【答案解析】** 选项 BCD，属于依法确定的其他扣除，可以在计算个人所得税综合所得应纳税所得额时扣除。《中华人民共和国个人所得税法》第六条第一款第一项所称依

法确定的其他扣除，包括个人缴付符合国家规定的企业年金、职业年金，个人购买符合国家规定的商业健康保险、税收递延型商业养老保险的支出，以及国务院规定可以扣除的其他项目。

203. 通过县政府对遭受严重自然灾害地区的捐赠以其申报的应纳税所得额的(　　)为限额扣除。

A. 30%　　B. 50%

C. 60%　　D. 100%

**【参考答案】** A

**【答案解析】** 个人将其所得通过中国境内的社会团体、国家机关向教育和其他社会公益事业以及遭受严重自然灾害地区、贫困地区的捐赠，捐赠额未超过纳税人申报的应纳税所得额30%的部分，可以从应纳税所得额中扣除，超过部分不得扣除。

204. 根据个人所得税的相关规定，个人转让股权所得的主管税务机关是(　　)。

A. 交易行为发生地税务机关　　B. 新股东户籍所在地税务机关

C. 原股东经常居住地税务机关　　D. 被投资企业所在地税务机关

**【参考答案】** D

**【答案解析】** 根据《国家税务总局关于发布〈股权转让所得个人所得税管理办法(试行)〉的公告》(国家税务总局公告2014年第67号)，个人股东股权转让所得个人所得税以被投资企业所在地税务机关为主管税务机关。

205. 非居民个人取得的下列所得中，不属于来源于中国境内所得的是(　　)。

A. 在境外通过网上指导获得境内机构支付的培训所得

B. 转让其在中国境内的房产而取得的财产转让所得

C. 将专利权转让给中国境内公司取得的特许使用费所得

D. 持有中国境内公司债券取得的利息所得

**【参考答案】** A

**【答案解析】** 根据《中华人民共和国个人所得税法实施条例》第三条的规定，除国务院财政、税务主管部门另有规定外，下列所得，不论支付地点是否在中国境内，均为来源于中国境内的所得：(1)因任职、受雇、履约等在中国境内提供劳务取得的所得；(2)将财产出租给承租人在中国境内使用而取得的所得；(3)许可各种特许权在中国境内使用而取得的所得；(4)转让中国境内的不动产等财产或者在中国境内转让其他财产取得的所得；(5)从中国境内企业、事业单位、其他组织以及居民个人取得的利息、股息、红利所得。

206. 下列关于个人所得税法的规定，错误的是(　　)。

A. 一个纳税年度内在船航行时间累计满183天的远洋船员，其取得的工资、薪金收入减按50%计入应纳税所得额，依法缴纳个人所得税

B. 对个人购买符合规定的商业健康保险产品的支出，允许在当年(月)计算应纳税所得额时予以税前扣除，扣除限额为2 400元/年

C. 个人按照规定领取的税收递延型商业养老保险的养老金收入，其中25%部分予以免税，其余75%部分按照10%的比例税率计算缴纳个人所得税

D. 对个人转让新三板挂牌公司原始股取得的所得，免征个人所得税

**【参考答案】** D

**【答案解析】** 选项D，对个人转让新三板挂牌公司原始股取得的所得，按照"财产转让所得"，适用20%的比例税率征收个人所得税。

207. 下列选项中，主管税务机关不可以核定股权转让收入的是（　　）。

A. 申报的股权转让收入明显偏低且无正当理由的

B. 未按照规定期限办理纳税申报，经税务机关责令限期申报，逾期仍不申报的

C. 转让方无法提供或拒不提供股权转让收入的有关资料

D. 未按照规定期限办理纳税申报的

**【参考答案】** D

**【答案解析】** 根据《国家税务总局关于发布〈股权转让所得个人所得税管理办法（试行）〉的公告》（国家税务总局公告2014年第67号）第十一条的规定，符合下列情形之一的，主管税务机关可以核定股权转让收入：(1)申报的股权转让收入明显偏低且无正当理由的；(2)未按照规定期限办理纳税申报，经税务机关责令限期中报，逾期仍不申报的；(3)转让方无法提供或拒不提供股权转让收入的有关资料；(4)其他应核定股权转让收入的情形。

208. 职工个人以股份形式取得的拥有所有权的企业量化资产，个税处理正确的是（　　）。

A. 征收个人所得税　　B. 不征收个人所得税

C. 暂缓征收个人所得税　　D. 免征个人所得税

**【参考答案】** C

**【答案解析】** 根据《国家税务总局关于企业改组改制过程中个人取得的量化资产征收个人所得税问题的通知》（国税发〔2000〕60号）第二条的规定，职工个人以股份形式取得的拥有所有权的企业量化资产，暂缓征收个人所得税。

209. 中国公民李某出版散文集取得稿酬收入30 000元，将其中10 000元通过民政部门捐赠给贫困山区。李某稿酬所得应预扣预缴个人所得税（　　）元。

A. 360　　B. 3 024

C. 3 360　　D. 4 760

**【参考答案】** C

**【答案解析】** 居民个人取得劳务报酬所得、稿酬所得、特许权使用费所得的，预扣预缴时不得扣除公益捐赠支出，统一在汇算清缴时扣除。李某稿酬所得应预扣预缴个人所得税＝30 000×(1－20%)×70%×20%＝3 360(元)。

210. 个人领取原缴存的下列社会保险和企业年金，应缴纳个人所得税的是（　　）。

A. 职业年金　　B. 基本养老保险金

C. 医疗保险金　　　　　　　　　　　　D. 失业保险金

【参考答案】 A

【答案解析】 个人达到国家规定的退休年龄，领取的企业年金、职业年金，符合规定的，不并入综合所得，全额单独计算应纳税款。其中按月领取的，适用月度税率表计算纳税；按季领取的，平均分摊计入各月，按每月领取额适用月度税率表计算纳税；按年领取的，适用综合所得税率表计算纳税。

211. 下列关于个人所得税专项附加扣除的规定，说法错误的是(　　)。

A. 专项附加扣除，是指个人所得税法规定的子女教育、大病医疗、住房贷款利息或者住房租金、赡养老人、3 岁以下婴幼儿护照等 6 项专项附加扣除

B. 年满 3 岁至小学人学前处于学前教育阶段的子女教育支出，按照每个子女每月 1 000 元的标准定额扣除

C. 纳税人及其配偶在一个纳税年度内不能同时分别享受住房贷款利息和住房租金专项附加扣除

D. 居民个人向扣缴义务人提供专项附加扣除信息的，扣缴义务人按月预扣预缴税款时应当按照规定予以扣除，不得拒绝

【参考答案】 A

【答案解析】 专项附加扣除，是指个人所得税法规定的子女教育、继续教育、大病医疗、住房贷款利息或者住房租金、赡养老人、3 岁以下婴幼儿护照等 7 项专项附加扣除。

212. 下列关于个人所得税的说法，错误的是(　　)。

A. 个人办理提前退休手续而取得的一次性补贴收入，免征个人所得税

B. 保险营销员取得的佣金收入，属于劳务报酬所得

C. 证券经纪人展业成本按照收入额的 25%计算

D. 企业依照国家有关法律规定宣告破产，企业职工从该破产企业取得的一次性安置费收入免征个人所得税

【参考答案】 A

【答案解析】 根据《国家税务总局关于个人提前退休取得补贴收入个人所得税问题的公告》(国家税务总局公告 2011 年第 6 号)的规定，机关、企事业单位对未达到法定退休年龄、正式办理提前退休手续的个人，按照统一标准向提前退休工作人员支付一次性补贴，不属于免税的离退休工资收入，应按照“工资、薪金所得”项目征收个人所得税。

213. 下列关于个人财产转让所得的个人所得税的说法中，正确的是(　　)。

A. 转让债券时，通常采用“移动平均法”确定其应予减除的财产原值和合理费用

B. 转让债权时，允许扣除购买和处置债权时缴纳的税金、诉讼费和审计评估费用

C. 转让债券时，允许从转让收入中扣除买价，但不能扣除转让和买入时发生的有关费用

D. 个人出售已购公有住房时的应纳税所得额，为出售公有住房的销售价格减去住房面积

**【参考答案】** B

**【答案解析】** 根据《中华人民共和国个人所得税法》的相关规定，个人购买和处置债权过程中发生的拍卖招标手续费、诉讼费、审计评估费以及缴纳的税金等合理税费，取得合规凭据，在计算个人所得税时允许扣除。选项A，转让债券时，通常采用“加权平均法”确定其应予减除的财产原值和合理费用；选项C，对于有价证券，其原值为买入价以及买入时按规定缴纳的有关费用，所以可以扣除转让和买入时发生的有关费用；选项D，个人出售已购公有住房，其应纳税所得额为个人出售已购公有住房的销售价，减除住房面积标准的经济适用房价款、原支付超过住房面积标准的房价款、向财政或原产权单位缴纳的所得收益以及税法规定的合理费用后的余额。

214. 个人通过符合条件的非营利性社会团体发生的下列捐赠支出，不可以在计算应纳税所得额时全额扣除的是（　　）。

A. 捐赠用于非营利性服务机构

B. 捐赠住房作为公共租赁住房

C. 捐赠写字楼作为公益性青少年活动场所

D. 捐赠食物用于地震受灾地区

**【参考答案】** B

**【答案解析】** 根据《财政部 税务总局关于公共租赁住房税收优惠政策的公告》（财政部 税务总局公告2019年第61号）的规定，个人捐赠住房作为公租房，符合税收法律法规规定的，对其公益性捐赠支出未超过其申报的应纳税所得额30%的部分，准予从其应纳税所得额中扣除。

215. 根据个人所得税法的相关规定，在计算应纳税所得额时，可以从一些所得中扣除个人购买符合规定的商业健康保险产品的支出。个人的下列所得中不可以享受商业健康保险这种税前扣除优惠待遇的是（　　）。

A. 工资薪金所得　　　　B. 连续性劳务报酬所得

C. 利息股息红利所得　　D. 生产经营所得

**【参考答案】** C

**【答案解析】** 适用商业健康保险税收优惠政策的纳税人，是指取得工资薪金所得、连续性劳务报酬所得的个人，以及取得个体工商户生产经营所得、对企事业单位的承包承租经营所得的个体工商户业主、个人独资企业投资者、合伙企业合伙人和承包承租经营者。

216. 个人取得的下列所得，应按照“工资、薪金所得”缴纳个人所得税的是（　　）。

A. 作者将自己文学作品著作权提供他人使用取得的所得标准的经济适用房价款和合理费用后的余额

B. 摄影爱好者在任职杂志上发表摄影作品取得的收入

C. 作者将自己文学作品书稿原件公开拍卖取得的所得

D. 作者将自己文学作品手稿复印件公开拍卖取得的所得

**【参考答案】** B

**【答案解析】** 根据个人所得税法的规定，任职、受雇于报纸、杂志等单位的记者、编辑等专业人员，因在本单位的报纸、杂志上发表作品取得的所得，属于因任职、受雇而取得的所得，应与其当月工资收入合并，按“工资、薪金所得”项目征收个人所得税。除上述专业人员以外，其他人员在本单位的报纸、杂志上发表作品取得的所得，应按“稿酬所得”项目征收个人所得税。

217. 下列所得中应按照“工资、薪金所得”缴纳个人所得税的是（　　）。

A. 合伙企业以企业资金支付合伙人的消费性支出

B. 个人从任职的上市公司取得股票期权

C. 个体工商户对外投资取得的股息红利

D. 私营企业购买汽车并将其所有权办到股东名下

**【参考答案】** B

**【答案解析】** 选项 A，属于经营所得；选项 CD，属于利息股息红利所得。

218. 居民个人取得的下列收入，不可以按照累计预扣法预扣预缴个人所得税的是（　　）。

A. 员工取得的工资薪金收入

B. 保险营销员取得的佣金收入

C. 证券经纪人取得的佣金收入

D. 在职博士研究生参加导师课题研究取得的劳务报酬收入

**【参考答案】** D

**【答案解析】** 选项 D，劳务报酬所得，以取得该项收入为一次，故应按“次”预扣预缴个人所得税。

219. 2023 年个人取得的下列股票转让所得，征收个人所得税的是（　　）。

A. 内地个人投资者通过沪港通投资香港联交所上市股票取得的转让差价所得

B. 个人转让新三板挂牌公司原始股取得的所得

C. 内地个人投资者转让境内上市公司自由流通股取得的所得

D. 香港市场投资者通过沪港通投资上交所上市 A 股取得的转让差价所得

**【参考答案】** B

**【答案解析】** 根据《财政部 税务总局 证监会关于个人转让全国中小企业股份转让系统挂牌公司股票有关个人所得税政策的通知》（财税〔2018〕137 号），自 2018 年 11 月 1 日起，对个人转让全国中小企业股份转让系统（简称新三板）挂牌公司非原始股取得的所得，暂免征收个人所得税，转让新三板挂牌公司原始股没有免税优惠。

220. 个人取得的下列利息收入，不免征个人所得税的是（　　）。

A. 个人股票账户闲置资金孳生的利息收入

B. 国债利息收入

C. 国家金融债券利息收入

D. 企业债券利息收入

**【参考答案】** D

**【答案解析】** 选项A，自2008年10月9日起，对证券市场个人投资者取得的证券交易结算资金利息所得，暂免征收个人所得税，即证券市场个人投资者的证券交易结算资金在2008年10月9日后(含10月9日)孳生的利息所得，暂免征收个人所得税；选项BC，国债和国家发行的金融债券利息免征个人所得税。

221.“子女教育”专项附加扣除，夫妻双方可以选择扣除的方式包括(　　)。

A. 一方扣100％或双方各扣50％　　B. 只能双方各扣50％

C. 一方扣70％，一方扣30％　　D. 一方扣60％，一方扣40％

**【参考答案】** A

**【答案解析】** 根据《国务院关于印发个人所得税专项附加扣除暂行办法的通知》(国发〔2018〕41号)第六条的规定，父母可以选择由其中一方按扣除标准的100％扣除，也可以选择由双方分别按扣除标准的50％扣除，具体扣除方式在一个纳税年度内不能变更。

222. 2024年，纳税人徐先生的母亲、妻子、9岁的儿子和自己都生病住院，发生了大病医疗支出，其中可以选择徐先生进行大病医疗专项附加扣除的不包括(　　)。

A. 本人　　B. 妻子

C. 儿子　　D. 父母

**【参考答案】** D

**【答案解析】** 纳税人发生的医药费用支出可以选择由本人或者其配偶扣除；未成年子女发生的医药费用支出可以选择由其父母一方扣除。

223. 2022年，陈某本科毕业后一边工作一边自学，于2023年考取了在职MBA研究生。下列关于继续教育支出扣除的说法中，正确的是(　　)。

A. 由陈某扣除

B. 由其父母扣除，也可由陈某自己扣除

C. 按照每月1 000元定额扣除，扣除期限不能超过48个月

D. 陈某和其父母协商决定各自的扣除额度

**【参考答案】** A

**【答案解析】** 根据《国务院关于印发个人所得税专项附加扣除暂行办法的通知》(国发〔2018〕41号)第三条的规定，由于陈某考取在职MBA研究生，故属于继续教育专项附加扣除，且接受本科及以上学历(学位)的继续教育，只可由自己扣除，且扣除额度为每月400元。

224. 2023年，个体工商户吴某发生的下列支出，不得在税前扣除的是(　　)。

A. 当年发生家庭水电费支出3万元

B. 税收滞纳金1万元

C. 直接对山区希望小学捐赠 40 万元

D. 为员工缴纳“五险一金”10 万元

**【参考答案】** D

**【答案解析】** 根据《国家税务总局个体工商户个人所得税计税办法》(国家税务总局令第 35 号)第十五条的规定,个体工商户下列支出不得税前扣除:(1)个人所得税税款;(2)税收滞纳金;(3)罚金、罚款和被没收财物的损失;(4)不符合扣除规定的捐赠支出;(5)非广告性质赞助支出;(6)用于个人和家庭的支出;(7)与取得生产经营收入无关的其他支出;(8)国家税务总局规定不准扣除的支出。为员工缴纳的“五险一金”可以在个人所得税前扣除。

225. 2024 年,无住所外籍个人雪莉(高管)在我国居住满 90 天但不满 183 天,则其取得的下列收入中不需要向我国缴纳个人所得税的情形是(　　)。

A. 在我国参与商场抽奖获得的 10 000 元一等奖

B. 国外母公司支付其在中国工作期间的工资

C. 返回本国后,得到中国公司支付本国工作期间的提成奖金

D. 返回本国后,国外母公司给予的其在本国工作期间的提成奖金

**【参考答案】** D

**【答案解析】** 选项 BC,根据《财政部 税务总局关于非居民个人和无住所居民个人有关个人所得税政策的公告》(财政部 税务总局公告 2019 年第 35 号)第二条的规定,在一个纳税年度内,在境内居住累计超过 90 天但不满 183 天的高管人员,其取得的工资薪金所得,除归属于境外工作期间且不是由境内雇主支付或者负担的部分外,均应计算缴纳个人所得税。选项 D,属于境外工作期间且属于境外雇主支付,不需要向我国缴纳个人所得税。选项 A,在我国取得的偶然所得需要缴纳个人所得税。

226. 2024 年,郑某考取浙江大学全日制研究生,则对于子女教育专项附加扣除,下列说法中正确的是(　　)。

A. 由其父母扣除

B. 可由其父母扣除,也可由郑某自己扣除

C. 郑某和其父母协商决定各自的扣除额度

D. 按照每月 400 元定额扣除

**【参考答案】** A

**【答案解析】** 根据《国务院关于印发个人所得税专项附加扣除暂行办法的通知》(国发〔2018〕41 号)第二条规定。由于郑某考取全日制研究生,故属于子女教育专项附加扣除,只能由父母扣除,且扣除额度为每月 2 000 元。

227. 2023 年 3 月,方女士将一处住房按市场价格出租给徐女士(已签订合同)。下列关于方女士的各项税务处理中,符合规定的是(　　)。

A. 按 12%的税率缴纳房产税

B. 按 0.05%的税率缴纳印花税

C. 按 10%的税率缴纳个人所得税

D. 免征个人所得税

**【参考答案】** C

**【答案解析】** 根据《中华人民共和国个人所得税法》，个人出租居住用房，应按4%的税率缴纳房产税；按10%的税率缴纳个人所得税；对个人出租、承租住房签订的租赁合同，免征印花税。

228. A公司员工宁某取得的下列各项收入中，不属于本人工资、薪金所得项目的是（　　）。

A. 实报实销的差旅费补贴

B. 按规定发放的托儿补助费

C. 按规定发放的独生子女补贴

D. 以误餐补助名义发放给职工的非现金补贴

**【参考答案】** D

**【答案解析】** 根据《国家税务总局关于印发〈征收个人所得税若干问题的规定〉的通知》（国税发〔1994〕89号）的规定，下列不属于工资、薪金性质的补贴、津贴或者不属于纳税人本人工资、薪金所得项目的收入，不征税：(1)独生子女补贴；(2)执行公务员工资制度未纳入基本工资总额的补贴、津贴差额和家属成员的副食品补贴；(3)托儿补助费；(4)差旅费津贴、误餐补助。

229. 按照现行个人所得税法有关规定，在2027年12月31日前，以下各项所得中可以不并入综合所得，单独计税的项目不包括（　　）。

A. 居民个人取得符合规定的全年一次性奖金

B. 居民个人取得符合条件的股权激励

C. 达到国家规定的退休年龄，领取的企业年金、职业年金

D. 取得职务科技成果转化现金奖励

**【参考答案】** D

**【答案解析】** 个人达到国家规定的退休年龄，领取的企业年金、职业年金，符合《财政部 人力资源社会保障部 国家税务总局关于企业年金职业年金个人所得税有关问题的通知》（财税〔2013〕103号）规定的，不并入综合所得，全额单独计算应纳税款。其中按月领取的，适用月度税率表计算纳税；按季领取的，平均分摊计入各月，按每月领取额适用月度税率表计算纳税；按年领取的，适用综合所得税率表计算纳税。根据《财政部 税务总局关于延续实施全年一次性奖金个人所得税政策的公告》（财政部 税务总局公告2023年第30号），居民个人2027年12月31日之前取得全年一次性奖金，符合《国家税务总局关于调整个人取得全年一次性奖金等计算征收个人所得税方法问题的通知》（国税发〔2005〕9号）规定的，不并入当年综合所得，以全年一次性奖金收入除以12个月得到的数额，按照本公告所附按月换算后的综合所得税率表，确定适用税率和速算扣除数，单独计算纳税。居民个人取得全年一次性奖金，也可以选择并入当年综合所得计算纳税。根据《财政部 税务总局关于延续实施上市公司股权激励有关个人所得税政策的公告》（财政部 税务总局公告2023年第25号）的规定，居民个人取得股票期权、股票增

值权、限制性股票、股权奖励等股权激励(以下简称股权激励),符合《财政部 国家税务总局关于个人股票期权所得收个人所得税问题的通知》(财税〔2005〕35 号)、《财政部 国家税务总局关于股票增值权所得和限制性股票所得征收个人所得税有关问题的通知》(财税〔2009〕5 号)、《财政部 国家税务总局关于将国家自主创新示范区有关税收试点政策推广到全国范围实施的通知》(财税〔2015〕116 号)第四条、《财政部 国家税务总局关于完善股权激励和技术入股有关所得税政策的通知》(财税〔2016〕101 号)第四条第(一)项规定的相关条件的,2027 年 12 月 31 日之前不并入当年综合所得,全额单独适用综合所得税率表,计算纳税。

230. 蔡某将好友徐某赠与其的房屋转让给刘某,在计算个人所得税应纳税所得额时,允许扣除的项目不包括(　　)。

A. 房屋捐赠时的评估价格

B. 徐某取得该房屋时的实际购置成本

C. 转让过程中蔡某支付的相关税费

D. 受赠过程中蔡某发生的相关税费

**【参考答案】** A

**【答案解析】** 根据《财政部 国家税务总局关于个人无偿受赠房屋有关个人所得税问题的通知》(财税〔2009〕78 号)第五条,受赠人转让受赠房屋的,以其转让受赠房屋的收入减除原捐赠人取得该房屋的实际购置成本以及赠与和转让过程中受赠人支付的相关税费后的余额,为受赠人的应纳税所得额,依法计征个人所得税。

231. 创业投资企业选择按单一投资基金核算的,关于股权转让所得,下列说法正确的是(　　)。

A. 允许一个纳税年度内不同投资项目的所得和损失相互抵减

B. 余额大于或等于零的,确认为该基金的年度股权转让所得

C. 余额小于零的,按零计算且不能跨年结转

D. 由创业投资企业在次月 15 日前代扣代缴个人所得税

**【参考答案】** D

**【答案解析】** 根据《财政部 税务总局 发展改革委 证监会关于创业投资企业个人合伙人所得税政策问题的通知》(财税〔2019〕8 号),单个投资项目的股权转让所得,按年度股权转让收入扣除对应股权原值和转让环节合理费用后的余额计算,股权原值和转让环节合理费用的确定方法,参照股权转让所得个人所得税有关政策规定执行;单一投资基金的股权转让所得,按一个纳税年度内不同投资项目的所得和损失相互抵减后的余额计算,余额大于或等于零的,即确认为该基金的年度股权转让所得;余额小于零的,该基金年度股权转让所得按零计算且不能跨年结转。个人合伙人按照其应从基金年度股权转让所得中分得的份额计算其应纳税额,并由创投企业在次年 3 月 31 日前代扣代缴个人所得税。如符合《财政部 税务总局关于创业投资企业和天使投资个人有关税收政策的通知》(财税〔2018〕55 号)规定条件的,创投企业个人合伙人可以按照被转让项目

对应投资额的70%抵扣其应从基金年度股权转让所得中分得的份额后再计算其应纳税额，当期不足抵扣的，不得向以后年度结转。

232. 单位或个人(扣缴义务人)支付以下所得时，应按照国家规定办理全员全额扣缴申报的不包括( )。

A. 工资、薪金所得，劳务报酬所得，稿酬所得，特许权使用费所得

B. 利息、股息、红利所得

C. 财产租赁所得，财产转让所得，偶然所得

D. 经营所得

**【参考答案】** D

**【答案解析】** 根据《国家税务总局关于发布〈个人所得税扣缴申报管理办法(试行)〉的公告》(国家税务总局公告2018年第61号)第四条的规定，实行个人所得税全员全额扣缴申报的应税所得包括：(1)工资、薪金所得；(2)劳务报酬所得；(3)稿酬所得；(4)特许权使用费所得；(5)利息、股息、红利所得；(6)财产租赁所得；(7)财产转让所得；(8)偶然所得。

232. 在对个体工商户程某的生产经营所得计算个人所得税时，不符合税法相关规定的是( )。

A. 业主程某的工资可以据实扣除

B. 给从业人员包某实际缴纳的"五险一金"可以税前扣除

C. 购置税控收款机装置，购置费用未达到固定资产标准，购置费用可在所得税前一次性扣除

D. 以经营租赁方式租入机器设备等固定资产发生的租赁费支出，按照租赁期限均匀扣除

**【参考答案】** A

**【答案解析】** 根据《国家税务总局个体工商户个人所得税计税办法》(国家税务总局令第35号)的规定，个体工商户业主的工资薪金所得税前不可以扣除。对经营所得依法计征个人所得税时，取得经营所得的个人，没有综合所得的，计算其每一纳税年度的应纳税所得额时，应当减除费用6万元、专项扣除、专项附加扣除以及依法确定的其他扣除。专项附加扣除在办理汇算清缴时减除；税控收款机购置费用达到固定资产标准的，应按固定资产管理，其按规定提取的折旧额可在企业计算缴纳所得税前扣除；达不到固定资产标准的，购置费用可在所得税前一次性扣除。

234. 非上市公司股权激励在享受递延纳税政策时，须同时满足的条件不包括( )。

A. 属于境内居民企业的股权激励计划

B. 激励标的应为境内居民企业的本公司股权

C. 激励对象人数累计不得超过本公司最近6个月在职职工平均人数的50%

D. 股票(权)期权自授予日至行权日的时间不得超过10年

**【参考答案】** C

**【答案解析】** 根据《财政部 国家税务总局关于完善股权激励和技术入股有关所得税政策的通知》(财税〔2016〕101 号)第一条的规定,享受递延纳税政策的非上市公司股权激励(包括股票期权、股权期权、限制性股票和股权奖励,下同)须同时满足以下条件:(1)属于境内居民企业的股权激励计划。(2)股权激励计划经公司董事会、股东(大)会审议通过。未设股东(大)会的国有单位,经上级主管部门审核批准。股权激励计划应列明激励目的、对象、标的、有效期、各类价格的确定方法、激励对象获取权益的条件、程序等。(3)激励标的应为境内居民企业的本公司股权。股权奖励的标的可以是技术成果投资入股到其他境内居民企业所取得的股权。激励标的股票(权)包括通过增发、大股东直接让渡以及法律法规允许的其他合理方式授予激励对象的股票(权)。(4)激励对象应为公司董事会或股东(大)会决定的技术骨干和高级管理人员,激励对象人数累计不得超过本公司最近 6 个月在职职工平均人数的 30%。(5)股票(权)期权自授予日起应持有满 3 年,且自行权日起持有满 1 年;限制性股票自授予日起应持有满 3 年,且解禁后持有满 1 年;股权奖励自获得奖励之日起应持有满 3 年。上述时间条件须在股权激励计划中列明。(6)股票(权)期权自授予日至行权日的时间不得超过 10 年。(7)实施股权奖励的公司及其奖励股权标的公司所属行业均不属于《股权奖励税收优惠政策限制性行业目录》范围。公司所属行业按公司上一纳税年度主营业务收入占比最高的行业确定。激励对象人数累计不得超过本公司最近 6 个月在职职工平均人数的 30%。

235.《个人所得税专项附加扣除暂行办法》所称被赡养人是指(　　)。

A. 年满 60 岁(含)的父母

B. 年满 55 岁(含)的父母

C. 子女均已去世的祖父母、外祖父母

D. 子女未去世的祖父母、外祖父母

**【参考答案】** A

**【答案解析】** 根据《个人所得税专项附加扣除暂行办法》第二十三条的规定,本办法所称被赡养人是指年满 60 岁的父母,以及子女均已去世的年满 60 岁的祖父母、外祖父母。

236. 下列所得项目中实行比例税率的是(　　)。

A. 工资薪金所得　　B. 偶然所得

C. 劳务报酬所得　　D. 经营所得

**【参考答案】** B

**【答案解析】** 根据《中华人民共和国个人所得税法》第三条的规定,个人所得税的税率:(一)综合所得,适用 3%至 45%的超额累进税率;(二)经营所得,适用 5%至 35%的超额累进税率;(三)利息、股息、红利所得,财产租赁所得,财产转让所得和偶然所得,适用比例税率,税率 20%。

237. 根据个人所得税法的相关规定,以下项目的收入不需要作为一次收入计算个人所得税的是(　　)。

A. 张某3月在校外的一家企业对某课程授课，一个月内讲课三次，共取得讲课收入3 000元

B. 李某出版图书一本，出版社分两次支付稿酬，每次稿酬5 000元

C. 王某出版图书取得稿酬后再版取得所得。出版社先后支付两次稿酬，每次稿酬8 000元

D. 孙某出租一间商铺，期限1年，3月取得本月租金收入5 000元

**【参考答案】** C

**【答案解析】** 根据《中华人民共和国个人所得税法实施条例》的规定，劳务报酬所得、稿酬所得、特许权使用费所得，属于一次性收入的，以取得该项收入为一次；属于同一项目连续性收入的，以一个月内取得的收入为一次。财产租赁所得，以一个月内取得的收入为一次。个人每次以图书、报刊方式出版、发表同一作品(文字作品、书画作品、摄影作品以及其他作品)，不论出版单位是预付还是分笔支付稿酬，或者加印该作品后再付稿酬，均应合并其稿酬所得按一次计征个人所得税。在两处或两处以上出版、发表或再版同一作品而取得稿酬所得，则可分别各处取得的所得或再版所得按分次所得计征个人所得税。

238. 居民个人老张取得的下列各项收入，应征收个人所得税的是(　　)。

A. 取得房屋转租收入　　B. 离婚析产分割房屋产权

C. 个人取得的保险赔款　　D. 取得退休工资

**【参考答案】** A

**【答案解析】** 个人将承租房屋转租取得的租金收入，属于个人所得税应税所得，应按“财产租赁所得”项目计算缴纳个人所得税。

239. 扣缴义务人在预扣预缴居民个人本年度工资、薪金所得个人所得税时，累计减除费用自1月份起直接按照全年6万元计算扣除的部分条件包括(　　)。

A. 上一完整纳税年度内每月均在同一单位预扣预缴工资、薪金所得个人所得税

B. 上一完整纳税年度内未同时从多个单位预扣预缴工资、薪金所得个人所得税

C. 上一完整纳税年度全年综合所得收入不超过6万元

D. 对一个纳税年度内首次取得工资、薪金所得的居民个人

**【参考答案】** A

**【答案解析】** 根据《国家税务总局关于进一步简便优化部分纳税人个人所得税预扣预缴方法的公告》(国家税务总局公告2020年第19号)第一条的规定，对上一完整纳税年度内每月均在同一单位预扣预缴工资、薪金所得个人所得税且全年工资、薪金收入不超过6万元的居民个人，扣缴义务人在预扣预缴本年度工资、薪金所得个人所得税时，累计减除费用自1月份起直接按照全年6万元计算扣除。即，在纳税人累计收入不超过6万元的月份，暂不预扣预缴个人所得税；在其累计收入超过6万元的当月及年内后续月份，再预扣预缴个人所得税。

240. 刘某和金某为夫妻，婚前均未购房，婚后于2024年贷款购买一套住房，符合专项附加扣除政策。下列关于住房贷款利息专项附加扣除的表述，符合规定的是(　　)。

A. 刘某和金某可以各扣除50%

B. 刘某和金某约定，由刘某扣除

C. 若贷款人是金某，只能由其扣除

D. 实际享受扣除后，扣除方式不得变更

**【参考答案】** B

**【答案解析】** 根据《国务院关于印发个人所得税专项附加扣除暂行办法的通知》(国发〔2018〕41号)第十五条，经夫妻双方约定，可以选择由其中一方扣除，具体扣除方式在一个纳税年度内不能变更。夫妻双方婚前分别购买住房发生的首套住房贷款，其贷款利息支出，婚后可以选择其中一套购买的住房，由购买方按扣除标准的100%扣除，也可以由夫妻双方对各自购买的住房分别按扣除标准的50%扣除，具体扣除方式在一个纳税年度内不能变更。

241. 纳税人接受(　　)学历(学位)继续教育，符合规定扣除条件的，其专项附加扣除可以选择由其父母扣除，也可以选择由本人扣除。

A. 职高　　　　B. 硕士研究生

C. 博士研究生　　　　D. 本科及以下

**【参考答案】** D

**【答案解析】** 个人接受本科及以下学历(学位)继续教育，符合规定扣除条件的，可以选择由其父母扣除，也可以选择由本人扣除。

242. 纳税人申请赡养老人专项附加扣除需要填报的信息不包括(　　)。

A. 纳税人是否为独生子女

B. 月扣除金额

C. 被赡养人姓名及身份证类型及号码

D. 纳税人的工资银行卡卡号

**【参考答案】** D

**【答案解析】** 根据《国家税务总局关于发布〈个人所得税专项附加扣除操作办法(试行)〉的公告》(国家税务总局公告2018年第60号)的规定，纳税人享受赡养老人专项附加扣除，应当填报是否为独生子女、月扣除金额、被赡养人姓名及身份证件类型和号码、与纳税人关系；有共同赡养人的，需填报分摊方式、共同赡养人姓名及身份证件类型和号码等信息.

243. 下列各项说法中，不符合个人所得税法的有关规定的是(　　)。

A. 居民个人取得全年一次性奖金60 000元，选择单独计税，应缴纳个人所得税5 790元

B. 中央企业负责人取得年度绩效奖金延期兑现收入和任期奖励，选择不并入当年综合所得的，按照月税率表缴纳个人所得税

C. 居民个人取得股票期权，以扣除基本扣除费用后的余额单独适用综合所得税率表计算纳税

D. 居民个人按照规定领取的税收递延型商业养老保险的养老金收入，其中25%的部分予以免税

**【参考答案】** C

**【答案解析】** 根据《财政部 税务总局关于个人所得税法修改后有关优惠政策衔接问题的通知》(财税〔2018〕164号)的规定，居民个人取得股票期权，全额单独适用综合所得税率表计算纳税，不允许扣除费用。

244. 下列各项中，应当按"偶然所得"项目征收个人所得税的是(　　)。

A. 个人从任职单位取得可公开交易的股票期权

B. 个人将珍藏的古董拍卖所得

C. 个人参加有奖活动中奖所得

D. 个人抽奖取得的消费券

**【参考答案】** C

**【答案解析】** 员工取得可公开交易的股票期权，属于员工自己实际取得有确定价值的财产，应按授权日股票期权的市场价格，在员工授权日所在月份计入"工资、薪金所得"项目，计算缴纳个人所得税；个人拍卖除文字作品原稿及复印件外的其他财产，按照"财产转让所得"项目计算缴纳个人所得税。根据《财政部 税务总局关于个人取得有关收入适用个人所得税应税所得项目的公告》(财政部 税务总局公告2019年第74号)的规定，企业在业务宣传、广告等活动中，随机向本单位以外的个人赠送礼品(包括网络红包，下同)，以及企业在年会、座谈会、庆典以及其他活动中向本单位以外的个人赠送礼品，个人取得的礼品收入，按照"偶然所得"项目计算缴纳个人所得税，但企业赠送的具有价格折扣或折让性质的消费券、代金券、抵用券、优惠券等礼品除外。

245. 下列各项中领取企业年金、职业年金，适用综合所得月度税率表的是(　　)。

A. 老张按月领取符合规定的企业年金

B. 老赵按年领取符合规定的职业年金

C. 小王作为继承人，因父亲过世，一次性领取年金个人账户余额

D. 老钱出国定居，一次性提取个人年金账户余额

**【参考答案】** A

**【答案解析】** 根据《财政部 税务总局关于个人所得税法修改后有关优惠政策衔接问题的通知》(财税〔2018〕164号)第四条的规定，个人达到国家规定的退休年龄，领取的企业年金、职业年金，符合相关规定的，不并入综合所得，全额单独计算应纳税款。其中按月领取的，适用月度税率表计算纳税；按季领取的，平均分摊计入各月，按每月领取额适用月度税率表计算纳税；按年领取的，适用综合所得税率表计算纳税。

246. 下列关于保险营销员、证券经纪人佣金收入的个人所得税政策，不正确的是(　　)。

A. 保险营销员、证券经纪人取得的佣金收入，属于劳务报酬所得

B. 保险营销员的佣金收入以不含增值税的收入减除20%的费用后的余额为收入额，减去展业成本以及附加税费后，并入当年综合所得，计算缴纳个人所得税

C. 保险营销员、证券经纪人展业成本按照收入额的30%计算

D. 扣缴义务人向保险营销员、证券经纪人支付佣金收入时，应按照规定的累计预扣法计算预扣税款

**【参考答案】** C

**【答案解析】** 根据《财政部 税务总局关于个人所得税法修改后有关优惠政策衔接问题的通知》(财税〔2018〕164号)第三条的规定，保险营销员、证券经纪人取得的佣金收入，属于劳务报酬所得，以不含增值税的收入减除20%的费用后的余额为收入额，收入额减去展业成本以及附加税费后，并入当年综合所得，计算缴纳个人所得税。保险营销员、证券经纪人展业成本按照收入额的25%计算。扣缴义务人向保险营销员、证券经纪人支付佣金收入时，应按照规定的累计预扣法计算预扣税款，适用综合所得年度税率表。

247. 下列关于非货币性资产投资的说法，不符合规定的是(　　)。

A. 个人以土地投资入股某企业，该行为属于个人转让非货币性资产和投资同时发生

B. 个人以土地投资入股某企业，应按评估后的公允价值确认非货币性资产的转让收入

C. 非货币性资产转让收入减除该资产原值后的余额为应纳税所得额

D. 个人以土地投资入股某企业，应于非货币性资产转让、取得被投资企业股权时，确认非货币性资产转让收入

**【参考答案】** C

**【答案解析】** 根据《财政部 国家税务总局关于个人非货币性资产投资有关个人所得税政策的通知》(财税〔2015〕41号)的规定，个人以非货币性资产投资，应按评估后的公允价值确认非货币性资产转让收入，非货币性资产转让收入减除该资产原值及合理税费后的余额为应纳税所得额。

248. 下列关于个人独资企业和合伙企业投资者经营所得表述，正确的是(　　)。

A. 持有权益性投资的个人独资企业、合伙企业，自2022年1月1日起，一律适用查账征收方式计征个人所得税

B. 律师事务所、会计师事务所、税务师事务所，可以实行核定征收个人所得税

C. 个人独资企业和合伙企业从事股权(票)、期货、基金等投资品交易取得的所得，可自行选择按照生产经营所得或者财产转让所得申报缴纳个人所得税

D. 同一投资者兴办两个或两个以上企业的(包括参与兴办)，企业的年度经营亏损可以跨企业弥补

**【参考答案】** A

**【答案解析】** 根据《国家税务总局关于进一步加强高收入者个人所得税征收管理

的通知》(国税发〔2010〕54 号)、《国家税务总局关于切实加强高收入者个人所得税征管的通知》(国税发〔2011〕50 号)的规定,对律师事务所、会计师事务所、税务师事务所、资产评估和房地产估价等鉴证类中介机构,不得实行核定征收个人所得税。对个人独资企业和合伙企业从事股权(票)、期货、基金、债券、外汇、贵重金属、资源开采权及其他投资品交易取得的所得,应全部纳入生产经营所得,依法征收个人所得税。根据《财政部 国家税务总局关于印发〈关于个人独资企业和合伙企业投资者征收个人所得税的规定〉的通知》(财税〔2000〕91 号)的规定,投资者兴办两个或两个以上企业的,企业的年度经营亏损不能跨企业弥补。

249. 下列关于个人独资企业和合伙企业投资者征收个人所得税的说法中,不符合税法相关规定的是(　　)。

A. 甲企业实行查账征收,其适用"经营所得"5%～35%的五级超额累进税率

B. 投资者王某兴办 A、B 两个企业,则年终时应汇总 A、B 两个企业取得的应纳税所得额,据此确定适用税率并计算缴纳个人所得税

C. 对个人独资企业取得的各项所得均征收个人所得税

D. 投资者连某兴办甲、乙两个企业,则两个企业费用扣除标准由投资者选择在其中一个企业的生产经营所得中扣除

**【参考答案】** C

**【答案解析】** 根据《财政部 国家税务总局关于印发〈关于个人独资企业和合伙企业投资者征收个人所得税的规定〉的通知》(财税〔2000〕91 号)的规定,对个人独资企业取得种植业、养殖业、饲养业、捕捞业所得,暂不征收个人所得税。

250. 下列关于扣缴义务人对居民个人工资薪金所得履行扣缴义务的说法,不符合个人所得税有关规定的是(　　)。

A. 扣缴义务人依法履行代扣代缴义务,纳税人不得拒绝

B. 扣缴义务人不得擅自更改居民个人提供的专项附加扣除信息

C. 扣缴义务人应当于年度终了后两个月内,向纳税人提供其个人所得和已扣缴税款等信息

D. 扣缴义务人发现纳税人提供的专项附加扣除信息与实际情况不符的,应立即报告税务机关

**【参考答案】** D

**【答案解析】** 根据《国家税务总局关于发布〈个人所得税扣缴申报管理办法(试行)〉的公告》(国家税务总局公告 2018 年第 61 号)第十四条的规定,扣缴义务人发现纳税人提供的信息与实际情况不符的,可以要求纳税人修改。纳税人拒绝修改的,扣缴义务人应当报告税务机关,税务机关应当及时处理。

251. 下列关于累计预扣法的表述中,正确的是(　　)。

A. 居民个人取得的综合所得,按照累计预扣法计算预扣税款

B. 年中计算出的本期应预扣预缴税额为负值时,暂不退税

C. 纳税年度终了计算出的本期应预扣预缴税额为负值时，结转下一纳税年度抵减下一纳税年度综合所得的应纳税额

D. 累计预扣法适用月税率表

**【参考答案】** B

**【答案解析】** 根据《国家税务总局关于发布〈个人所得税扣缴申报管理办法（试行）〉的公告》（国家税务总局公告 2018 年第 61 号）的规定，只有居民个人取得的工资薪金所得才应当按照累计预扣法计算预扣税款；本期余额为负值时，暂不退税；纳税年度终了后余额仍为负值，由纳税人办理综合所得年度汇算清缴，多退少补；累计预扣法适用与综合所得年度税率表相同的预扣率表。

252. 下列关于纳税人专项附加扣除信息报送的说法，不符合规定的是（　　）。

A. 纳税人选择在扣缴义务人发放工资、薪金所得时享受专项附加扣除的，首次享受时应当填写并向扣缴义务人报送《扣除信息表》；纳税年度中间相关信息发生变化的，纳税人应当更新《扣除信息表》相应栏次，并及时报送给扣缴义务人

B. 纳税人向扣缴义务人提供专项附加扣除信息的，扣缴义务人应当按照规定予以扣除，不得拒绝

C. 纳税人应当将《扣除信息表》及相关留存备查资料，自预扣预缴年度当年起保存五年

D. 纳税人选择在汇算清缴申报时享受专项附加扣除的，应当填写并向汇缴地主管税务机关报送《扣除信息表》

**【参考答案】** C

**【答案解析】** 根据《国家税务总局关于发布〈个人所得税专项附加扣除操作办法（试行）〉的公告》（国家税务总局公告 2018 年第 60 号）第二十三条的规定，纳税人应当将《扣除信息表》及相关留存备查资料，自法定汇算清缴期结束后保存五年。

253. 下列关于限售股个人所得税的计算，不符合规定的是（　　）。

A. 纳税人同时持有限售股及该股流通股的，其股票转让所得，按照限售股优先原则计算缴纳个人所得税

B. 限售股转让所得的个人所得税，采取证券机构预扣预缴、纳税人自行申报清算和证券机构直接扣缴相结合的方式征收

C. 证券机构等应积极配合税务机关做好各项征收管理工作，并于每月 15 日前，将上月限售股减持的有关信息传递至主管税务机关

D. 如果纳税人未能提供完整、真实的限售股原值凭证的，不能准确计算限售股原值的，主管税务机关一律按限售股转让收入的 20%核定限售股原值及合理税费

**【参考答案】** D

**【答案解析】** 根据《财政部 国家税务总局 证监会关于个人转让上市公司限售股所得征收个人所得税有关问题的通知》（财税〔2009〕167 号）第三条的规定，如果纳税人未能提供完整、真实的限售股原值凭证的，不能准确计算限售股原值的，主管税务机关

一律按限售股转让收入的15%核定限售股原值及合理税费。

254.下列关于专项附加扣除计算时间的说法中，不符合规定的是（　　）。

A.学前教育阶段，为子女年满3周岁当月至小学入学前一月

B.学历教育，为子女接受全日制学历教育入学的当月至全日制学历教育结束的当月

C.学历（学位）继续教育，为在中国境内接受学历（学位）继续教育入学的当月至学历（学位）继续教育结束的当月，最长不超过48个月

D.赡养老人，为被赡养人年满60周岁的当月至赡养义务终止的月末

**【参考答案】** D

**【答案解析】** 根据《国家税务总局关于发布〈个人所得税专项附加扣除操作办法（试行）〉的公告》（国家税务总局公告2018年第60号）第三条的规定，纳税人享受符合规定的赡养老人专项附加扣除的计算时间，为被赡养人年满60周岁的当月至赡养义务终止的年末。

255.下列情形中，不可享受子女教育专项附加扣除的是（　　）。

A.考取境外全日制研究生

B.考取境内全日制研究生

C.接受境内在职研究生教育

D.年满四岁却因病未上幼儿园

**【参考答案】** C

**【答案解析】** 根据《国务院关于印发个人所得税专项附加扣除暂行办法的通知》（国发〔2018〕41号）第五条的规定，纳税人的子女接受全日制学历教育的相关支出，按照每个子女每月1 000元的标准定额扣除。学历教育包括义务教育（小学、初中教育）、高中阶段教育（普通高中、中等职业、技工教育）、高等教育（大学专科、大学本科、硕士研究生、博士研究生教育）。年满3岁至小学入学前处于学前教育阶段的子女，按本条第一款规定执行。

256.下列属于综合所得中依法确定的其他扣除项目的是（　　）。

A.大病医疗　　　　B.个人缴付符合国家规定的企业年金

C.住房公积金　　　　D.失业保险

**【参考答案】** B

**【答案解析】** 根据《中华人民共和国个人所得税法实施条例》第十三条的规定，综合所得中依法确定的其他扣除，包括个人缴付符合国家规定的企业年金、职业年金，个人购买符合国家规定的商业健康保险、税收递延型商业养老保险的支出，以及国务院规定可以扣除的其他项目。

257.下列所得项目中，不属于“劳务报酬所得”项目的是（　　）。

A.模特张某在广告设计、制作、发布过程中提供形象而取得的所得

B.大学生赵某放暑假期间，在自己家举办暑假奥数培训班取得的收入

C. 肖某在上市公司担任独立董事，每年从上市公司领取的董事费

D. 销售标兵李某参加其任职公司组织的免收费用的九寨沟培训会

**【参考答案】** D

**【答案解析】** 根据《财政部 国家税务总局关于企业以免费旅游方式提供对营销人员个人奖励有关个人所得税政策的通知》(财税〔2004〕11 号)的规定，对商品营销活动中，企业和单位对营销业绩突出人员以培训班、研讨会、工作考察等名义组织旅游活动，通过免收差旅费、旅游费对个人实行的营销业绩奖励(包括实物、有价证券等)，应根据所发生费用全额计入营销人员应税所得。对企业雇员享受的此类奖励，应与当期的工资薪金合并，按照“工资、薪金所得”项目征收个人所得税。

258. 下列所得中，不免征个人所得税的是(　　)。

A. 市人民政府颁发的环保奖金

B. 国债和国家发行的金融债券利息

C. 保险赔款

D. 军人的退役金

**【参考答案】** A

**【答案解析】** 根据《中华人民共和国个人所得税法》第四条的规定，省级人民政府及以上的单位颁发的环保奖金免征个人所得税。市人民政府颁发的环保奖金不免税。

259. 下列有关个人所得税税收优惠的表述中，不符合规定的是(　　)。

A. 个人领取原提存的住房公积金免征个人所得税

B. 国债利息免征个人所得税

C. 残疾、孤老人员和烈属的所得可减征个人所得税

D. 2022 年航行时间累计满 183 天的远洋船员，其取得的工资薪金收入全额缴纳个人所得税

**【参考答案】** D

**【答案解析】**《财政部 税务总局关于延续实施远洋船员个人所得税政策的公告》(财政部 税务总局公告 2023 年第 31 号)，自 2024 年 1 月 1 日至 2027 年 12 月 31 日，一个纳税年度内在船航行时间累计满 183 天的远洋船员，其取得的工资薪金收入减按 50%计入应纳税所得额，依法缴纳个人所得税。

260. 下列有关个人转让房屋的个人所得税表述中，不符合规定的是(　　)。

A. 个人转让房屋的个人所得税应税收入不含增值税

B. 个人取得房屋时所支付价款中包含的增值税计入财产原值

C. 计算转让所得时可扣除的税费不包括本次转让缴纳的增值税

D. 年终以后居民个人需将转让房屋所得并入综合所得汇算清缴

**【参考答案】** D

**【答案解析】** 根据《财政部 国家税务总局关于营改增后契税 房产税 土地增值税 个人所得税计税依据问题的通知》(财税〔2016〕43 号)第四条的规定，个人转让房屋的个

人所得税应税收入不含增值税，其取得房屋时所支付价款中包含的增值税计入财产原值，计算转让所得时可扣除的税费不包括本次转让缴纳的增值税。财产转让所得为分类所得，不并入综合所得汇算清缴。

261.下列有关个体工商户个人所得税的表述，正确的是（　　）。

A.向其从业人员实际支付的合理的工资薪金支出，允许税前据实扣除

B.每一纳税年度发生的与其生产经营业务直接相关的业务招待费支出，按照发生额的50%扣除

C.其所得通过中国境内的社会团体向教育和其他公益事业的捐赠，捐赠额不超过其利润总额12%部分允许税前扣除

D.个体工商户投资者本人工资薪金可以据实扣除

**【参考答案】** A

**【答案解析】** 根据《财政部 国家税务总局关于调整个体工商户个人独资企业和合伙企业个人所得税税前扣除标准有关问题的通知》(财税〔2008〕65号)的规定，个体工商户、个人独资企业和合伙企业每一纳税年度发生的与其生产经营业务直接相关的业务招待费支出，按照发生额的60%扣除，但最高不得超过当年销售(营业)收入的0.5%。根据《国家税务总局个体工商户个人所得税计税办法》(国家税务总局令第35号)的规定，个体工商户通过公益性社会团体或者县级以上人民政府及其部门，用于《中华人民共和国公益事业捐赠法》规定的公益事业的捐赠，捐赠额不超过其应纳税所得额30%的部分可以据实扣除。财政部、国家税务总局规定可以全额在税前扣除的捐赠支出项目，按有关规定执行。个体工商户直接对受益人的捐赠不得扣除。

262.下列支出，不允许从个体商户生产经营收入中扣除的是（　　）。

A.参加财产保险支付的保险费

B.个体工商户从业人员的实发工资

C.代扣代缴的个人所得税税额

D.货物出口过程中发生的汇兑损失

**【参考答案】** C

**【答案解析】** 根据《国家税务总局个体工商户个人所得税计税办法》(国家税务总局令第35号)的规定，代扣代缴的个人所得税税额不得税前扣除。

263.下列支出中，不属于计算个人所得税时的其他扣除的是（　　）。

A.住房贷款利息

B.符合规定的商业健康保险

C.税收递延型商业养老保险

D.个人缴付符合国家规定的企业年金

**【参考答案】** A

**【答案解析】** 根据《中华人民共和国个人所得税法实施条例》第十三条的规定，其他扣除，包括个人缴付符合国家规定的企业年金、职业年金，个人购买符合国家规定的

商业健康保险、税收递延型商业养老保险的支出，以及国务院规定可以扣除的其他项目。

264. 以下各项所得适用超额累进税率形式的是（　　）。

A. 工资、薪金所得　　B. 股息所得

C. 财产转让所得　　D. 偶然所得

**【参考答案】** A

**【答案解析】** 工资、薪金所得属于综合所得。根据《中华人民共和国个人所得税法》第三条的规定，(1)综合所得，适用 3%至 45%的超额累进税率；(2)经营所得，适用 5%至 35%的超额累进税率；(3)利息、股息、红利所得，财产租赁所得，财产转让所得和偶然所得，适用比例税率，税率为 20%。

265. 以下关于居民个人郭某公益捐赠支出的表述，符合个人所得税政策规定的是（　　）。

A. 郭某可自行决定在综合所得、分类所得、经营所得中扣除的公益捐赠支出的顺序

B. 郭某当月分类所得中应扣除未扣除的公益捐赠支出，在年终汇算清缴时统一扣除

C. 郭某同时发生按 30%扣除和全额扣除的公益捐赠支出，应先扣除全额扣除的捐赠支出

D. 郭某捐赠某公司股权，按照个人持有股权的净值确定捐赠支出金额

**【参考答案】** A

**【答案解析】** 根据《财政部 税务总局关于公益慈善事业捐赠个人所得税政策的公告》(财政部税务总局公告 2019 年第 99 号)的规定，纳税人可自行决定在综合所得、分类所得、经营所得中扣除的公益捐赠支出的顺序。

266. 以下情形属于在纳税年度内发生的，且未申报扣除或未足额扣除的税前扣除项目，纳税人不可在年度汇算期间填报扣除或补充扣除的是（　　）。

A. 纳税人及其配偶、未成年子女符合条件的大病医疗支出

B. 纳税人符合条件的子女教育、继续教育、住房贷款利息或住房租金、赡养老人专项附加扣除，以及减除费用、专项扣除、依法确定的其他扣除

C. 符合条件的公益慈善事业捐赠

D. 同时取得综合所得和经营所得的纳税人，可重复申报减除

**【参考答案】** D

**【答案解析】** 根据《关于〈国家税务总局关于办理 2021 年度个人所得税综合所得汇算清缴事项的公告〉的解读》，同时取得综合所得和经营所得的纳税人，不得重复申报减除。

267. 纳税人应当依法办理纳税申报的情形不包括（　　）。

A. 取得综合所得需要办理汇算清缴

B. 取得应税所得没有扣缴义务人

C. 取得境外所得

D. 取得的劳务报酬

**【参考答案】** D

**【答案解析】** 根据《中华人民共和国个人所得税法》第十条,有下列情形之一的,纳税人应当依法办理纳税申报:(1)取得综合所得需要办理汇算清缴;(2)取得应税所得没有扣缴义务人;(3)取得应税所得,扣缴义务人未扣缴税款;(4)取得境外所得;(5)因移居境外注销中国户籍;(6)非居民个人在中国境内从两处以上取得工资、薪金所得;(7)国务院规定的其他情形。

268. 在计算个人所得税时,个人股权转让收入明显偏低,不视为有正当理由的情形是(　　)。

A. 能出具有效文件,证明被投资企业因国家政策调整,生产经营受到重大影响,导致低价转让股权

B. 将股权转让给承担直接抚养或者赡养义务的抚养人或者赡养人

C. 将股权转让给其能提供具有法律效力身份关系证明的配偶

D. 相关法律、政府文件或企业章程规定,并有相关资料充分证明转让价格合理且真实的本企业员工持有的可以对外转让股权的内部转让

**【参考答案】** D

**【答案解析】** 根据《国家税务总局关于发布〈股权转让所得个人所得税管理办法(试行)〉的公告》(国家税务总局公告2014年第67号)第十三条的规定,股权转让收入虽明显偏低,但视为有正当理由的情形:(1)能出具有效文件,证明被投资企业因国家政策调整,生产经营受到重大影响,导致低价转让股权;(2)继承或将股权转让给其能提供具有法律效力身份关系证明的配偶、父母、子女、祖父母、外祖父母、孙子女、外孙子女、兄弟姐妹以及对转让人承担直接抚养或者赡养义务的抚养人或者赡养人;(3)相关法律、政府文件或企业章程规定,并有相关资料充分证明转让价格合理且真实的本企业员工持有的不能对外转让股权的内部转让;(4)股权转让双方能够提供有效证据证明其合理性的其他合理情形。

269. 下列关于个人所得税特点的说法,错误的是(　　)。

A. 实行混合征收　　B. 累进税率和比例税率并用

C. 费用扣除额范围窄　　D. 源泉扣缴与自行申报相结合

**【参考答案】** C

**【答案解析】** 个人所得税费用扣除额范围较宽。

270. 扣缴义务人向居民个人支付工资、薪金所得时,应当按照累计预扣法计算预扣税款,并(　　)办理扣缴申报。

A. 按次　　B. 按月

C. 按季　　D. 按年

**【参考答案】** B

**【答案解析】** 扣缴义务人向居民个人支付工资、薪金所得时，应当按照累计预扣法计算预扣税款，并按月办理扣缴申报。

271.《个人所得税专项附加扣除操作办法（试行）》中所称子女教育的学历教育，为子女接受全日制学历教育入学的（　　）至全日制学历教育结束的（　　）。

A. 当月；当月　　B. 当月；次月

C. 次月；当月　　D. 次月；次月

**【参考答案】** A

**【答案解析】** 《国家税务总局关于修订发布〈个人所得税专项附加扣除操作办法（试行）〉的公告》（国家税务总局公告 2022 年第 7 号）中所称子女教育的学历教育，为子女接受全日制学历教育入学的当月至全日制学历教育结束的当月。

272. 根据个人所得税法的规定，财产转让所得，按照一次转让财产的收入额（　　）后的余额计算纳税。

A. 减除财产原值和合理费用　　B. 减除财产原值

C. 减除合理费用　　D. 减除财产原值或合理费用

**【参考答案】** A

**【答案解析】** 根据《中华人民共和国个人所得税法》的规定，个人取得财产转让所得，按照一次转让财产的收入额减除财产原值和合理费用后的余额计算纳税。

273. 我国个人所得税实行的是（　　）。

A. 居民管辖权　　B. 公民管辖权

C. 地域管辖权　　D. 居民税收管辖权和地域税收管辖权

**【参考答案】** D

**【答案解析】** 我国个人所得税同时实行居民税收管辖权和地域税收管辖权。

274. 在中国境内无住所，在中国境内居住累计满 183 天的年度连续不满（　　）年的，经向主管税务机关备案，其来源于中国境外且由境外单位或者个人支付的，免予缴纳个人所得税。

A. 3　　B. 5

C. 6　　D. 10

**【参考答案】** C

**【答案解析】** 在中国境内无住所，在中国境内居住累计满 183 天的年度连续不满 6 年的，经向主管税务机关备案，其来源于中国境外且由境外单位或者个人支付的，免予缴纳个人所得税。

275. 居民个人取得综合所得适用（　　）。

A. 五级超额累进税率　　B. 七级超额累进税率

C. 五级超率累进税率　　D. 七级超率累进税率

**【参考答案】** B

**【答案解析】** 居民个人取得综合所得适用七级超额累进税率，税率为 3%～45%。

276. 纳税人同时从两处以上取得工资、薪金所得，并由扣缴义务人办理相关专项附加扣除的，对同一专项附加扣除项目，在一个纳税年度内，纳税人(　　)。

A. 可以从两处分别扣除　　B. 可以从两处按 50%扣除

C. 只能选择从其中一处扣除　　D. 不能扣除

**【参考答案】** C

**【答案解析】** 纳税人同时从两处以上取得工资、薪金所得，并由扣缴义务人办理相关专项附加扣除的，对同一专项附加扣除项目，在一个纳税年度内，纳税人只能选择从其中一处扣除。

277. 下列项目中，不属于专项扣除的是(　　)。

A. 住房公积金　　B. 基本养老保险

C. 基本医疗保险　　D. 子女教育

**【参考答案】** D

**【答案解析】** 专项扣除包括：居民纳税人按照国家规定的范围和标准缴纳的基本养老保险、基本医疗保险、失业保险等社会保险费和住房公积金。

278.《个人所得税专项附加扣除操作办法(试行)》中所称子女教育的学前教育阶段，为子女年满(　　)当月至小学入学前一月。

A. 3 岁　　B. 3 周岁

C. 5 岁　　D. 5 周岁

**【参考答案】** B

**【答案解析】**《国家税务总局关于修订发布〈个人所得税专项附加扣除操作办法(试行)〉的公告》(国家税务总局公告 2022 年第 7 号)中所称子女教育的学前教育阶段，为子女年满 3 周岁当月至小学入学前一月。

279. 非居民个人取得工资、薪金所得，劳务报酬所得，稿酬所得和特许权使用费所得，有扣缴义务人的，由扣缴义务人(　　)代扣代缴税款，不办理汇算清缴。

A. 按季　　B. 按月

C. 按次　　D. 按月或者按次

**【参考答案】** D

**【答案解析】** 根据个人所得税法，非居民个人取得工资、薪金所得，劳务报酬所得，稿酬所得和特许权使用费所得，有扣缴义务人的，由扣缴义务人按月或者按次代扣代缴税款，不办理汇算清缴。

280. 关于大病医疗的扣除方法，下列说法正确的是(　　)。

A. 由本人扣除

B. 由本人或配偶扣除

C. 夫妻双方按 50%分别扣除

D. 未成年子女不可扣除

**【参考答案】** B

**【答案解析】** 纳税人发生的医药费用支出可以选择由本人或者其配偶扣除；未成年子女的医药费用支出可以选择由其父母一方扣除。

## 二、多项选择题

1. 下列属于居民个人所得税专项附加扣除项目的有(　　)。

A. 子女教育支出　　B. 继续教育支出

C. 基本养老保险支出　　D. 3 岁以下婴幼儿照护支出

**【参考答案】** ABD

**【答案解析】** 《中华人民共和国个人所得税法》第六条规定，本条第一款第一项规定的专项扣除，包括居民个人按照国家规定的范围和标准缴纳的基本养老保险、基本医疗保险、失业保险等社会保险费和住房公积金等；专项附加扣除，包括子女教育、继续教育、大病医疗、住房贷款利息或者住房租金、赡养老人等支出，具体范围、标准和实施步骤由国务院确定，并报全国人民代表大会常务委员会备案。

2. 个人取得的下列所得，免征个人所得税的有(　　)。

A. 退休工资

B. 转让国债所得

C. 残疾、孤老人员和烈属的所得

D. 国家发行的金融债券利息所得

**【参考答案】** AD

**【答案解析】** 《中华人民共和国个人所得税法》第四条规定，下列各项个人所得，免征个人所得税：(1)省级人民政府、国务院部委和中国人民解放军军以上单位，以及外国组织、国际组织颁发的科学、教育、技术、文化、卫生、体育、环境保护等方面的奖金；(2)国债和国家发行的金融债券利息；(3)按照国家统一规定发给的补贴、津贴；(4)福利费、抚恤金、救济金；(5)保险赔款；(6)军人的转业费、复员费、退役金；(7)按照国家统一规定发给干部、职工的安家费、退职费、基本养老金或者退休费、离休费、离休生活补助费；(8)依照有关法律规定应予免税的各国驻华使馆、领事馆的外交代表、领事官员和其他人员的所得；(9)中国政府参加的国际公约、签订的协议中规定免税的所得；(10)国务院规定的其他免税所得。

3. 下列各项所得在计算个人所得税应纳税所得额时，不允许扣减任何费用的有(　　)。

A. 偶然所得　　B. 特许权使用费所得

C. 工资薪金所得　　D. 利息、股息、红利所得

**【参考答案】** AD

**【答案解析】** 《中华人民共和国个人所得税法》第六条规定，应纳税所得额的计算：(1)居民个人的综合所得，以每一纳税年度的收入额减除费用 6 万元以及专项扣除、专

项附加扣除和依法确定的其他扣除后的余额，为应纳税所得额。(2)非居民个人的工资、薪金所得，以每月收入额减除费用 5 000 元后的余额为应纳税所得额；劳务报酬所得、稿酬所得、特许权使用费所得，以每次收入额为应纳税所得额。(3)经营所得，以每一纳税年度的收入总额减除成本、费用以及损失后的余额，为应纳税所得额。(4)财产租赁所得，每次收入不超过 4 000 元的，减除费用 800 元；4 000 元以上的，减除 20%的费用，其余额为应纳税所得额。(5)财产转让所得，以转让财产的收入额减除财产原值和合理费用后的余额，为应纳税所得额。(6)利息、股息、红利所得和偶然所得，以每次收入额为应纳税所得额。劳务报酬所得、稿酬所得、特许权使用费所得以收入减除 20%的费用后的余额为收入额。稿酬所得的收入额减按 70%计算。

4. 某公司退休职工老王的下列收入中，应征收个人所得税的有(　　)。

A. 退休后再任职取得的收入

B. 举办老年歌唱培训班取得的收入

C. 生病住院，从某保险公司领取的大病保险赔付款

D. 取得的公司债券利息收入

**【参考答案】** ABD

**【答案解析】** 《中华人民共和国个人所得税法》第四条规定，下列各项个人所得，免征个人所得税：(1)省级人民政府、国务院部委和中国人民解放军军以上单位，以及外国组织、国际组织颁发的科学、教育、技术、文化、卫生、体育、环境保护等方面的奖金；(2)国债和国家发行的金融债券利息；(3)按照国家统一规定发给的补贴、津贴；(4)福利费、抚恤金、救济金；(5)保险赔款；(6)军人的转业费、复员费、退役金；(7)按照国家统一规定发给干部、职工的安家费、退职费、基本养老金或者退休费、离休费、离休生活补助费；(8)依照有关法律规定应予免税的各国驻华使馆、领事馆的外交代表、领事官员和其他人员的所得；(9)中国政府参加的国际公约、签订的协议中规定免税的所得；(10)国务院规定的其他免税所得。

5. 在计算个人所得税时，关于财产转让所得中的财产原值的确定，下列说法正确的有(　　)。

A. 有价证券，为买入价以及买入时按照规定交纳的有关费用

B. 建筑物，为建造费或者购进价格以及其他有关费用

C. 土地使用权，为取得土地使用权所支付的金额、开发土地的费用以及其他有关费用

D. 机器设备、车船，为购进价格、运输费、安装费以及其他有关费用

**【参考答案】** ABCD

**【答案解析】** 《中华人民共和国个人所得税法实施条例》第十六条规定，个人所得税法第六条第一款第五项规定的财产原值，按照下列方法确定：(1)有价证券，为买入价以及买入时按照规定交纳的有关费用；(2)建筑物，为建造费或者购进价格以及其他有关费用；(3)土地使用权，为取得土地使用权所支付的金额、开发土地的费用以及其他有

关费用;(4)机器设备、车船,为购进价格、运输费、安装费以及其他有关费用。其他财产,参照前款规定的方法确定财产原值。纳税人未提供完整、准确的财产原值凭证,不能按照本条第一款规定的方法确定财产原值的,由主管税务机关核定财产原值。个人所得税法第六条第一款第五项所称合理费用,是指卖出财产时按照规定支付的有关税费。

6. 下列个人取得的收入中,可以免征个人所得税的有(　　)。

A. 钱某取得的保险赔款

B. 林某取得地方政府债券利息

C. 闫某转让自用 2 年且家庭唯一住房的所得

D. 林某举报犯罪行为获得的奖金

**【参考答案】** ABD

**【答案解析】** 根据《中华人民共和国个人所得税法》第四条的规定,保险赔款,免征个人所得税。根据《财政部 国家税务总局关于地方政府债券利息免征所得税问题的通知》(财税〔2013〕5 号)的规定,对企业和个人取得的 2012 年及以后年度发行的地方政府债券利息收入,免征企业所得税和个人所得税。根据《财政部 国家税务总局关于个人所得税若干政策问题的通知》(财税字〔1994〕020 号)的规定,个人举报、协查各种违法、犯罪行为而获得的奖金,暂免征收个人所得税;个人转让自用达 5 年以上、并且是唯一的家庭生活用房取得的所得,暂免征收个人所得税。

7. 个人取得下列所得不缴纳个人所得税的是(　　)。

A. 外籍个人以实报实销形式取得的住房补贴

B. 个人购买社会福利有奖募捐奖券一次中奖收入 8 000 元

C. 个人转让自用 5 年以上的家庭唯一住房

D. 个人为单位提供担保获得的收入

**【参考答案】** ABC

**【答案解析】** 根据《国家税务 总局关于外籍个人取得有关补贴征免个人所得税执行问题的通知》(国税发〔1997〕54 号)的规定,对外籍个人因到中国任职或离职,以实报实销形式取得的搬迁收入免征个人所得税,应由纳税人提供有效凭证,由主管税务机关审核认定,就其合理的部分免税。外商投资企业和外国企业在中国境内的机构、场所,以搬迁费名义每月或定期向其外籍雇员支付的费用,应计入工资薪金所得征收个人所得税。对外籍个人以非现金形式或实报实销形式取得的合理的住房补贴、伙食补贴和洗衣费免征个人所得税,应由纳税人在初次取得上述补贴或上述补贴数额、支付方式发生变化的月份的次月进行工资薪金所得纳税申报时,向主管税务机关提供上述补贴的有效凭证,由主管税务机关核准确认免税。根据《财政部 国家税务总局关于个人取得体育彩票中奖所得征免个人所得税问题的通知》(财税字〔1998〕12 号)的规定,凡一次中奖收入不超过 1 万元的,暂免征收个人所得税;超过 1 万元的,应按税法规定全额征收个人所得税。根据《国家税务总局关于个人住房转让所得征收个人所得税有关问题的通知》(国税发〔2006〕108 号)的规定,各级税务机关要认真落实有关住房转让个人所得税优惠政策。按照《财政部 国家税务总局 建设部关于个人出售住房所得征收个人所得税有关问题的通知》(财税字〔1999〕278 号)的规定,对出售自有住房并拟在现住房出售 1 年内按市场价重新购房的纳税人,其出售现住房所缴纳的个人所得税,先以纳税保证金形式缴纳,再视其重新购房的金额与原住房销售额的关系,全部或部分退还纳税保证金;对个人转让自用 5 年以上,并且是家庭唯一生活用房取得的所得,免征个人所得税。

8. 下列各项所得中,不免征个人所得税的有(　　)。

A. 年终加薪

B. 个人为单位提供担保获得的收入

C. 劳动分红

D. 外籍人员取得任职单位的非现金住房补贴

**【参考答案】** ABC

**【答案解析】** 根据《国家税务总局关于外籍个人取得有关补贴征免个人所得税执行问题的通知》(国税发〔1997〕54 号)的规定,对外籍个人以非现金形式或实报实销形式取得的合理的住房补贴、伙食补贴和洗衣费免征个人所得税,应由纳税人在初次取得上述补贴或上述补贴数额、支付方式发生变化的月份的次月进行工资薪金所得纳税申报时,向主管税务机关提供上述补贴的有效凭证,由主管税务机关核准确认免税。

9. 下列关于财产转让所得的个人所得税计税规定的表述中,正确的有(　　)。

A. 对住房转让所得征收个人所得税时,以实际成交价格为转让收入

B. 对转让住房收入计算个人所得税应纳税所得额时,纳税人可凭原购房合同、发票等有效凭证,经税务机关审核后,允许从其转让收入中减除房屋原值、转让住房过程中缴纳的税金及有关合理费用

C. 纳税人未提供完整、准确的房屋原值凭证,不能正确计算房屋原值和应纳税额的,税务机关可对其实行核定征税

D. 对个人转让自用 3 年以上,并且是家庭唯一生活用房取得的所得,免征个人所得税

**【参考答案】** ABC

**【答案解析】** 根据《国家税务总局关于个人住房转让所得征收个人所得税有关问题的通知》(国税发〔2006〕108 号)的规定,对住房转让所得征收个人所得税时,以实际成交价格为转让收入。纳税人申报的住房成交价格明显低于市场价格且无正当理由的,征收机关依法有权根据有关信息核定其转让收入,但必须保证各税种计税价格一致。对转让住房收入计算个人所得税应纳税所得额时,纳税人可凭原购房合同、发票等有效凭证,经税务机关审核后,允许从其转让收入中减除房屋原值、转让住房过程中缴纳的税金及有关合理费用。对个人转让自用 5 年以上,并且是家庭唯一生活用房取得的所得,免征个人所得税。

10. 下列各项中，不应当按照“工资、薪金所得”项目缴纳个人所得税的有（　　）。

A. 个人兼职取得的收入

B. 个人因从事彩票代销业务而取得的所得

C. 退休人员再任职取得的收入

D. 剧本作者从其任职的电视剧制作单位取得的剧本使用费收入

**【参考答案】** ABD

**【答案解析】** 根据《中华人民共和国个人所得税法实施条例》第六条，个人所得税法规定的各项个人所得的范围：工资、薪金所得，是指个人因任职或者受雇取得的工资、薪金、奖金、年终加薪、劳动分红、津贴、补贴以及与任职或者受雇有关的其他所得。因此，选项A，个人兼职取得的收入，按照“劳务报酬所得”项目缴纳个人所得税；选项B，个人因从事彩票代销业务而取得的所得，按照“经营所得”项目缴纳个人所得税；选项C，退休人员再任职取得的收入，按照“工资、薪金所得”项目缴纳个人所得税；选项D，剧本作者从电影、电视剧的制作单位取得的剧本使用费，按照“特许权使用费所得”项目缴纳个人所得税。

11. 下列各项中，应按“工资、薪金所得”项目缴纳个人所得税的有（　　）。

A. 个人担任非任职公司独立董事职务取得的董事费收入

B. 出租汽车经营单位对出租车驾驶员采取单车承包或承租方式运营，出租车驾驶员从事客货运营取得的收入

C. 城镇事业单位为职工个人缴纳失业保险费超过规定比例的部分

D. 个人担任任职公司董事职务取得的董事费收入

**【参考答案】** BCD

**【答案解析】** 根据《中华人民共和国个人所得税法实施条例》第六条，个人所得税法规定的各项个人所得的范围：工资、薪金所得，是指个人因任职或者受雇取得的工资、薪金、奖金、年终加薪、劳动分红、津贴、补贴以及与任职或者受雇有关的其他所得。劳务报酬所得，是指个人从事劳务取得的所得，包括从事设计、装潢、安装、制图、化验、测试、医疗、法律、会计、咨询、讲学、翻译、审稿、书画、雕刻、影视、录音、录像、演出、表演、广告、展览、技术服务、介绍服务、经纪服务、代办服务以及其他劳务取得的所得。因此，选项A，应按照“劳务报酬所得”项目缴纳个人所得税；选项BCD，应按照“工资、薪金所得”项目缴纳个人所得税。

12. 个人取得的下列所得中，不属于按“稿酬所得”项目缴纳个人所得税的有（　　）。

A. 画家拍卖其人物画作取得的收入

B. 林某为某产品说明书进行翻译取得的收入

C. 某高校教授为出版社审稿取得的收入

D. 出版社的专业作者撰写作品由本社以图书形式出版取得的收入

**【参考答案】** ABC

**【答案解析】** 根据《中华人民共和国个人所得税法实施条例》第六条，个人所得税法规定的各项个人所得的范围：劳务报酬所得，是指个人从事劳务取得的所得，包括从事设计、装潢、安装、制图、化验、测试、医疗、法律、会计、咨询、讲学、翻译、审稿、书画、雕刻、影视、录音、录像、演出、表演、广告、展览、技术服务、介绍服务、经纪服务、代办服务以及其他劳务取得的所得。稿酬所得，是指个人因其作品以图书、报刊等形式出版、发表而取得的所得。财产转让所得，是指个人转让有价证券、股权、合伙企业中的财产份额、不动产、机器设备、车船以及其他财产取得的所得。因此，选项A，按照“财产转让所得”项目缴纳个人所得税；选项BC，按照“劳务报酬所得”项目缴纳个人所得税；选项D，按照“稿酬所得”项目缴纳个人所得税。

13. 下列收入中，应按照“特许权使用费所得”项目缴纳个人所得税的有（　　）。

A. 个人取得特许权的经济赔偿收入

B. 某作家将其文字作品手稿复印件公开拍卖取得的收入

C. 个人转让土地使用权取得的收入

D. 出版社专业作者翻译作品后，由本社以图书形式出版而取得的收入

**【参考答案】** AB

**【答案解析】** 根据《中华人民共和国个人所得税法实施条例》第六条，个人所得税法规定的各项个人所得的范围：稿酬所得，是指个人因其作品以图书、报刊等形式出版、发表而取得的所得。财产转让所得，是指个人转让有价证券、股权、合伙企业中的财产份额、不动产、机器设备、车船以及其他财产取得的所得。因此，选项C，按照“财产转让所得”项目缴纳个人所得税；选项D，按照“稿酬所得”项目缴纳个人所得税。

14. 个人取得的下列收入中，应按照“特许权使用费所得”项目缴纳个人所得税的有（　　）。

A. 作者将自己的文字作品手稿原件公开拍卖取得的收入

B. 作者去世后，财产继承人取得的遗作稿酬收入

C. 摄影记者在本单位杂志上发表摄影作品取得的收入

D. 个人取得著作权的经济赔偿收入

**【参考答案】** AD

**【答案解析】** 根据《中华人民共和国个人所得税法实施条例》第六条，个人所得税法规定的各项个人所得的范围：工资、薪金所得，是指个人因任职或者受雇取得的工资、薪金、奖金、年终加薪、劳动分红、津贴、补贴以及与任职或者受雇有关的其他所得。稿酬所得，是指个人因其作品以图书、报刊等形式出版、发表而取得的所得。特许权使用费所得，是指个人提供专利权、商标权、著作权、非专利技术以及其他特许权的使用权取得的所得；提供著作权的使用权取得的所得，不包括稿酬所得。因此，选项B，应按照“稿酬所得”项目缴纳个人所得税。选项C，应按照“工资、薪金所得”项目缴纳个人所得税。

15. 下列各项中，应按照“经营所得”项目缴纳个人所得税的有（　　）。

A. 法人企业为其股东购买小汽车，将汽车办理在股东名下

B. 个人取得的国债转让所得

C. 个人独资企业投资者用企业资金进行个人消费

D. 个人独资企业的留存利润

**【参考答案】** CD

**【答案解析】** 根据《中华人民共和国个人所得税法实施条例》第六条，经营所得，是指：个体工商户从事生产、经营活动取得的所得，个人独资企业投资人、合伙企业的个人合伙人来源于境内注册的个人独资企业、合伙企业生产、经营的所得；个人依法从事办学、医疗、咨询以及其他有偿服务活动取得的所得；个人对企业、事业单位承包经营、承租经营以及转包、转租取得的所得；个人从事其他生产、经营活动取得的所得。利息、股息、红利所得，是指个人拥有债权、股权等而取得的利息、股息、红利所得。财产租赁所得，是指个人出租不动产、机器设备、车船以及其他财产取得的所得。财产转让所得，是指个人转让有价证券、股权、合伙企业中的财产份额、不动产、机器设备、车船以及其他财产取得的所得。因此，选项 A，按照“利息、股息、红利所得”项目缴纳个人所得税；选项 B，按照“财产转让所得”项目缴纳个人所得税；选项 CD，按照“经营所得”项目缴纳个人所得税。

16. 下列情形中，按照“利息、股息、红利所得”缴纳个人所得税的有（　　）。

A. 个人独资企业的投资者以企业资金为其家庭购买的住房

B. 股份有限公司购买并将其所有权办理到股东个人名下的车辆

C. 个体工商户对外投资取得的股息红利

D. 个人从任职的上市公司取得的股票期权行权所得

**【参考答案】** BC

**【答案解析】** 根据《中华人民共和国个人所得税法实施条例》第六条，个人所得税法规定的各项个人所得的范围：工资、薪金所得，是指个人因任职或者受雇取得的工资、薪金、奖金、年终加薪、劳动分红、津贴、补贴以及与任职或者受雇有关的其他所得。经营所得，是指：个体工商户从事生产、经营活动取得的所得，个人独资企业投资人、合伙企业的个人合伙人来源于境内注册的个人独资企业、合伙企业生产、经营的所得；个人依法从事办学、医疗、咨询以及其他有偿服务活动取得的所得；个人对企业、事业单位承包经营、承租经营以及转包、转租取得的所得；个人从事其他生产、经营活动取得的所得。利息、股息、红利所得，是指个人拥有债权、股权等而取得的利息、股息、红利所得。因此，选项 A，按照“经营所得”缴纳个人所得税；选项 D，按照“工资、薪金所得”缴纳个人所得税。

17. 居民个人取得的下列应税所得中，按纳税年度计征个人所得税的有（　　）。

A. 劳务报酬所得　　B. 稿酬所得

C. 工资、薪金所得　　D. 财产转让所得

**【参考答案】** ABC

**【答案解析】** 根据《中华人民共和国个人所得税法》第二条，下列各项个人所得，应

当缴纳个人所得税:(1)工资、薪金所得;(2)劳务报酬所得;(3)稿酬所得;(4)特许权使用费所得;(5)经营所得;(6)利息、股息、红利所得;(7)财产租赁所得;(8)财产转让所得;(9)偶然所得。居民个人取得前款第一项至第四项所得(以下称综合所得),按纳税年度合并计算个人所得税;非居民个人取得前款第一项至第四项所得,按月或者按次分项计算个人所得税。纳税人取得前款第五项至第九项所得,依照本法规定分别计算个人所得税。选项ABC,居民个人的工资、薪金所得,劳务报酬所得,稿酬所得,属于综合所得,按纳税年度合并计算个人所得税。选项D,财产转让所得,按次计征个人所得税。

18. 下列各项中,属于我国个人所得税纳税人的有(　　)。

A. 中国公民　　　　　　　　　　B. 合伙企业的法人投资者

C. 在中国有所得的外籍人员　　　D. 个体工商户业主

**【参考答案】** ACD

**【答案解析】** 根据《中华人民共和国个人所得税法》第一条,在中国境内有住所,或者无住所而一个纳税年度内在中国境内居住累计满183天的个人,为居民个人。居民个人从中国境内和境外取得的所得,依照本法规定缴纳个人所得税。在中国境内无住所又不居住,或者无住所而一个纳税年度内在中国境内居住累计不满183天的个人,为非居民个人。非居民个人从中国境内取得的所得,依照本法规定缴纳个人所得税。选项B,是我国企业所得税的纳税人。

19. 下列关于个人所得税的表述中,正确的有(　　)。

A. 在中国境内无住所,但在一个纳税年度内在中国境内居住累计满183天的个人,为居民个人

B. 在中国境内无住所,且在一个纳税年度内在中国境内居住累计不满183天的个人,为非居民个人

C. 在中国境内无住所的个人,在中国境内居住累计满183天的年度连续不满6年的,就全部境内、境外所得缴纳个人所得税

D. 在中国境内无住所的个人,在一个纳税年度内在中国境内居住累计不超过90天的,免予缴纳个人所得税

**【参考答案】** AB

**【答案解析】**《中华人民共和国个人所得税法》第一条,在中国境内有住所,或者无住所而一个纳税年度内在中国境内居住累计满183天的个人,为居民个人。居民个人从中国境内和境外取得的所得,依照本法规定缴纳个人所得税。在中国境内无住所又不居住,或者无住所而一个纳税年度内在中国境内居住累计不满183天的个人,为非居民个人。非居民个人从中国境内取得的所得,依照本法规定缴纳个人所得税。选项C,在中国境内无住所的个人,在中国境内居住累计满183天的年度连续不满6年的,经向主管税务机关备案,其来源于中国境外且由境外单位或者个人支付的所得,免予缴纳个人所得税;选项D,在中国境内无住所的个人,在一个纳税年度内在中国境内居住累计不超过90天的,其来源于中国境内的所得,由境外雇主支付并且不由该雇主在中国境

内的机构、场所负担的部分，免予缴纳个人所得税。

20. 根据个人所得税法相关规定，下列关于“每次收入”确定的说法，正确的有(　　)。

A. 偶然所得，以取得该项收入为一次

B. 财产租赁所得，以一个月内取得的收入为一次

C. 一次性劳务报酬所得，以取得该项收入为一次

D. 利息所得，以合同约定的应取得利息收入的时间为一次

**【参考答案】** ABC

**【答案解析】** 根据《中华人民共和国个人所得税法实施条例》第十四条，个人所得税法第六条第一款第二项、第四项、第六项所称每次，分别按照下列方法确定：(1)劳务报酬所得、稿酬所得、特许权使用费所得，属于一次性收入的，以取得该项收入为一次；属于同一项目连续性收入的，以一个月内取得的收入为一次。(2)财产租赁所得，以一个月内取得的收入为一次。(3)利息、股息、红利所得，以支付利息、股息、红利时取得的收入为一次。(4)偶然所得，以每次取得该项收入为一次。

21. 下列项目中，属于免征个人所得税的有(　　)。

A. 灾区发放的抚恤金

B. 个人获得的车险赔款

C. 个人购买体育彩票，一次中奖收入 1.2 万元

D. 按照国家统一规定发的退休费

**【参考答案】** ABD

**【答案解析】** 根据《中华人民共和国个人所得税法》第四条的规定，下列各项个人所得，免征个人所得税：福利费、抚恤金、救济金；保险赔款；军人的转业费、复员费、退役金；按照国家统一规定发给干部、职工的安家费、退职费、基本养老金或者退休费、离休费、离休生活补助费。根据《财政部 国家税务总局关于个人取得体育彩票中奖所得征免个人所得税问题的通知》(财税字〔1998〕12 号)的规定，为了有利于动员全社会力量资助和发展我国的体育事业，经研究决定，对个人购买体育彩票中奖收入的所得税政策作如下调整：凡一次中奖收入不超过 1 万元的，暂免征收个人所得税；超过 1 万元的，应按税法规定全额征收个人所得税。

22. 根据个人所得税法的相关规定，外籍个人符合居民个人条件的，可以选择享受个人所得税专项附加扣除，也可以选择按照相关规定，享受特定津补贴免税优惠政策。下列各项中，属于该特定津补贴的有(　　)。

A. 住房补贴

B. 语言训练费

C. 子女教育费

D. 加班补贴

**【参考答案】** ABC

**【答案解析】** 根据《财政部 税务总局关于延续实施外籍个人有关津补贴个人所得税政策的公告》(财政部 税务总局公告 2023 年第 29 号)，外籍个人符合居民个人条件

的，可以选择享受个人所得税专项附加扣除，也可以选择按照《财政部 国家税务总局关于个人所得税若干政策问题的通知》(财税字〔1994〕020 号)、《国家税务总局关于外籍个人取得有关补贴征免个人所得税执行问题的通知》(国税发〔1997〕54 号)和《财政部 国家税务总局关于外籍个人取得港澳地区住房等补贴征免个人所得税的通知》(财税〔2004〕29 号)规定，享受住房补贴、语言训练费、子女教育费等津补贴免税优惠政策，但不得同时享受。外籍个人一经选择，在一个纳税年度内不得变更。

23. 下列项目中，不得享受个人所得税减免税优惠的有(　　)。

A. 外籍个人以实报实销形式取得的伙食补贴

B. 外商投资企业和外国企业在中国境内的机构、场所，以搬迁费名义每月或定期向其外籍雇员支付的费用

C. 个人取得的保险赔款

D. 个人取得的企业债券利息收入

**【参考答案】** BD

**【答案解析】** 根据《中华人民共和国个人所得税法》第四条的规定，下列各项个人所得，免征个人所得税：国债和国家发行的金融债券利息；保险赔款。根据《国家税务总局关于外籍个人取得有关补贴征免个人所得税执行问题的通知》(国税发〔1997〕54 号)的规定，对外籍个人以非现金形式或实报实销形式取得的合理的住房补贴、伙食补贴和洗衣费免征个人所得税，应由纳税人在初次取得上述补贴或上述补贴数额、支付方式发生变化的月份的次月进行工资薪金所得纳税申报时，向主管税务机关提供上述补贴的有效凭证，由主管税务机关核准确认免税。对外籍个人因到中国任职或离职，以实报实销形式取得的搬迁收入免征个人所得税，应由纳税人提供有效凭证，由主管税务机关审核认定，就其合理的部分免税。外商投资企业和外国企业在中国境内的机构、场所，以搬迁费名义每月或定期向其外籍雇员支付的费用，应计入工资薪金所得征收个人所得税。

24. 根据个人所得税法的规定，外籍个人取得的下列所得中，免征个人所得税的有(　　)。

A. 以现金形式取得的住房补贴

B. 以实报实销形式取得的洗衣费

C. 经批准合理的语言训练费

D. 按合理标准取得境内、外出差补贴

**【参考答案】** BCD

**【答案解析】** 根据《国家税务总局关于外籍个人取得有关补贴征免个人所得税执行问题的通知》(国税发〔1997〕54 号)的规定，对外籍个人以非现金形式或实报实销形式取得的合理的住房补贴、伙食补贴和洗衣费免征个人所得税，应由纳税人在初次取得上述补贴或上述补贴数额、支付方式发生变化的月份的次月进行工资薪金所得纳税申报时，向主管税务机关提供上述补贴的有效凭证，由主管税务机关核准确认免税。对外籍

个人按合理标准取得的境内、外出差补贴免征个人所得税,应由纳税人提供出差的交通费、住宿费凭证(复印件)或企业安排出差的有关计划,由主管税务机关确认免税。对外籍个人取得的语言培训费和子女教育费补贴免征个人所得税,应由纳税人提供在中国境内接受上述教育的支出凭证和期限证明材料,由主管税务机关审核,对其在中国境内接受语言培训以及子女在中国境内接受教育取得的语言培训费和子女教育费补贴,且在合理数额内的部分免予纳税。

25. 根据个人所得税的规定,下列说法正确的有(　　)。

A. 个人取得的遗作稿酬免征个人所得税

B. 个人通过公益性社会组织向贫困山区的捐赠,在计算个人所得税时,可在税前全额扣除

C. 闫某获得了省政府组织给予的环境保护奖金,免征个人所得税

D. 对职工个人以股份形式取得的不拥有所有权的企业量化资产,不征收个人所得税

**【参考答案】** CD

**【答案解析】** 选项 CD,根据《中华人民共和国个人所得税法》第四条的规定,省级人民政府、国务院部委和中国人民解放军军以上单位,以及外国组织、国际组织颁发的科学、教育、技术、文化、卫生、体育、环境保护等方面的奖金,免征个人所得税;根据《国家税务总局关于企业改组改制过程中个人取得的量化资产征收个人所得税问题的通知》(国税发〔2000〕60 号)的规定,对职工个人以股份形式取得的拥有所有权的企业量化资产,暂缓征收个人所得税。选项 A,应按照“稿酬所得”征收个人所得税;选项 B,捐赠额未超过纳税人申报的应纳税所得额 30%的部分,可以从其应纳税所得额中扣除。

26. 个人取得的股票转让所得,可暂免征收个人所得税的有(　　)。

A. 内地个人投资者转让境内上市公司自由流通股取得的所得

B. 个人转让境内上市公司限售股取得的所得

C. 香港市场投资者通过沪港通投资上交所上市 A 股取得的转让差价所得

D. 个人转让新三板挂牌公司原始股取得的所得

**【参考答案】** AC

**【答案解析】** 根据《财政部　国家税务总局　证监会关于个人转让上市公司限售股所得征收个人所得税有关问题的通知》(财税〔2009〕167 号)的规定,个人转让限售股,以每次限售股转让收入,减除股票原值和合理税费后的余额,为应纳税所得额。根据《财政部　税务总局　证监会关于个人转让全国中小企业股份转让系统挂牌公司股票有关个人所得税政策的通知》(财税〔2018〕137 号)的规定,对个人转让新三板挂牌公司原始股取得的所得,按照“财产转让所得”,适用 20%的比例税率征收个人所得税。选项 BD,按照“财产转让所得”征收个人所得税。

27. 根据个人所得税法的相关规定,下列各项中,属于纳税人(非独生子女)赡养老人支出的扣除方式的有(　　)。

A. 指定一名子女全额扣除　　B. 均摊
C. 约定分摊　　D. 被赡养人指定分摊

**【参考答案】** BCD

**【答案解析】** 根据《国家税务总局关于贯彻执行提高个人所得税有关专项附加扣除标准政策的公告》(国家税务总局公告 2023 年第 14 号)的规定，纳税人为非独生子女的，由其与兄弟姐妹分摊每月 3 000 元的赡养老人专项附加扣除额度，每人不超过每月 1 500 元。需要享受分摊的，可以由赡养人均摊或者约定分摊，也可以由被赡养人指定分摊。约定或者指定分摊的须签订书面分摊协议，指定分摊优先于约定分摊。

28. 根据个人所得税法的相关规定，下列各专项附加扣除项目中，不是只能在办理汇算清缴时扣除的有(　　)。

A. 继续教育　　B. 大病医疗
C. 赡养老人　　D. 住房贷款利息

**【参考答案】** ACD

**【答案解析】** 选项 B，根据《国务院关于印发个人所得税专项附加扣除暂行办法的通知》(国发〔2018〕41 号)第十一条的规定，在一个纳税年度内，纳税人发生的与基本医保相关的医药费用支出，扣除医保报销后个人负担(指医保目录范围内的自付部分)累计超过 15 000 元的部分，由纳税人在办理年度汇算清缴时，在 80 000 元限额内据实扣除。选项 ACD，子女教育、继续教育、住房贷款利息或者住房租金、赡养老人、3 岁以下婴幼儿照护支出，自符合条件开始，可以向支付工资、薪金所得的扣缴义务人提供相关信息，由扣缴义务人在预扣预缴税款时，按其在本单位本年可享受的累计扣除额办理扣除；也可以在次年 3 月 1 日至 6 月 30 日内，向汇缴地主管税务机关办理汇算清缴申报时扣除。

29. 下列关于个体工商户的生产、经营所得的计税方法，错误的有(　　)。

A. 为业主缴纳的补充养老保险、补充医疗保险，分别在不超过其工资总额 10%标准内的部分据实扣除
B. 生产经营费用、个人家庭费用难以分清的，60%视为生产经营费用准予扣除
C. 公益事业捐赠不超过其应纳税所得额 12%的部分可以据实扣除
D. 个体工商户代其从业人员或者他人负担的税款，不得税前扣除

**【参考答案】** ABC

**【答案解析】** 根据《国家税务总局个体工商户个人所得税计税办法》(国家税务总局令第 35 号)的规定，个体工商户生产经营活动中，应当分别核算生产经营费用和个人、家庭费用。对于生产经营与个人、家庭生活混用难以分清的费用，其 40%视为与生产经营有关费用，准予扣除。个体工商户为从业人员缴纳的补充养老保险费、补充医疗保险费，分别在不超过从业人员工资总额 5%标准内的部分据实扣除；超过部分，不得扣除。个体工商户通过公益性社会团体或者县级以上人民政府及其部门，用于《中华人民共和国公益事业捐赠法》规定的公益事业的捐赠，捐赠额不超过其应纳税所得额 30%的

部分可以据实扣除。个体工商户代其从业人员或者他人负担的税款，不得税前扣除。

30. 关于个体工商户个人所得税的说法，正确的有(　　)。

A. 个体工商户按照规定缴纳的摊位费、行政性收费、协会会费等，按发生数额的60%据实扣除

B. 个体工商户每一纳税年度发生的与其生产经营活动直接相关的广告费和业务宣传费不超过当年销售(营业)收入15%的部分，可以据实扣除

C. 个体工商户向当地工会组织拨缴的工会经费、实际发生的职工福利费支出、职工教育经费支出分别在工资薪金总额的2%、14%、2.5%的标准内据实扣除

D. 职工教育经费的实际发生数额超出规定比例当期不能扣除的数额，准予在以后纳税年度结转扣除

**【参考答案】** BCD

**【答案解析】** 根据《国家税务总局个体工商户个人所得税计税办法》(国家税务总局令第35号)的规定，个体工商户向当地工会组织拨缴的工会经费、实际发生的职工福利费支出、职工教育经费支出分别在工资薪金总额的2%、14%、2.5%的标准内据实扣除。工资薪金总额是指允许在当期税前扣除的工资薪金支出数额。职工教育经费的实际发生数额超出规定比例当期不能扣除的数额，准予在以后纳税年度结转扣除。个体工商户每一纳税年度发生的与其生产经营活动直接相关的广告费和业务宣传费不超过当年销售(营业)收入15%的部分，可以据实扣除；超过部分，准予在以后纳税年度结转扣除。个体工商户按照规定缴纳的摊位费、行政性收费、协会会费等，按实际发生数额扣除。

31. 下列关于个人独资企业、合伙企业征收个人所得税的表述中，正确的有(　　)。

A. 合伙企业生产经营所得和其他所得采取"先分后税"的原则

B. 合伙企业的个人投资者以企业资金为家庭成员支付与企业生产经营无关的消费性支出及购买汽车、住房等财产性支出，视为企业对个人投资者利润分配，并入投资者个人的生产经营所得，依照"经营所得"项目计征个人所得税

C. 以合伙企业名义对外投资分回利息或者股息、红利的，应按比例确定各个投资者的利息、股息、红利所得，分别按"利息、股息、红利所得"项目计征个人所得税

D. 实行查账征税方式的个人独资企业和合伙企业改为核定征税方式后，在查账征税方式下认定的年度经营亏损未弥补完的部分可以在5年内弥补亏损

**【参考答案】** ABC

**【答案解析】** 根据《财政部 国家税务总局关于合伙企业合伙人所得税问题的通知》(财税〔2008〕159号)的规定，合伙企业生产经营所得和其他所得采取"先分后税"的原则。前款所称生产经营所得和其他所得，包括合伙企业分配给所有合伙人的所得和企业当年留存的所得(利润)。《国家税务总局关于〈关于个人独资企业和合伙企业投资者征收个人所得税的规定〉执行口径的通知》(国税函〔2001〕84号)的规定，关于个人独资企业和合伙企业对外投资分回利息、股息、红利的征税问题。个人独资企业和合伙企业对外投资分回的利息或者股息、红利，不并入企业的收入，而应单独作为投资者个人

取得的利息、股息、红利所得，按“利息、股息、红利所得”应税项目计算缴纳个人所得税。以合伙企业名义对外投资分回利息或者股息、红利的，应按本通知所附规定的第五条精神确定各个投资者的利息、股息、红利所得，分别按“利息、股息、红利所得”应税项目计算缴纳个人所得税。关于个人独资企业和合伙企业由实行查账征税方式改为核定征税方式后，未弥补完的年度经营亏损是否允许继续弥补的问题。实行查账征税方式的个人独资企业和合伙企业改为核定征税方式后，在查账征税方式下认定的年度经营亏损未弥补完的部分，不得再继续弥补。

32. 下列关于居民个人公益性捐赠扣除的相关表述中，正确的有（　　）。

A. 纳税人取得稿酬所得的，预扣预缴时不扣除公益捐赠支出

B. 个体工商户发生的公益捐赠支出，在其经营所得中扣除

C. 经营所得采取核定征收方式的，以30%为限额扣除公益性捐赠支出

D. 在经营所得中扣除公益捐赠支出的，可以选择在预缴税款时扣除，也可以选择在汇算清缴时扣除

**【参考答案】** ABD

**【答案解析】** 根据《财政部 税务总局关于公益慈善事业捐赠个人所得税政策的公告》(财政部 税务总局公告2019年第99号)的规定，居民个人取得劳务报酬所得、稿酬所得、特许权使用费所得的，预扣预缴时不扣除公益捐赠支出，统一在汇算清缴时扣除。在经营所得中扣除公益捐赠支出，应按以下规定处理：(1)个体工商户发生的公益捐赠支出，在其经营所得中扣除。(2)个人独资企业、合伙企业发生的公益捐赠支出，其个人投资者应当按照捐赠年度合伙企业的分配比例(个人独资企业分配比例为百分之百)，计算归属于每一个人投资者的公益捐赠支出，个人投资者应将其归属的个人独资企业、合伙企业公益捐赠支出和本人需要在经营所得扣除的其他公益捐赠支出合并，在其经营所得中扣除。(3)在经营所得中扣除公益捐赠支出的，可以选择在预缴税款时扣除，也可以选择在汇算清缴时扣除。(4)经营所得采取核定征收方式的，不扣除公益捐赠支出。

33. 下列行为，受赠人无需缴纳个人所得税的有（　　）。

A. 房屋产权所有人将房屋产权无偿赠与亲妹妹

B. 房屋产权所有人将房屋产权无偿赠与赡养人

C. 房屋产权所有人死亡，依法取得房屋产权的遗嘱继承人

D. 房屋产权所有人将房屋产权无偿赠与外甥

**【参考答案】** ABC

**【答案解析】** 根据《财政部 国家税务总局关于个人无偿受赠房屋有关个人所得税问题的通知》(财税〔2009〕78号)的规定，以下情形的房屋产权无偿赠与，对当事双方不征收个人所得税：(1)房屋产权所有人将房屋产权无偿赠与配偶、父母、子女、祖父母、外祖父母、孙子女、外孙子女、兄弟姐妹；(2)房屋产权所有人将房屋产权无偿赠与对其承担直接抚养或者赡养义务的抚养人或者赡养人；(3)房屋产权所有人死亡，依法取得房

屋产权的法定继承人、遗嘱继承人或者受遗赠人。

34. 有关领取企业年金的个人所得税处理，下列表述中错误的有（　　）。

A. 个人领取的企业年金，一律适用年度税率表计算纳税

B. 个人达到国家规定的退休年龄，领取的企业年金、职业年金，符合规定的不并入综合所得，全额单独计算应纳税款

C. 个人按季领取的企业年金，平均分摊计入各月，按每月领取额适用月度税率表计算纳税

D. 个人按季领取的企业年金，减除法定减除费用后适用月度税率表计算纳税

**【参考答案】** AD

**【答案解析】** 根据《财政部 税务总局关于个人所得税法修改后有关优惠政策衔接问题的通知》（财税〔2018〕164号）的规定，关于个人领取企业年金、职业年金的政策。个人达到国家规定的退休年龄，领取的企业年金、职业年金，符合《财政部 人力资源社会保障部 国家税务总局关于企业年金 职业年金个人所得税有关问题的通知》（财税〔2013〕103号）规定的，不并入综合所得，全额单独计算应纳税款。其中按月领取的，适用月度税率表计算纳税；按季领取的，平均分摊计入各月，按每月领取额适用月度税率表计算纳税；按年领取的，适用综合所得税率表计算纳税。个人因出境定居而一次性领取的年金个人账户资金，或个人死亡后，其指定的受益人或法定继承人一次性领取的年金个人账户余额，适用综合所得税率表计算纳税。对个人除上述特殊原因外一次性领取年金个人账户资金或余额的，适用月度税率表计算纳税。

35. 下列关于个人转让离婚析产房屋的税务处理，说法错误的有（　　）。

A. 个人因离婚办理房屋产权过户手续，应征收个人所得税

B. 个人转让离婚析产房屋所取得的收入，以扣除其相应的财产原值和合理费用后的余额缴纳个人所得税

C. 个人转让离婚析产房屋的财产原值，为房屋初次购置全部原值和相关税费之和

D. 个人转让离婚析产房屋所取得的收入，符合家庭生活自用3年以上唯一住房的，免征个人所得税

**【参考答案】** ACD

**【答案解析】** 根据《国家税务总局关于明确个人所得税若干政策执行问题的通知》（国税发〔2009〕121号）的规定，关于个人转让离婚析产房屋的征税问题的规定，(1)通过离婚析产的方式分割房屋产权是夫妻双方对共同共有财产的处置，个人因离婚办理房屋产权过户手续，不征收个人所得税。(2)个人转让离婚析产房屋所取得的收入，允许扣除其相应的财产原值和合理费用后，余额按照规定的税率缴纳个人所得税；其相应的财产原值，为房屋初次购置全部原值和相关税费之和乘以转让者占房屋所有权的比例。(3)个人转让离婚析产房屋所取得的收入，符合家庭生活自用5年以上唯一住房的，可以申请免征个人所得税，其购置时间按照《国家税务总局关于房地产税收政策执行中几个具体问题的通知》（国税发〔2005〕172号）执行。选项A，个人因离婚办理房屋产权过

户手续，不征收个人所得税；选项C，个人转让离婚析产房屋的财产原值，为房屋初次购置全部原值和相关税费之和乘以转让者占房屋所有权的比例；选项D，个人转让离婚析产房屋所取得的收入，符合家庭生活自用5年以上唯一住房的，可以申请免征个人所得税。

36. 下列关于个人取得拍卖收入征收个人所得税的说法，错误的有（ ）。

A. 对个人财产拍卖所得征收个人所得税时，以该项财产最终拍卖成交价格为其转让收入额

B. 纳税人不能提供合法、完整、准确的财产原值凭证，不能正确计算财产原值的，且拍卖品为经文物部门认定是海外回流文物的，按转让收入额的5%征收率计算缴纳个人所得税

C. 个人财产拍卖所得应纳的个人所得税税款，应由拍卖单位负责代扣代缴，并按规定向拍卖单位所在地主管税务机关办理纳税申报

D. 个人财产拍卖所得按照“特许权使用费所得”项目计算缴纳个人所得税

**【参考答案】** BD

**【答案解析】** 根据《国家税务总局关于加强和规范个人取得拍卖收入征收个人所得税有关问题的通知》（国税发〔2007〕38号）的规定，对个人财产拍卖所得征收个人所得税时，以该项财产最终拍卖成交价格为其转让收入额。个人财产拍卖所得适用“财产转让所得”项目计算应纳税所得额时，纳税人凭合法有效凭证（税务机关监制的正式发票、相关境外交易单据或海关报关单据、完税证明等），从其转让收入额中减除相应的财产原值、拍卖财产过程中缴纳的税金及有关合理费用。纳税人如不能提供合法、完整、准确的财产原值凭证，不能正确计算财产原值的，按转让收入额的3%征收率计算缴纳个人所得税；拍卖品为经文物部门认定是海外回流文物的，按转让收入额的2%征收率计算缴纳个人所得税。个人财产拍卖所得应纳的个人所得税税款，由拍卖单位负责代扣代缴，并按规定向拍卖单位所在地主管税务机关办理纳税申报。

37. 下列关于个人取得拍卖收入征收个人所得税的说法，正确的有（ ）。

A. 个人拍卖除文字作品原稿及复印件外的其他财产，应以其转让收入额减除财产原值和合理费用后的余额为应纳税所得额，按照“财产转让所得”项目适用20%税率缴纳个人所得税

B. 纳税人如不能提供合法、完整、准确的财产原值凭证，不能正确计算财产原值的，按转让收入额的2%征收率计算缴纳个人所得税

C. 拍卖品为经文物部门认定是海外回流文物的，按转让收入额的3%征收率计算缴纳个人所得税

D. 纳税人能够提供合法、完整、准确的财产原值凭证，但不能提供有关税费凭证的，不得按征收率计算纳税，应当就财产原值凭证上注明的金额据实扣除，并按照税法规定计算缴纳个人所得税

**【参考答案】** AD

**【答案解析】** 根据《国家税务总局关于加强和规范个人取得拍卖收入征收个人所得税有关问题的通知》(国税发〔2007〕38 号)的规定,个人拍卖除文字作品原稿及复印件外的其他财产,应以其转让收入额减除财产原值和合理费用后的余额为应纳税所得额,按照“财产转让所得”项目适用 20%税率缴纳个人所得税。纳税人如不能提供合法、完整、准确的财产原值凭证,不能正确计算财产原值的,按转让收入额的 3%征收率计算缴纳个人所得税;拍卖品为经文物部门认定是海外回流文物的,按转让收入额的 2%征收率计算缴纳个人所得税。纳税人能够提供合法、完整、准确的财产原值凭证,但不能提供有关税费凭证的,不得按征收率计算纳税,应当就财产原值凭证上注明的金额据实扣除,并按照税法规定计算缴纳个人所得税。

38. 根据个人所得税法的相关规定,下列关于住房租金专项附加扣除的表述中,正确的有(　　)。

A. 纳税人及其配偶主要工作城市相同且在主要工作城市均没有自有住房而发生的住房租金支出,经双方约定,可以选择由双方分别按扣除标准的 50%扣除

B. 夫妻双方主要工作城市相同的,只能由一方扣除住房租金支出

C. 住房租金支出由签订租赁住房合同的承租人扣除

D. 纳税人及其配偶在一个纳税年度内可以同时分别享受住房贷款利息和住房租金专项附加扣除

**【参考答案】** BC

**【答案解析】** 根据《个人所得税专项附加扣除暂行办法》的规定,纳税人在主要工作城市没有自有住房而发生的住房租金支出,可以按照以下标准定额扣除:(1)直辖市、省会(首府)城市、计划单列市以及国务院确定的其他城市,扣除标准为每月 1 500 元。(2)除第一项所列城市以外,市辖区户籍人口超过 100 万的城市,扣除标准为每月 1 100 元;市辖区户籍人口不超过 100 万的城市,扣除标准为每月 800 元。纳税人的配偶在纳税人的主要工作城市有自有住房的,视同纳税人在主要工作城市有自有住房。市辖区户籍人口,以国家统计局公布的数据为准。本办法所称主要工作城市是指纳税人任职受雇的直辖市、计划单列市、副省级城市、地级市(地区、州、盟)全部行政区域范围;纳税人无任职受雇单位的,为受理其综合所得汇算清缴的税务机关所在城市。夫妻双方主要工作城市相同的,只能由一方扣除住房租金支出。住房租金支出由签订租赁住房合同的承租人扣除。纳税人及其配偶在一个纳税年度内不能同时分别享受住房贷款利息和住房租金专项附加扣除。

39. 下列关于专项附加扣除额度的表述中,正确的有(　　)。

A. 子女教育支出按照每个子女每月 1 000 元的标准定额扣除

B. 专业技术人员职业资格继续教育的支出,按照每年 3 600 元的标准定额扣除

C. 住房贷款利息支出按照每月 1 000 元的标准定额扣除

D. 大病医疗支出按照每年 80 000 元的标准定额扣除

**【参考答案】** AC

**【答案解析】** 根据《个人所得税专项附加扣除暂行办法》的规定，纳税人的子女接受全日制学历教育的相关支出，按照每个子女每月1 000元的标准定额扣除。纳税人在中国境内接受学历(学位)继续教育的支出，在学历(学位)教育期间按照每月400元定额扣除。同一学历(学位)继续教育的扣除期限不能超过48个月。纳税人接受技能人员职业资格继续教育、专业技术人员职业资格继续教育的支出，在取得相关证书的当年，按照3 600元定额扣除。纳税人本人或者配偶单独或者共同使用商业银行或者住房公积金个人住房贷款为本人或者其配偶购买中国境内住房，发生的首套住房贷款利息支出，在实际发生贷款利息的年度，按照每月1 000元的标准定额扣除，扣除期限最长不超过240个月。纳税人只能享受一次首套住房贷款的利息扣除。在一个纳税年度内，纳税人发生的与基本医保相关的医药费用支出，扣除医保报销后个人负担(指医保目录范围内的自付部分)累计超过15 000元的部分，由纳税人在办理年度汇算清缴时，在80 000元限额内据实扣除。

40. 关于专项附加扣除，下列说法正确的有(　　)。

A. 未成年子女发生的医药费用支出可以选择由其父母一方扣除

B. 纳税人只能享受一次首套住房贷款的利息扣除

C. 个人接受本科及以下学历(学位)继续教育，符合本办法规定扣除条件的，可以选择由其父母扣除，也可以选择由本人扣除

D. 被赡养人是指年满55岁的父母，以及子女均已去世的年满55岁的祖父母、外祖父母

**【参考答案】** ABC

**【答案解析】** 根据《个人所得税专项附加扣除暂行办法》的规定，个人接受本科及以下学历(学位)继续教育，符合本办法规定扣除条件的，可以选择由其父母扣除，也可以选择由本人扣除。纳税人发生的医药费用支出可以选择由本人或者其配偶扣除；未成年子女发生的医药费用支出可以选择由其父母一方扣除。纳税人本人或者配偶单独或者共同使用商业银行或者住房公积金个人住房贷款为本人或者其配偶购买中国境内住房，发生的首套住房贷款利息支出，在实际发生贷款利息的年度，按照每月1 000元的标准定额扣除，扣除期限最长不超过240个月。纳税人只能享受一次首套住房贷款的利息扣除。本办法所称被赡养人是指年满60岁的父母，以及子女均已去世的年满60岁的祖父母、外祖父母。

41. 下列有关个体工商户计算缴纳个人所得税的表述，错误的有(　　)。

A. 个体工商户业主的工资、薪金支出，允许税前据实扣除

B. 个体工商户每一纳税年度发生的与其生产经营活动直接相关的业务招待费支出，均应按照发生额的60%扣除

C. 个体工商户每一纳税年度发生的与其生产经营活动直接相关的广告费和业务宣传费不超过当年销售(营业)收入15%的部分，可据实扣除，超过部分，准予在以后纳税年度结转扣除

D. 个体工商户研究开发新产品、新技术、新工艺所发生的开发费用，以及研究开发新产品、新技术而购置的单台价值在10万元以下的测试仪器和试验性装置的购置费，准予直接扣除

**【参考答案】** AB

**【答案解析】** 根据《个体工商户个人所得税计税办法》的规定，选项A，个体工商户业主的工资支出不得税前扣除；选项B，个体工商户每一纳税年度发生的与其生产经营活动有关的业务招待费支出，按照发生额的60%扣除，但最高不得超过当年销售（营业）收入的5‰。

42. 下列表述中，符合个人独资企业和合伙企业个人所得税相关规定的有（　　）。

A. 个人独资企业和合伙企业每一个纳税年度发生的与生产经营有关的广告费和业务宣传费，不超过当年销售（营业）收入2%的部分可以据实扣除，超过部分可无限期向以后纳税年度结转扣除

B. 个人投资者以个人独资企业或者合伙企业的形式兴办两个或两个以上企业的，年度终了时应分别按每个企业的应纳税所得额确定税率计算缴纳个人所得税

C. 实行查账征税方式的个人独资企业和合伙企业改为核定征税以后，在原征税方式下认定的年度经营亏损未弥补完的部分，不得再继续弥补

D. 个人独资企业的投资者以企业资金为本人、家庭成员支付与企业生产经营无关的消费性支出，依照“经营所得”项目征收个人所得税

**【参考答案】** CD

**【答案解析】** 根据《财政部 国家税务总局关于调整个体工商户个人独资企业和合伙企业个人所得税税前扣除标准有关问题的通知》（财税〔2008〕65号）的规定，个体工商户、个人独资企业和合伙企业每一纳税年度发生的广告费和业务宣传费用不超过当年销售（营业）收入15%的部分，可据实扣除；超过部分，准予在以后纳税年度结转扣除。根据《国家税务总局关于〈关于个人独资企业和合伙企业投资者征收个人所得税的规定〉执行口径的通知》（国税函〔2001〕84号）的规定，投资者兴办两个或两个以上企业，并且企业性质全部是独资的，年度终了后汇算清缴时，应纳税款的计算按以下方法进行：汇总其投资兴办的所有企业的经营所得作为应纳税所得额，以此确定适用税率，计算出全年经营所得的应纳税额，再根据每个企业的经营所得占所有企业经营所得的比例，分别计算出每个企业的应纳税额和应补缴税额。

43. 个人独资企业的投资者计算缴纳个人所得税时，下列各项中，应作为个人独资企业生产经营所得的有（　　）。

A. 个人独资企业当年留存的利润

B. 个人独资企业对外投资分回来的股息

C. 投资者个人从个人独资企业领取的工资

D. 个人独资企业分配给投资者个人的所得

**【参考答案】** ACD

【答案解析】 根据《国家税务总局关于〈关于个人独资企业和合伙企业投资者征收个人所得税的规定〉执行口径的通知》(国税函〔2001〕84号)的规定,关于个人独资企业和合伙企业对外投资分回利息、股息、红利的征税问题。个人独资企业和合伙企业对外投资分回的利息或者股息、红利,不并入企业的收入,而应单独作为投资者个人取得的利息、股息、红利所得,按"利息、股息、红利所得"应税项目计算缴纳个人所得税。以合伙企业名义对外投资分回利息或者股息、红利的,应按本通知所附规定的第五条精神确定各个投资者的利息、股息、红利所得,分别按"利息、股息、红利所得"应税项目计算缴纳个人所得税。

44. 根据个人所得税法的相关规定,下列关于经营所得的表述中,正确的有(　　)。

A. 取得经营所得的个人,同时有综合所得的,在计算其每一纳税年度的应纳税所得额时以分别减除费用6万元

B. 个体工商户在纳税年度中间开业,导致纳税年度的实际经营期不足1年的,对经营所计算个人所得税时,以其实际经营期为1个纳税年度

C. 个体工商户对外投资取得的投资收益,并入经营所得计税

D. 个人对企业、事业单位承包经营取得的所得(对经营成果拥有所有权),属于经营所得

【参考答案】 BD

【答案解析】 选项A,同时取得综合所得和经营所得的纳税人,可在综合所得或经营所得中申报减除费用6万元、专项扣除、专项附加扣除以及依法确定的其他扣除,但不得重复申报减除。选项C,个体工商户对外投资取得的投资收益,按"利息、股息、红利所得"项目征收个人所得税,不属于经营所得。

45. 下列关于主管税务机关核定股权转让收入或确认股权转让原值的表述中,正确的有(　　)。

A. 可以采用净资产核定法核定股权转让收入

B. 可以采用类比法核定股权转让收入

C. 被投资企业的土地使用权、房屋、股权等资产占企业总资产比例为30%,主管税务机关可参照纳税人提供的具有法定资质的中介机构出具的资产评估报告核定股权转让收入

D. 对个人多次取得同一被投资企业股权的,转让部分股权时,采用加权平均法确定其股权原值

【参考答案】 ABCD

【答案解析】 根据《股权转让所得个人所得税管理办法(试行)》,选项AB,主管税务机关有权核定股权转让收入的方法有:(1)净资产核定法;(2)类比法;(3)其他合理方法。选项C,被投资企业的土地使用权、房屋、房地产企业未销售房产、知识产权、探矿权、采矿权、股权等资产占企业总资产比例超过20%的,主管税务机关可参照纳税人提供的具有法定资质的中介机构出具的资产评估报告核定股权转让收入。选项D,对个

人多次取得同一被投资企业股权的，转让部分股权时，采用加权平均法确定其股权原值。

46. 关于解除劳动关系取得一次性补偿收入的个人所得税处理，下列表述中错误的有(　　)。

A. 个人与用人单位解除劳动关系取得一次性补偿收入，全额单独缴纳个人所得税

B. 个人与用人单位解除劳动关系取得一次性补偿收入，全额并入当年综合所得

C. 个人与用人单位解除劳动关系取得一次性补偿收入，在当地上年职工平均工资3倍数额以内的部分，免征个人所得税

D. 个人与用人单位解除劳动关系取得一次性补偿收入，包括用人单位发放的经济补偿金和生活补助费等

**【参考答案】** AB

**【答案解析】** 根据《财政部 税务总局关于个人所得税法修改后有关优惠政策衔接问题的通知》(财税〔2018〕164号)的规定，个人与用人单位解除劳动关系取得一次性补偿收入(包括用人单位发放的经济补偿金、生活补助费和其他补助费)，在当地上年职工平均工资3倍数额以内的部分，免征个人所得税；超过3倍数额的部分，不并入当年综合所得，单独适用综合所得税率表，计算纳税。

47. 受赠人转让受赠房屋的，在计算个人所得税应纳税所得额时，允许扣除的项目有(　　)。

A. 房屋捐赠时的评估价格

B. 原捐赠人取得该房屋的实际购置成本

D. 受赠人持有房屋时缴纳的房产税

C. 转让过程中受赠人支付的相关税费

**【参考答案】** BC

**【答案解析】** 根据《财政部 国家税务总局关于个人无偿受赠房屋有关个人所得税问题的通知》(财税〔2009〕78号)的规定，受赠人转让受赠房屋的，以其转让受赠房屋的收入减除原捐赠人取得该房屋的实际购置成本以及赠与和转让过程中受赠人支付的相关税费后的余额，为受赠人的应纳税所得额，依法计征个人所得税。

48. 下列说法中，不符合个人所得税相关规定的有(　　)。

A. 个体工商户从事建筑安装业取得的收入，依照“经营所得”项目计算缴纳个人所得税

B. 演职人员参加任职单位组织的演出取得的报酬，应按“工资、薪金所得”项目计算缴纳个人所得税

C. 纳税人兼职为某动漫公司设计形象而取得的所得，应按“特许权使用费所得”项目计算缴纳个人所得税

D. 单位按低于购置或建造成本价格出售住房给职工，职工因此而少支出的差价部分，属于个人所得税应税所得，应按照“偶然所得”项目计算缴纳个人所得税

**【参考答案】** CD

**【答案解析】** 根据《中华人民共和国个人所得税法实施条例》第六条，个人所得税法规定的各项个人所得的范围：(1)工资、薪金所得，是指个人因任职或者受雇取得的工资、薪金、奖金、年终加薪、劳动分红、津贴、补贴以及与任职或者受雇有关的其他所得。(2)劳务报酬所得，是指个人从事劳务取得的所得，包括从事设计、装潢、安装、制图、化验、测试、医疗、法律、会计、咨询、讲学、翻译、审稿、书画、雕刻、影视、录音、录像、演出、表演、广告、展览、技术服务、介绍服务、经纪服务、代办服务以及其他劳务取得的所得。(3)稿酬所得，是指个人因其作品以图书、报刊等形式出版、发表而取得的所得。(4)特许权使用费所得，是指个人提供专利权、商标权、著作权、非专利技术以及其他特许权的使用权取得的所得；提供著作权的使用权取得的所得，不包括稿酬所得。选项C，应按“劳务报酬所得”项目计算缴纳个人所得税；选项D，单位按低于购置或建造成本价格出售住房给职工，职工因此而少支出的差价部分，属于个人所得税应税所得，应按照“工资、薪金所得”项目缴纳个人所得税。

49. 根据个人所得税的有关规定，下列说法正确的有(　　)。

A. 计算利息、股息、红利所得个人所得税的应纳税所得额时，可以扣除相关的交易费用

B. 股份制企业以股票形式向股东个人支付股息、红利时，应以派发红股的股票市值为收入额，计算征收个人所得税

C. 股份制企业以股票形式向股东个人支付股息、红利时，应以派发红股的股票票面金额为收入额，计算征收个人所得税

D. 对外籍个人以实报实销形式取得住房补贴免征个人所得税

**【参考答案】** CD

**【答案解析】** 根据《股权转让所得个人所得税管理办法(试行)》第四条的规定，个人转让股权，以股权转让收入减除股权原值和合理费用后的余额为应纳税所得额，按“财产转让所得”缴纳个人所得税。合理费用是指股权转让时按照规定支付的有关税费。选项A，利息、股息、红利所得，计算个人所得税应纳税所得额时，除另有规定外，不得从收入额中扣除任何费用；选项BC，股份制企业以股票形式向股东个人支付股息、红利时，应以派发红股的股票票面金额为收入额，计算征收个人所得税；选项D，对外籍个人以非现金形式或实报实销形式取得的合理的住房补贴、伙食补贴和洗衣费免征个人所得税。

50. 根据个人所得税的相关规定，下列说法正确的有(　　)。

A. 兼职律师从律师事务所取得工资、薪金性质的所得，律师事务所在扣缴其个人所得税时，不再减除个人所得税法规定的费用扣除标准

B. 单位按低于购置或建造成本价出售住房给职工，职工因此而少支出的差价部分，应按照“工资、薪金所得”项目计征个人所得税

C. 个人经批准取得营业执照，开设医院(诊所)而取得的收入，按照“工资、薪金所

得”项目计征个人所得税

D. 个人转让境内上市公司股票免征个人所得税

**【参考答案】** ABD

**【答案解析】** 根据《中华人民共和国个人所得税法实施条例》第六条，个人所得税法规定的各项个人所得的范围：(1)工资、薪金所得，是指个人因任职或者受雇取得的工资、薪金、奖金、年终加薪、劳动分红、津贴、补贴以及与任职或者受雇有关的其他所得。(2)劳务报酬所得，是指个人从事劳务取得的所得，包括从事设计、装潢、安装、制图、化验、测试、医疗、法律、会计、咨询、讲学、翻译、审稿、书画、雕刻、影视、录音、录像、演出、表演、广告、展览、技术服务、介绍服务、经纪服务、代办服务以及其他劳务取得的所得。(3)稿酬所得，是指个人因其作品以图书、报刊等形式出版、发表而取得的所得。(4)特许权使用费所得，是指个人提供专利权、商标权、著作权、非专利技术以及其他特许权的使用权取得的所得；提供著作权的使用权取得的所得，不包括稿酬所得。选项C，个人经批准取得营业执照，开设医院(诊所)而取得的收入，应依据个人所得税法规定，按照“经营所得”项目计征个人所得税。

51. 下列关于个人转让上市公司限售股计缴个人所得税的表述中，正确的有(　　)。

A. 个人转让限售股取得的所得，按照“财产转让所得”缴纳个人所得税

B. 纳税人同时持有限售股及该股流通股的，其股票转让所得，按照限售股优先原则，即：转让股票视同为先转让限售股，按规定计算缴纳个人所得税

C. 因个人持有限售股中存在部分限售股成本原值不明确，导致无法准确计算全部限售股原值的，一律以实际转让收入的20%作为限售股成本原值和合理税费

D. 个人转让限售股取得的所得，免征个人所得税

**【参考答案】** AB

**【答案解析】** 根据《财政部 国家税务总局 证监会关于个人转让上市公司限售股所得征收个人所得税有关问题的通知》(财税〔2009〕167号)的规定，自2010年1月1日起，对个人转让限售股取得的所得，按照“财产转让所得”，适用20%的比例税率征收个人所得税。个人转让限售股，以每次限售股转让收入，减除股票原值和合理税费后的余额，为应纳税所得额。即：应纳税所得额＝限售股转让收入－(限售股原值＋合理税费)；应纳税额＝应纳税所得额×20%。本通知所称的限售股转让收入，是指转让限售股股票实际取得的收入。限售股原值，是指限售股买入时的买入价及按照规定缴纳的有关费用。合理税费，是指转让限售股过程中发生的印花税、佣金、过户费等与交易相关的税费。如果纳税人未能提供完整、真实的限售股原值凭证的，不能准确计算限售股原值的，主管税务机关一律按限售股转让收入的15%核定限售股原值及合理税费。纳税人同时持有限售股及该股流通股的，其股票转让所得，按照限售股优先原则，即：转让股票视同为先转让限售股，按规定计算缴纳个人所得税。

52. 根据个人所得税法的相关规定，下列关于汇算清缴及申报纳税期限的表述中，

正确的有（　　）。

A. 居民个人取得综合所得，需要办理汇算清缴的，在取得所得的次年 5 月 31 日前办理汇算清缴

B. 经营所得，在取得所得的次年 3 月 31 日前办理汇算清缴

C. 居民个人从中国境外取得所得，在取得所得的次年 3 月 1 日至 6 月 30 日内申报纳税

D. 在中国境内无住所的纳税人在 6 月 30 日前离境的，可以在离境前办理汇算清缴

**【参考答案】** BC

**【答案解析】** 根据《国家税务总局关于办理 2023 年度个人所得税综合所得汇算清缴事项的公告》（国家税务总局公告 2024 年第 2 号）的规定。2023 年度汇算办理时间为 2024 年 3 月 1 日至 6 月 30 日。在中国境内无住所的纳税人在 3 月 1 日前离境的，可以在离境前办理。根据《国家税务总局关于个人所得税自行纳税申报有关问题的公告》（国家税务总局公告 2018 年第 62 号）的规定，个人从事其他生产、经营活动取得的所得。纳税人取得经营所得，按年计算个人所得税，由纳税人在月度或季度终了后 15 日内，向经营管理所在地主管税务机关办理预缴纳税申报，并报送《个人所得税经营所得纳税申报表（A 表）》。在取得所得的次年 3 月 31 日前，向经营管理所在地主管税务机关办理汇算清缴，并报送《个人所得税经营所得纳税申报表（B 表）》；从两处以上取得经营所得的，选择向其中一处经营管理所在地主管税务机关办理年度汇总申报，并报送《个人所得税经营所得纳税申报表（C 表）》。居民个人从中国境外取得所得的，应当在取得所得的次年 3 月 1 日至 6 月 30 日内，向中国境内任职、受雇单位所在地主管税务机关办理纳税申报。

53. 关于办理 2023 年度个人所得税综合所得汇算清缴事项，下列选项中说法正确的有（　　）。

A. 2023 年度汇算办理时间为 2024 年 3 月 1 日至 6 月 30 日

B. 应退或应补税额＝［（综合所得收入额－60 000 元－“三险一金”等专项扣除－子女教育等专项附加扣除－依法确定的其他扣除－符合条件的公益慈善事业捐赠）×适用税率－速算扣除数］－已预缴税额

C. 在中国境内无住所的纳税人在 3 月 1 日前离境的，可以在离境前办理。

D. 纳税人、代办汇算的单位，需各自将专项附加扣除、税收优惠材料等汇算相关资料，自汇算期结束之日起留存 10 年。

**【参考答案】** ABC

**【答案解析】** 根据《国家税务总局关于办理 2023 年度个人所得税综合所得汇算清缴事项的公告》（国家税务总局公告 2024 年第 2 号）的规定，纳税人、代办汇算的单位，需各自将专项附加扣除、税收优惠材料等汇算相关资料，自汇算期结束之日起留存 5 年。

54. 关于办理 2023 年度个人所得税综合所得汇算清缴时，下列选项中属于无需办

理汇算的情形有（　　）。

A. 汇算需补税但综合所得收入全年不超过 12 万元的

B. 汇算需补税金额不超过 500 元的

C. 已预缴税额与汇算应纳税额一致的

D. 符合汇算退税条件但不申请退税的

**【参考答案】** ACD

**【答案解析】** 根据《国家税务总局关于办理 2023 年度个人所得税综合所得汇算清缴事项的公告》（国家税务总局公告 2024 年第 2 号）的规定，纳税人在 2023 年已依法预缴个人所得税且符合下列情形之一的，无需办理汇算：(1)汇算需补税但综合所得收入全年不超过 12 万元的；(2)汇算需补税金额不超过 400 元的；(3)已预缴税额与汇算应纳税额一致的；(4)符合汇算退税条件但不申请退税的。

55. 下列选项中，属于需要办理汇算的情形的有（　　）。

A. 已预缴税额大于汇算应纳税额且申请退税的

B. 2023 年取得的综合所得收入超过 12 万元且汇算需要补税金额超过 400 元的

C. 2023 年取得的综合所得收入超过 12 万元且汇算需要补税金额超过 500 元的

D. 因适用所得项目错误或者扣缴义务人未依法履行扣缴义务，造成 2023 年少申报或者未申报综合所得的，纳税人应当依法据实办理汇算

**【参考答案】** ABD

**【答案解析】** 根据《国家税务总局关于办理 2023 年度个人所得税综合所得汇算清缴事项的公告》（国家税务总局公告 2024 年第 2 号）的规定，符合下列情形之一的，纳税人需办理汇算：(1)已预缴税额大于汇算应纳税额且申请退税的；(2)2023 年取得的综合所得收入超过 12 万元且汇算需要补税金额超过 400 元的。因适用所得项目错误或者扣缴义务人未依法履行扣缴义务，造成 2023 年少申报或者未申报综合所得的，纳税人应当依法据实办理汇算。

56. 下列关于纳税人填报专项附加扣除不符合规定的说法，正确的有（　　）。

A. 一经发现，税务机关将通过手机个人所得税 App、自然人电子税务局网站或者扣缴义务人等渠道进行提示提醒

B. 对于拒不更正或者不说明情况的纳税人，税务机关将暂停其享受专项附加扣除

C. 纳税人按规定更正相关信息或者说明情况后，可继续享受专项附加扣除

D. 纳税人按规定更正相关信息或者说明情况后，不可继续享受专项附加扣除

**【参考答案】** ABC

**【答案解析】** 根据《国家税务总局关于办理 2023 年度个人所得税综合所得汇算清缴事项的公告》（国家税务总局公告 2024 年第 2 号），纳税人填报不符合规定的，一经发现，税务机关将通过手机个人所得税 App、自然人电子税务局网站或者扣缴义务人等渠道进行提示提醒。根据《财政部 税务总局关于个人所得税综合所得汇算清缴涉及有关政策问题的公告》（2019 年第 94 号）有关规定，对于拒不更正或者不说明情况的纳税人，

税务机关将暂停其享受专项附加扣除。纳税人按规定更正相关信息或者说明情况后，可继续享受专项附加扣除。

57. 关于个人所得税汇算清缴的办理方式，下列选项中正确的有（　　）。

A. 可以自行办理

B. 通过任职受雇单位（含按累计预扣法预扣预缴其劳务报酬所得个人所得税的单位）代为办理

C. 委托受托人（含涉税专业服务机构或其他单位及个人）办理，纳税人需与受托人签订授权书

D. 纳税人发现汇算申报信息存在错误的，必须自行更正申报

**【参考答案】** ABC

**【答案解析】** 根据《国家税务总局关于办理2023年度个人所得税综合所得汇算清缴事项的公告》（国家税务总局公告2024年第2号），纳税人可自主选择下列办理方式：(1)自行办理。(2)通过任职受雇单位（含按累计预扣法预扣预缴其劳务报酬所得个人所得税的单位）代为办理。纳税人提出代办要求的，单位应当代为办理，或者培训、辅导纳税人完成汇算申报和退（补）税。由单位代为办理的，纳税人应提前与单位以书面或者电子等方式进行确认，补充提供2023年在本单位以外取得的综合所得收入、相关扣除、享受税收优惠等信息资料，并对所提交信息的真实性、准确性、完整性负责。纳税人未与单位确认请其代为办理的，单位不得代办。(3)委托受托人（含涉税专业服务机构或其他单位及个人）办理，纳税人需与受托人签订授权书。单位或受托人为纳税人办理汇算后，应当及时将办理情况告知纳税人。纳税人发现汇算申报信息存在错误的，可以要求单位或受托人更正申报，也可自行更正申报。

58. 下列关于个人所得税汇算清缴的说法，正确的有（　　）。

A. 纳税人办理汇算，适用个人所得税年度自行纳税申报表（附件2、3），如需修改本人相关基础信息，新增享受扣除或者税收优惠的，还应按规定一并填报相关信息、提供佐证材料

B. 纳税人、代办汇算的单位，需各自将专项附加扣除、税收优惠材料等汇算相关资料，自汇算期结束之日起留存10年

C. 纳税人在一个纳税年度内从同一单位多次取得股权激励的，由该单位分别计算扣缴税款

D. 纳税人在一个纳税年度内从不同单位取得股权激励的，可将之前单位取得的股权激励有关信息提供给现单位并由其合并计算扣缴税款，也可在次年3月1日至6月30日自行向税务机关办理合并申报

**【参考答案】** AD

**【答案解析】** 根据《国家税务总局关于办理2023年度个人所得税综合所得汇算清缴事项的公告》（国家税务总局公告2024年第2号），选项A，纳税人办理汇算，适用个人所得税年度自行纳税申报表（附件2、3），如需修改本人相关基础信息，新增享受扣除

或者税收优惠的，还应按规定一并填报相关信息、提供佐证材料。纳税人需仔细核对，确保所填信息真实、准确、完整。选项B，纳税人、代办汇算的单位，需各自将专项附加扣除、税收优惠材料等汇算相关资料，自汇算期结束之日起留存5年。选项CD，存在股权（股票）激励（含境内企业以境外企业股权为标的对员工进行的股权激励）、职务科技成果转化现金奖励等情况的单位，应当按照相关规定进行报告、备案。同时，纳税人在一个纳税年度内从同一单位多次取得股权激励的，由该单位合并计算扣缴税款。纳税人在一个纳税年度内从不同单位取得股权激励的，可将之前单位取得的股权激励有关信息提供给现单位并由其合并计算扣缴税款，也可在次年3月1日至6月30日自行向税务机关办理合并申报。

59. 关于受理申报的税务机关，下列选项说法正确的有（　　）。

A. 按照方便就近原则，纳税人自行办理或受托人为纳税人代为办理的，向纳税人任职受雇单位的主管税务机关申报

B. 有两处及以上任职受雇单位的，由主要收入来源地主管税务机关申报

C. 纳税人没有任职受雇单位的，向其户籍所在地、经常居住地或者主要收入来源地的主管税务机关申报

D. 单位为纳税人代办汇算的，向单位的主管税务机关申报

**【参考答案】** ACD

**【答案解析】** 根据《国家税务总局关于办理2023年度个人所得税综合所得汇算清缴事项的公告》（国家税务总局公告2024年第2号）的规定，按照方便就近原则，纳税人自行办理或受托人为纳税人代为办理的，向纳税人任职受雇单位的主管税务机关申报；有两处及以上任职受雇单位的，可自主选择向其中一处申报。纳税人没有任职受雇单位的，向其户籍所在地、经常居住地或者主要收入来源地的主管税务机关申报。主要收入来源地，是指2023年向纳税人累计发放劳务报酬、稿酬及特许权使用费金额最大的扣缴义务人所在地。单位为纳税人代办汇算的，向单位的主管税务机关申报。

60. 关于个人所得税汇算清缴退税的说法，正确的有（　　）。

A. 纳税人申请汇算退税，应当提供其在中国境内开设的符合条件的银行账户

B. 为方便办理退税，2023年综合所得全年收入额不超过8万元且已预缴个人所得税的纳税人，可选择使用个税App或网站提供的简易申报功能，便捷办理汇算退税

C. 申请2023年度汇算退税及其他退税的纳税人，如存在应当办理2022年及以前年度汇算补税但未办理情况的，需在办理2022年及以前年度汇算申报补税、更正申报或者说明有关情况后依法申请退税

D. 申请2023年度汇算退税及其他退税的纳税人，经税务机关通知2022年及以前年度汇算申报存在疑点但未更正或说明情况的，申请退税后需立即处理相关疑点

**【参考答案】** AC

**【答案解析】** 根据《国家税务总局关于办理2023年度个人所得税综合所得汇算清

缴事项的公告》(国家税务总局公告 2024 年第 2 号)的规定,纳税人申请汇算退税,应当提供其在中国境内开设的符合条件的银行账户。税务机关按规定审核后,按照国库管理有关规定办理税款退库。纳税人未提供本人有效银行账户,或者提供的信息资料有误的,税务机关将通知纳税人更正,纳税人按要求更正后依法办理退税。为方便办理退税,2023 年综合所得全年收入额不超过 6 万元且已预缴个人所得税的纳税人,可选择使用个税 App 或网站提供的简易申报功能,便捷办理汇算退税。申请 2023 年度汇算退税及其他退税的纳税人,如存在应当办理 2022 年及以前年度汇算补税但未办理,或者经税务机关通知 2022 年及以前年度汇算申报存在疑点但未更正或说明情况的,需在办理 2022 年及以前年度汇算申报补税、更正申报或者说明有关情况后依法申请退税。

61. 关于个人所得税汇算清缴补税的说法,正确的有(　　)。

A. 纳税人因申报信息填写错误造成汇算多退或少缴税款的,纳税人主动或经税务机关提醒后及时改正的,税务机关可以按照“首违轻罚”原则减轻处罚

B. 邮寄申报并补税的,纳税人需通过个税 App 及网站或者主管税务机关办税服务厅及时关注申报进度并缴纳税款

C. 汇算需补税的纳税人,汇算期结束后未申报补税或未足额补税的,一经发现,税务机关将依法责令限期改正并向纳税人送达有关税务文书

D. 汇算需补税的纳税人,汇算期结束后未申报补税或未足额补税的,文书送达后税务机关将依法加收滞纳金,并在其个人所得税《纳税记录》中予以标注

**【参考答案】** BCD

**【答案解析】** 根据《国家税务总局关于办理 2023 年度个人所得税综合所得汇算清缴事项的公告》(国家税务总局公告 2024 年第 2 号)的规定,纳税人办理汇算补税的,可以通过网上银行、办税服务厅 POS 机刷卡、银行柜台、非银行支付机构等方式缴纳。邮寄申报并补税的,纳税人需通过个税 App 及网站或者主管税务机关办税服务厅及时关注申报进度并缴纳税款。汇算需补税的纳税人,汇算期结束后未申报补税或未足额补税的,一经发现,税务机关将依法责令限期改正并向纳税人送达有关税务文书,对已签订《税务文书电子送达确认书》的,通过个税 App 及网站等渠道进行电子文书送达;对未签订《税务文书电子送达确认书》的,以其他方式送达。同时,税务机关将依法加收滞纳金,并在其个人所得税《纳税记录》中予以标注。纳税人因申报信息填写错误造成汇算多退或少缴税款的,纳税人主动或经税务机关提醒后及时改正的,税务机关可以按照“首违不罚”原则免予处罚。

62. 下列关于税务机关的汇算服务,说法正确的有(　　)。

A. 汇算开始前,纳税人可登录个税 App 及网站,查看自己的综合所得和纳税情况,核对银行卡、专项附加扣除涉及人员身份信息等基础资料,为汇算做好准备

B. 税务部门推出预约办理服务,有汇算初期(3 月 1 日至 3 月 20 日)办理需求的纳税人,可以根据自身情况,在 3 月 1 日后通过个税 App 预约上述时间段中的任意一天办理

C. 3 月 21 日至 6 月 30 日，纳税人无需预约，可以随时办理

D. 对符合汇算退税条件且生活负担较重的纳税人，税务机关提供优先退税服务

**【参考答案】** ACD

**【答案解析】** 根据《国家税务总局关于办理 2023 年度个人所得税综合所得汇算清缴事项的公告》（国家税务总局公告 2024 年第 2 号）的规定，汇算开始前，纳税人可登录个税 App 及网站，查看自己的综合所得和纳税情况，核对银行卡、专项附加扣除涉及人员身份信息等基础资料，为汇算做好准备。为合理有序引导纳税人办理汇算，提升纳税人办理体验，主管税务机关将分批分期通知提醒纳税人在确定的时间段内办理。同时，税务部门推出预约办理服务，有汇算初期（3 月 1 日至 3 月 20 日）办理需求的纳税人，可以根据自身情况，在 2 月 21 日后通过个税 App 预约上述时间段中的任意一天办理。3 月 21 日至 6 月 30 日，纳税人无需预约，可以随时办理。对符合汇算退税条件且生活负担较重的纳税人，税务机关提供优先退税服务。独立完成汇算存在困难的年长、行动不便等特殊人群提出申请，税务机关可提供个性化便民服务。

63. 下列选项中，属于在河套深港科技创新合作区深圳园区工作的香港居民有关个人所得税优惠政策的有（　　）。

A. 对在深圳园区工作的香港居民，其个人所得税税负超过香港税负的部分予以免征

B. 对在深圳园区工作的香港居民，其个人所得税税负超过香港税负的部分予以减半征收

C. 所得包括来源于深圳园区的综合所得（包括工资薪金、劳务报酬、稿酬、特许权使用费四项所得）、经营所得以及经地方政府认定的人才补贴性所得

D. 纳税人在深圳园区办理个人所得税年度汇算清缴时享受上述优惠政策

**【参考答案】** ACD

**【答案解析】** 根据《财政部 税务总局关于河套深港科技创新合作区深圳园区个人所得税优惠政策的通知》（财税〔2024〕5 号）的规定，对在深圳园区工作的香港居民，其个人所得税税负超过香港税负的部分予以免征。适用本通知第一条规定的所得包括来源于深圳园区的综合所得（包括工资薪金、劳务报酬、稿酬、特许权使用费四项所得）、经营所得以及经地方政府认定的人才补贴性所得。纳税人在深圳园区办理个人所得税年度汇算清缴时享受上述优惠政策。本通知的实施范围是《河套深港科技创新合作区深圳园区发展规划》划定的深圳园区。本通知自 2023 年 1 月 1 日起执行至 2027 年 12 月 31 日。

64. 关于个人养老金有关个人所得税政策，下列说法正确的有（　　）。

A. 个人缴费享受税前扣除优惠时，以个人养老金信息管理服务平台出具的扣除凭证为扣税凭据

B. 取得工资薪金所得、按累计预扣法预扣预缴个人所得税劳务报酬所得的，其缴费可以选择在当年预扣预缴或次年汇算清缴时在限额标准内据实扣除

C. 取得其他劳务报酬、稿酬、特许权使用费等所得或经营所得的，其缴费可以选择在当年预扣预缴或次年汇算清缴时在限额标准内据实扣除

D. 个人按规定领取个人养老金时，由开立个人养老金资金账户所在市的商业银行机构代扣代缴其应缴的个人所得税

**【参考答案】** ABD

**【答案解析】** 根据《财政部 税务总局关于个人养老金有关个人所得税政策的公告》(财政部 税务总局公告 2022 年第 34 号)的规定，个人缴费享受税前扣除优惠时，以个人养老金信息管理服务平台出具的扣除凭证为扣税凭据。取得工资薪金所得、按累计预扣法预扣预缴个人所得税劳务报酬所得的，其缴费可以选择在当年预扣预缴或次年汇算清缴时在限额标准内据实扣除。选择在当年预扣预缴的，应及时将相关凭证提供给扣缴单位。扣缴单位应按照本公告有关要求，为纳税人办理税前扣除有关事项。取得其他劳务报酬、稿酬、特许权使用费等所得或经营所得的，其缴费在次年汇算清缴时在限额标准内据实扣除。个人按规定领取个人养老金时，由开立个人养老金资金账户所在市的商业银行机构代扣代缴其应缴的个人所得税。

65. 关于支持居民换购住房个人所得税政策，下列说法正确的有(　　)。

A. 在 2022 年 10 月 1 日至 2023 年 12 月 31 日期间，纳税人出售自有住房并在现住房出售后 1 年内，在同一城市重新购买住房的，可按规定申请退还其出售现住房已缴纳的个人所得税

B. 新购住房金额小于或等于现住房转让金额的，退税金额＝现住房转让时缴纳的个人所得税

C. 新购住房金额大于现住房转让金额的，退税金额＝(新购住房金额÷现住房转让金额)×现住房转让时缴纳的个人所得税

D. 现住房转让金额和新购住房金额与核定计税价格不一致的，以核定计税价格为准

**【参考答案】** AD

**【答案解析】** 根据《国家税务总局关于支持居民换购住房个人所得税政策有关征管事项的公告》(国家税务总局公告 2022 年第 21 号)的规定，在 2022 年 10 月 1 日至 2023 年 12 月 31 日期间，纳税人出售自有住房并在现住房出售后 1 年内，在同一城市重新购买住房的，可按规定申请退还其出售现住房已缴纳的个人所得税。

纳税人换购住房个人所得税退税额的计算公式为：新购住房金额大于或等于现住房转让金额的，退税金额＝现住房转让时缴纳的个人所得税；新购住房金额小于现住房转让金额的，退税金额＝(新购住房金额÷现住房转让金额)×现住房转让时缴纳的个人所得税。现住房转让金额和新购住房金额与核定计税价格不一致的，以核定计税价格为准。现住房转让金额和新购住房金额均不含增值税。

66. 下列选项中，属于纳税人享受居民换购住房个人所得税退税政策时应提供的资料有(　　)。

A. 纳税人身份证件

B. 现住房的房屋交易合同

C. 新购住房为二手房的，提供经住房城乡建设部门备案（网签）的房屋交易合同及其复印件

D. 新购住房为新房的，提供房屋交易合同、不动产权证书及其复印件

**【参考答案】** AB

**【答案解析】** 根据《国家税务总局关于支持居民换购住房个人所得税政策有关征管事项的公告》（国家税务总局公告 2022 年第 21 号）的规定，纳税人享受居民换购住房个人所得税退税政策的，应当向征收现住房转让所得个人所得税的主管税务机关提出申请，填报《居民换购住房个人所得税退税申请表》（详见附件），并应提供下列资料：(1)纳税人身份证件；(2)现住房的房屋交易合同；(3)新购住房为二手房的，提供房屋交易合同、不动产权证书及其复印件；(4)新购住房为新房的，提供经住房城乡建设部门备案（网签）的房屋交易合同及其复印件。

67. 关于纳税人享受居民换购住房个人所得税退税政策征管程序，下列说法正确的有（　　）。

A. 税务机关依托纳税人出售现住房和新购住房的完税信息，为纳税人提供申请表项目预填服务，并留存不动产权证书复印件和新购新房的房屋交易合同复印件

B. 税务机关运用住房城乡建设部门共享的房屋交易合同备案等信息开展退税审核

C. 经审核符合退税条件的，按照规定办理退税；经审核不符合退税条件的，依法不予退税

D. 纳税人因新购住房的房屋交易合同解除、撤销或无效等原因导致不再符合退税政策享受条件的，应当在合同解除、撤销或无效等情形发生的次月 30 日内向主管税务机关主动缴回已退税款

**【参考答案】** ABC

**【答案解析】** 根据《国家税务总局关于支持居民换购住房个人所得税政策有关征管事项的公告》（国家税务总局公告 2022 年第 21 号）的规定，税务机关依托纳税人出售现住房和新购住房的完税信息，为纳税人提供申请表项目预填服务，并留存不动产权证书复印件和新购新房的房屋交易合同复印件；纳税人核对确认申请表后提交退税申请。税务机关运用住房城乡建设部门共享的房屋交易合同备案等信息开展退税审核。经审核符合退税条件的，按照规定办理退税；经审核不符合退税条件的，依法不予退税。纳税人因新购住房的房屋交易合同解除、撤销或无效等原因导致不再符合退税政策享受条件的，应当在合同解除、撤销或无效等情形发生的次月 15 日内向主管税务机关主动缴回已退税款。

68. 下列选项中，属于经营所得的有（　　）。

A. 个人依法从事办学、医疗、咨询以及其他有偿服务活动取得的所得

B. 个人对企业、事业单位承包经营、承租经营以及转包、转租取得的所得

C. 个体工商户业主从两处以上取得综合所得

D. 个人从事其他生产、经营活动取得的所得

**【参考答案】** ABD

**【答案解析】** 根据《国家税务总局关于个人所得税自行纳税申报有关问题的公告》（国家税务总局公告2018年第62号）的规定，个体工商户业主、个人独资企业投资者、合伙企业个人合伙人、承包承租经营者个人以及其他从事生产、经营活动的个人取得经营所得，包括以下情形：(1)个体工商户从事生产、经营活动取得的所得，个人独资企业投资人、合伙企业的个人合伙人来源于境内注册的个人独资企业、合伙企业生产、经营的所得；(2)个人依法从事办学、医疗、咨询以及其他有偿服务活动取得的所得；(3)个人对企业、事业单位承包经营、承租经营以及转包、转租取得的所得；(4)个人从事其他生产、经营活动取得的所得。

69. 享受居民换购住房个人所得税退税政策的纳税人须满足的条件有（　　）。

A. 纳税人出售和重新购买的住房应在同一城市范围内

B. 纳税人出售和重新购买的住房应在同一省（自治区、直辖市）范围内

C. 出售自有住房的纳税人与新购住房之间须直接相关

D. 出售自有住房的纳税人应为新购住房唯一产权人

**【参考答案】** AC

**【参考答案】** 根据《财政部 税务总局关于支持居民换购住房有关个人所得税政策的公告》（财政部 税务总局公告2022年第30号）的规定，享受本公告规定优惠政策的纳税人须同时满足以下条件：(1)纳税人出售和重新购买的住房应在同一城市范围内。同一城市范围是指同一直辖市、副省级城市、地级市（地区、州、盟）所辖全部行政区划范围。(2)出售自有住房的纳税人与新购住房之间须直接相关，应为新购住房产权人或产权人之一。

70. 关于法律援助补贴有关税收政策，下列说法正确的有（　　）。

A. 对法律援助人员按照《中华人民共和国法律援助法》规定获得的法律援助补贴，免征增值税和个人所得税

B. 该政策自2022年1月1日起施行

C. 按照政策应予免征的个人所得税，在《财政部 税务总局关于法律援助补贴有关税收政策的公告》（财政部 税务总局公告2022年第25号）下发前已征收的，由扣缴单位依法申请退税

D. 按照政策应予免征的个人所得税，在《财政部 税务总局关于法律援助补贴有关税收政策的公告》（财政部 税务总局公告2022年第25号）下发前已征收的，由纳税人汇算清缴时申请退税

**【参考答案】** ABC

**【答案解析】** 根据《财政部 税务总局关于法律援助补贴有关税收政策的公告》（财政部 国家税务总局公告2022年第25号），本公告自2022年1月1日起施行。按照本

公告应予免征的增值税,在本公告下发前已征收的,已征增值税可抵减纳税人以后纳税期应缴纳税款或予以退还,纳税人如果已经向购买方开具了增值税专用发票,在将专用发票追回后申请办理免税;按照本公告应予免征的个人所得税,在本公告下发前已征收的,由扣缴单位依法申请退税。

71. 关于广州南沙个人所得税优惠政策,下列说法正确的有(　　)。

A. 对在广州南沙工作的香港居民,其个人所得税税负超过香港税负的部分予以免征

B. 对在广州南沙工作的澳门居民,其个人所得税税负超过澳门税负的部分予以免征

C. 纳税人在广州南沙办理个人所得税年度汇算清缴时享受上述优惠政策

D. 所得包括来源于广州南沙的综合所得(包括工资薪金、劳务报酬、稿酬、特许权使用费四项所得)、经营所得以及经地方政府认定的人才补贴性所得

**【参考答案】** ABCD

**【答案解析】** 根据《财政部 税务总局关于广州南沙个人所得税优惠政策的通知》(财税〔2022〕29号)的规定,对在广州南沙工作的香港居民,其个人所得税税负超过香港税负的部分予以免征;对在广州南沙工作的澳门居民,其个人所得税税负超过澳门税负的部分予以免征。享受本通知第一条规定的所得包括来源于广州南沙的综合所得(包括工资薪金、劳务报酬、稿酬、特许权使用费四项所得)、经营所得以及经地方政府认定的人才补贴性所得。纳税人在广州南沙办理个人所得税年度汇算清缴时享受上述优惠政策。本通知的实施范围是《总体方案》规划的广州市南沙区全域。

72. 关于商业健康保险个人所得税相关政策,下列说法正确的有(　　)。

A. 对个人购买符合规定的商业健康保险产品的支出,允许在当年(月)计算应纳税所得额时予以税前扣除,扣除限额为2 400元/年(200元/月)

B. 单位统一为员工购买符合规定的商业健康保险产品的支出,视同单位购买,不予扣除

C. 单位统一为员工购买符合规定的商业健康保险产品的支出,视同个人购买,按2 400元/年(200元/月)的限额予以扣除

D. 该政策适用于取得工资薪金所得、连续性劳务报酬所得的个人,以及取得经营所得的个体工商户业主、个人独资企业投资者、合伙企业合伙人和承包承租经营者

**【参考答案】** ACD

**【答案解析】** 根据《财政部 税务总局 保监会关于将商业健康保险个人所得税试点政策推广到全国范围实施的通知》(财税〔2017〕39号)的规定,对个人购买符合规定的商业健康保险产品的支出,允许在当年(月)计算应纳税所得额时予以税前扣除,扣除限额为2 400元/年(200元/月)。单位统一为员工购买符合规定的商业健康保险产品的支出,应分别计入员工个人工资薪金,视同个人购买,按上述限额予以扣除。2 400元/年(200元/月)的限额扣除为个人所得税法规定减除费用标准之外的扣除。适用商业健

康保险税收优惠政策的纳税人，是指取得工资薪金所得、连续性劳务报酬所得的个人，以及取得个体工商户生产经营所得、对企事业单位的承包承租经营所得的个体工商户业主、个人独资企业投资者、合伙企业合伙人和承包承租经营者。单位统一为员工购买符合规定的商业健康保险产品的支出，视同个人购买，按上述限额予以扣除。

73. 关于横琴粤澳深度合作区个人所得税优惠政策，说法正确的有（　　）。

A. 对在横琴粤澳深度合作区工作的境内外高端人才和紧缺人才，其个人所得税负超过25%的部分予以免征

B. 对享受优惠政策的高端人才和紧缺人才实行清单管理，具体管理办法由粤澳双方研究提出，提请粤港澳大湾区建设领导小组审定

C. 对在横琴粤澳深度合作区工作的澳门居民，其个人所得税负超过澳门税负的部分予以免征

D. 按照清单管理办法列入人才清单的高端人才和紧缺人才以及在横琴粤澳深度合作区工作的澳门居民，在横琴粤澳深度合作区办理个人所得税年度汇算清缴时享受上述优惠政策

**【参考答案】** BCD

**【答案解析】** 根据《财政部 税务总局关于横琴粤澳深度合作区个人所得税优惠政策的通知》（财税〔2022〕3号）的规定，对在横琴粤澳深度合作区工作的境内外高端人才和紧缺人才，其个人所得税负超过15%的部分予以免征。对享受优惠政策的高端人才和紧缺人才实行清单管理，具体管理办法由粤澳双方研究提出，提请粤港澳大湾区建设领导小组审定。对在横琴粤澳深度合作区工作的澳门居民，其个人所得税负超过澳门税负的部分予以免征。按照清单管理办法列入人才清单的高端人才和紧缺人才以及在横琴粤澳深度合作区工作的澳门居民，在横琴粤澳深度合作区办理个人所得税年度汇算清缴时享受上述优惠政策。

74. 下列选项中，说法正确的有（　　）。

A. 外商投资企业和外国企业在中国境内的机构、场所，以搬迁费名义每月或定期向其外籍雇员支付的费用，应计入工资薪金所得征收个人所得税

B. 对外籍个人因到中国任职或离职，以实报实销形式取得的搬迁收入免征个人所得税，应由纳税人提供有效凭证，由主管税务机关审核认定，就其合理的部分免税

C. 对外籍个人以非现金形式或实报实销形式取得的合理的住房补贴、伙食补贴和洗衣费免征个人所得税，应由纳税人在初次取上述补贴或上述补贴数额、支付方式发生变化的月份的次月进行工资薪金所得纳税申报时，向主管税务机关提供上述补贴的有效凭证，由主管税务机关核准确认免税

D. 对在中国境内接受语言培训以及子女在中国境内接受教育取得的语言培训费和子女教育费补贴，全部免予纳税

**【参考答案】** ABC

【答案解析】 根据《国家税务总局关于外籍个人取得有关补贴征免个人所得税执行问题的通知》(国税发〔1997〕54 号)的规定,对外籍个人取得的语言培训费和子女教育费补贴免征个人所得税,应由纳税人提供在中国境内接受上述教育的支出凭证和期限证明材料,由主管税务机关审核,对其在中国境内接受语言培训以及子女在中国境内接受教育取得的语言培训费和子女教育费补贴,且在合理数额内的部分免予纳税。

75. 关于外籍个人有关津补贴个人所得税的说法,正确的有(　　)。

A. 外籍个人符合居民个人条件的,可以选择享受个人所得税专项附加扣除

B. 也可以选择享受住房补贴、语言训练费、子女教育费等津补贴免税优惠政策

C. 专项附加扣除与住房补贴、语言训练费、子女教育费等津补贴免税优惠政策可以按比例同时享受

D. 外籍个人一经选择,不得变更

【参考答案】 AB

【答案解析】 根据《财政部 税务总局关于延续实施外籍个人有关津补贴个人所得税政策的公告》(财政部 税务总局公告 2023 年第 29 号),外籍个人符合居民个人条件的,可以选择享受个人所得税专项附加扣除,也可以选择按照《财政部 国家税务总局关于个人所得税若干政策问题的通知》(财税字〔1994〕020 号)、《国家税务总局关于外籍个人取得有关补贴征免个人所得税执行问题的通知》(国税发〔1997〕54 号)和《财政部 国家税务总局关于外籍个人取得港澳地区住房等补贴征免个人所得税的通知》(财税〔2004〕29 号)规定,享受住房补贴、语言训练费、子女教育费等津补贴免税优惠政策,但不得同时享受。外籍个人一经选择,在一个纳税年度内不得变更。

76. 下列选项中,说法正确的有(　　)。

A. 在中国境内有住所,一个纳税年度内在中国境内居住累计满 183 天的个人,为居民个人

B. 在中国境内无住所,一个纳税年度内在中国境内居住累计满 183 天的个人,为居民个人

C. 在中国境内无住所又不居住,或者无住所而一个纳税年度内在中国境内居住累计不满 183 天的个人,为非居民个人

D. 非居民个人从中国境内取得的所得,无需缴纳个人所得税

【参考答案】 ABC

【答案解析】 根据《中华人民共和国个人所得税法》第一条,在中国境内有住所,或者无住所而一个纳税年度内在中国境内居住累计满 183 天的个人,为居民个人。居民个人从中国境内和境外取得的所得,依照本法规定缴纳个人所得税。在中国境内无住所又不居住,或者无住所而一个纳税年度内在中国境内居住累计不满 183 天的个人,为非居民个人。非居民个人从中国境内取得的所得,依照本法规定缴纳个人所得税。

77. 下列选项中,属于个人所得税综合所得的有(　　)。

A. 稿酬所得　　　　B. 特许权使用费所得

C. 利息、股息、红利所得　　D. 劳务报酬所得

**【参考答案】** ABD

**【答案解析】** 根据《中华人民共和国个人所得税法》第二条，下列各项个人所得，应当缴纳个人所得税：(1)工资、薪金所得；(2)劳务报酬所得；(3)稿酬所得；(4)特许权使用费所得；(5)经营所得；(6)利息、股息、红利所得；(7)财产租赁所得；(8)财产转让所得；(9)偶然所得。居民个人取得前款第一项至第四项所得(以下称综合所得)，按纳税年度合并计算个人所得税；非居民个人取得前款第一项至第四项所得，按月或者按次分项计算个人所得税。纳税人取得前款第五项至第九项所得，依照本法规定分别计算个人所得税。

78. 下列选项中，说法正确的有(　　)。

A. 非居民个人取得劳务报酬所得，按月或者按次分项计算个人所得税

B. 非居民个人取得特许权使用费所得，按纳税年度合并计算个人所得税

C. 综合所得，适用3%至45%的超额累进税率

D. 经营所得，适用5%至35%的超额累进税率

**【参考答案】** ACD

**【答案解析】** 根据《中华人民共和国个人所得税法》第二条、第三条，下列各项个人所得，应当缴纳个人所得税：(1)工资、薪金所得；(2)劳务报酬所得；(3)稿酬所得；(4)特许权使用费所得；(5)经营所得；(6)利息、股息、红利所得；(7)财产租赁所得；(8)财产转让所得；(9)偶然所得。居民个人取得前款第一项至第四项所得(以下称综合所得)，按纳税年度合并计算个人所得税；非居民个人取得前款第一项至第四项所得，按月或者按次分项计算个人所得税。纳税人取得前款第五项至第九项所得，依照本法规定分别计算个人所得税。个人所得税的税率：(1)综合所得，适用3%至45%的超额累进税率；(2)经营所得，适用5%至35%的超额累进税率；(3)利息、股息、红利所得，财产租赁所得，财产转让所得和偶然所得，适用比例税率，税率为20%。

79. 下列各项个人所得，免征个人所得税的有(　　)。

A. 福利费、抚恤金、救济金

B. 保险赔款

C. 残疾、孤老人员和烈属的所得

D. 国债和国家发行的金融债券利息

**【参考答案】** ABD

**【答案解析】** 根据《中华人民共和国个人所得税法》第四条，下列各项个人所得，免征个人所得税：(1)省级人民政府、国务院部委和中国人民解放军军以上单位，以及外国组织、国际组织颁发的科学、教育、技术、文化、卫生、体育、环境保护等方面的奖金；(2)国债和国家发行的金融债券利息；(3)按照国家统一规定发给的补贴、津贴；(4)福利费、抚恤金、救济金；(5)保险赔款；(6)军人的转业费、复员费、退役金；(7)按照国家统一规定发给干部、职工的安家费、退职费、基本养老金或者退休费、离休费、离休生活补助费；

(8)依照有关法律规定应予免税的各国驻华使馆、领事馆的外交代表、领事官员和其他人员的所得;(9)中国政府参加的国际公约、签订的协议中规定免税的所得;(10)国务院规定的其他免税所得。

80. 下列关于应纳税所得额的说法,正确的有(　　)。

A. 居民个人的综合所得,以每一纳税年度的收入额减除费用 6 万元以及专项扣除、专项附加扣除和依法确定的其他扣除后的余额,为应纳税所得额

B. 非居民个人的工资、薪金所得,以每月收入额减除费用 5 000 元后的余额为应纳税所得额

C. 非居民个人的劳务报酬所得、稿酬所得、特许权使用费所得,以每月收入额为应纳税所得额

D. 经营所得,以每一纳税年度的收入总额减除成本、费用以及损失后的余额,为应纳税所得额

**【参考答案】** ABD

**【答案解析】** 根据《中华人民共和国个人所得税法》第六条,应纳税所得额的计算:(1)居民个人的综合所得,以每一纳税年度的收入额减除费用 6 万元以及专项扣除、专项附加扣除和依法确定的其他扣除后的余额,为应纳税所得额。(2)非居民个人的工资、薪金所得,以每月收入额减除费用 5 000 元后的余额为应纳税所得额;劳务报酬所得、稿酬所得、特许权使用费所得,以每次收入额为应纳税所得额。(3)经营所得,以每一纳税年度的收入总额减除成本、费用以及损失后的余额,为应纳税所得额。

81. 下列关于应纳税所得额的说法,正确的有(　　)。

A. 财产租赁所得,每次收入不超过 4 000 元的,减除费用 800 元

B. 财产租赁所得,4 000 元以上的,减除 20%的费用,其余额为应纳税所得额

C. 财产转让所得,以转让财产的收入额减除财产原值和合理费用后的余额,减除 20%的费用,为应纳税所得额

D. 利息、股息、红利所得和偶然所得,以每次收入额为应纳税所得额

**【参考答案】** ABD

**【答案解析】** 根据《中华人民共和国个人所得税法》第六条,应纳税所得额的计算:财产租赁所得,每次收入不超过 4 000 元的,减除费用 800 元;4 000 元以上的,减除 20%的费用,其余额为应纳税所得额。财产转让所得,以转让财产的收入额减除财产原值和合理费用后的余额,为应纳税所得额。利息、股息、红利所得和偶然所得,以每次收入额为应纳税所得额。

82. 下列关于应纳税所得额的说法,正确的有(　　)。

A. 劳务报酬所得、稿酬所得、特许权使用费所得以收入减除 20%的费用后的余额为收入额

B. 稿酬所得的收入额减按 80%计算

C. 个人将其所得对教育、扶贫、济困等公益慈善事业进行捐赠,捐赠额未超过纳税

人申报的应纳税所得额30%的部分，可以从其应纳税所得额中扣除

D. 国务院规定对公益慈善事业捐赠实行全额税前扣除的，从其规定

**【参考答案】** ACD

**【答案解析】** 根据《中华人民共和国个人所得税法》第六条，应纳税所得额的计算：劳务报酬所得、稿酬所得、特许权使用费所得以收入减除20%的费用后的余额为收入额。稿酬所得的收入额减按70%计算。个人将其所得对教育、扶贫、济困等公益慈善事业进行捐赠，捐赠额未超过纳税人申报的应纳税所得额30%的部分，可以从其应纳税所得额中扣除；国务院规定对公益慈善事业捐赠实行全额税前扣除的，从其规定。

83. 下列选项中，说法正确的有（ ）。

A. 个人所得税以所得人为纳税人，以支付所得的单位或者个人为扣缴义务人

B. 纳税人有中国公民身份号码的，以中国公民身份号码为纳税人识别号

C. 纳税人没有中国公民身份号码的，以护照号为纳税人识别号

D. 扣缴义务人扣缴税款时，纳税人应当向扣缴义务人提供纳税人识别号

**【参考答案】** ABD

**【答案解析】** 根据《中华人民共和国个人所得税法》第九条，个人所得税以所得人为纳税人，以支付所得的单位或者个人为扣缴义务人。纳税人有中国公民身份号码的，以中国公民身份号码为纳税人识别号；纳税人没有中国公民身份号码的，由税务机关赋予其纳税人识别号。扣缴义务人扣缴税款时，纳税人应当向扣缴义务人提供纳税人识别号。

84. 下列选项中，属于纳税人应当依法办理纳税申报的情形有（ ）。

A. 取得综合所得需要办理汇算清缴

B. 取得应税所得没有扣缴义务人

C. 因移居境外注销中国户籍

D. 取得境外所得

**【参考答案】** ABCD

**【答案解析】** 根据《中华人民共和国个人所得税法》第十条，有下列情形之一的，纳税人应当依法办理纳税申报：(1)取得综合所得需要办理汇算清缴；(2)取得应税所得没有扣缴义务人；(3)取得应税所得，扣缴义务人未扣缴税款；(4)取得境外所得；(5)因移居境外注销中国户籍；(6)非居民个人在中国境内从两处以上取得工资、薪金所得；(7)国务院规定的其他情形。

85. 下列选项中，属于纳税人应当依法办理纳税申报的情形有（ ）。

A. 取得应税所得，扣缴义务人未扣缴税款

B. 取得境外所得

C. 因移居境外注销中国户籍

D. 非居民个人在中国境内从两处以上取得工资、薪金所得

**【参考答案】** ABCD

**【答案解析】** 根据《中华人民共和国个人所得税法》第十条，有下列情形之一的，纳税人应当依法办理纳税申报：(1)取得综合所得需要办理汇算清缴；(2)取得应税所得没有扣缴义务人；(3)取得应税所得，扣缴义务人未扣缴税款；(4)取得境外所得；(5)因移居境外注销中国户籍；(6)非居民个人在中国境内从两处以上取得工资、薪金所得；(7)国务院规定的其他情形。

86. 下列选项中，说法正确的有（　　）。

A. 居民个人取得综合所得，按年计算个人所得税

B. 非居民个人取得综合所得，按年计算个人所得税

C. 有扣缴义务人的，由扣缴义务人按月或者按次预扣预缴税款

D. 需要办理汇算清缴的，应当在取得所得的次年 3 月 1 日至 6 月 30 日内办理汇算清缴

**【参考答案】** ACD

**【答案解析】** 根据《中华人民共和国个人所得税法》第十一条，居民个人取得综合所得，按年计算个人所得税；有扣缴义务人的，由扣缴义务人按月或者按次预扣预缴税款；需要办理汇算清缴的，应当在取得所得的次年 3 月 1 日至 6 月 30 日内办理汇算清缴。预扣预缴办法由国务院税务主管部门制定。非居民个人取得工资、薪金所得，劳务报酬所得，稿酬所得和特许权使用费所得，有扣缴义务人的，由扣缴义务人按月或者按次代扣代缴税款，不办理汇算清缴。

87. 下列选项中，说法正确的有（　　）。

A. 居民个人向扣缴义务人提供专项附加扣除信息的，扣缴义务人按月预扣预缴税款时应当按照规定予以扣除，不得拒绝

B. 居民个人向扣缴义务人提供专项附加扣除信息的，扣缴义务人按月预扣预缴税款时应当按照规定予以扣除，可以拒绝

C. 非居民个人取得工资、薪金所得，劳务报酬所得，稿酬所得和特许权使用费所得，有扣缴义务人的，由扣缴义务人按月或者按次代扣代缴税款，不办理汇算清缴

D. 非居民个人取得工资、薪金所得，劳务报酬所得，稿酬所得和特许权使用费所得，需要办理汇算清缴

**【参考答案】** AC

**【答案解析】** 根据《中华人民共和国个人所得税法》第十一条，居民个人向扣缴义务人提供专项附加扣除信息的，扣缴义务人按月预扣预缴税款时应当按照规定予以扣除，不得拒绝。非居民个人取得工资、薪金所得，劳务报酬所得，稿酬所得和特许权使用费所得，有扣缴义务人的，由扣缴义务人按月或者按次代扣代缴税款，不办理汇算清缴。

88. 关于经营所得，下列说法正确的有（　　）。

A. 纳税人取得经营所得，按年计算个人所得税

B. 纳税人取得经营所得，由纳税人在月度或者季度终了后 15 日内向税务机关报送纳税申报表，并预缴税款

C. 纳税人取得经营所得，在取得所得的次年5月31日前办理汇算清缴

D. 纳税人取得经营所得，在取得所得的次年3月31日前办理汇算清缴

**【参考答案】** ABD

**【答案解析】** 根据《中华人民共和国个人所得税法》第十二条，纳税人取得经营所得，按年计算个人所得税，由纳税人在月度或者季度终了后15日内向税务机关报送纳税申报表，并预缴税款；在取得所得的次年3月31日前办理汇算清缴。

89. 下列选项中，说法错误的有（　　）。

A. 纳税人取得利息、股息、红利所得，财产租赁所得，财产转让所得和偶然所得，按月或者按次计算个人所得税

B. 纳税人取得利息、股息、红利所得，财产租赁所得，财产转让所得和偶然所得，有扣缴义务人的，由扣缴义务人按季度代扣代缴税款

C. 纳税人取得应税所得没有扣缴义务人的，应当在取得所得的次月15日内向税务机关报送纳税申报表，并缴纳税款

D. 纳税人取得应税所得，扣缴义务人未扣缴税款的，纳税人应当催告扣缴义务人缴纳税款

**【参考答案】** BD

**【答案解析】** 根据《中华人民共和国个人所得税法》第十二条、第十三条，纳税人取得利息、股息、红利所得，财产租赁所得，财产转让所得和偶然所得，按月或者按次计算个人所得税，有扣缴义务人的，由扣缴义务人按月或者按次代扣代缴税款。纳税人取得应税所得没有扣缴义务人的，应当在取得所得的次月15日内向税务机关报送纳税申报表，并缴纳税款。纳税人取得应税所得，扣缴义务人未扣缴税款的，纳税人应当在取得所得的次年6月30日前，缴纳税款；税务机关通知限期缴纳的，纳税人应当按照期限缴纳税款。

90. 下列选项中，说法正确的有（　　）。

A. 居民个人从中国境外取得所得的，应当在取得所得的次年3月1日至6月30日内申报纳税

B. 非居民个人在中国境内从两处以上取得工资、薪金所得的，应当在取得所得的次月15日内申报纳税

C. 纳税人因移居境外注销中国户籍的，应当在注销中国户籍前办理税款清算

D. 扣缴义务人每月或者每次预扣、代扣的税款，应当在当月15日内缴入国库，并向税务机关报送扣缴个人所得税申报表

**【参考答案】** ABC

**【答案解析】** 根据《中华人民共和国个人所得税法》第十三条、第十四条，居民个人从中国境外取得所得的，应当在取得所得的次年3月1日至6月30日内申报纳税。非居民个人在中国境内从两处以上取得工资、薪金所得的，应当在取得所得的次月15日内申报纳税。纳税人因移居境外注销中国户籍的，应当在注销中国户籍前办理税款清

算。扣缴义务人每月或者每次预扣、代扣的税款，应当在次月 15 日内缴入国库，并向税务机关报送扣缴个人所得税申报表。纳税人办理汇算清缴退税或者扣缴义务人为纳税人办理汇算清缴退税的，税务机关审核后，按照国库管理的有关规定办理退税。

91. 下列说法中，正确的有(　　)。

A. 个人转让不动产的，税务机关应当根据不动产登记等相关信息核验应缴的个人所得税

B. 个人转让不动产的，登记机构办理转移登记时，应当查验与该不动产转让相关的个人所得税的完税凭证

C. 个人转让股权办理变更登记的，市场主体登记机关应当查验与该股权交易相关的个人所得税的完税凭证

D. 有关部门依法将纳税人、扣缴义务人遵守《中华人民共和国个人所得税法》的情况纳入信用信息系统，并实施联合激励或者惩戒

**【参考答案】** ABCD

**【答案解析】** 根据《中华人民共和国个人所得税法》第十五条，公安、人民银行、金融监督管理等相关部门应当协助税务机关确认纳税人的身份、金融账户信息。教育、卫生、医疗保障、民政、人力资源社会保障、住房城乡建设、公安、人民银行、金融监督管理等相关部门应当向税务机关提供纳税人子女教育、继续教育、大病医疗、住房贷款利息、住房租金、赡养老人等专项附加扣除信息。个人转让不动产的，税务机关应当根据不动产登记等相关信息核验应缴的个人所得税，登记机构办理转移登记时，应当查验与该不动产转让相关的个人所得税的完税凭证。个人转让股权办理变更登记的，市场主体登记机关应当查验与该股权交易相关的个人所得税的完税凭证。有关部门依法将纳税人、扣缴义务人遵守本法的情况纳入信用信息系统，并实施联合激励或者惩戒。

92. 下列选项中，说法正确的有(　　)。

A. 所得为人民币以外的货币的，按照人民币汇率中间价折合成人民币缴纳税款

B. 所得为人民币以外的货币的，按照人民币汇率平均价折合成人民币缴纳税款

C. 对扣缴义务人按照所扣缴的税款，付给 3%的手续费

D. 对储蓄存款利息所得开征、减征、停征个人所得税及其具体办法，由国务院规定，并报全国人民代表大会常务委员会备案

**【参考答案】** AD

**【答案解析】** 根据《中华人民共和国个人所得税法》第十六条、第十七条、第十八条，各项所得的计算，以人民币为单位。所得为人民币以外的货币的，按照人民币汇率中间价折合成人民币缴纳税款。对扣缴义务人按照所扣缴的税款，付给 2%的手续费。对储蓄存款利息所得开征、减征、停征个人所得税及其具体办法，由国务院规定，并报全国人民代表大会常务委员会备案。

93. 关于权益性投资经营所得个人所得税，下列说法正确的有(　　)。

A. 持有股权、股票、合伙企业财产份额等权益性投资的个人独资企业、合伙企业，一

律适用查账征收方式计征个人所得税

B. 持有股权、股票、合伙企业财产份额等权益性投资的个人独资企业、合伙企业，可选择查账征收方式计征个人所得税，也可选择核定方式计征个人所得税

C. 独资合伙企业应自持有权益性投资之日起 30 日内，主动向税务机关报送持有权益性投资的情况

D. 公告实施前独资合伙企业已持有权益性投资的，应当在 2022 年 1 月 30 日前向税务机关报送持有权益性投资的情况

**【参考答案】** ACD

**【答案解析】** 根据《财政部 税务总局关于权益性投资经营所得个人所得税征收管理的公告》（财政部 税务总局公告 2021 年第 41 号）的规定，持有股权、股票、合伙企业财产份额等权益性投资的个人独资企业、合伙企业（以下简称独资合伙企业），一律适用查账征收方式计征个人所得税。独资合伙企业应自持有上述权益性投资之日起 30 日内，主动向税务机关报送持有权益性投资的情况；公告实施前独资合伙企业已持有权益性投资的，应当在 2022 年 1 月 30 日前向税务机关报送持有权益性投资的情况。税务机关接到核定征收独资合伙企业报送持有权益性投资情况的，调整其征收方式为查账征收。

94. 下列选项中，说法正确的有（　　）。

A. 在中国境内有住所的个人，是指因户籍、家庭、经济利益关系而在中国境内习惯性居住的个人

B. 从中国境内和境外取得的所得，分别是指来源于中国境内的所得和来源于中国境外的所得

C. 在中国境内无住所的个人，在中国境内居住累计满 183 天的年度连续不满六年的，其来源于中国境外且由境外单位或者个人支付的所得，需缴纳个人所得税

D. 在中国境内居住累计满 183 天的任一年度中有一次离境超过 30 天的，其在中国境内居住累计满 183 天的年度的连续年限重新起算

**【参考答案】** ABD

**【答案解析】** 根据《中华人民共和国个人所得税法实施条例》第二条、第四条，个人所得税法所称在中国境内有住所，是指因户籍、家庭、经济利益关系而在中国境内习惯性居住；所称从中国境内和境外取得的所得，分别是指来源于中国境内的所得和来源于中国境外的所得。在中国境内无住所的个人，在中国境内居住累计满 183 天的年度连续不满六年的，经向主管税务机关备案，其来源于中国境外且由境外单位或者个人支付的所得，免予缴纳个人所得税；在中国境内居住累计满 183 天的任一年度中有一次离境超过 30 天的，其在中国境内居住累计满 183 天的年度的连续年限重新起算。

95. 下列选项中，说法正确的有（　　）。

A. 在中国境内无住所的个人，在中国境内居住累计满 183 天的年度连续不满 6 年的，经主管税务机关批准，可以只就由中国境内公司、企业以及其他经济组织或者个人支付的部分缴纳个人所得税

B. 在中国境内居住累计满 183 天的任一年度中有一次离境超过 30 天的，其在中国境内居住累计满 183 天的年度的连续年限重新起算

C. 在中国境内无住所的个人，在一个纳税年度内在中国境内居住累计不超过 90 天的，其来源于中国境内的所得，由境外雇主支付并且不由该雇主在中国境内的机构、场所负担的部分，免予缴纳个人所得税

D. 在中国境内无住所，但是在一个纳税年度中在中国境内连续或者累计居住不超过 90 日的个人，其来源于中国境内的所得，由境外雇主支付并且不由该雇主在中国境内的机构、场所负担的部分，减半缴纳个人所得税

**【参考答案】** BC

**【答案解析】** 根据《中华人民共和国个人所得税法实施条例》第四条、第五条，在中国境内无住所的个人，在中国境内居住累计满 183 天的年度连续不满 6 年的，经向主管税务机关备案，其来源于中国境外且由境外单位或者个人支付的所得，免予缴纳个人所得税；在中国境内居住累计满 183 天的任一年度中有一次离境超过 30 天的，其在中国境内居住累计满 183 天的年度的连续年限重新起算。在中国境内无住所的个人，在一个纳税年度内在中国境内居住累计不超过 90 天的，其来源于中国境内的所得，由境外雇主支付并且不由该雇主在中国境内的机构、场所负担的部分，免予缴纳个人所得税。

96. 关于个人所得的范围，下列说法正确的有（　　）。

A. 工资、薪金所得，是指个人因任职或者受雇而取得的工资、薪金、奖金、年终加薪、劳动分红、津贴、补贴以及与任职或者受雇有关的其他所得

B. 对企事业单位的承包经营、承租经营所得，是指个人承包经营、承租经营以及转包、转租取得的所得，包括个人按月或者按次取得的工资、薪金性质的所得

C. 利息、股息、红利所得，是指个人拥有债权、股权而取得的利息、股息、红利所得

D. 个人取得的所得，难以界定应纳税所得项目的，按照税率高的确定所得

**【参考答案】** ABC

**【答案解析】** 根据《中华人民共和国个人所得税法实施条例》第六条，个人所得税法规定的各项个人所得的范围。工资、薪金所得，是指个人因任职或者受雇取得的工资、薪金、奖金、年终加薪、劳动分红、津贴、补贴以及与任职或者受雇有关的其他所得。经营所得，是指：个体工商户从事生产、经营活动取得的所得，个人独资企业投资人、合伙企业的个人合伙人来源于境内注册的个人独资企业、合伙企业生产、经营的所得；个人依法从事办学、医疗、咨询以及其他有偿服务活动取得的所得；个人对企业、事业单位承包经营、承租经营以及转包、转租取得的所得；个人从事其他生产、经营活动取得的所得。利息、股息、红利所得，是指个人拥有债权、股权等而取得的利息、股息、红利所得。财产租赁所得，是指个人出租不动产、机器设备、车船以及其他财产取得的所得。财产转让所得，是指个人转让有价证券、股权、合伙企业中的财产份额、不动产、机器设备、车船以及其他财产取得的所得。偶然所得，是指个人得奖、中奖、中彩以及其他偶然性质的所得。个人取得的所得，难以界定应纳税所得项目的，由国务院税务主管部门确定。

97. 下列关于储蓄存款利息代扣代缴个人所得税的情况，说法正确的有（　　）。

A. 扣缴义务人每月代扣的税款，应当在次月 7 日内缴入中央国库，并向当地主管税务机关报送代扣代缴税款报告表

B. 代扣的税款为外币的，应当折合成人民币缴入中央国库

C. 对扣缴义务人按照所扣缴的税款，付给 3%的手续费

D. 扣缴义务人应当积极配合税务机关的监督和检查，如实反映情况，提供有关资料，不得拒绝、隐瞒

**【参考答案】** ABD

**【答案解析】** 根据《对储蓄存款利息所得征收个人所得税的实施办法》（中华人民共和国国务院令第 272 号发布）的规定，扣缴义务人每月代扣的税款，应当在次月 7 日内缴入中央国库，并向当地主管税务机关报送代扣代缴税款报告表；代扣的税款为外币的，应当折合成人民币缴入中央国库。对扣缴义务人按照所扣缴的税款，付给 2%的手续费。税务机关应当加强对扣缴义务人代扣代缴税款情况的监督和检查，扣缴义务人应当积极予以配合，如实反映情况，提供有关资料，不得拒绝、隐瞒。

98. 下列关于个人独资企业和合伙企业投资者征收个人所得税的说法，正确的有（　　）。

A. 投资者兴办两个或两个以上企业，并且企业性质全部是独资的，年度终了后汇算清缴时，以汇总其投资兴办的所有企业的经营所得作为应纳税所得额，以此确定适用税率，计算出全年经营所得的应纳税额，再根据每个企业的经营所得占所有企业经营所得的比例，分别计算出每个企业的应纳税额和应补缴税额

B. 个人独资企业和合伙企业对外投资分回的利息或者股息、红利，不并入企业的收入，而应单独作为投资者个人取得的利息、股息、红利所得，按"利息、股息、红利所得"应税项目计算缴纳个人所得税

C. 实行查账征税方式的个人独资企业和合伙企业改为核定征税方式后，在查账征税方式下认定的年度经营亏损未弥补完的部分，不得再继续弥补

D. 残疾人员投资兴办或参与投资兴办个人独资企业和合伙企业的，残疾人员取得的生产经营所得，免征个人所得税

**【参考答案】** ABC

**【答案解析】** 根据《国家税务总局关于〈关于个人独资企业和合伙企业投资者征收个人所得税的规定〉执行口径的通知》（国税函〔2001〕84 号）的规定，投资者兴办两个或两个以上企业，并且企业性质全部是独资的，年度终了后汇算清缴时，应纳税款的计算按以下方法进行：汇总其投资兴办的所有企业的经营所得作为应纳税所得额，以此确定适用税率，计算出全年经营所得的应纳税额，再根据每个企业的经营所得占所有企业经营所得的比例，分别计算出每个企业的应纳税额和应补缴税额。个人独资企业和合伙企业对外投资分回的利息或者股息、红利，不并入企业的收入，而应单独作为投资者个

人取得的利息、股息、红利所得，按“利息、股息、红利所得”应税项目计算缴纳个人所得税。实行查账征税方式的个人独资企业和合伙企业改为核定征税方式后，在查账征税方式下认定的年度经营亏损未弥补完的部分，不得再继续弥补。残疾人员投资兴办或参与投资兴办个人独资企业和合伙企业的，残疾人员取得的生产经营所得，符合各省、自治区、直辖市人民政府规定的减征个人所得税条件的，经本人申请、主管税务机关审核批准，可按各省、自治区、直辖市人民政府规定减征的范围和幅度，减征个人所得税。

99. 下列关于个人转让股权征收个人所得税的说法，正确的有（　　）。

A. 个人转让股权，以股权转让收入减除股权原值和合理费用后的余额为应纳税所得额，按“财产转让所得”缴纳个人所得税

B. 个人股权转让所得个人所得税，以股权转让方为纳税人，以受让方为扣缴义务人

C. 扣缴义务人应于股权转让相关协议签订后 10 个工作日内，将股权转让的有关情况报告主管税务机关

D. 转让方取得与股权转让相关的各种款项，包括违约金、补偿金以及其他名目的款项、资产、权益等，均应当并入股权转让收入

**【参考答案】** ABD

**【答案解析】** 根据《股权转让所得个人所得税管理办法（试行）》的规定，个人转让股权，以股权转让收入减除股权原值和合理费用后的余额为应纳税所得额，按“财产转让所得”缴纳个人所得税。合理费用是指股权转让时按照规定支付的有关税费。个人股权转让所得个人所得税，以股权转让方为纳税人，以受让方为扣缴义务人。扣缴义务人应于股权转让相关协议签订后 5 个工作日内，将股权转让的有关情况报告主管税务机关。第八条转让方取得与股权转让相关的各种款项，包括违约金、补偿金以及其他名目的款项、资产、权益等，均应当并入股权转让收入。

100. 符合下列情形之一的，主管税务机关可以核定股权转让收入的有（　　）。

A. 申报的股权转让收入明显偏低且无正当理由的

B. 未按照规定期限办理纳税申报，经税务机关责令限期申报，逾期仍不申报的

C. 扣缴义务人未将股权转让的有关情况报告主管税务机关的

D. 转让方无法提供或拒不提供股权转让收入的有关资料

**【参考答案】** ABD

**【答案解析】** 根据《股权转让所得个人所得税管理办法（试行）》的规定，符合下列情形之一的，主管税务机关可以核定股权转让收入：(1)申报的股权转让收入明显偏低且无正当理由的；(2)未按照规定期限办理纳税申报，经税务机关责令限期申报，逾期仍不申报的；(3)转让方无法提供或拒不提供股权转让收入的有关资料；(4)其他应核定股权转让收入的情形。

101. 下列选项，视为股权转让收入明显偏低的有（　　）。

A. 申报的股权转让收入低于股权对应的净资产份额的

B. 申报的股权转让收入低于初始投资成本或低于取得该股权所支付的价款及相关税费的

C. 申报的股权转让收入低于相同或类似条件下同一企业同一股东或其他股东股权转让收入的

D. 合理的无偿让渡股权或股份

【参考答案】 ABC

【答案解析】 根据《股权转让所得个人所得税管理办法(试行)》的规定，符合下列情形之一，视为股权转让收入明显偏低：(1)申报的股权转让收入低于股权对应的净资产份额的。其中，被投资企业拥有土地使用权、房屋、房地产企业未销售房产、知识产权、探矿权、采矿权、股权等资产的，申报的股权转让收入低于股权对应的净资产公允价值份额的。(2)申报的股权转让收入低于初始投资成本或低于取得该股权所支付的价款及相关税费的。(3)申报的股权转让收入低于相同或类似条件下同一企业同一股东或其他股东股权转让收入的。(4)申报的股权转让收入低于相同或类似条件下同类行业的企业股权转让收入的。(5)不具合理性的无偿让渡股权或股份。(6)主管税务机关认定的其他情形。

102. 符合下列条件之一的股权转让收入明显偏低，视为有正当理由的有(　　)。

A. 能出具有效文件，证明被投资企业因国家政策调整，生产经营受到重大影响，导致低价转让股权

B. 继承或将股权转让给其能提供具有法律效力身份关系证明的配偶、父母、子女、祖父母、外祖父母、孙子女、外孙子女、兄弟姐妹

C. 继承或将股权转让给其能提供具有法律效力身份关系证明的对转让人承担直接抚养或者赡养义务的抚养人或者赡养人

D. 相关法律、政府文件或企业章程规定，并有相关资料充分证明转让价格合理且真实的本企业员工持有的不能对外转让股权的内部转让

【参考答案】 ABCD

【答案解析】 根据《股权转让所得个人所得税管理办法(试行)》的规定，符合下列条件之一的股权转让收入明显偏低，视为有正当理由：(1)能出具有效文件，证明被投资企业因国家政策调整，生产经营受到重大影响，导致低价转让股权；(2)继承或将股权转让给其能提供具有法律效力身份关系证明的配偶、父母、子女、祖父母、外祖父母、孙子女、外孙子女、兄弟姐妹以及对转让人承担直接抚养或者赡养义务的抚养人或者赡养人；(3)相关法律、政府文件或企业章程规定，并有相关资料充分证明转让价格合理且真实的本企业员工持有的不能对外转让股权的内部转让；(4)股权转让双方能够提供有效证据证明其合理性的其他合理情形。

103. 关于核定股权转让收入方法，下列说法正确的有(　　)。

A. 股权转让收入按照每股净资产或股权对应的净资产份额核定为净资产核定法

B. 1 年内再次发生股权转让且被投资企业净资产未发生重大变化的，主管税务机

关可参照上一次股权转让时被投资企业的资产评估报告核定此次股权转让收入

C. 参照相同或类似条件下同一企业同一股东或其他股东股权转让收入核定的方法为类比法

D. 参照相同或类似条件下同类行业企业股权转让收入核定的方法为净资产核定法

**【参考答案】** AC

**【答案解析】** 根据《股权转让所得个人所得税管理办法(试行)》的规定,主管税务机关应依次按照下列方法核定股权转让收入:

(1)净资产核定法。股权转让收入按照每股净资产或股权对应的净资产份额核定。被投资企业的土地使用权、房屋、房地产企业未销售房产、知识产权、探矿权、采矿权、股权等资产占企业总资产比例超过20%的,主管税务机关可参照纳税人提供的具有法定资质的中介机构出具的资产评估报告核定股权转让收入。6个月内再次发生股权转让且被投资企业净资产未发生重大变化的,主管税务机关可参照上一次股权转让时被投资企业的资产评估报告核定此次股权转让收入。

(2)类比法。参照相同或类似条件下同一企业同一股东或其他股东股权转让收入核定;参照相同或类似条件下同类行业企业股权转让收入核定。

(3)其他合理方法。主管税务机关采用以上方法核定股权转让收入存在困难的,可以采取其他合理方法核定。

104. 个人转让股权的原值依照以下方法确认的有(　　)。

A. 以现金出资方式取得的股权,按照实际支付的价款与取得股权直接相关的合理税费之和确认股权原值

B. 以非货币性资产出资方式取得的股权,按照投资入股时市场非货币性资产价格确认股权原值

C. 通过无偿让渡方式取得股权,按取得股权发生的合理税费与原持有人的股权原值之和确认股权原值

D. 被投资企业以资本公积、盈余公积、未分配利润转增股本,个人股东已依法缴纳个人所得税的,以转增额和相关税费之和确认其新转增股本的股权原值

**【参考答案】** ACD

**【答案解析】** 根据《股权转让所得个人所得税管理办法(试行)》第十五条的规定,个人转让股权的原值依照以下方法确认:(1)以现金出资方式取得的股权,按照实际支付的价款与取得股权直接相关的合理税费之和确认股权原值;(2)以非货币性资产出资方式取得的股权,按照税务机关认可或核定的投资入股时非货币性资产价格与取得股权直接相关的合理税费之和确认股权原值;(3)通过无偿让渡方式取得股权,具备本办法第十三条第二项所列情形的,按取得股权发生的合理税费与原持有人的股权原值之和确认股权原值;(4)被投资企业以资本公积、盈余公积、未分配利润转增股本,个人股东已依法缴纳个人所得税的,以转增额和相关税费之和确认其新转增股本的股权原值。

105. 关于股权转让所得个人所得税，扣缴义务人、纳税人应当依法在次月 15 日内向主管税务机关申报纳税的具体情形包括（　　）。

A. 受让方已支付或部分支付股权转让价款的

B. 股权转让协议已签订生效的

C. 受让方已经实际履行股东职责或者享受股东权益的

D. 国家有关部门判决、登记或公告生效的

**【参考答案】** ABCD

**【答案解析】** 根据《股权转让所得个人所得税管理办法（试行）》第二十条的规定，具有下列情形之一的，扣缴义务人、纳税人应当依法在次月 15 日内向主管税务机关申报纳税：(1)受让方已支付或部分支付股权转让价款的；(2)股权转让协议已签订生效的；(3)受让方已经实际履行股东职责或者享受股东权益的；(4)国家有关部门判决、登记或公告生效的；(5)本办法第三条第四至第七项行为已完成的；(6)税务机关认定的其他有证据表明股权已发生转移的情形。

106. 关于个人股权转让的纳税申报，下列说法正确的有（　　）。

A. 个人股权转让所得个人所得税以被该个人所在地税务机关为主管税务机关

B. 被投资企业应当在董事会或股东会结束后 5 个工作日内，向主管税务机关报送与股权变动事项相关的董事会或股东会决议、会议纪要等资料

C. 被投资企业发生个人股东变动或者个人股东所持股权变动的，应当在次月 15 日内向主管税务机关报送含有股东变动信息的《个人所得税基础信息表（A 表）》及股东变更情况说明

D. 转让的股权以人民币以外的货币结算的，按照结算当日人民币汇率最高价，折算成人民币计算应纳税所得额

**【参考答案】** BC

**【答案解析】** 根据《股权转让所得个人所得税管理办法（试行）》的规定，个人股权转让所得个人所得税以被投资企业所在地税务机关为主管税务机关。被投资企业应当在董事会或股东会结束后 5 个工作日内，向主管税务机关报送与股权变动事项相关的董事会或股东会决议、会议纪要等资料。被投资企业发生个人股东变动或者个人股东所持股权变动的，应当在次月 15 日内向主管税务机关报送含有股东变动信息的《个人所得税基础信息表（A 表）》及股东变更情况说明。主管税务机关应当及时向被投资企业核实其股权变动情况，并确认相关转让所得，及时督促扣缴义务人和纳税人履行法定义务。转让的股权以人民币以外的货币结算的，按照结算当日人民币汇率中间价，折算成人民币计算应纳税所得额。

107. 下列选项中，说法正确的有（　　）。

A. 个人所得的形式，包括现金、实物、有价证券和其他形式的经济利益

B. 所得为实物的，应当按照取得的凭证上所注明的价格及市场价孰高计算应纳税所得额

C. 无凭证的实物或者凭证上所注明的价格明显偏低的，参照市场价格核定应纳税所得额

D. 所得为有价证券的，根据票面价格和市场价格核定应纳税所得额

**【参考答案】** ACD

**【答案解析】** 根据《中华人民共和国个人所得税法实施条例》第八条的规定，个人所得的形式，包括现金、实物、有价证券和其他形式的经济利益；所得为实物的，应当按照取得的凭证上所注明的价格计算应纳税所得额，无凭证的实物或者凭证上所注明的价格明显偏低的，参照市场价格核定应纳税所得额；所得为有价证券的，根据票面价格和市场价格核定应纳税所得额；所得为其他形式的经济利益的，参照市场价格核定应纳税所得额。

108. 下列选项中，说法正确的有（　　）。

A. 按照国家统一规定发给的补贴、津贴，是指按照国务院规定发给的政府特殊津贴、院士津贴、资深院士津贴，以及国务院规定免纳个人所得税的其他补贴、津贴

B. 救济金，是指根据国家有关规定，从企业、事业单位、国家机关、社会组织提留的福利费或者工会经费中支付给个人的生活补助费

C. 福利费，是指各级人民政府民政部门支付给个人的生活困难补助费

D. 其他扣除，包括个人缴付符合国家规定的企业年金、职业年金，个人购买符合国家规定的商业健康保险、税收递延型商业养老保险的支出，以及国务院规定可以扣除的其他项目

**【参考答案】** AD

**【答案解析】** 根据《中华人民共和国个人所得税法实施条例》第十条至第十三条的规定，个人所得税法第四条第一款第三项所称按照国家统一规定发给的补贴、津贴，是指按照国务院规定发给的政府特殊津贴、院士津贴，以及国务院规定免予缴纳个人所得税的其他补贴、津贴。个人所得税法第四条第一款第四项所称福利费，是指根据国家有关规定，从企业、事业单位、国家机关、社会组织提留的福利费或者工会经费中支付给个人的生活补助费；所称救济金，是指各级人民政府民政部门支付给个人的生活困难补助费。个人所得税法第四条第一款第八项所称依照有关法律规定应予免税的各国驻华使馆、领事馆的外交代表、领事官员和其他人员的所得，是指依照《中华人民共和国外交特权与豁免条例》和《中华人民共和国领事特权与豁免条例》规定免税的所得。个人所得税法第六条第一款第一项所称依法确定的其他扣除，包括个人缴付符合国家规定的企业年金、职业年金，个人购买符合国家规定的商业健康保险、税收递延型商业养老保险的支出，以及国务院规定可以扣除的其他项目。

109. 下列选项中，说法正确的有（　　）。

A. 成本、费用，是指纳税义务人从事生产、经营所发生的各项直接支出和分配计入成本的间接费用以及销售费用、管理费用、财务费用

B. 取得经营所得的个人，没有综合所得的，计算其每一纳税年度的应纳税所得额

时，应当减除费用6万元、专项扣除、专项附加扣除以及依法确定的其他扣除

C. 从事生产、经营活动，未提供完整、准确的纳税资料，不能正确计算应纳税所得额的，按同类申报收入最高额计算缴纳

D. 损失，是指生产、经营活动中发生的固定资产和存货的盘亏、毁损、报废损失，转让财产损失，坏账损失，自然灾害等不可抗力因素造成的损失以及其他损失

**【参考答案】** ABD

**【答案解析】** 根据《中华人民共和国个人所得税法实施条例》第十五条，个人所得税法第六条第一款第三项所称成本、费用，是指生产、经营活动中发生的各项直接支出和分配计入成本的间接费用以及销售费用、管理费用、财务费用；所称损失，是指生产、经营活动中发生的固定资产和存货的盘亏、毁损、报废损失，转让财产损失，坏账损失，自然灾害等不可抗力因素造成的损失以及其他损失。取得经营所得的个人，没有综合所得的，计算其每一纳税年度的应纳税所得额时，应当减除费用6万元、专项扣除、专项附加扣除以及依法确定的其他扣除。专项附加扣除在办理汇算清缴时减除。从事生产、经营活动，未提供完整、准确的纳税资料，不能正确计算应纳税所得额的，由主管税务机关核定应纳税所得额或者应纳税额。

110. 下列说法中，正确的有（　　）。

A. 劳务报酬所得，属于一次性收入的，以取得该项收入为一次

B. 稿酬所得，属于同一项目连续性收入的，以一个月内取得的收入为一次

C. 偶然所得，以每次取得该项收入为一次

D. 财产租赁所得，以一个年内取得的收入为一次

**【参考答案】** ABC

**【答案解析】** 根据《中华人民共和国个人所得税法实施条例》第十四条，个人所得税法第六条第一款第二项、第四项、第六项所称每次，分别按照下列方法确定：(1)劳务报酬所得、稿酬所得、特许权使用费所得，属于一次性收入的，以取得该项收入为一次；属于同一项目连续性收入的，以一个月内取得的收入为一次。(2)财产租赁所得，以一个月内取得的收入为一次。(3)利息、股息、红利所得，以支付利息、股息、红利时取得的收入为一次。(4)偶然所得，以每次取得该项收入为一次。

111. 下列说法中，正确的有（　　）。

A. 财产转让所得，按照一次转让财产的收入额减除财产原值和合理费用后的余额，计算纳税

B. 两个或者两个以上的个人共同取得同一项目收入的，应当对每个人取得的收入分别按照税法规定减除费用后计算纳税

C. 专项扣除、专项附加扣除和依法确定的其他扣除，一个纳税年度扣除不完的，不结转以后年度扣除

D. 专项扣除、专项附加扣除和依法确定的其他扣除，以居民个人一个纳税年度的应纳税所得额为限额

**【参考答案】** ABD

**【答案解析】** 根据《中华人民共和国个人所得税法实施条例》第十三条、第十七条、第十八条，财产转让所得，按照一次转让财产的收入额减除财产原值和合理费用后的余额计算纳税。两个以上的个人共同取得同一项目收入的，应当对每个人取得的收入分别按照个人所得税法的规定计算纳税。个人所得税法第六条第一款第一项所称依法确定的其他扣除，包括个人缴付符合国家规定的企业年金、职业年金，个人购买符合国家规定的商业健康保险、税收递延型商业养老保险的支出，以及国务院规定可以扣除的其他项目。专项扣除、专项附加扣除和依法确定的其他扣除，以居民个人一个纳税年度的应纳税所得额为限额；一个纳税年度扣除不完的，不结转以后年度扣除。

112. 下列说法中，正确的有(　　)。

A. 个人将其所得对教育、扶贫、济困等公益慈善事业进行捐赠，是指个人将其所得通过中国境内的公益性社会组织、国家机关向教育、扶贫、济困等公益慈善事业的捐赠

B. 居民个人从中国境内和境外取得的综合所得、经营所得，应当分别合并计算应纳税额

C. 居民个人从中国境内和境外取得的综合所得、经营所得，应当分别单独计算应纳税额

D. 居民个人从中国境内和境外取得的其他所得，应当分别单独计算应纳税额

**【参考答案】** ABD

**【答案解析】** 根据《中华人民共和国个人所得税法实施条例》第十九条、第二十条，个人所得税法第六条第三款所称个人将其所得对教育、扶贫、济困等公益慈善事业进行捐赠，是指个人将其所得通过中国境内的公益性社会组织、国家机关向教育、扶贫、济困等公益慈善事业的捐赠；所称应纳税所得额，是指计算扣除捐赠额之前的应纳税所得额。居民个人从中国境内和境外取得的综合所得、经营所得，应当分别合并计算应纳税额；从中国境内和境外取得的其他所得，应当分别单独计算应纳税额。

113. 下列说法中，正确的有(　　)。

A. 来源于中国境外一个国家(地区)的综合所得抵免限额、经营所得抵免限额以及其他所得抵免限额之和，为来源于该国家(地区)所得的抵免限额

B. 已在境外缴纳的个人所得税税额，是指居民个人来源于中国境外的所得，依照该所得来源国家(地区)的法律应当缴纳并且实际已经缴纳的所得税税额

C. 居民个人在中国境外一个国家(地区)实际已经缴纳的个人所得税税额，低于依照前款规定计算出的来源于该国家(地区)所得的抵免限额的，应当在中国缴纳差额部分的税款

D. 超过来源于该国家(地区)所得的抵免限额的，其超过部分不得在本纳税年度的应纳税额中抵免，但是可以在以后纳税年度来源于该国家(地区)所得的抵免限额的余额中补扣，补扣期限最长不得超过 5 年

**【参考答案】** ABCD

**【答案解析】** 根据《中华人民共和国个人所得税法实施条例》第二十一条,个人所得税法第七条所称已在境外缴纳的个人所得税税额,是指居民个人来源于中国境外的所得,依照该所得来源国家(地区)的法律应当缴纳并且实际已经缴纳的所得税税额。

个人所得税法第七条所称纳税人境外所得依照本法规定计算的应纳税额,是居民个人抵免已在境外缴纳的综合所得、经营所得以及其他所得的所得税税额的限额(以下简称抵免限额)。除国务院财政、税务主管部门另有规定外,来源于中国境外一个国家(地区)的综合所得抵免限额、经营所得抵免限额以及其他所得抵免限额之和,为来源于该国家(地区)所得的抵免限额。

居民个人在中国境外一个国家(地区)实际已经缴纳的个人所得税税额,低于依照前款规定计算出的来源于该国家(地区)所得的抵免限额的,应当在中国缴纳差额部分的税款;超过来源于该国家(地区)所得的抵免限额的,其超过部分不得在本纳税年度的应纳税额中抵免,但是可以在以后纳税年度来源于该国家(地区)所得的抵免限额的余额中补扣。补扣期限最长不得超过5年。

114. 取得综合所得需要办理汇算清缴的情形包括(　　)。

A. 从两处以上取得综合所得,且综合所得年收入额减除专项扣除的余额超过6万元

B. 取得劳务报酬所得、稿酬所得、特许权使用费所得中一项或者多项所得,且综合所得年收入额减除专项扣除的余额超过6万元

C. 纳税年度内预缴税额低于应纳税额

D. 纳税人申请退税超过400元

**【参考答案】** ABC

**【答案解析】** 根据《中华人民共和国个人所得税法实施条例》第二十五条,取得综合所得需要办理汇算清缴的情形包括:(1)从两处以上取得综合所得,且综合所得年收入额减除专项扣除的余额超过6万元;(2)取得劳务报酬所得、稿酬所得、特许权使用费所得中一项或者多项所得,且综合所得年收入额减除专项扣除的余额超过6万元;(3)纳税年度内预缴税额低于应纳税额;(4)纳税人申请退税。

115. 根据个人所得税的相关规定,个人领取职业年金的方式适用税率表正确的有(　　)。

A. 按月领取的,适用月度税率表计算纳税

B. 按季领取的,适用综合所得税率表计算纳税

C. 个人死亡后,法定继承人一次性领取的年金个人账户余额,适用综合所得税率表计算纳税

D. 个人因出境定居而一次性领取的年金个人账户资金,适用综合所得税率表计算纳税

**【参考答案】** ACD

**【答案解析】** 根据《财政部 税务总局关于个人所得税法修改后有关优惠政策衔接问题的通知》(财税〔2018〕164 号),个人达到国家规定的退休年龄,领取的企业年金、职业年金,符合《财政部 人力资源社会保障部 国家税务总局关于企业年金 职业年金个人所得税有关问题的通知》(财税〔2013〕103 号)规定的,不并入综合所得,全额单独计算应纳税款。其中按月领取的,适用月度税率表计算纳税;按季领取的,平均分摊计入各月,按每月领取额适用月度税率表计算纳税;按年领取的,适用综合所得税率表计算纳税。个人因出境定居而一次性领取的年金个人账户资金,或个人死亡后,其指定的受益人或法定继承人一次性领取的年金个人账户余额,适用综合所得税率表计算纳税。对个人除上述特殊原因外一次性领取年金个人账户资金或余额的,适用月度税率表计算纳税。

116. 根据现行个人所得税的相关规定,下列说法中正确的有(　　)。

A. 对个人转让新三板挂牌公司非原始股取得的所得,暂免征收个人所得税

B. 对个人转让新三板挂牌公司非原始股孳生的送股取得的所得,暂免征收个人所得税

C. 对个人转让新三板挂牌公司原始股取得的所得,暂免征收个人所得税

D. 对个人转让新三板挂牌公司原始股票孳生的送股取得的所得,按照“财产转让所得”征收个人所得税

**【参考答案】** ABD

**【答案解析】** 根据《财政部 税务总局 证监会关于个人转让全国中小企业股份转让系统挂牌公司股票有关个人所得税政策的通知》(财税〔2018〕137 号)规定,自 2018 年 11 月 1 日(含)起,对个人转让新三板挂牌公司非原始股取得的所得,暂免征收个人所得税。本通知所称非原始股是指个人在新三板挂牌公司挂牌后取得的股票,以及由上述股票孳生的送、转股。对个人转让新三板挂牌公司原始股取得的所得,按照“财产转让所得”,适用 20%的比例税率征收个人所得税。本通知所称原始股是指个人在新三板挂牌公司挂牌前取得的股票,以及在该公司挂牌前和挂牌后由上述股票孳生的送、转股。

2019 年 9 月 1 日之前,个人转让新三板挂牌公司原始股的个人所得税,征收管理办法按照现行股权转让所得有关规定执行,以股票受让方为扣缴义务人,由被投资企业所在地税务机关负责征收管理。

117. 根据现行个人所得税的规定,下列情形无需缴纳个人所得税的有(　　)。

A. 转让离婚析产房屋

B. 将房屋无偿赠与父母

C. 离婚析产方式分割房屋产权

D. 转让无偿接受捐赠的房屋

**【参考答案】** BC

**【答案解析】** 根据《财政部 税务总局关于个人取得有关收入适用个人所得税应税所得项目的公告》(财政部 税务总局公告 2019 年第 74 号)的规定,房屋产权所有人将房屋产权无偿赠与他人的,受赠人因无偿受赠房屋取得的受赠收入,根据“偶然所得”项

目计算缴纳个人所得税。根据《财政部 国家税务总局关于个人无偿受赠房屋有关个人所得税问题的通知》(财税〔2009〕78号)的规定,符合以下情形的,对当事双方不征收个人所得税:(1)房屋产权所有人将房屋产权无偿赠与配偶、父母、子女、祖父母、外祖父母、孙子女、外孙子女、兄弟姐妹;(2)房屋产权所有人将房屋产权无偿赠与对其承担直接抚养或者赡养义务的抚养人或者赡养人;(3)房屋产权所有人死亡,依法取得房屋产权的法定继承人、遗嘱继承人或者受遗赠人。根据《国家税务总局关于明确个人所得税若干政策执行问题的通知》(国税发〔2009〕121号)的规定,通过离婚析产的方式分割房屋产权是夫妻双方对共同共有财产的处置,个人因离婚办理房屋产权过户手续,不征收个人所得税。

118. 下列应按照“工资、薪金所得”征收个人所得税的有(　　)。

A. 取得的单位发的年终奖

B. 个体工商户业主的工资

C. 取得的在本企业担任董事的董事费

D. 企业支付给职工的过节费

**【参考答案】** ACD

**【答案解析】** 根据《中华人民共和国个人所得税法实施条例》第六条的规定,工资、薪金所得,是指个人因任职或者受雇取得的工资、薪金、奖金、年终加薪、劳动分红、津贴、补贴以及与任职或者受雇有关的其他所得。经营所得,是指:(1)个体工商户从事生产、经营活动取得的所得,个人独资企业投资人、合伙企业的个人合伙人来源于境内注册的个人独资企业、合伙企业生产、经营的所得;(2)个人依法从事办学、医疗、咨询以及其他有偿服务活动取得的所得;(3)个人对企业、事业单位承包经营、承租经营以及转包、转租取得的所得;(4)个人从事其他生产、经营活动取得的所得。选项B,应计入个体工商户的生产、经营所得,按照“经营所得”项目计征个人所得税

119. 根据现行个人所得税的规定,下列关于专项附加扣除的说法正确的有(　　)。

A. 省会城市的住房租金支出的扣除标准是每月1 500元

B. 职业资格技术教育在取得相关证书的当年,按照3 600元定额标准扣除

C. 同一学历的继续教育扣除期限不得超过36个月

D. 对子女均已去世的年满60岁的祖父母的赡养支出属于专项附加扣除

**【参考答案】** ABD

**【答案解析】** 选项C,根据《国务院关于印发个人所得税专项附加扣除暂行办法的通知》(国发〔2018〕41号)的规定,纳税人在中国境内接受学历(学位)继续教育的支出,在学历(学位)教育期间按照每月400元定额扣除。同一学历(学位)继续教育的扣除期限不能超过48个月。纳税人接受技能人员职业资格继续教育、专业技术人员职业资格继续教育的支出,在取得相关证书的当年,按照3 600元定额扣除。

120. 根据现行个人所得税的规定,下列关于非居民个人和无住所居民个人的说法

正确的有(　　)。

A. 境内工作期间按照个人在境内工作天数计算,包括其在境内的实际工作日以及境内工作期间在境内、境外享受的公休假、个人休假、接受培训的天数

B. 在境内、境外单位同时担任职务或者仅在境外单位任职的个人,在境内停留的当天不足 24 小时的,不计入工作天数

C. 在一个纳税年度内,在境内累计居住不超过 90 天的高管人员,仅就归属于境内工作期间并由境内雇主支付或者负担的工资薪金所得计算缴纳个人所得税

D. 在一个纳税年度内,在境内居住累计超过 90 天但不满 183 天的高管人员,其取得的工资薪金所得,除归属于境外工作期间且不是由境内雇主支付或者负担的部分外,应当计算缴纳个人所得税

**【参考答案】** AD

**【答案解析】** 根据《财政部 税务总局关于非居民个人和无住所居民个人有关个人所得税政策的公告》(财政部 税务总局公告 2019 年第 35 号)的规定,个人取得归属于中国境内(以下称境内)工作期间的工资薪金所得为来源于境内的工资薪金所得。境内工作期间按照个人在境内工作天数计算,包括其在境内的实际工作日以及境内工作期间在境内、境外享受的公休假、个人休假、接受培训的天数。在境内、境外单位同时担任职务或者仅在境外单位任职的个人,在境内停留的当天不足 24 小时的,按照半天计算境内工作天数。无住所居民个人为高管人员的,工资薪金收入额按照本公告第二条第(二)项规定计算纳税。非居民个人为高管人员的,按照以下规定处理:

(1)高管人员在境内居住时间累计不超过 90 天的情形。在一个纳税年度内,在境内累计居住不超过 90 天的高管人员,其取得由境内雇主支付或者负担的工资薪金所得应当计算缴纳个人所得税;不是由境内雇主支付或者负担的工资薪金所得,不缴纳个人所得税。当月工资薪金收入额为当月境内支付或者负担的工资薪金收入额。

(2)高管人员在境内居住时间累计超过 90 天不满 183 天的情形。在一个纳税年度内,在境内居住累计超过 90 天但不满 183 天的高管人员,其取得的工资薪金所得,除归属于境外工作期间且不是由境内雇主支付或者负担的部分外,应当计算缴纳个人所得税。当月工资薪金收入额计算适用本公告公式三。

121. 根据现行个人所得税的规定,应被视为股权转让收入明显偏低的转让行为有(　　)。

A. 申报的股权转让收入低于初始投资成本或低于取得该股权所支付的价款及相关税费的

B. 申报的股权转让收入低于相同或类似条件下同一企业同一股东或其他股东股权转让收入的

C. 申报的股权转让收入低于相同或类似条件下同类行业的企业股权转让收入的

D. 不具合理性的无偿让渡股权或股份

**【参考答案】** ABCD

【答案解析】 根据《国家税务总局关于发布〈股权转让所得个人所得税管理办法(试行)〉的公告》(国家税务总局公告2014年第67号)的规定,符合下列情形之一,视为股权转让收入明显偏低:(1)申报的股权转让收入低于股权对应的净资产份额的。其中,被投资企业拥有土地使用权、房屋、房地产企业未销售房产、知识产权、探矿权、采矿权、股权等资产的,申报的股权转让收入低于股权对应的净资产公允价值份额的。(2)申报的股权转让收入低于初始投资成本或低于取得该股权所支付的价款及相关税费的。(3)申报的股权转让收入低于相同或类似条件下同一企业同一股东或其他股东股权转让收入的。(4)申报的股权转让收入低于相同或类似条件下同类行业的企业股权转让收入的。(5)不具合理性的无偿让渡股权或股份。(6)主管税务机关认定的其他情形。

122. 根据现行个人所得税的规定,下列说法正确的有(　　)。

A. 高等学校转化职务科技成果以股份或出资比例等股权形式给予个人奖励,获奖人取得按股份、出资比例分红时,免征个人所得税

B. 对在海南自由贸易港工作的高端人才和紧缺人才,其个人所得税实际税负超过15%的部分,予以免征

C. 个人从公开发行和转让市场取得的上市公司股票,持股期限超过1年的,股息红利所得暂免征收个人所得税

D. 个人与用人单位解除劳动关系取得一次性补偿收入,在当地上年职工平均工资3倍数额以内的部分,免征个人所得税

【参考答案】 BCD

【答案解析】 选项A,根据《财政部 国家税务总局关于教育税收政策的通知》(财税〔2004〕39号)的规定,对个人取得的教育储蓄存款利息所得,免征个人所得税;对省级人民政府、国务院各部委和中国人民解放军军以上单位,以及外国组织、国际组织颁布的教育方面的奖学金,免征个人所得税;高等学校转化职务科技成果以股份或出资比例等股权形式给予个人奖励,获奖人在取得股份、出资比例时,暂不缴纳个人所得税;取得按股份、出资比例分红或转让股权、出资比例所得时,依法缴纳个人所得税。

123. 根据现行个人所得税的规定,下列说法正确的有(　　)。

A. 企事业单位按照国家或省(自治区、直辖市)人民政府规定的缴费比例或办法实际缴付的基本养老保险费、基本医疗保险费和失业保险费,免征个人所得税

B. 个人实际领取原提存的基本养老保险金、基本医疗保险金、失业保险金和住房公积金时,减半征收个人所得税

C. 对退役士兵取得的一次性退役金以及地方政府发放的一次性经济补助,免征个人所得税

D. 企业依照国家有关法律规定宣告破产,企业职工从该破产企业取得的一次性安置费收入,免征个人所得税

【参考答案】 ACD

【答案解析】 选项B,根据《财政部 国家税务总局关于基本养老保险费 基本医疗

保险费 失业保险费 住房公积金有关个人所得税政策的通知》(财税〔2006〕10 号)的规定,个人实际领(支)取原提存的基本养老保险金、基本医疗保险金、失业保险金和住房公积金时,免征个人所得税。

124. 根据现行个人所得税的规定,限售股在解禁前被多次转让的,转让方对每一次转让所得均应按规定缴纳个人所得税。下列情形应按规定征收个人所得税的有(　　)。

A. 个人持有的限售股被司法扣划

B. 个人用限售股接受要约收购

C. 个人因依法继承或家庭财产分割让渡限售股所有权

D. 个人通过证券交易所集中交易系统或大宗交易系统转让限售股

**【参考答案】** ABCD

**【答案解析】** 根据《财政部 国家税务总局 证监会关于个人转让上市公司限售股所得征收个人所得税有关问题的补充通知》(财税〔2010〕70 号),根据《中华人民共和国个人所得税法实施条例》第八条、第十条的规定,个人转让限售股或发生具有转让限售股实质的其他交易,取得现金、实物、有价证券和其他形式的经济利益均应缴纳个人所得税。限售股在解禁前被多次转让的,转让方对每一次转让所得均应按规定缴纳个人所得税。对具有下列情形的,应按规定征收个人所得税:(1)个人通过证券交易所集中交易系统或大宗交易系统转让限售股;(2)个人用限售股认购或申购交易型开放式指数基金(ETF)份额;(3)个人用限售股接受要约收购;(4)个人行使现金选择权将限售股转让给提供现金选择权的第三方;(5)个人协议转让限售股;(6)个人持有的限售股被司法扣划;(7)个人因依法继承或家庭财产分割让渡限售股所有权;(8)个人用限售股偿还上市公司股权分置改革中由大股东代其向流通股股东支付的对价;(9)其他具有转让实质的情形。

125. 根据现行个人所得税的规定,下列说法中正确的有(　　)。

A. 法人合伙人可以按照对初创科技型企业投资额的 70%抵扣法人合伙人从合伙创投企业分得的所得;当年不足抵扣的,不得结转抵扣

B. 个人合伙人可以按照对初创科技型企业投资额的 70%抵扣个人合伙人从合伙创投企业分得的经营所得;当年不足抵扣的,可以在以后纳税年度结转抵扣

C. 天使投资个人采取股权投资方式直接投资于初创科技型企业满 2 年的,可以按照投资额的 70%抵扣转让该初创科技型企业股权取得的应纳税所得额;当期不足抵扣的,可以在以后取得转让该初创科技型企业股权的应纳税所得额时结转抵扣

D. 天使投资个人投资多个初创科技型企业的,对其中办理注销清算的初创科技型企业,天使投资个人对其投资额的 70%尚未抵扣完的,可自注销清算之日起 24 个月内抵扣天使投资个人转让其他初创科技型企业股权取得的应纳税所得额

【参考答案】 BC

【答案解析】 根据《财政部 税务总局关于创业投资企业和天使投资个人有关税收政策的通知》(财税〔2018〕55号)的规定,有限合伙制创业投资企业(以下简称合伙创投企业)采取股权投资方式直接投资于初创科技型企业满2年的,该合伙创投企业的合伙人分别按以下方式处理:(1)法人合伙人可以按照对初创科技型企业投资额的70%抵扣法人合伙人从合伙创投企业分得的所得;当年不足抵扣的,可以在以后纳税年度结转抵扣。(2)个人合伙人可以按照对初创科技型企业投资额的70%抵扣个人合伙人从合伙创投企业分得的经营所得;当年不足抵扣的,可以在以后纳税年度结转抵扣。

天使投资个人采取股权投资方式直接投资于初创科技型企业满2年的,可以按照投资额的70%抵扣转让该初创科技型企业股权取得的应纳税所得额;当期不足抵扣的,可以在以后取得转让该初创科技型企业股权的应纳税所得额时结转抵扣。

天使投资个人投资多个初创科技型企业的,对其中办理注销清算的初创科技型企业,天使投资个人对其投资额的70%尚未抵扣完的,可自注销清算之日起36个月内抵扣天使投资个人转让其他初创科技型企业股权取得的应纳税所得额。

126. 依据《个人所得税扣缴申报管理办法(试行)》的规定,以下说法正确的有(　　)。

A. 劳务报酬所得、稿酬所得、特许权使用费所得,属于同一项目连续性收入的,以一个月内取得的收入为一次

B. 财产租赁所得,以每次取得该项收入为一次

C. 利息、股息、红利所得,以支付利息、股息、红利时取得的收入为一次

D. 偶然所得,以每次取得该项收入为一次

【参考答案】 ACD

【答案解析】 根据《国家税务总局关于发布〈个人所得税扣缴申报管理办法(试行)〉的公告》(国家税务总局公告2018年第61号)的规定,劳务报酬所得、稿酬所得、特许权使用费所得,属于一次性收入的,以取得该项收入为一次;属于同一项目连续性收入的,以一个月内取得的收入为一次。财产租赁所得,以一个月内取得的收入为一次。利息、股息、红利所得,以支付利息、股息、红利时取得的收入为一次。偶然所得,以每次取得该项收入为一次。

127. 根据现行个人所得税的规定,下列说法正确的有(　　)。

A. 个人按照规定,领取的税收递延型商业养老保险的养老金收入,其中25%部分予以免税,其余75%部分按照20%的比例税率计算缴纳个人所得税

B. 个人按照规定,领取的税收递延型商业养老保险的养老金收入,其中25%部分予以免税,其余75%部分按照10%的比例税率计算缴纳个人所得税

C. 依法批准设立的非营利性研究开发机构和高等学校根据规定,从职务科技成果转化收入中给予科技人员的现金奖励,可减按50%计入科技人员当月"工资、薪

金所得”，依法缴纳个人所得税

D. 依法批准设立的非营利性研究开发机构和高等学校根据规定，从职务科技成果转化收入中给予科技人员的现金奖励，免征个人所得税

**【参考答案】** BC

**【答案解析】** 根据《财政部 税务总局关于个人取得有关收入适用个人所得税应税所得项目的公告》(财政部 税务总局公告 2019 年第 74 号)，个人按照《财政部 税务总局 人力资源社会保障部 中国银行保险监督管理委员会 证监会关于开展个人税收递延型商业养老保险试点的通知》(财税〔2018〕22 号)的规定，领取的税收递延型商业养老保险的养老金收入，其中 25%部分予以免税，其余 75%部分按照 10%的比例税率计算缴纳个人所得税，税款计入“工资、薪金所得”项目，由保险机构代扣代缴后，在个人购买税延养老保险的机构所在地办理全员全额扣缴申报。

根据《财政部 税务总局 科技部关于科技人员取得职务科技成果转化现金奖励有关个人所得税政策的通知》(财税〔2018〕58 号)，依法批准设立的非营利性研究开发机构和高等学校根据《中华人民共和国促进科技成果转化法》规定，从职务科技成果转化收入中给予科技人员的现金奖励，可减按 50%计入科技人员当月“工资、薪金所得”，依法缴纳个人所得税。

128. 根据个人所得税的相关规定，个人转租房屋取得收入，允许在税前扣除的有(　　)。

A. 由纳税人负担的租赁财产实际开支的修缮费用

B. 违法罚款

C. 向出租方支付的租金

D. 财产租赁过程中缴纳的城市维护建设税

**【参考答案】** ACD

**【答案解析】** 根据《国家税务总局关于个人转租房屋取得收入征收个人所得税问题的通知》(国税函〔2009〕639 号)，个人将承租房屋转租取得的租金收入，属于个人所得税应税所得，应按“财产租赁所得”项目计算缴纳个人所得税。

取得转租收入的个人向房屋出租方支付的租金，凭房屋租赁合同和合法支付凭据允许在计算个人所得税时，从该项转租收入中扣除。

《国家税务总局关于个人所得税若干业务问题的批复》(国税函〔2002〕146 号)有关财产租赁所得个人所得税前扣除税费的扣除次序调整为：财产租赁过程中缴纳的税费；向出租方支付的租金；由纳税人负担的租赁财产实际开支的修缮费用；税法规定的费用扣除标准。

129. 根据个人所得税的相关规定，下列关于个体工商户经营的说法，正确的有(　　)。

A. 向金融企业借款的利息支出，准予扣除

B. 职工教育经费的实际发生数额超出规定比例当期不能扣除的数额，且不得结转扣除

C. 在生产经营活动中发生的借款费用，准予扣除

D. 实际发生的职工教育经费支出在工资薪金总额的2.5%的标准内据实扣除

**【参考答案】** AD

**【答案解析】** 根据《国家税务总局个体工商户个人所得税计税办法》(国家税务总局令第35号)，职工教育经费的实际发生数额超出规定比例当期不能扣除的数额，准予在以后纳税年度结转扣除。

个体工商户在生产经营活动中发生的合理的不需要资本化的借款费用，准予扣除。个体工商户为购置、建造固定资产、无形资产和经过12个月以上的建造才能达到预定可销售状态的存货发生借款的，在有关资产购置、建造期间发生的合理的借款费用，应当作为资本性支出计入有关资产的成本，并依照本办法的规定扣除。

130. 根据个人所得税的相关规定，下列说法正确的有(　　)。

A. 保险营销员取得的佣金收入，属于劳务报酬所得

B. 保险营销员取得的佣金收入，以不含增值税的收入减除20%的费用后的余额为收入额

C. 收入额减去展业成本以及附加税费后，并入当年综合所得，计算缴纳个人所得税，其中展业成本按照佣金收入的25%计算

D. 扣缴义务人向保险营销员支付佣金收入时，应按照法律规定的累计预扣法计算预扣税款

**【参考答案】** ABD

**【答案解析】** 根据《财政部 税务总局关于个人所得税法修改后有关优惠政策衔接问题的通知》(财税〔2018〕164号)，保险营销员、证券经纪人取得的佣金收入，属于劳务报酬所得，以不含增值税的收入减除20%的费用后的余额为收入额，收入额减去展业成本以及附加税费后，并入当年综合所得，计算缴纳个人所得税。保险营销员、证券经纪人展业成本按照收入额的25%计算。扣缴义务人向保险营销员、证券经纪人支付佣金收入时，应按照《个人所得税扣缴申报管理办法(试行)》(国家税务总局公告2018年第61号)规定的累计预扣法计算预扣税款。

131. 根据个人所得税的相关规定，关于拍卖收入的个人所得税处理说法正确的有(　　)。

A. 作者将自己的文字作品手稿原件拍卖取得的所得，按“特许权使用费”项目计税

B. 个人拍卖除文字作品原稿及复印件外的其他财产，按照“财产转让所得”缴纳个人所得税

C. 纳税人如不能提供合法、完整、准确的财产原值凭证，不能正确计算财产原值的，按转让收入额的2%征收率计算缴纳个人所得税

D. 拍卖品为经文物部门认定是海外回流文物的，按转让收入额的2%征收率计算缴纳个人所得税

【参考答案】 ABD

【答案解析】 根据《国家税务总局关于加强和规范个人取得拍卖收入征收个人所得税有关问题的通知》(国税发〔2007〕38号),个人通过拍卖市场拍卖个人财产,对其取得所得按以下规定征税:

(1)根据《国家税务总局关于印发〈征收个人所得税若干问题的规定〉的通知》(国税发〔1994〕89号),作者将自己的文字作品手稿原件或复印件拍卖取得的所得,应以其转让收入额减除800元(转让收入额4 000元以下)或者20%(转让收入额4 000元以上)后的余额为应纳税所得额,按照"特许权使用费"所得项目适用20%税率缴纳个人所得税。

(2)个人拍卖除文字作品原稿及复印件外的其他财产,应以其转让收入额减除财产原值和合理费用后的余额为应纳税所得额,按照"财产转让所得"项目适用20%税率缴纳个人所得税。

纳税人如不能提供合法、完整、准确的财产原值凭证,不能正确计算财产原值的,按转让收入额的3%征收率计算缴纳个人所得税;拍卖品为经文物部门认定是海外回流文物的,按转让收入额的2%征收率计算缴纳个人所得税。

132. 根据现行个人所得税的相关规定,下列说法正确的有(　　)。

A. 夫妻双方主要工作城市相同的,只能由一方扣除住房租金支出

B. 3岁以下婴幼儿子女的照护支出,可以选择由其中一方按扣除标准的100%扣除,也可以选择由双方分别按扣除标准的50%扣除

C. 纳税人为非独生子女的,可以由赡养人均摊或者约定分摊,也可以指定分摊,约定分摊优先于其他方式

D. 纳税人接受技能人员职业资格继续教育、专业技术人员职业资格继续教育的支出,在教育期间按照每月400元定额扣除

【参考答案】 AB

【答案解析】 根据《国务院关于印发个人所得税专项附加扣除暂行办法的通知》(国发〔2018〕41号)的规定,纳税人赡养一位及以上被赡养人的赡养支出,统一按照以下标准定额扣除:(一)纳税人为独生子女的,按照每月2 000元的标准定额扣除;(二)纳税人为非独生子女的,由其与兄弟姐妹分摊每月2 000元的扣除额度,每人分摊的额度不能超过每月1 000元。可以由赡养人均摊或者约定分摊,也可以由被赡养人指定分摊。约定或者指定分摊的须签订书面分摊协议,指定分摊优先于约定分摊。具体分摊方式和额度在一个纳税年度内不能变更。

纳税人在中国境内接受学历(学位)继续教育的支出,在学历(学位)教育期间按照每月400元定额扣除。同一学历(学位)继续教育的扣除期限不能超过48个月。纳税人接受技能人员职业资格继续教育、专业技术人员职业资格继续教育的支出,在取得相关证书的当年,按照3 600元定额扣除。

133. 中国居民个人A于2022年3月转让其对境外B企业投资拥有的股权。B企

业2019—2021年度资产公允价值60%来源于我国境内的不动产。按现行个人所得税的规定,下列说法错误的有(　　)。

A. 转让股权取得的所得为来源于中国境内的所得

B. 因B企业在境外,故转让股权取得的所得为来源于中国境外的所得

C. 转让股权取得的所得应纳个人所得税

D. A为居民个人,其转让该股权取得的境外所得也应纳个人所得税

**【参考答案】** BD

**【答案解析】** 根据《财政部 税务总局关于境外所得有关个人所得税政策的公告》(财政部 税务总局公告2020年第3号),转让中国境外的不动产、转让对中国境外企业以及其他组织投资形成的股票、股权以及其他权益性资产(以下称权益性资产)或者在中国境外转让其他财产取得的所得,为来源于中国境外的所得。但转让对中国境外企业以及其他组织投资形成的权益性资产,该权益性资产被转让前三年(连续36个公历月份)内的任一时间,被投资企业或其他组织的资产公允价值50%以上直接或间接来自位于中国境内的不动产的,取得的所得为来源于中国境内的所得。

134. 下列所得,应按"偶然所得"计征个人所得税的有(　　)。

A. 林某接受叔叔无偿赠送的房屋

B. 闫某为他人提供担保取得的收入

C. 陈某参加非受雇单位庆典,受赠的具有价格折扣性质的代金券

D. 金某在非受雇单位的年会中受赠的礼品

**【参考答案】** ABD

**【答案解析】** 根据《财政部 税务总局关于个人取得有关收入适用个人所得税应税所得项目的公告》(财政部 税务总局公告2019年第74号)的规定,个人为单位或他人提供担保获得收入,按照"偶然所得"项目计算缴纳个人所得税。

房屋产权所有人将房屋产权无偿赠与他人的,受赠人因无偿受赠房屋取得的受赠收入,按照"偶然所得"项目计算缴纳个人所得税。

企业在业务宣传、广告等活动中,随机向本单位以外的个人赠送礼品(包括网络红包,下同),以及企业在年会、座谈会、庆典以及其他活动中向本单位以外的个人赠送礼品,个人取得的礼品收入,按照"偶然所得"项目计算缴纳个人所得税,但企业赠送的具有价格折扣或折让性质的消费券、代金券、抵用券、优惠券等礼品除外。

135. 根据现行个人所得税的规定,专项附加扣除中关于扣除时间的下列说法错误的有(　　)。

A. 学前教育阶段为子女年满3周岁当月至小学入学当月

B. 3岁以下婴幼儿照护为婴幼儿出生的当月至年满3周岁的前一个月

C. 住房租金为租赁合同(协议)约定的房屋租赁期开始的当月至租赁期结束的当月

D. 赡养老人为被赡养人年满60周岁的当月至赡养义务终止的当月

**【参考答案】** AD

**【答案解析】** 根据《国家税务总局关于修订发布〈个人所得税专项附加扣除操作办法(试行)〉的公告》(国家税务总局公告 2022 年第 7 号),纳税人享受符合规定的专项附加扣除的计算时间分别为:

(1)子女教育。学前教育阶段,为子女年满 3 周岁当月至小学入学前一月。学历教育,为子女接受全日制学历教育入学的当月至全日制学历教育结束的当月。

(2)继续教育。学历(学位)继续教育,为在中国境内接受学历(学位)继续教育入学的当月至学历(学位)继续教育结束的当月,同一学历(学位)继续教育的扣除期限最长不得超过 48 个月。技能人员职业资格继续教育、专业技术人员职业资格继续教育,为取得相关证书的当年。

(3)大病医疗。为医疗保障信息系统记录的医药费用实际支出的当年。

(4)住房贷款利息。为贷款合同约定开始还款的当月至贷款全部归还或贷款合同终止的当月,扣除期限最长不得超过 240 个月。

(5)住房租金。为租赁合同(协议)约定的房屋租赁期开始的当月至租赁期结束的当月。提前终止合同(协议)的,以实际租赁期限为准。

(6)赡养老人。为被赡养人年满 60 周岁的当月至赡养义务终止的年末。

(7)3 岁以下婴幼儿照护。为婴幼儿出生的当月至年满 3 周岁的前一个月。

前款第一项、第二项规定的学历教育和学历(学位)继续教育的期间,包含因病或其他非主观原因休学但学籍继续保留的休学期间,以及施教机构按规定组织实施的寒暑假等假期。

136. 根据现行个人所得税的规定,下列说法正确的有(　　)。

A. 个人与用人单位解除劳动关系取得一次性补偿收入,在当地上年职工平均工资 3 倍数额以内的部分,免征个人所得税

B. 个人与用人单位解除劳动关系取得一次性补偿收入,在当地上年职工平均工资 3 倍数额以内的部分,免征个人所得税;超过 3 倍数额的部分,不并入当年综合所得,单独适用月度税率表,计算纳税

C. 个人办理提前退休手续而取得的一次性补贴收入,应按照办理提前退休手续至法定离退休年龄之间实际年度数平均分摊,确定适用税率和速算扣除数,单独适用综合所得税率表,计算纳税

D. 个人办理提前退休手续而取得的一次性补贴收入,应按照办理提前退休手续至法定离退休年龄之间实际年度数平均分摊,确定适用税率和速算扣除数,单独适用月度税率表,计算纳税

**【参考答案】** AC

**【答案解析】** 根据《财政部 税务总局关于个人所得税法修改后有关优惠政策衔接问题的通知》(财税〔2018〕164 号)的规定,个人与用人单位解除劳动关系取得一次性补偿收入(包括用人单位发放的经济补偿金、生活补助费和其他补助费),在当地上年职工平均工资 3 倍数额以内的部分,免征个人所得税;超过 3 倍数额的部分,不并入当年综

合所得，单独适用综合所得税率表，计算纳税。

个人办理提前退休手续而取得的一次性补贴收入，应按照办理提前退休手续至法定离退休年龄之间实际年度数平均分摊，确定适用税率和速算扣除数，单独适用综合所得税率表，计算纳税。计算公式：

应纳税额＝{〔(一次性补贴收入÷办理提前退休手续至法定退休年龄的实际年度数)－费用扣除标准〕×适用税率－速算扣除数}×办理提前退休手续至法定退休年龄的实际年度数

137. 下列所得，实行全员全额扣缴申报个税的有（　　）。

A. 特许权使用费所得

B. 经营所得

C. 利息、股息、红利所得

D. 偶然所得

**【参考答案】** ACD

**【答案解析】** 根据《国家税务总局关于发布〈个人所得税扣缴申报管理办法（试行）〉的公告》（国家税务总局公告 2018 年第 61 号）的规定，实行个人所得税全员全额扣缴申报的应税所得包括：(1)工资、薪金所得；(2)劳务报酬所得；(3)稿酬所得；(4)特许权使用费所得；(5)利息、股息、红利所得；(6)财产租赁所得；(7)财产转让所得；(8)偶然所得。

138. 根据现行个人所得税的规定，下列说法正确的有（　　）。

A. 持有股权等权益性投资的个人独资企业，一律适用查账征收方式计征个人所得税

B. 持有股权等权益性投资的个人独资企业，可以适用核定征收方式计征个人所得税

C. 独资合伙企业应自持有股权等权益性投资之日起 30 日内，主动向税务机关报送持有权益性投资的情况

D. 税务机关接到核定征收独资合伙企业报送持有权益性投资情况的，无须调整其征收方式

**【参考答案】** AC

**【答案解析】** 根据《财政部 税务总局关于权益性投资经营所得个人所得税征收管理的公告》（财政部 税务总局公告 2021 年第 41 号）的规定，持有股权、股票、合伙企业财产份额等权益性投资的个人独资企业、合伙企业（以下简称独资合伙企业），一律适用查账征收方式计征个人所得税。

独资合伙企业应自持有上述权益性投资之日起 30 日内，主动向税务机关报送持有权益性投资的情况；公告实施前独资合伙企业已持有权益性投资的，应当在 2022 年 1 月 30 日前向税务机关报送持有权益性投资的情况。税务机关接到核定征收独资合伙企业报送持有权益性投资情况的，调整其征收方式为查账征收。

139. 根据现行个人所得税的规定，属于来源于中国境外的所得的有（　　）。

A. 中国境外企业、其他组织以及非居民个人支付且负担的偶然所得

B. 中国境外企业以及其他组织支付且负担的稿酬所得

C. 将财产出租给承租人在中国境外使用而取得的所得

D. 从中国境外企业、其他组织以及非居民个人取得的利息、股息、红利所得

**【参考答案】** ABCD

**【答案解析】** 根据《财政部 税务总局关于境外所得有关个人所得税政策的公告》（财政部 税务总局公告 2020 年第 3 号），下列所得，为来源于中国境外的所得。（1）因任职、受雇、履约等在中国境外提供劳务取得的所得。（2）中国境外企业以及其他组织支付且负担的稿酬所得。（3）许可各种特许权在中国境外使用而取得的所得。（4）在中国境外从事生产、经营活动而取得的与生产、经营活动相关的所得。（5）从中国境外企业、其他组织以及非居民个人取得的利息、股息、红利所得。（6）将财产出租给承租人在中国境外使用而取得的所得。（7）转让中国境外的不动产、转让对中国境外企业以及其他组织投资形成的股票、股权以及其他权益性资产（以下称权益性资产）或者在中国境外转让其他财产取得的所得。但转让对中国境外企业以及其他组织投资形成的权益性资产，该权益性资产被转让前三年（连续 36 个公历月份）内的任一时间，被投资企业或其他组织的资产公允价值 50%以上直接或间接来自位于中国境内的不动产的，取得的所得为来源于中国境内的所得。（8）中国境外企业、其他组织以及非居民个人支付且负担的偶然所得。（9）财政部、税务总局另有规定的，按照相关规定执行。

140. 根据现行个人所得税的规定，下列说法正确的有（　　）。

A. 对工伤职工及其近亲属按照《工伤保险条例》（国务院令第 586 号）规定取得的一次性伤残补助金、伤残津贴等，免征个人所得税

B. 个人实际缴付的基本养老保险费、基本医疗保险费和失业保险费，允许在个人应纳税所得额中全额扣除

C. 个人实际领（支）取原提存的基本养老保险金、基本医疗保险金、失业保险金和住房公积金时，免征个人所得税

D. 生育妇女按照县级以上人民政府根据国家有关规定制定的生育保险办法，取得的生育津贴、生育医疗费或其他属于生育保险性质的津贴、补贴，免征个人所得税

**【参考答案】** ACD

**【答案解析】** 根据《财政部 国家税务总局关于基本养老保险费 基本医疗保险费 失业保险费 住房公积金有关个人所得税政策的通知》（财税〔2006〕10 号）的规定，企事业单位按照国家或省（自治区、直辖市）人民政府规定的缴费比例或办法实际缴付的基本养老保险费、基本医疗保险费和失业保险费，免征个人所得税；个人按照国家或省（自治区、直辖市）人民政府规定的缴费比例或办法实际缴付的基本养老保险费、基本医疗保险费和失业保险费，允许在个人应纳税所得额中扣除。

141. 根据现行个人所得税的规定，下列关于个人领取企业年金、职业年金的说法中正确的有(　　)。

A. 个人达到国家规定的退休年龄，领取的企业年金、职业年金，符合相关规定的，不并入综合所得，全额单独计算应纳税款

B. 个人达到国家规定的退休年龄，领取的企业年金、职业年金，符合规定的，并入综合所得，全额单独计算应纳税款

C. 按季领取的，平均分摊计入各月，按每月领取额适用月度税率表计算纳税

D. 按季领取的，适用综合所得税率表计算纳税

**【参考答案】** AC

**【答案解析】** 根据《财政部 税务总局关于个人所得税法修改后有关优惠政策衔接问题的通知》(财税〔2018〕164 号)的规定，个人达到国家规定的退休年龄，领取的企业年金、职业年金，符合《财政部 人力资源社会保障部 国家税务总局关于企业年金 职业年金个人所得税有关问题的通知》(财税〔2013〕103 号)规定的，不并入综合所得，全额单独计算应纳税款。其中按月领取的，适用月度税率表计算纳税；按季领取的，平均分摊计入各月，按每月领取额适用月度税率表计算纳税；按年领取的，适用综合所得税率表计算纳税。

个人因出境定居而一次性领取的年金个人账户资金，或个人死亡后，其指定的受益人或法定继承人一次性领取的年金个人账户余额，适用综合所得税率表计算纳税。对个人除上述特殊原因外一次性领取年金个人账户资金或余额的，适用月度税率表计算纳税。

142. 根据现行个人所得税的规定，为减轻当年新入职人员个人所得税预扣预缴阶段的税收负担，以下说法正确的有(　　)。

A. 对一个纳税年度内首次取得工资、薪金所得的居民个人，扣缴义务人在预扣预缴个人所得税时，可按照 5000 元/月乘以纳税人当年截至本月月份数计算累计减除费用

B. 正在接受全日制学历教育的学生因实习取得劳务报酬所得的，扣缴义务人预扣预缴个人所得税时，可按照《国家税务总局关于发布〈个人所得税扣缴申报管理办法(试行)〉的公告》(2018 年第 61 号)规定的累计预扣法计算并预扣预缴税款

C. 按规定预扣预缴个人所得税的纳税人，应当及时向扣缴义务人申明并如实提供相关佐证资料或承诺书，并对相关资料及承诺书的真实性、准确性、完整性负责。相关资料或承诺书，由纳税人一方留存备查

D. 首次取得工资、薪金所得的居民个人，是指自纳税年度首月起至新入职时，未取得工资、薪金所得或者未按照累计预扣法预扣预缴过连续性劳务报酬所得个人所得税的居民个人

**【参考答案】** ABD

**【答案解析】** 根据《国家税务总局关于完善调整部分纳税人个人所得税预扣预缴

方法的公告》(国家税务总局公告 2020 年第 13 号),符合本公告规定并可按上述条款预扣预缴个人所得税的纳税人,应当及时向扣缴义务人申明并如实提供相关佐证资料或承诺书,并对相关资料及承诺书的真实性、准确性、完整性负责。相关资料或承诺书,纳税人及扣缴义务人需留存备查。

143. 根据现行个人所得税的规定,以下说法正确的有(　　)。

A. 单位按低于购置或建造成本价格出售住房给职工,职工因此而少支出的差价部分,符合规定的,不并入当年综合所得,以差价收入除以 12 个月得到的数额,按照综合所得税率表确定适用税率和速算扣除数,单独计算纳税

B. 居民个人从中国境外取得所得的,应当在取得所得的次年 3 月 1 日至 6 月 30 日内申报纳税

C. 个人财产拍卖所得适用"财产转让所得"项目计算应纳税所得额时,纳税人凭合法有效凭证从其转让收入额中减除相应的财产原值、拍卖财产过程中缴纳的税金及有关合理费用

D. 上市公司授予个人的股票期权、限制性股票和股权奖励,经向主管税务机关备案,个人可自股票期权行权、限制性股票解禁或取得股权奖励之日起,在不超过 12 个月的期限内缴纳个人所得税

**【参考答案】** BCD

**【答案解析】** 根据《财政部 税务总局关于个人所得税法修改后有关优惠政策衔接问题的通知》(财税〔2018〕164 号),单位按低于购置或建造成本价格出售住房给职工,职工因此而少支出的差价部分,符合《财政部 国家税务总局关于单位低价向职工售房有关个人所得税问题的通知》(财税〔2007〕13 号)第二条规定的,不并入当年综合所得,以差价收入除以 12 个月得到的数额,按照月度税率表确定适用税率和速算扣除数,单独计算纳税。计算公式为:

应纳税额＝职工实际支付的购房价款低于该房屋的购置或建造成本价格的差额×适用税率－速算扣除数

144. 下列属于居民个人所得税专项附加扣除项目的有(　　)。

A. 成本费用支出　　B. 赡养老人支出

C. 住房贷款利息　　D. 3 岁以下婴幼儿照护支出

**【参考答案】** BCD

**【答案解析】** 根据《个人所得税专项附加扣除暂行办法》,专项附加扣除,包括子女教育、继续教育、大病医疗、住房贷款利息或者住房租金、赡养老人、3 岁以下婴幼儿照护等七项。

145. 下列个人收入中,应按"工资薪金所得"缴纳个人所得税的有(　　)。

A. 在任职单位取得的加班收入　　B. 在任职单位取得的董事费收入

C. 在任职单位取得劳动分红　　D. 在其他单位取得的兼职收入

**【参考答案】** ABC

【答案解析】 根据《中华人民共和国个人所得税法实施条例》第六条，工资、薪金所得，是指个人因任职或者受雇取得的工资、薪金、奖金、年终加薪、劳动分红、津贴、补贴以及与任职或者受雇有关的其他所得。劳务报酬所得，是指个人从事劳务取得的所得，包括从事设计、装潢、安装、制图、化验、测试、医疗、法律、会计、咨询、讲学、翻译、审稿、书画、雕刻、影视、录音、录像、演出、表演、广告、展览、技术服务、介绍服务、经纪服务、代办服务以及其他劳务取得的所得。在任职单位取得的加班收入、在任职单位取得的董事费收入、劳动分红均属于工资薪金所得，在其他单位兼职取得的收入属于劳务报酬所得。

146. 个人取得的下列所得，属于减免征个人所得税的有(　　)。

A. 抚恤金

B. 个体工商户的坏账损失

C. 因自然灾害遭受重大损失的

D. 残疾、孤老人员和烈属的所得

【参考答案】 ACD

【答案解析】 根据《中华人民共和国个人所得税法》第四条，下列各项个人所得，免征个人所得税：(1)省级人民政府、国务院部委和中国人民解放军军以上单位，以及外国组织、国际组织颁发的科学、教育、技术、文化、卫生、体育、环境保护等方面的奖金；(2)国债和国家发行的金融债券利息；(3)按照国家统一规定发给的补贴、津贴；(4)福利费、抚恤金、救济金；(5)保险赔款；(6)军人的转业费、复员费、退役金；(7)按照国家统一规定发给干部、职工的安家费、退职费、基本养老金或者退休费、离休费、离休生活补助费；(8)依照有关法律规定应予免税的各国驻华使馆、领事馆的外交代表、领事官员和其他人员的所得；(9)中国政府参加的国际公约、签订的协议中规定免税的所得；(10)国务院规定的其他免税所得。前款第十项免税规定，由国务院报全国人民代表大会常务委员会备案。第五条，有下列情形之一的，可以减征个人所得税，具体幅度和期限，由省、自治区、直辖市人民政府规定，并报同级人民代表大会常务委员会备案：(1)残疾、孤老人员和烈属的所得；(2)因自然灾害遭受重大损失的。国务院可以规定其他减税情形，报全国人民代表大会常务委员会备案。

147. 居民个人的综合所得可扣除基本扣除费用、专项扣除、专项附加扣除及依法确定的其他扣除，下列属于依法确定的其他扣除的有(　　)。

A. 企业年金　　B. 职业年金

C. 商业保险　　D. 税收递延型商业养老保险

【参考答案】 ABD

【答案解析】 根据《中华人民共和国个人所得税法实施条例》第十三条，个人所得税法第六条第一款第一项所称依法确定的其他扣除，包括个人缴付符合国家规定的企业年金、职业年金，个人购买符合国家规定的商业健康保险、税收递延型商业养老保险的支出，以及国务院规定可以扣除的其他项目。专项扣除、专项附加扣除和依法确定的其他扣除,以居民个人一个纳税年度的应纳税所得额为限额;一个纳税年度扣除不完的,不结转以后年度扣除。

148. 对个人独资企业和合伙企业从事以下(　　)行业,属于其投资者取得的"四业"所得暂不征收个人所得税。

A. 种植业　　　　B. 养殖业

C. 畜牧业　　　　D. 饲养业

**【参考答案】** ABD

**【答案解析】** 根据《财政部 国家税务总局关于个人独资企业和合伙企业投资者取得种植业 养殖业 饲养业 捕捞业所得有关个人所得税问题的批复》(财税〔2010〕96号),对个人独资企业和合伙企业从事种植业、养殖业、饲养业和捕捞业(以下简称"四业"),其投资者取得的"四业"所得暂不征收个人所得税。

149. 实行个人所得税全员全额扣缴申报的应税所得包括(　　)。

A. 利息、股息、红利所得　　　　B. 财产转让所得

C. 偶然所得　　　　D. 特许权使用费所得

**【参考答案】** ABCD

**【答案解析】** 根据《个人所得税扣缴申报管理办法(试行)》,实行个人所得税全员全额扣缴申报的应税所得包括:(1)工资、薪金所得;(2)劳务报酬所得;(3)稿酬所得;(4)特许权使用费所得;(5)利息、股息、红利所得;(6)财产租赁所得;(7)财产转让所得;(8)偶然所得。

150. 下列选项说法中正确的有(　　)。

A. 扣缴义务人向居民个人支付工资、薪金所得时,应当按照累计预扣法计算预扣税款,并按月办理扣缴申报

B. 累计预扣法,计算累计应预扣预缴税额,再减除累计减免税额和累计已预扣预缴税额,其余额为本期应预扣预缴税额

C. 累计预扣法,余额为负值时,暂不退税

D. 居民个人向扣缴义务人提供有关信息并依法要求办理专项附加扣除的,扣缴义务人应当按照规定在工资、薪金所得按月预扣预缴税款时予以扣除,但可以拒绝

**【参考答案】** ABC

**【答案解析】** 根据《个人所得税扣缴申报管理办法(试行)》,扣缴义务人向居民个人支付工资、薪金所得时,应当按照累计预扣法计算预扣税款,并按月办理扣缴申报。累计预扣法,是指扣缴义务人在一个纳税年度内预扣预缴税款时,以纳税人在本单位截至当前月份工资、薪金所得累计收入减除累计免税收入、累计减除费用、累计专项扣除、累计专项附加扣除和累计依法确定的其他扣除后的余额为累计预扣预缴应纳税所得额,适用个人所得税预扣率表一,计算累计应预扣预缴税额,再减除累计减免税额和累计已预扣预缴税额,其余额为本期应预扣预缴税额。余额为负值时,暂不退税。纳税年度终了后余额仍为负值时,由纳税人通过办理综合所得年度汇算清缴,税款多退少补。

居民个人向扣缴义务人提供有关信息并依法要求办理专项附加扣除的，扣缴义务人应当按照规定在工资、薪金所得按月预扣预缴税款时予以扣除，不得拒绝。

151. 关于个人所得税预扣预缴，下列说法正确的有（　　）。

A. 劳务报酬所得、稿酬所得、特许权使用费所得以收入减除费用后的余额为收入额

B. 稿酬所得的收入额减按70%计算

C. 预扣预缴税款时，劳务报酬所得、稿酬所得、特许权使用费所得每次收入不超过4 000元的，减除费用按800元计算

D. 劳务报酬所得适用个人所得税预扣率表一

**【参考答案】** ABC

**【答案解析】** 根据《个人所得税扣缴申报管理办法（试行）》，扣缴义务人向居民个人支付劳务报酬所得、稿酬所得、特许权使用费所得时，应当按照以下方法按次或者按月预扣预缴税款：劳务报酬所得、稿酬所得、特许权使用费所得以收入减除费用后的余额为收入额；其中，稿酬所得的收入额减按70%计算。减除费用：预扣预缴税款时，劳务报酬所得、稿酬所得、特许权使用费所得每次收入不超过4 000元的，减除费用按800元计算；每次收入4 000元以上的，减除费用按收入的20%计算。应纳税所得额：劳务报酬所得、稿酬所得、特许权使用费所得，以每次收入额为预扣预缴应纳税所得额，计算应预扣预缴税额。劳务报酬所得适用个人所得税预扣率表二，稿酬所得、特许权使用费所得适用20%的比例预扣率。居民个人办理年度综合所得汇算清缴时，应当依法计算劳务报酬所得、稿酬所得、特许权使用费所得的收入额，并入年度综合所得计算应纳税款，税款多退少补。

152. 下列说法中，正确的有（　　）。

A. 对扣缴义务人按照规定扣缴的税款，按年付给2%的手续费

B. 对扣缴义务人按照规定扣缴的税款，不包括税务机关、司法机关等查补或者责令补扣的税款

C. 扣缴义务人依法履行代扣代缴义务，纳税人不得拒绝

D. 纳税人拒绝的，扣缴义务人应当直接从工资中扣款

**【参考答案】** ABC

**【答案解析】** 根据《个人所得税扣缴申报管理办法（试行）》，对扣缴义务人按照规定扣缴的税款，按年付给2%的手续费。不包括税务机关、司法机关等查补或者责令补扣的税款。扣缴义务人领取的扣缴手续费可用于提升办税能力、奖励办税人员。扣缴义务人依法履行代扣代缴义务，纳税人不得拒绝。纳税人拒绝的，扣缴义务人应当及时报告税务机关。

153. 下列关于个人所得税专项附加扣除，说法正确的有（　　）。

A. 纳税人的子女接受全日制学历教育的相关支出，按照每个子女每月1 000元的标准定额扣除

B. 对于子女教育专项附加扣除，父母可以选择由其中一方按扣除标准的100%扣

除,也可以选择由双方分别按扣除标准的50%扣除

C. 纳税人子女在中国境外接受教育的,纳税人应当留存境外学校录取通知书、留学签证等相关教育的证明资料备查

D. 子女教育专项附加扣除具体扣除方式在36个月内不能变更

**【参考答案】** ABC

**【答案解析】** 根据《国家税务总局关于贯彻执行提高个人所得税有关专项附加扣除标准政策的公告》(国家税务总局公告2023年第14号),3岁以下婴幼儿照护、子女教育专项附加扣除标准,由每个婴幼儿(子女)每月1 000元提高到2 000元。父母可以选择由其中一方按扣除标准的100%扣除,也可以选择由双方分别按50%扣除。根据《个人所得税专项附加扣除暂行办法》,纳税人的子女接受全日制学历教育的相关支出,按照每个子女每月1 000元的标准定额扣除。父母可以选择由其中一方按扣除标准的100%扣除,也可以选择由双方分别按扣除标准的50%扣除,具体扣除方式在一个纳税年度内不能变更。纳税人子女在中国境外接受教育的,纳税人应当留存境外学校录取通知书、留学签证等相关教育的证明资料备查。

154. 下列关于个人所得税专项附加扣除中继续教育的说法,正确的有(　　)。

A. 纳税人在中国境内接受学历(学位)继续教育的支出,在学历(学位)教育期间按照每月400元定额扣除

B. 同一学历(学位)继续教育的扣除期限不能超过36个月

C. 纳税人接受技能人员职业资格继续教育、专业技术人员职业资格继续教育的支出,在取得相关证书的当年,按照4 800元定额扣除

D. 个人接受本科及以下学历(学位)继续教育,符合本办法规定扣除条件的,可以选择由其父母扣除,也可以选择由本人扣除

**【参考答案】** AD

**【答案解析】** 根据《个人所得税专项附加扣除暂行办法》,纳税人在中国境内接受学历(学位)继续教育的支出,在学历(学位)教育期间按照每月400元定额扣除。同一学历(学位)继续教育的扣除期限不能超过48个月。纳税人接受技能人员职业资格继续教育、专业技术人员职业资格继续教育的支出,在取得相关证书的当年,按照3 600元定额扣除。个人接受本科及以下学历(学位)继续教育,符合本办法规定扣除条件的,可以选择由其父母扣除,也可以选择由本人扣除。纳税人接受技能人员职业资格继续教育、专业技术人员职业资格继续教育的,应当留存相关证书等资料备查。

155. 下列关于个人所得税专项附加扣除中大病医疗的说法,正确的有(　　)。

A. 大病医疗可以扣除的部分为在一个纳税年度内,纳税人发生的与基本医保相关的医药费用支出,扣除医保报销后个人负担(指医保目录范围内的自付部分)累计超过15 000元的部分

B. 由纳税人在办理年度汇算清缴时,在80 000元限额内定额扣除

C. 纳税人发生的医药费用支出可以选择由本人或者其配偶扣除

D. 未成年子女发生的医药费用支出可以选择由其父母一方扣除

【参考答案】 ACD

【答案解析】 根据《个人所得税专项附加扣除暂行办法》，在一个纳税年度内，纳税人发生的与基本医保相关的医药费用支出，扣除医保报销后个人负担（指医保目录范围内的自付部分）累计超过 15 000 元的部分，由纳税人在办理年度汇算清缴时，在 80 000 元限额内据实扣除。纳税人发生的医药费用支出可以选择由本人或者其配偶扣除；未成年子女发生的医药费用支出可以选择由其父母一方扣除。纳税人及其配偶、未成年子女发生的医药费用支出，按本办法第十一条规定分别计算扣除额。纳税人应当留存医药服务收费及医保报销相关票据原件（或者复印件）等资料备查。医疗保障部门应当向患者提供在医疗保障信息系统记录的本人年度医药费用信息查询服务。

156. 下列关于个人所得税专项附加扣除中住房贷款利息的说法，正确的有（　　）。

A. 发生的首套住房贷款利息支出，在实际发生贷款利息的年度，按照每月 1 500 元的标准定额扣除

B. 住房贷款利息，扣除期限最长不超过 240 个月

C. 经夫妻双方约定，可以选择由其中一方扣除，具体扣除方式在一个纳税年度内不能变更

D. 夫妻双方婚前分别购买住房发生的首套住房贷款，其贷款利息支出，婚后可以选择其中一套购买的住房，由购买方按扣除标准的 100%扣除，也可以由夫妻双方对各自购买的住房分别按扣除标准的 50%扣除

【参考答案】 BCD

【答案解析】 根据《个人所得税专项附加扣除暂行办法》，纳税人本人或者配偶单独或者共同使用商业银行或者住房公积金个人住房贷款为本人或者其配偶购买中国境内住房，发生的首套住房贷款利息支出，在实际发生贷款利息的年度，按照每月 1 000 元的标准定额扣除，扣除期限最长不超过 240 个月。纳税人只能享受一次首套住房贷款的利息扣除。本办法所称首套住房贷款是指购买住房享受首套住房贷款利率的住房贷款。经夫妻双方约定，可以选择由其中一方扣除，具体扣除方式在一个纳税年度内不能变更。夫妻双方婚前分别购买住房发生的首套住房贷款，其贷款利息支出，婚后可以选择其中一套购买的住房，由购买方按扣除标准的 100%扣除，也可以由夫妻双方对各自购买的住房分别按扣除标准的 50%扣除，具体扣除方式在一个纳税年度内不能变更。纳税人应当留存住房贷款合同、贷款还款支出凭证备查。

157. 下列关于个人所得税专项附加扣除中住房租金的说法，正确的有（　　）。

A. 直辖市、省会（首府）城市、计划单列市以及国务院确定的其他城市，扣除标准为每月 1 500 元

B. 市辖区户籍人口超过 100 万的城市，扣除标准为每月 1 000 元

C. 纳税人的配偶在纳税人的主要工作城市有自有住房的，视同纳税人在主要工作城市有自有住房

D. 纳税人及其配偶在一个纳税年度内不能同时分别享受住房贷款利息和住房租金专项附加扣除

**【参考答案】** ACD

**【答案解析】** 根据《个人所得税专项附加扣除暂行办法》，纳税人在主要工作城市没有自有住房而发生的住房租金支出，可以按照以下标准定额扣除：(1)直辖市、省会(首府)城市、计划单列市以及国务院确定的其他城市，扣除标准为每月 1 500 元；(2)除第一项所列城市以外，市辖区户籍人口超过 100 万的城市，扣除标准为每月 1 100 元；市辖区户籍人口不超过 100 万的城市，扣除标准为每月 800 元。纳税人的配偶在纳税人的主要工作城市有自有住房的，视同纳税人在主要工作城市有自有住房。市辖区户籍人口，以国家统计局公布的数据为准。本办法所称主要工作城市是指纳税人任职受雇的直辖市、计划单列市、副省级城市、地级市(地区、州、盟)全部行政区域范围；纳税人无任职受雇单位的，为受理其综合所得汇算清缴的税务机关所在城市。夫妻双方主要工作城市相同的，只能由一方扣除住房租金支出。

住房租金支出由签订租赁住房合同的承租人扣除。纳税人及其配偶在一个纳税年度内不能同时分别享受住房贷款利息和住房租金专项附加扣除。纳税人应当留存住房租赁合同、协议等有关资料备查。

158. 关于个人所得税专项附加扣除，下列说法正确的有(　　)。

A. 3 岁以下婴幼儿照护、子女教育专项附加扣除标准，由每个婴幼儿(子女)每月 1 000 元提高到 1 500 元

B. 3 岁以下婴幼儿照护专项附加扣除，父母可以选择由其中一方按扣除标准的 100%扣除，也可以选择由双方分别按 50%扣除

C. 赡养老人专项附加扣除标准，由每月 2 000 元提高到 3 000 元，其中，独生子女每月扣除 3 000 元

D. 非独生子女与兄弟姐妹分摊每月 3 000 元的扣除额度，每人不超过 1 500 元

**【参考答案】** BCD

**【答案解析】** 根据《国家税务总局关于贯彻执行提高个人所得税有关专项附加扣除标准政策的公告》(国家税务总局公告 2023 年第 14 号)的规定，3 岁以下婴幼儿照护、子女教育专项附加扣除标准，由每个婴幼儿(子女)每月 1 000 元提高到 2 000 元。父母可以选择由其中一方按扣除标准的 100%扣除，也可以选择由双方分别按 50%扣除。赡养老人专项附加扣除标准，由每月 2 000 元提高到 3 000 元，其中，独生子女每月扣除 3 000 元；非独生子女与兄弟姐妹分摊每月 3 000 元的扣除额度，每人不超过 1 500 元。需要分摊享受的，可以由赡养人均摊或者约定分摊，也可以由被赡养人指定分摊。约定或者指定分摊的须签订书面分摊协议，指定分摊优先于约定分摊。

159. 关于个人所得税专项附加扣除，下列说法正确的有(　　)。

A. 赡养老人专项附加扣除中，约定或者指定分摊的须签订书面分摊协议，指定分摊优先于约定分摊

B. 纳税人尚未填报享受3岁以下婴幼儿照护、子女教育、赡养老人专项附加扣除的，可以在手机个人所得税App或通过扣缴义务人填报享受，系统将按照提高后的专项附加扣除标准计算应缴纳的个人所得税

C. 纳税人在2023年度已经填报享受3岁以下婴幼儿照护、子女教育、赡养老人专项附加扣除的，需重新填报提高后的专项附加扣除，计算应缴纳的个人所得税

D. 纳税人对约定分摊或者指定分摊赡养老人专项附加扣除额度有调整的，可以在手机个人所得税App或通过扣缴义务人填报新的分摊额度

**【参考答案】** ABD

**【答案解析】** 根据《国家税务总局关于贯彻执行提高个人所得税有关专项附加扣除标准政策的公告》（国家税务总局公告2023年第14号）的规定，赡养老人专项附加扣除标准，由每月2 000元提高到3 000元，其中，独生子女每月扣除3 000元；非独生子女与兄弟姐妹分摊每月3 000元的扣除额度，每人不超过1 500元。需要分摊享受的，可以由赡养人均摊或者约定分摊，也可以由被赡养人指定分摊。约定或者指定分摊的须签订书面分摊协议，指定分摊优先于约定分摊。纳税人尚未填报享受3岁以下婴幼儿照护、子女教育、赡养老人专项附加扣除的，可以在手机个人所得税App或通过扣缴义务人填报享受，系统将按照提高后的专项附加扣除标准计算应缴纳的个人所得税。纳税人在2023年度已经填报享受3岁以下婴幼儿照护、子女教育、赡养老人专项附加扣除的，无需重新填报，系统将自动按照提高后的专项附加扣除标准计算应缴纳的个人所得税。纳税人对约定分摊或者指定分摊赡养老人专项附加扣除额度有调整的，可以在手机个人所得税App或通过扣缴义务人填报新的分摊额度。

160. 下列有关个体工商户经营所得个人所得税的表述，正确的有（　　）。

A. 个体工商户向其从业人员实际支付的合理的工资、薪金支出，允许税前据实扣除

B. 个体工商户每一纳税年度发生的与其生产经营业务直接相关的业务招待费支出，按照发生额的50%扣除

C. 个体工商户每一纳税年度发生的广告费和业务宣传费不超过当年销售（营业）收入15%的部分，可据实扣除，超过部分，准予在以后纳税年度结转扣除

D. 个体工商户将其所得通过中国境内的社会团体向社会公益事业的捐赠，捐赠额不超过其利润总额12%的部分允许税前扣除

**【参考答案】** AC

**【答案解析】** 根据《个体工商户个人所得税计税办法》，个体工商户实际支付给从业人员的、合理的工资薪金支出，准予扣除。个体工商户发生的与生产经营活动有关的业务招待费，按照实际发生额的60%扣除，但最高不得超过当年销售（营业）收入的5‰。业主自申请营业执照之日起至开始生产经营之日止所发生的业务招待费，按照实际发生额的60%计入个体工商户的开办费。个体工商户每一纳税年度发生的与其生产经营活动直接相关的广告费和业务宣传费不超过当年销售（营业）收入15%的部分，可以据实扣除；超过部分，准予在以后纳税年度结转扣除。个体工商户通过公益性社会团

体或者县级以上人民政府及其部门，用于《中华人民共和国公益事业捐赠法》规定的公益事业的捐赠，捐赠额不超过其应纳税所得额 30%的部分可以据实扣除。

161. 自 2022 年 1 月 1 日起，对个人养老金实施递延纳税优惠政策。在缴费环节，个人向个人养老金资金账户的缴费，按照 12 000 元/年的限额标准，在(　　)或(　　)中据实扣除。

A. 综合所得　　B. 利息股息红利所得

C. 财产租赁所得　　D. 经营所得

**【参考答案】** AD

**【答案解析】** 根据《财政部 税务总局关于个人养老金有关个人所得税政策的公告》(财政部 税务总局公告 2022 年第 34 号)，自 2022 年 1 月 1 日起，对个人养老金实施递延纳税优惠政策。在缴费环节，个人向个人养老金资金账户的缴费，按照 12 000 元/年的限额标准，在综合所得或经营所得中据实扣除；在投资环节，计入个人养老金资金账户的投资收益暂不征收个人所得税；在领取环节，个人领取的个人养老金，不并入综合所得，单独按照 3%的税率计算缴纳个人所得税，其缴纳的税款计入"工资、薪金所得"项目。

162. 下列关于个人养老金个人所得税的说法，正确的有(　　)。

A. 个人缴费享受税前扣除优惠时，以个人养老金信息管理服务平台出具的扣除凭证为扣税凭据

B. 取得工资薪金所得、按累计预扣法预扣预缴个人所得税劳务报酬所得的，其缴费可以选择在当年预扣预缴或次年汇算清缴时在限额标准内据实扣除

C. 个人按规定领取个人养老金时，由开立个人养老金资金账户的单位代扣代缴其应缴的个人所得税

D. 取得其他劳务报酬、稿酬、特许权使用费等所得或经营所得的，其缴费在次年汇算清缴时在限额标准内据实扣除

**【参考答案】** ABD

**【答案解析】** 根据《财政部 税务总局关于个人养老金有关个人所得税政策的公告》(财政部 税务总局公告 2022 年第 34 号)，个人缴费享受税前扣除优惠时，以个人养老金信息管理服务平台出具的扣除凭证为扣税凭据。取得工资薪金所得、按累计预扣法预扣预缴个人所得税劳务报酬所得的，其缴费可以选择在当年预扣预缴或次年汇算清缴时在限额标准内据实扣除。选择在当年预扣预缴的，应及时将相关凭证提供给扣缴单位。扣缴单位应按照本公告有关要求，为纳税人办理税前扣除有关事项。取得其他劳务报酬、稿酬、特许权使用费等所得或经营所得的，其缴费在次年汇算清缴时在限额标准内据实扣除。个人按规定领取个人养老金时，由开立个人养老金资金账户所在市的商业银行机构代扣代缴其应缴的个人所得税。

163. 个体工商户从事生产经营以及与生产经营有关的活动取得的货币形式和非货币形式的各项收入，为收入总额。收入总额包括(　　)。

A. 销售货物收入　　B. 提供劳务收入
C. 转让财产收入　　D. 租金收入

**【参考答案】** ABCD

**【答案解析】** 根据《个体工商户个人所得税计税办法》，个体工商户从事生产经营以及与生产经营有关的活动(以下简称生产经营)取得的货币形式和非货币形式的各项收入，为收入总额。包括：销售货物收入、提供劳务收入、转让财产收入、利息收入、租金收入、接受捐赠收入、其他收入。

164. 个体工商户发生的支出应当区分(　　)。

A. 收益性支出　　B. 资本性支出
C. 成本费用支出　　D. 其他支出

**【参考答案】** AB

**【答案解析】** 根据《个体工商户个人所得税计税办法》，个体工商户发生的支出应当区分收益性支出和资本性支出。收益性支出在发生当期直接扣除；资本性支出应当分期扣除或者计入有关资产成本，不得在发生当期直接扣除。

165. 个体工商户下列支出不得扣除的有(　　)。

A. 赞助支出
B. 用于个人和家庭的支出
C. 被没收财物的损失
D. 与取得生产经营收入有关的其他支出

**【参考答案】** ABC

**【答案解析】** 根据《个体工商户个人所得税计税办法》，个体工商户下列支出不得扣除：(1)个人所得税税款；(2)税收滞纳金；(3)罚金、罚款和被没收财物的损失；(4)不符合扣除规定的捐赠支出；(5)赞助支出；(6)用于个人和家庭的支出；(7)与取得生产经营收入无关的其他支出；(8)国家税务总局规定不准扣除的支出。

166. 关于个体工商户个人所得税，下列说法正确的有(　　)。

A. 收益性支出在发生当期直接扣除
B. 资本性支出应当分期扣除或者计入有关资产成本，不得在发生当期直接扣除
C. 个体工商户实际发生的成本、费用、税金、损失和其他支出，不得重复扣除
D. 个体工商户纳税年度发生的亏损，准予向以后年度结转，用以后年度的生产经营所得弥补，但结转年限最长不得超过10年

**【参考答案】** ABC

**【答案解析】** 根据《个体工商户个人所得税计税办法》，个体工商户发生的支出应当区分收益性支出和资本性支出。收益性支出在发生当期直接扣除；资本性支出应当分期扣除或者计入有关资产成本，不得在发生当期直接扣除。除税收法律法规另有规定外，个体工商户实际发生的成本、费用、税金、损失和其他支出，不得重复扣除。个体工商户纳税年度发生的亏损，准予向以后年度结转，用以后年度的生产经营所得弥补，

但结转年限最长不得超过 5 年。

167. 关于个体工商户个人所得税扣除项目及标准，下列说法正确的有(　　)。

A. 个体工商户业主的工资薪金支出可以据实税前扣除

B. 个体工商户为从业人员缴纳的补充养老保险费、补充医疗保险费，分别在不超过从业人员工资总额 5%标准内的部分据实扣除

C. 个体工商户按照国务院有关主管部门或者省级人民政府规定的范围和标准为其业主和从业人员缴纳的住房公积金，准予扣除

D. 个体工商户业主本人缴纳的补充养老保险费、补充医疗保险费，以当地(地级市)上年度社会平均工资的 3 倍为计算基数，可以据实扣除

**【参考答案】** BC

**【答案解析】** 根据《个体工商户个人所得税计税办法》，个体工商户实际支付给从业人员的、合理的工资薪金支出，准予扣除。

个体工商户业主的费用扣除标准，依照相关法律、法规和政策规定执行。

个体工商户业主的工资薪金支出不得税前扣除。

个体工商户按照国务院有关主管部门或者省级人民政府规定的范围和标准为其业主和从业人员缴纳的基本养老保险费、基本医疗保险费、失业保险费、生育保险费、工伤保险费和住房公积金，准予扣除。

个体工商户为从业人员缴纳的补充养老保险费、补充医疗保险费，分别在不超过从业人员工资总额 5%标准内的部分据实扣除；超过部分，不得扣除。

个体工商户业主本人缴纳的补充养老保险费、补充医疗保险费，以当地(地级市)上年度社会平均工资的 3 倍为计算基数，分别在不超过该计算基数 5%标准内的部分据实扣除；超过部分，不得扣除。

168. 关于个体工商户个人所得税扣除项目及标准，下列说法错误的有(　　)。

A. 个体工商户依照国家有关规定为特殊工种从业人员支付的人身安全保险费可以扣除

B. 个体工商户业主本人或者为从业人员支付的商业保险费可以扣除

C. 个体工商户在生产经营活动中发生的合理的不需要资本化的借款费用，不予扣除

D. 个体工商户为购置、建造固定资产、无形资产和经过 12 个月以上的建造才能达到预定可销售状态的存货发生借款的，在有关资产购置、建造期间发生的合理的借款费用，应当作为资本性支出计入有关资产的成本，可以扣除

**【参考答案】** BC

**【答案解析】** 根据《个体工商户个人所得税计税办法》，除个体工商户依照国家有关规定为特殊工种从业人员支付的人身安全保险费和财政部、国家税务总局规定可以扣除的其他商业保险费外，个体工商户业主本人或者为从业人员支付的商业保险费，不得扣除。

个体工商户在生产经营活动中发生的合理的不需要资本化的借款费用，准予扣除。

个体工商户为购置、建造固定资产、无形资产和经过12个月以上的建造才能达到预定可销售状态的存货发生借款的，在有关资产购置、建造期间发生的合理的借款费用，应当作为资本性支出计入有关资产的成本，并依照本办法的规定扣除。

169. 个体工商户在生产经营活动中发生的下列利息支出，准予扣除的有（　　）。

A. 向金融企业借款的利息支出

B. 向小额贷款企业借款的利息支出

C. 向个人借款不超过按照金融企业同期同类贷款利率计算的数额的部分

D. 向非金融企业不超过按照金融企业同期同类贷款利率计算的数额的部分

**【参考答案】** ABCD

**【答案解析】** 根据《个体工商户个人所得税计税办法》，个体工商户在生产经营活动中发生的下列利息支出，准予扣除：(1)向金融企业借款的利息支出；(2)向非金融企业和个人借款的利息支出，不超过按照金融企业同期同类贷款利率计算的数额的部分。

170. 下列选项中，说法正确的有（　　）。

A. 个体工商户职工教育经费的实际发生数额超出规定比例当期不能扣除的数额，准予在以后纳税年度结转扣除

B. 个体工商户在货币交易中，以及纳税年度终了时将人民币以外的货币性资产、负债按照期末即期人民币汇率中间价折算为人民币时产生的汇兑损失，除已经计入有关资产成本部分外，准予扣除

C. 个体工商户向当地工会组织拨缴的工会经费、实际发生的职工福利费支出、职工教育经费支出分别在工资薪金总额的2%、14%、8%的标准内据实扣除

D. 个体工商户发生的与生产经营活动有关的业务招待费，按照实际发生额的60%扣除，但最高不得超过当年销售(营业)收入的5‰

**【参考答案】** ABD

**【答案解析】** 根据《个体工商户个人所得税计税办法》，个体工商户在货币交易中，以及纳税年度终了时将人民币以外的货币性资产、负债按照期末即期人民币汇率中间价折算为人民币时产生的汇兑损失，除已经计入有关资产成本部分外，准予扣除。个体工商户向当地工会组织拨缴的工会经费、实际发生的职工福利费支出、职工教育经费支出分别在工资薪金总额的2%、14%、2.5%的标准内据实扣除。工资薪金总额是指允许在当期税前扣除的工资薪金支出数额。职工教育经费的实际发生数额超出规定比例当期不能扣除的数额，准予在以后纳税年度结转扣除。个体工商户业主本人向当地工会组织缴纳的工会经费、实际发生的职工福利费支出、职工教育经费支出，以当地(地级市)上年度社会平均工资的3倍为计算基数，在本条第一款规定比例内据实扣除。个体工商户发生的与生产经营活动有关的业务招待费，按照实际发生额的60%扣除，但最高不得超过当年销售(营业)收入的5‰。

171. 关于个体工商户个人所得税扣除，下列说法正确的有（　　）。

A. 业主自申请营业执照之日起至开始生产经营之日止所发生的业务招待费，按照实际发生额的 60%计入个体工商户的开办费

B. 个体工商户每一纳税年度发生的与其生产经营活动直接相关的广告费和业务宣传费不超过当年销售（营业）收入 15%的部分，可以据实扣除

C. 个体工商户代其从业人员或者他人负担的税款可以税前扣除

D. 个体工商户按照规定缴纳的摊位费、行政性收费、协会会费等，按实际发生数额扣除

**【参考答案】** ABD

**【答案解析】** 根据《个体工商户个人所得税计税办法》，个体工商户发生的与生产经营活动有关的业务招待费，按照实际发生额的 60%扣除，但最高不得超过当年销售（营业）收入的 5‰。业主自申请营业执照之日起至开始生产经营之日止所发生的业务招待费，按照实际发生额的 60%计入个体工商户的开办费。

个体工商户每一纳税年度发生的与其生产经营活动直接相关的广告费和业务宣传费不超过当年销售（营业）收入 15%的部分，可以据实扣除；超过部分，准予在以后纳税年度结转扣除。

个体工商户代其从业人员或者他人负担的税款，不得税前扣除。

个体工商户按照规定缴纳的摊位费、行政性收费、协会会费等，按实际发生数额扣除。

172. 关于个体工商户根据生产经营活动的需要租入固定资产支付的租赁费，下列说法正确的有（　　）。

A. 以经营租赁方式租入固定资产发生的租赁费支出，按照租赁期限均匀扣除

B. 以融资租赁方式租入固定资产发生的租赁费支出，按照租赁期限均匀扣除

C. 以经营租赁方式租入固定资产发生的租赁费支出，按照规定构成融资租入固定资产价值的部分应当提取折旧费用，分期扣除

D. 以融资租赁方式租入固定资产发生的租赁费支出，按照规定构成融资租入固定资产价值的部分应当提取折旧费用，分期扣除

**【参考答案】** AD

**【答案解析】** 根据《个体工商户个人所得税计税办法》，个体工商户根据生产经营活动的需要租入固定资产支付的租赁费，按照以下方法扣除：(1)以经营租赁方式租入固定资产发生的租赁费支出，按照租赁期限均匀扣除；(2)以融资租赁方式租入固定资产发生的租赁费支出，按照规定构成融资租入固定资产价值的部分应当提取折旧费用，分期扣除。

173. 下列说法正确的有（　　）。

A. 个体工商户发生的合理的劳动保护支出，准予扣除

B. 个体工商户参加财产保险，按照规定缴纳的保险费，准予扣除

C. 个体工商户通过公益性社会团体或者县级以上人民政府及其部门，用于《中华人民共和国公益事业捐赠法》规定的公益事业的捐赠，捐赠额不超过其应纳税所得额 12％的部分可以据实扣除

D. 个体工商户直接对受益人的捐赠可以扣除

【参考答案】 AB

【答案解析】 根据《个体工商户个人所得税计税办法》，个体工商户参加财产保险，按照规定缴纳的保险费，准予扣除。个体工商户发生的合理的劳动保护支出，准予扣除。个体工商户通过公益性社会团体或者县级以上人民政府及其部门，用于《中华人民共和国公益事业捐赠法》规定的公益事业的捐赠，捐赠额不超过其应纳税所得额 30％的部分可以据实扣除。财政部、国家税务总局规定可以全额在税前扣除的捐赠支出项目，按有关规定执行。个体工商户直接对受益人的捐赠不得扣除。

174. 下列说法正确的有（　　）。

A. 个体工商户有两处或两处以上经营机构的，选择并固定向其中一处经营机构所在地主管税务机关申报缴纳个人所得税

B. 个体工商户自申请营业执照之日起至开始生产经营之日止所发生符合本办法规定的费用，除为取得固定资产、无形资产的支出，以及应计入资产价值的汇兑损益、利息支出外，作为开办费，个体工商户可以选择在开始生产经营的当年一次性扣除，也可自生产经营月份起在不短于 5 年期限内摊销扣除，但一经选定，不得改变

C. 个体工商户研究开发新产品、新技术、新工艺所发生的开发费用，以及研究开发新产品、新技术而购置单台价值在 10 万元以下的测试仪器和试验性装置的购置费准予直接扣除

D. 个体工商户研究开发新产品、新技术、新工艺所发生的开发费用，以及研究开发新产品、新技术而购置单台价值在 10 万元以上（含 10 万元）的测试仪器和试验性装置，按固定资产管理，不得在当期直接扣除

【参考答案】 ACD

【答案解析】 根据《个体工商户个人所得税计税办法》，个体工商户自申请营业执照之日起至开始生产经营之日止所发生符合本办法规定的费用，除为取得固定资产、无形资产的支出，以及应计入资产价值的汇兑损益、利息支出外，作为开办费，个体工商户可以选择在开始生产经营的当年一次性扣除，也可自生产经营月份起在不短于 3 年期限内摊销扣除，但一经选定，不得改变。个体工商户研究开发新产品、新技术、新工艺所发生的开发费用，以及研究开发新产品、新技术而购置单台价值在 10 万元以下的测试仪器和试验性装置的购置费准予直接扣除；单台价值在 10 万元以上（含 10 万元）的测试仪器和试验性装置，按固定资产管理，不得在当期直接扣除。个体工商户有两处或两处以上经营机构的，选择并固定向其中一处经营机构所在地主管税务机关申报缴纳个人所得税。

175. 下列关于个人转让限售股所得征收个人所得税的说法，正确的有（　　）。

A. 限售股转让所得个人所得税，以限售股持有者为纳税义务人

B. 限售股转让所得个人所得税，以个人股东开户的证券机构为扣缴义务人

C. 限售股个人所得税由证券机构所在地主管税务机关负责征收管理

D. 限售股个人所得税由纳税义务人所在地主管税务机关负责征收管理

**【参考答案】** ABC

**【答案解析】** 根据《财政部 国家税务总局 证监会关于个人转让上市公司限售股所得征收个人所得税有关问题的通知》（财税〔2009〕167 号），限售股转让所得个人所得税，以限售股持有者为纳税义务人，以个人股东开户的证券机构为扣缴义务人。限售股个人所得税由证券机构所在地主管税务机关负责征收管理。

176. 限售股转让所得个人所得税，采取以下（　　）方式征收。

A. 证券机构预扣预缴

B. 纳税人自行申报清算

C. 税务机关核定征收

D. 证券机构直接扣缴

**【参考答案】** ABD

**【答案解析】** 根据《财政部 国家税务总局 证监会关于个人转让上市公司限售股所得征收个人所得税有关问题的通知》（财税〔2009〕167 号），限售股转让所得个人所得税，采取证券机构预扣预缴、纳税人自行申报清算和证券机构直接扣缴相结合的方式征收。

177. 下列关于个人转让上市公司限售股所得征收个人所得税的说法，正确的有（　　）。

A. 纳税人同时持有限售股及该股流通股的，其股票转让所得，按照限售股优先原则，即：转让股票视同为先转让限售股，按规定计算缴纳个人所得税

B. 证券机构等应积极配合税务机关做好各项征收管理工作，并于每月 15 日前，将上月限售股减持的有关信息传递至主管税务机关

C. 纳税人按照实际转让收入与实际成本计算出的应纳税额，与证券机构预扣预缴税额有差异的，纳税人应自证券机构代扣并解缴税款的次月 1 日起 2 个月内，持加盖证券机构印章的交易记录和相关完整、真实凭证，向主管税务机关提出清算申报并办理清算事宜

D. 证券机构技术和制度准备完成后新上市公司的限售股，按照证券机构事先植入结算系统的限售股成本原值和发生的合理税费，以实际转让收入减去原值和合理税费后的余额，适用 15%税率，计算直接扣缴个人所得税额

**【参考答案】** AB

**【答案解析】** 根据《财政部 国家税务总局 证监会关于个人转让上市公司限售股所得征收个人所得税有关问题的通知》（财税〔2009〕167 号），纳税人按照实际转让收入

与实际成本计算出的应纳税额，与证券机构预扣预缴税额有差异的，纳税人应自证券机构代扣并解缴税款的次月1日起3个月内，持加盖证券机构印章的交易记录和相关完整、真实凭证，向主管税务机关提出清算申报并办理清算事宜。主管税务机关审核确认后，按照重新计算的应纳税额，办理退（补）税手续。纳税人在规定期限内未到主管税务机关办理清算事宜的，税务机关不再办理清算事宜，已预扣预缴的税款从纳税保证金账户全额缴入国库。证券机构技术和制度准备完成后新上市公司的限售股，按照证券机构事先植入结算系统的限售股成本原值和发生的合理税费，以实际转让收入减去原值和合理税费后的余额，适用20%税率，计算直接扣缴个人所得税额。

纳税人同时持有限售股及该股流通股的，其股票转让所得，按照限售股优先原则，即：转让股票视同为先转让限售股，按规定计算缴纳个人所得税。

证券机构等应积极配合税务机关做好各项征收管理工作，并于每月15日前，将上月限售股减持的有关信息传递至主管税务机关。

178. 下列关于上市公司派发股息红利征收个人所得税的说法，正确的有（　　）。

A. 上市公司派发股息红利时，对截止股权登记日个人已持股超过1年的，其股息红利所得，按50%计入应纳税所得额

B. 对截止股权登记日个人持股1年以内（含1年）且尚未转让的，上市公司派发股息红利时，统一暂按25%计入应纳税所得额，计算并代扣税款

C. 对截止股权登记日个人持股1年以内（含1年）且尚未转让的，个人转让股票时，证券登记结算公司根据其持股期限计算实际应纳税额，超过已扣缴税款的部分，由证券公司等股份托管机构从个人资金账户中扣收并划付证券登记结算公司

D. 证券登记结算公司应于次月10个工作日内划付上市公司，上市公司在收到税款当月的法定申报期内向主管税务机关申报缴纳

**【参考答案】** BC

**【答案解析】** 根据《财政部 国家税务总局 证监会关于实施上市公司股息红利差别化个人所得税政策有关问题的通知》（财税〔2012〕85号），上市公司派发股息红利时，对截止股权登记日个人已持股超过1年的，其股息红利所得，按25%计入应纳税所得额。对截止股权登记日个人持股1年以内（含1年）且尚未转让的，税款分两步代扣代缴：第一步，上市公司派发股息红利时，统一暂按25%计入应纳税所得额，计算并代扣税款。第二步，个人转让股票时，证券登记结算公司根据其持股期限计算实际应纳税额，超过已扣缴税款的部分，由证券公司等股份托管机构从个人资金账户中扣收并划付证券登记结算公司，证券登记结算公司应于次月5个工作日内划付上市公司，上市公司在收到税款当月的法定申报期内向主管税务机关申报缴纳。

179. 下列关于个人转让股票征收个人所得税的说法，正确的有（　　）。

A. 个人转让股票时，按照先进先出的原则计算持股期限，即证券账户中先取得的股票视为先转让

B. 对个人持有的上市公司限售股，解禁后取得的股息红利，按规定计算纳税，持股

时间自解禁日起计算

C. 对个人持有的上市公司限售股解禁前取得的股息红利继续暂减按 50%计入应纳税所得额

D. 对个人持有的上市公司限售股解禁前取得的股息红利适用 25%的税率计征个人所得税

**【参考答案】** ABC

**【答案解析】** 根据《财政部 国家税务总局 证监会关于实施上市公司股息红利差别化个人所得税政策有关问题的通知》(财税〔2012〕85 号),个人转让股票时,按照先进先出的原则计算持股期限,即证券账户中先取得的股票视为先转让。

应纳税所得额以个人投资者证券账户为单位计算,持股数量以每日日终结算后个人投资者证券账户的持有记录为准,证券账户取得或转让的股份数为每日日终结算后的净增(减)股份数。

对个人持有的上市公司限售股,解禁后取得的股息红利,按照本通知规定计算纳税,持股时间自解禁日起计算;解禁前取得的股息红利继续暂减按 50%计入应纳税所得额,适用 20%的税率计征个人所得税。

180. 财税〔2012〕85 号文件所称个人从公开发行和转让市场取得的上市公司股票包括(　　)。

A. 通过协议转让取得的股票

B. 因司法扣划取得的股票

C. 取得发行的股票、配股、股份股利及公积金转增股本

D. 使用可转换公司债券转换的股票

**【参考答案】** ABCD

**【答案解析】** 根据《财政部 国家税务总局 证监会关于实施上市公司股息红利差别化个人所得税政策有关问题的通知》(财税〔2012〕85 号),本通知所称个人从公开发行和转让市场取得的上市公司股票包括:(1)通过证券交易所集中交易系统或大宗交易系统取得的股票;(2)通过协议转让取得的股票;(3)因司法扣划取得的股票;(4)因依法继承或家庭财产分割取得的股票;(5)通过收购取得的股票;(6)权证行权取得的股票;(7)使用可转换公司债券转换的股票;(8)取得发行的股票、配股、股份股利及公积金转增股本;(9)持有从代办股份转让系统转到主板市场(或中小板、创业板市场)的股票;(10)上市公司合并,个人持有的被合并公司股票转换的合并后公司股票;(11)上市公司分立,个人持有的被分立公司股票转换的分立后公司股票;(12)其他从公开发行和转让市场取得的股票。

181. 财税〔2012〕85 号文件所称个人从公开发行和转让市场取得的上市公司股票包括(　　)。

A. 上市公司合并,个人持有的被合并公司股票转换的合并后公司股票

B. 上市公司分立,个人持有的被分立公司股票转换的分立后公司股票

C. 因依法继承或家庭财产分割取得的股票

D. 持有从代办股份转让系统转到主板市场(或中小板、创业板市场)的股票

**【参考答案】** ABCD

**【答案解析】** 根据《财政部 国家税务总局 证监会关于实施上市公司股息红利差别化个人所得税政策有关问题的通知》(财税〔2012〕85号),本通知所称个人从公开发行和转让市场取得的上市公司股票包括:(1)通过证券交易所集中交易系统或大宗交易系统取得的股票;(2)通过协议转让取得的股票;(3)因司法扣划取得的股票;(4)因依法继承或家庭财产分割取得的股票;(5)通过收购取得的股票;(6)权证行权取得的股票;(7)使用可转换公司债券转换的股票;(8)取得发行的股票、配股、股份股利及公积金转增股本;(9)持有从代办股份转让系统转到主板市场(或中小板、创业板市场)的股票;(10)上市公司合并,个人持有的被合并公司股票转换的合并后公司股票;(11)上市公司分立,个人持有的被分立公司股票转换的分立后公司股票;(12)其他从公开发行和转让市场取得的股票。

182. 下列关于房屋产权所有人将房屋产权无偿赠与他人征收个人所得税的说法,正确的有(  )。

A. 房屋产权所有人将房屋产权无偿赠与他人的,受赠人因无偿受赠房屋取得的受赠所得,按照25%税率缴纳个人所得税

B. 对受赠人无偿受赠房屋计征个人所得税时,其应纳税所得额为房地产赠与合同上标明的赠与房屋价值减除赠与过程中受赠人支付的相关税费后的余额

C. 赠与合同标明的房屋价值明显低于市场价格或房地产赠与合同未标明赠与房屋价值的,税务机关可依据受赠房屋的市场评估价格或采取其他合理方式确定受赠人的应纳税所得额

D. 受赠人转让受赠房屋的,以其转让受赠房屋的收入减除原捐赠人取得该房屋的实际购置成本以及赠与和转让过程中受赠人支付的相关税费后的余额,为受赠人的应纳税所得额,依法计征个人所得税

**【参考答案】** BCD

**【答案解析】** 根据《财政部 国家税务总局关于个人无偿受赠房屋有关个人所得税问题的通知》(财税〔2009〕78号),除本通知第一条规定情形以外,房屋产权所有人将房屋产权无偿赠与他人的,受赠人因无偿受赠房屋取得的受赠所得,按照"经国务院财政部门确定征税的其他所得"项目缴纳个人所得税,税率为20%。

对受赠人无偿受赠房屋计征个人所得税时,其应纳税所得额为房地产赠与合同上标明的赠与房屋价值减除赠与过程中受赠人支付的相关税费后的余额。赠与合同标明的房屋价值明显低于市场价格或房地产赠与合同未标明赠与房屋价值的,税务机关可依据受赠房屋的市场评估价格或采取其他合理方式确定受赠人的应纳税所得额。

受赠人转让受赠房屋的,以其转让受赠房屋的收入减除原捐赠人取得该房屋的实际购置成本以及赠与和转让过程中受赠人支付的相关税费后的余额,为受赠人的应纳

税所得额，依法计征个人所得税。受赠人转让受赠房屋价格明显偏低且无正当理由的，税务机关可以依据该房屋的市场评估价格或其他合理方式确定的价格核定其转让收入。

183. 关于合伙企业合伙人所得税，下列说法正确的有（　　）。

A. 合伙企业以每一个合伙人为纳税义务人

B. 合伙企业合伙人是自然人的，缴纳个人所得税

C. 合伙企业生产经营所得和其他所得采取“先分后税”的原则

D. 合伙协议可以约定将全部利润分配给部分合伙人

**【参考答案】** ABC

**【答案解析】** 根据《财政部 国家税务总局关于合伙企业合伙人所得税问题的通知》（财税〔2008〕159 号），合伙企业以每一个合伙人为纳税义务人。合伙企业合伙人是自然人的，缴纳个人所得税；合伙人是法人和其他组织的，缴纳企业所得税。

合伙企业生产经营所得和其他所得采取“先分后税”的原则。合伙协议不得约定将全部利润分配给部分合伙人。

合伙企业的合伙人是法人和其他组织的，合伙人在计算其缴纳企业所得税时，不得用合伙企业的亏损抵减其盈利。

184. 关于个体工商户、个人独资企业和合伙企业个人所得税税前扣除标准，下列说法正确的有（　　）。

A. 对个体工商户业主、个人独资企业和合伙企业投资者的生产经营所得依法计征个人所得税时，个体工商户业主、个人独资企业和合伙企业投资者本人的费用扣除标准统一确定为 24 000 元/年（2 000 元/月）

B. 对个体工商户业主、个人独资企业和合伙企业投资者的生产经营所得依法计征个人所得税时，个体工商户业主、个人独资企业和合伙企业投资者本人的费用扣除标准统一确定为 12 000 元/年（1 000 元/月）

C. 个体工商户、个人独资企业和合伙企业发生的职工教育经费支出在工资薪金总额 8%的标准内据实扣除

D. 个体工商户、个人独资企业和合伙企业每一纳税年度发生的广告费和业务宣传费用不超过当年销售（营业）收入 15%的部分，可据实扣除

**【参考答案】** AD

**【答案解析】** 根据《财政部 国家税务总局关于调整个体工商户个人独资企业和合伙企业个人所得税税前扣除标准有关问题的通知》（财税〔2008〕65 号），对个体工商户业主、个人独资企业和合伙企业投资者的生产经营所得依法计征个人所得税时，个体工商户业主、个人独资企业和合伙企业投资者本人的费用扣除标准统一确定为 24 000 元/年（2 000 元/月）。

个体工商户、个人独资企业和合伙企业向其从业人员实际支付的合理的工资、薪金支出，允许在税前据实扣除。

个体工商户、个人独资企业和合伙企业拨缴的工会经费、发生的职工福利费、职工教育经费支出分别在工资薪金总额2%、14%、2.5%的标准内据实扣除。

个体工商户、个人独资企业和合伙企业每一纳税年度发生的广告费和业务宣传费用不超过当年销售（营业）收入15%的部分，可据实扣除；超过部分，准予在以后纳税年度结转扣除。

个体工商户、个人独资企业和合伙企业每一纳税年度发生的与其生产经营业务直接相关的业务招待费支出，按照发生额的60%扣除，但最高不得超过当年销售（营业）收入的5‰。

185. 关于个人转让新三板挂牌公司股票征收个人所得税，下列说法正确的有（ ）。

A. 自2019年1月1日（含）起，对个人转让新三板挂牌公司非原始股取得的所得，暂免征收个人所得税

B. 非原始股是指个人在新三板挂牌公司挂牌后取得的股票，以及由上述股票孳生的送、转股

C. 原始股是指个人在新三板挂牌公司挂牌前取得的股票，以及在该公司挂牌前和挂牌后由上述股票孳生的送、转股

D. 对个人转让新三板挂牌公司原始股取得的所得，按照“财产转让所得”，适用20%的比例税率征收个人所得税

**【参考答案】** BCD

**【答案解析】** 根据《财政部 税务总局 证监会关于个人转让全国中小企业股份转让系统挂牌公司股票有关个人所得税政策的通知》（财税〔2018〕137号），自2018年11月1日（含）起，对个人转让新三板挂牌公司非原始股取得的所得，暂免征收个人所得税。本通知所称非原始股是指个人在新三板挂牌公司挂牌后取得的股票，以及由上述股票孳生的送、转股。

对个人转让新三板挂牌公司原始股取得的所得，按照“财产转让所得”，适用20%的比例税率征收个人所得税。本通知所称原始股是指个人在新三板挂牌公司挂牌前取得的股票，以及在该公司挂牌前和挂牌后由上述股票孳生的送、转股。

186. 关于个人转让新三板挂牌公司股票征收个人所得税，下列说法正确的有（ ）。

A. 2019年9月1日之前，个人转让新三板挂牌公司原始股的个人所得税，征收管理办法按照现行股权转让所得有关规定执行，以股票出让方为扣缴义务人

B. 自2019年9月1日（含）起，个人转让新三板挂牌公司原始股的个人所得税，以股票托管的证券机构为扣缴义务人

C. 中国证券登记结算公司应当在登记结算系统内明确区分新三板原始股和非原始股

D. 2018年11月1日之前，个人转让新三板挂牌公司非原始股，已经进行相关税收

处理的,不再进行税收调整

**【参考答案】** BCD

**【答案解析】** 根据《财政部 税务总局 证监会关于个人转让全国中小企业股份转让系统挂牌公司股票有关个人所得税政策的通知》(财税〔2018〕137 号),2019 年 9 月 1 日之前,个人转让新三板挂牌公司原始股的个人所得税,征收管理办法按照现行股权转让所得有关规定执行,以股票受让方为扣缴义务人,由被投资企业所在地税务机关负责征收管理。

自 2019 年 9 月 1 日(含)起,个人转让新三板挂牌公司原始股的个人所得税,以股票托管的证券机构为扣缴义务人,由股票托管的证券机构所在地主管税务机关负责征收管理。具体征收管理办法参照《财政部 国家税务总局 证监会关于个人转让上市公司限售股所得征收个人所得税有关问题的通知》(财税〔2009〕167 号)和《财政部 国家税务总局 证监会关于个人转让上市公司限售股所得征收个人所得税有关问题的补充通知》(财税〔2010〕70 号)有关规定执行。

2018 年 11 月 1 日之前,个人转让新三板挂牌公司非原始股,尚未进行税收处理的,可比照本通知第一条规定执行,已经进行相关税收处理的,不再进行税收调整。

中国证券登记结算公司应当在登记结算系统内明确区分新三板原始股和非原始股。中国证券登记结算公司、证券公司及其分支机构应当积极配合财政、税务部门做好相关工作。

187. 关于解除劳动关系、提前退休、内部退养的一次性补偿收入征收个人所得税,下列说法正确的有(　　)。

A. 个人与用人单位解除劳动关系取得一次性补偿收入,在当地上年职工平均工资 3 倍数额以内的部分,免征个人所得税

B. 个人与用人单位解除劳动关系取得一次性补偿收入包括用人单位发放的经济补偿金、生活补助费和其他补助费

C. 个人与用人单位解除劳动关系取得一次性补偿收入超过 3 倍数额的部分,并入当年综合所得,适用综合所得税率表,计算纳税

D. 个人办理提前退休手续而取得的一次性补贴收入,应按照办理提前退休手续至法定离退休年龄之间实际年度数平均分摊,确定适用税率和速算扣除数,单独适用综合所得税率表,计算纳税

**【参考答案】** ABD

**【答案解析】** 根据《财政部 税务总局关于个人所得税法修改后有关优惠政策衔接问题的通知》(财税〔2018〕164 号),关于解除劳动关系、提前退休、内部退养的一次性补偿收入的政策。

个人与用人单位解除劳动关系取得一次性补偿收入(包括用人单位发放的经济补偿金、生活补助费和其他补助费),在当地上年职工平均工资 3 倍数额以内的部分,免征个人所得税;超过 3 倍数额的部分,不并入当年综合所得,单独适用综合所得税率表,计

算纳税。

个人办理提前退休手续而取得的一次性补贴收入，应按照办理提前退休手续至法定离退休年龄之间实际年度数平均分摊，确定适用税率和速算扣除数，单独适用综合所得税率表，计算纳税。计算公式：

应纳税额＝{〔(一次性补贴收入÷办理提前退休手续至法定退休年龄的实际年度数)－费用扣除标准〕×适用税率－速算扣除数}×办理提前退休手续至法定退休年龄的实际年度数

188. 个人发生的公益捐赠支出金额，按照以下规定确定(　　)。

A. 捐赠货币性资产的，按照实际捐赠金额确定

B. 捐赠股权的，按照个人持有股权的财产市场价值确定

C. 捐赠其他非货币性资产的，按照非货币性资产的原值确定

D. 捐赠房产的，按照房产的财产原值确定

**【参考答案】** AD

**【答案解析】** 根据《财政部 税务总局关于公益慈善事业捐赠个人所得税政策的公告》(财政部 税务总局公告2019年第99号)，个人发生的公益捐赠支出金额，按照以下规定确定：(1)捐赠货币性资产的，按照实际捐赠金额确定；(2)捐赠股权、房产的，按照个人持有股权、房产的财产原值确定；(3)捐赠除股权、房产以外的其他非货币性资产的，按照非货币性资产的市场价格确定。

189. 关于居民个人扣除公益捐赠支出扣除，下列说法正确的有(　　)。

A. 居民个人发生的公益捐赠支出可以在财产租赁所得、财产转让所得、利息股息红利所得、偶然所得、综合所得或者经营所得中扣除

B. 在当期一个所得项目扣除不完的公益捐赠支出，可以按规定在其他所得项目中继续扣除

C. 居民个人发生的公益捐赠支出，在综合所得、经营所得中扣除的，扣除限额分别为当年综合所得、当年经营所得应纳税所得额的30％

D. 居民个人根据各项所得的收入、公益捐赠支出、适用税率等情况，按照综合所得、分类所得、经营所得中扣除的公益捐赠支出的顺序进行扣除

**【参考答案】** ABC

**【答案解析】** 根据《财政部 税务总局关于公益慈善事业捐赠个人所得税政策的公告》(财政部 税务总局公告2019年第99号)，居民个人按照以下规定扣除公益捐赠支出：(1)居民个人发生的公益捐赠支出可以在财产租赁所得、财产转让所得、利息股息红利所得、偶然所得(以下统称分类所得)、综合所得或者经营所得中扣除。在当期一个所得项目扣除不完的公益捐赠支出，可以按规定在其他所得项目中继续扣除。(2)居民个人发生的公益捐赠支出，在综合所得、经营所得中扣除的，扣除限额分别为当年综合所得、当年经营所得应纳税所得额的30％；在分类所得中扣除的，扣除限额为当月分类所得应纳税所得额的30％。(3)居民个人根据各项所得的收入、公益捐赠支出、适用税率

等情况，自行决定在综合所得、分类所得、经营所得中扣除的公益捐赠支出的顺序。

190. 居民个人在综合所得中扣除公益捐赠支出的，应按照以下规定处理（　　）。

A. 居民个人取得工资薪金所得的，可以选择在预扣预缴时扣除，也可以选择在年度汇算清缴时扣除

B. 居民个人选择在预扣预缴时扣除的，应按照累计预扣法计算扣除限额，其捐赠当月的扣除限额为截止当月累计应纳税所得额的 30%

C. 个人从两处以上取得工资薪金所得，选择其中一处扣除，选择后两年不得变更

D. 居民个人取得劳务报酬所得、稿酬所得、特许权使用费所得的，预扣预缴时不扣除公益捐赠支出，统一在汇算清缴时扣除

**【参考答案】** ABD

**【答案解析】** 根据《财政部 税务总局关于公益慈善事业捐赠个人所得税政策的公告》（财政部 税务总局公告 2019 年第 99 号）：居民个人在综合所得中扣除公益捐赠支出的，应按照以下规定处理：（1）居民个人取得工资薪金所得的，可以选择在预扣预缴时扣除，也可以选择在年度汇算清缴时扣除。居民个人选择在预扣预缴时扣除的，应按照累计预扣法计算扣除限额，其捐赠当月的扣除限额为截止当月累计应纳税所得额的 30%（全额扣除的从其规定，下同）。个人从两处以上取得工资薪金所得，选择其中一处扣除，选择后当年不得变更。（2）居民个人取得劳务报酬所得、稿酬所得、特许权使用费所得的，预扣预缴时不扣除公益捐赠支出，统一在汇算清缴时扣除。（3）居民个人取得全年一次性奖金、股权激励等所得，且按规定采取不并入综合所得而单独计税方式处理的，公益捐赠支出扣除比照本公告分类所得的扣除规定处理。

191. 关于公益捐赠支出扣除，下列说法正确的有（　　）。

A. 居民个人发生的公益捐赠支出，不可在捐赠当月取得的分类所得中扣除

B. 非居民个人发生的公益捐赠支出，未超过其在公益捐赠支出发生的当月应纳税所得额 30%的部分，可以从其应纳税所得额中扣除

C. 非居民个人按规定可以在应纳税所得额中扣除公益捐赠支出而未实际扣除的，可追补扣除。

D. 个人同时发生按 30%扣除和全额扣除的公益捐赠支出，自行选择扣除次序

**【参考答案】** BCD

**【答案解析】** 根据《财政部 税务总局关于公益慈善事业捐赠个人所得税政策的公告》（财政部 税务总局公告 2019 年第 99 号），居民个人发生的公益捐赠支出，可在捐赠当月取得的分类所得中扣除。非居民个人发生的公益捐赠支出，未超过其在公益捐赠支出发生的当月应纳税所得额 30%的部分，可以从其应纳税所得额中扣除。扣除不完的公益捐赠支出，可以在经营所得中继续扣除。非居民个人按规定可以在应纳税所得额中扣除公益捐赠支出而未实际扣除的，可按照本公告第五条规定追补扣除。

国务院规定对公益捐赠全额税前扣除的，按照规定执行。个人同时发生按 30%扣除和全额扣除的公益捐赠支出，自行选择扣除次序。

192. 当月分类所得应扣除未扣除的公益捐赠支出，可以按照以下规定追补扣除的有（　　）。

A. 扣缴义务人已经代扣但尚未解缴税款的，居民个人可以向扣缴义务人提出追补扣除申请，退还已扣税款

B. 扣缴义务人已经代扣且解缴税款的，居民个人可以在公益捐赠之日起 60 日内提请扣缴义务人向征收税款的税务机关办理更正申报追补扣除，税务机关和扣缴义务人应当予以办理

C. 居民个人自行申报纳税的，可以在公益捐赠之日起 60 日内向主管税务机关办理更正申报追补扣除

D. 居民个人捐赠当月有多项多次分类所得的，应先在其中一项一次分类所得中扣除，已经在分类所得中扣除的公益捐赠支出，不再调整到其他所得中扣除

**【参考答案】** AD

**【答案解析】** 根据《财政部 税务总局关于公益慈善事业捐赠个人所得税政策的公告》(财政部 税务总局公告 2019 年第 99 号)，居民个人发生的公益捐赠支出，可在捐赠当月取得的分类所得中扣除。当月分类所得应扣除未扣除的公益捐赠支出，可以按照以下规定追补扣除：(1)扣缴义务人已经代扣但尚未解缴税款的，居民个人可以向扣缴义务人提出追补扣除申请，退还已扣税款。(2)扣缴义务人已经代扣且解缴税款的，居民个人可以在公益捐赠之日起 90 日内提请扣缴义务人向征收税款的税务机关办理更正申报追补扣除，税务机关和扣缴义务人应当予以办理。(3)居民个人自行申报纳税的，可以在公益捐赠之日起 90 日内向主管税务机关办理更正申报追补扣除。居民个人捐赠当月有多项多次分类所得的，应先在其中一项一次分类所得中扣除。已经在分类所得中扣除的公益捐赠支出，不再调整到其他所得中扣除。

193. 在经营所得中扣除公益捐赠支出，下列说法正确的有（　　）。

A. 个体工商户发生的公益捐赠支出，在其经营所得中扣除

B. 在经营所得中扣除公益捐赠支出的，可以选择在预缴税款时扣除，也可以选择在汇算清缴时扣除

C. 经营所得采取核定征收方式的，可以扣除公益捐赠支出

D. 合伙企业发生的公益捐赠支出，其个人投资者应当按照捐赠年度合伙企业的分配比例，计算归属于每一个人投资者的公益捐赠支出，个人投资者应将其归属的合伙企业公益捐赠支出和本人需要在经营所得扣除的其他公益捐赠支出合并，在其经营所得中扣除

**【参考答案】** ABD

**【答案解析】** 根据《财政部 税务总局关于公益慈善事业捐赠个人所得税政策的公告》(财政部 税务总局公告 2019 年第 99 号)，在经营所得中扣除公益捐赠支出，应按以下规定处理：(1)个体工商户发生的公益捐赠支出，在其经营所得中扣除。(2)个人独资企业、合伙企业发生的公益捐赠支出，其个人投资者应当按照捐赠年度合伙企业的分配

比例(个人独资企业分配比例为100%),计算归属于每一个人投资者的公益捐赠支出,个人投资者应将其归属的个人独资企业、合伙企业公益捐赠支出和本人需要在经营所得扣除的其他公益捐赠支出合并,在其经营所得中扣除。(3)在经营所得中扣除公益捐赠支出的,可以选择在预缴税款时扣除,也可以选择在汇算清缴时扣除。(4)经营所得采取核定征收方式的,不扣除公益捐赠支出。

194. 关于公益捐赠支出开具票据,下列说法正确的有(　　)。

A. 公益性社会组织、国家机关在接受个人捐赠时,应当按照规定开具捐赠票据

B. 个人发生公益捐赠时不能及时取得捐赠票据的,可以暂时凭公益捐赠银行支付凭证扣除,并向扣缴义务人提供公益捐赠银行支付凭证复印件

C. 个人应在捐赠之日起60日内向扣缴义务人补充提供捐赠票据,如果个人未按规定提供捐赠票据的,扣缴义务人应在30日内向主管税务机关报告

D. 个人通过扣缴义务人享受公益捐赠扣除政策,应当告知扣缴义务人符合条件可扣除的公益捐赠支出金额,并提供捐赠票据的复印件,其中捐赠股权、房产的还应出示财产原值证明

**【参考答案】** ABD

**【答案解析】** 根据《财政部 税务总局关于公益慈善事业捐赠个人所得税政策的公告》(财政部 税务总局公告2019年第99号),公益性社会组织、国家机关在接受个人捐赠时,应当按照规定开具捐赠票据;个人索取捐赠票据的,应予以开具。个人发生公益捐赠时不能及时取得捐赠票据的,可以暂时凭公益捐赠银行支付凭证扣除,并向扣缴义务人提供公益捐赠银行支付凭证复印件。个人应在捐赠之日起90日内向扣缴义务人补充提供捐赠票据,如果个人未按规定提供捐赠票据的,扣缴义务人应在30日内向主管税务机关报告。机关、企事业单位统一组织员工开展公益捐赠的,纳税人可以凭汇总开具的捐赠票据和员工明细单扣除。

个人通过扣缴义务人享受公益捐赠扣除政策,应当告知扣缴义务人符合条件可扣除的公益捐赠支出金额,并提供捐赠票据的复印件,其中捐赠股权、房产的还应出示财产原值证明。扣缴义务人应当按照规定在预扣预缴、代扣代缴税款时予扣除,并将公益捐赠扣除金额告知纳税人。个人自行办理或扣缴义务人为个人办理公益捐赠扣除的,应当在申报时一并报送《个人所得税公益慈善事业捐赠扣除明细表》。个人应留存捐赠票据,留存期限为五年。

195. 下列关于储蓄存款利息所得征收个人所得税的说法,正确的有(　　)。

A. 对储蓄存款利息所得,按照每次取得的利息所得额计征个人所得税

B. 对储蓄存款利息所得征收个人所得税,以储蓄机构所在地的税务机关为扣缴义务人,实行代扣代缴

C. 扣缴义务人在向储户结付利息时,依法代扣代缴税款

D. 扣缴义务人向储户结付的利息包括储户取款时结付利息、活期存款结息日结付利息和办理储蓄存款自动转存业务时结付利息

【参考答案】 ACD

【答案解析】 根据《对储蓄存款利息所得征收个人所得税的实施办法》，对储蓄存款利息所得，按照每次取得的利息所得额计征个人所得税。

对储蓄存款利息所得征收个人所得税，以结付利息的储蓄机构为扣缴义务人，实行代扣代缴。

扣缴义务人在向储户结付利息时，依法代扣代缴税款。前款所称结付利息，包括储户取款时结付利息、活期存款结息日结付利息和办理储蓄存款自动转存业务时结付利息等。扣缴义务人代扣税款，应当在给储户的利息结付单上注明。

## 三、判断题

1. 拍卖品为经文物部门认定是海外回流文物的，按转让收入额的 3%征收率计算缴纳个人所得税。 （ ）

【参考答案】 错误

【答案解析】 根据《国家税务总局关于加强和规范个人取得拍卖收入征收个人所得税有关问题的通知》（国税发〔2007〕38 号）的规定，拍卖品为经文物部门认定是海外回流文物的，按转让收入额的 2%征收率计算缴纳个人所得税。

2. 个人拍卖所得应缴纳个人所得税，由买方在支付款项时代扣代缴。 （ ）

【参考答案】 错误

【答案解析】 根据《国家税务总局关于加强和规范个人取得拍卖收入征收个人所得税有关问题的通知》（国税发〔2007〕38 号）的规定，个人财产拍卖所得应纳的个人所得税税款，由拍卖单位负责其代扣代缴，并按规定向拍卖单位所在地主管税务机关办理纳税申报。

3. 个人拍卖各项资产均按照特许权使用费计征个人所得税。 （ ）

【参考答案】 错误

【答案解析】 根据《国家税务总局关于加强和规范个人取得拍卖收入征收个人所得税有关问题的通知》（国税发〔2007〕38 号）的规定，个人拍卖除文字作品原稿及复印件外的其他财产，应以其转让收入额减除财产原值和合理费用后的余额为应纳税所得额，按照“财产转让所得”项目缴纳个人所得税。

4. 根据个人所得税法及相关政策规定，居民个人取得劳务报酬所得、稿酬所得、特许权使用费所得的，预扣预缴时不扣除公益捐赠支出，统一在汇算清缴时扣除。 （ ）

【参考答案】 正确

【答案解析】 根据《财政部 税务总局关于公益慈善事业捐赠个人所得税政策的公告》（财政部 税务总局公告 2019 年第 99 号），居民个人取得劳务报酬所得、稿酬所得、特许权使用费所得的，预扣预缴时不扣除公益捐赠支出，统一在汇算清缴时扣除。

5. 个人发生公益捐赠支出，经营所得采取核定征收方式的，其捐赠当月的扣除限额

为应纳税所得额的 30%。（　　）

**【参考答案】** 错误

**【答案解析】** 根据《财政部 税务总局关于公益慈善事业捐赠个人所得税政策的公告》（财政部 税务总局公告 2019 年第 99 号）的规定，经营所得采取核定征收方式的，不得扣除公益捐赠支出。

6. 个人发生的公益捐赠支出，捐赠除股权、房产以外的其他非货币性资产的，按照非货币性资产的市场价格确定公益捐赠支出金额。（　　）

**【参考答案】** 正确

**【答案解析】** 根据《财政部 税务总局关于公益慈善事业捐赠个人所得税政策的公告》（财政部 税务总局公告 2019 年第 99 号），个人发生的公益捐赠支出金额，按照以下规定确定：(1) 捐赠货币性资产的，按照实际捐赠金额确定；(2) 捐赠股权、房产的，按照个人持有股权、房产的财产原值确定；(3) 捐赠除股权、房产以外的其他非货币性资产的，按照非货币性资产的市场价格确定。

7. 居民个人发生的公益捐赠支出可以在财产租赁所得、财产转让所得、利息股息红利所得、偶然所得、综合所得或者经营所得中扣除。（　　）

**【参考答案】** 正确

**【答案解析】** 根据《财政部 税务总局关于公益慈善事业捐赠个人所得税政策的公告》（财政部 税务总局公告 2019 年第 99 号）的规定，居民个人发生的公益捐赠支出可以在财产租赁所得、财产转让所得、利息股息红利所得、偶然所得、综合所得或者经营所得中扣除。在当期一个所得项目扣除不完的公益捐赠支出，可以按规定在其他所得项目中继续扣除。

8. 居民个人发生的公益捐赠支出，在综合所得、经营所得中扣除的，扣除限额分别为当年综合所得、当年经营所得应纳税所得额的 30%。（　　）

**【参考答案】** 正确

**【答案解析】** 根据《财政部 税务总局关于公益慈善事业捐赠个人所得税政策的公告》（财政部 税务总局公告 2019 年第 99 号），居民个人发生的公益捐赠支出，在综合所得、经营所得中扣除的，扣除限额分别为当年综合所得、当年经营所得应纳税所得额的 30%；在分类所得中扣除的，扣除限额为当月分类所得应纳税所得额的 30%。

9. 纳税人在中国境内接受学历（学位）继续教育的支出，在学历（学位）教育期间按照每月 300 元定额扣除。（　　）

**【参考答案】** 错误

**【答案解析】** 根据《国务院关于印发个人所得税专项附加扣除暂行办法的通知》（国发〔2018〕41 号），纳税人在中国境内接受学历（学位）继续教育的支出，在学历（学位）教育期间按照每月 400 元定额扣除。

10. 根据《个体工商户个人所得税计税办法》，个体工商户因研究开发新产品、新技

术而购置单台价值在10万元以下的测试仪器和试验性装置的购置费准予直接扣除。（　　）

**【参考答案】** 正确

**【答案解析】** 根据《个体工商户个人所得税计税办法》，个体工商户研究开发新产品、新技术、新工艺所发生的开发费用，以及研究开发新产品、新技术而购置单台价值在10万元以下的测试仪器和试验性装置的购置费准予直接扣除；单台价值在10万元以上（含10万元）的测试仪器和试验性装置，按固定资产管理，不得在当期直接扣除。

11. 对职工个人以股份形式取得的仅作为分红依据、不拥有所有权的企业量化资产，按照"利息、股息、红利"项目征收个人所得税。（　　）

**【参考答案】** 错误

**【答案解析】** 根据《国家税务总局关于企业改组改制过程中个人取得的量化资产征收个人所得税问题的通知》（国税发〔2000〕60号），对职工个人以股份形式取得的仅作为分红依据、不拥有所有权的企业量化资产，不征收个人所得税。

12. 个人捐赠机器设备，应按财产原值确认个人捐赠支出额。（　　）

**【参考答案】** 错误

**【答案解析】** 根据《财政部 税务总局关于公益慈善事业捐赠个人所得税政策的公告》（财政部 税务总局公告2019年第99号）的规定，个人发生的公益捐赠支出金额，按照以下规定确定：(1)捐赠货币性资产的，按照实际捐赠金额确定；(2)捐赠股权、房产的，按照个人持有股权、房产的财产原值确定；(3)捐赠除股权、房产以外的其他非货币性资产，按照非货币性资产的市场价格确定。

13. 某个人独资企业2023年自行计算的生产经营费用60万元，该企业的生产经营费用与其家庭生活费用无法划分，则该个人独资企业允许税前扣除的费用为24万元。（　　）

**【参考答案】** 错误

**【答案解析】** 根据《财政部 国家税务总局关于印发〈关于个人独资企业和合伙企业投资者征收个人所得税的规定〉的通知》（财税〔2000〕91号）的规定，个人独资企业生产经营费用与其家庭生活费用无法划分，不得税前扣除。

14. 个人通过证券交易所集中交易系统或大宗交易系统转让限售股，以转让当日该股份实际转让价格计算转让收入。（　　）

**【参考答案】** 正确

**【答案解析】** 根据《财政部 国家税务总局 证监会关于个人转让上市公司限售股所得征收个人所得税有关问题的补充通知》（财税〔2010〕70号），个人通过证券交易所集中交易系统或大宗交易系统转让限售股，以转让当日该股份实际转让价格计算转让收入。

15. 根据个人所得税有关规定，个人转让限售股，用限售股接受要约收购，以转让当日该股份实际转让价格计算转让收入。（　　）

**【参考答案】** 错误

**【答案解析】** 根据《财政部 国家税务总局 证监会关于个人转让上市公司限售股所得征收个人所得税有关问题的补充通知》(财税〔2010〕70 号)的规定,转让收入以要约收购的价格计算。

16. 作者将自己的文字作品手稿原件或复印件拍卖取得的所得,按照“财产转让所得”项目计算缴纳个人所得税。（　）

**【参考答案】** 错误

**【答案解析】** 根据《国家税务总局关于加强和规范个人取得拍卖收入征收个人所得税有关问题的通知》(国税发〔2007〕38 号)的规定,作者将自己的文字作品手稿原件或复印件拍卖取得的所得,应以其转让收入额减除 800 元(转让收入额 4 000 元以下)或者 20%(转让收入额 4 000 元以上)后的余额为应纳税所得额,按照“特许权使用费”所得项目适用 20%税率缴纳个人所得税。

17. 个人拍卖除文字作品原件及复印件外的其他财产,按照“财产转让所得”项目计算缴纳个人所得税。（　）

**【参考答案】** 正确

**【答案解析】** 根据《国家税务总局关于加强和规范个人取得拍卖收入征收个人所得税有关问题的通知》(国税发〔2007〕38 号)的规定,个人拍卖除文字作品原稿及复印件外的其他财产,应以其转让收入额减除财产原值和合理费用后的余额为应纳税所得额,按照“财产转让所得”项目适用 20%税率缴纳个人所得税。

18. 个人股权转让价格明显偏低且无正当理由的,主管税务机关对其股权转让收入核定征收时首选方法是加权平均法。（　）

**【参考答案】** 错误

**【答案解析】** 根据《国家税务总局关于发布〈股权转让所得个人所得税管理办法(试行)〉的公告》(国家税务总局公告 2014 年第 67 号),主管税务机关应依次按照下列方法核定股权转让收入:(1)净资产核定法;(2)类比法;(3)其他合理方法。

19. 按照财产拍卖的个人所得税处理办法,个人财产拍卖的应纳税所得额,减按 10%税率计算缴纳个人所得税。（　）

**【参考答案】** 错误

**【答案解析】** 根据《国家税务总局关于加强和规范个人取得拍卖收入征收个人所得税有关问题的通知》(国税发〔2007〕38 号),个人财产拍卖的应纳税所得额适用 20%的个人所得税税率。

20. 个体工商户在计算经营所得应纳税所得额时,个体工商户业主的工资、薪金支出可以税前扣除。（　）

**【参考答案】** 错误

**【答案解析】** 根据《国家税务总局个体工商户个人所得税计税办法》(国家税务总局令第 35 号),个体工商户业主的工资、薪金支出不得税前扣除。

21.非居民个人取得工资、薪金所得,有扣缴义务人的,由扣缴义务人按月代扣代缴税款,不办理汇算清缴。（ ）

**【参考答案】** 正确

**【答案解析】** 根据《中华人民共和国个人所得税法》的规定,非居民个人取得工资、薪金所得,有扣缴义务人的,由扣缴义务人按月代扣代缴税款,不办理汇算清缴。

22.计算个人所得税综合所得应纳税所得额时,个人缴付符合国家规定的企业年金支出可以扣除。（ ）

**【参考答案】** 正确

**【答案解析】** 根据《中华人民共和国个人所得税法实施条例》的规定,《中华人民共和国个人所得税法》规定居民个人综合所得收入额中可以扣除的“依法确定的其他扣除”,包括个人缴付符合国家规定的企业年金、职业年金。

23.个人通过县政府对贫困地区的公益救济性捐赠,以其申报的应纳税所得额30%为限额扣除。（ ）

**【参考答案】** 正确

**【答案解析】** 根据《中华人民共和国个人所得税法实施条例》的规定,个人将其所得通过中国境内的社会团体、国家机关向教育和其他社会公益事业以及遭受严重自然灾害地区、贫困地区的捐赠,捐赠额未超过纳税人申报的应纳税所得额30%的部分,可以从应纳税所得额中扣除,超过部分不得扣除。

24.依据个人所得税的相关规定,个人转让股权所得以交易行为发生地税务机关为主管税务机关。（ ）

**【参考答案】** 错误

**【答案解析】** 根据《国家税务总局关于发布〈股权转让所得个人所得税管理办法(试行)〉的公告》(国家税务总局公告2014年第67号)的规定,个人股东股权转让所得个人所得税以被投资企业所在地税务机关为主管税务机关。

25.计算商铺租赁所得个人所得税时,经核准的修缮费用准予在税前扣除。（ ）

**【参考答案】** 正确

**【答案解析】** 根据《国家税务总局关于个人转租房屋取得收入征收个人所得税问题的通知》(国税函〔2009〕639号)的规定,个人出租财产取得的财产租赁收入,在计算缴纳个人所得税时,应依次扣除以下费用:(1)财产租赁过程中缴纳的税费;(2)向出租方支付的租金;(3)由纳税人负担的该出租财产实际开支的修缮费用;(4)税法规定的费用扣除标准。

26.个人缴纳养老金时,按累计预扣法预扣预缴的劳务报酬所得,可以选择在当年预扣预缴或次年汇算清缴时在限额标准内据实扣除。（ ）

**【参考答案】** 正确

**【答案解析】** 根据《财政部 税务总局关于个人养老金有关个人所得税政策的公告》(财政部 税务总局公告2022年第34号)的规定,个人缴费享受税前扣除优惠时,以个人养老金信息管理服务平台出具的扣除凭证为扣税凭据。取得工资薪金所得、按累计预扣法预扣预缴个人所得税劳务报酬所得的，其缴费可以选择在当年预扣预缴或次年汇算清缴时在限额标准内据实扣除。

27.个人缴纳养老金时，取得其他劳务报酬、稿酬、特许权使用费等所得或经营所得的，可以选择在当年预扣预缴或次年汇算清缴时在限额标准内据实扣除。（　　）

**【参考答案】** 错误

**【答案解析】** 根据《财政部 税务总局关于个人养老金有关个人所得税政策的公告》（财政部 税务总局公告2022年第34号），取得其他劳务报酬、稿酬、特许权使用费等所得或经营所得的，其缴费在次年汇算清缴时在限额标准内据实扣除。

28.对从事建筑安装业工程作业的其他人员取得的所得，分别按照工资、薪金所得项目和劳务报酬所得项目计征个人所得税。（　　）

**【参考答案】** 正确

**【答案解析】** 根据《国家税务总局关于印发〈建筑安装业个人所得税征收管理暂行办法〉的通知》（国税发〔1996〕127号），从事建筑安装业工程作业的其他人员取得的所得，分别按照工资、薪金所得项目和劳务报酬所得项目计征个人所得税。

29.根据个人所得税法规定，因自然灾害遭受重大损失的，可以减征个人所得税。（　　）

**【参考答案】** 正确

**【答案解析】** 根据《中华人民共和国个人所得税法》的规定，因严重自然灾害造成重大损失的经批准可以减征个人所得税。

30.居民个人取得全年一次性奖金，可以选择并入当年综合所得计算纳税。（　　）

**【参考答案】** 正确

**【答案解析】** 根据《财政部 税务总局关于延续实施全年一次性奖金个人所得税政策的公告》（财政部 税务总局公告2023年第30号），居民个人取得全年一次性奖金，也可以选择并入当年综合所得计算纳税。

31.非居民个人在境外通过网上指导获得境内机构支付的培训所得，不属于来源于中国境内所得。（　　）

**【参考答案】** 正确

**【答案解析】** 根据《中华人民共和国个人所得税法实施条例》的规定，除国务院财政、税务主管部门另有规定外，下列所得，不论支付地点是否在中国境内，均为来源于中国境内的所得：(1)因任职、受雇、履约等在中国境内提供劳务取得的所得；(2)将财产出租给承租人在中国境内使用而取得的所得；(3)许可各种特许权在中国境内使用而取得的所得；(4)转让中国境内的不动产等财产或者在中国境内转让其他财产取得的所得；(5)从中国境内企业、事业单位、其他组织以及居民个人取得的利息、股息、红利所得。

32.未按规定期限办理纳税申报的，主管税务机关可以核定股权转让收入。（　　）

**【参考答案】** 错误

**【答案解析】** 根据《股权转让所得个人所得税管理办法(试行)》,符合下列情形之一的,主管税务机关可以核定股权转让收入:(1)申报的股权转让收入明显偏低且无正当理由的;(2)未按照规定期限办理纳税申报,经税务机关责令限期申报,逾期仍不申报的;(3)转让方无法提供或拒不提供股权转让收入的有关资料;(4)其他应核定股权转让收入的情形。

33.个人办理提前退休手续而取得的一次性补贴收入,免征个人所得税。 (  )

**【参考答案】** 错误

**【答案解析】** 根据《财政部 国家税务总局关于个人所得税法修改后有关优惠政策衔接问题的通知》(财税〔2018〕164号)的规定,个人办理提前退休手续而取得的一次性补贴收入,应按照办理提前退休手续至法定离退休年龄之间实际年度数平均分摊,确定适用税率和速算扣除数,单独适用综合所得税率表,计算纳税。

34.个人因与用人单位解除劳动关系而取得的一次性补偿收入,超过3倍数额部分,不并入当年综合所得,单独适用综合所得税率表,计算纳税。 (  )

**【参考答案】** 正确

**【答案解析】** 根据《财政部 国家税务总局关于个人所得税法修改后有关优惠政策衔接问题的通知》(财税〔2018〕164号)的规定,个人因与用人单位解除劳动关系而取得的一次性补偿收入(包括用人单位发放的经济补偿金、生活补助费和其他补助费用),其收入在当地上年职工平均工资3倍数额以内的部分,免征个人所得税;超过3倍数额部分的一次性补偿收入,不并入当年综合所得,单独适用综合所得税率表,计算纳税。

35.转让债券时,通常采用"移动平均法"确定其应予减除的财产原值和合理费用。 (  )

**【参考答案】** 错误

**【答案解析】** 根据《国家税务总局关于印发〈征收个人所得税若干问题的规定〉的通知》(国税发〔1994〕89号)的规定,转让债券时,通常采用"加权平均法"确定其应予减除的财产原值和合理费用。

36.个人捐赠住房作为公共租赁住房,符合税收法律法规规定的,对其公益性捐赠支出未超过其申报的应纳税所得额30%的部分,准予从其应纳税所得额中扣除。 (  )

**【参考答案】** 正确

**【答案解析】** 根据《财政部 税务总局关于继续实施公共租赁住房税收优惠政策的公告》(财政部 税务总局公告2023年第33号),个人捐赠住房作为公租房,符合税收法律法规规定的,对其公益性捐赠支出未超过其申报的应纳税所得额30%的部分,准予从其应纳税所得额中扣除。

37.个人通过符合条件的非营利性社会团体捐赠写字楼作为公益性青少年活动场所,可以在计算应纳税所得额时全额扣除。 (  )

**【参考答案】** 正确

**【答案解析】** 根据《财政部 国家税务总局关于对青少年活动场所电子游戏厅有关所得税和营业税政策问题的通知》(财税〔2000〕21号)，对企事业单位、社会团体和个人等社会力量，通过非营利性的社会团体和国家机关对公益性青少年活动场所(其中包括新建)的捐赠，在缴纳个人所得税前准予全额扣除。所称公益性青少年活动场所，是指专门为青少年学生提供科技、文化、德育、爱国主义教育、体育活动的青少年宫、青少年活动中心等校外活动的公益性场所。

38. 个人从任职的上市公司取得股票期权应按"利息、股息、红利所得"缴纳个人所得税。（　）

**【参考答案】** 错误

**【答案解析】** 根据《国家税务总局关于股权激励有关个人所得税问题的通知》(国税函〔2009〕461号)的规定，对于员工获得上市公司的限制性股票，应该按照工资薪金所得缴纳个人所得税。

39. 个人所得税法规定综合所得使用3%至45%超额累进税率。（　）

**【参考答案】** 正确

**【答案解析】** 根据《中华人民共和国个人所得税法实施条例》的规定，综合所得，适用百分之三至百分四十五的超额累进税率。

40. 个人提供专有技术获得的报酬属于劳务报酬所得。（　）

**【参考答案】** 错误

**【答案解析】** 根据《中华人民共和国个人所得税法实施条例》的规定，特许权使用费所得，是指个人提供专利权、商标权、著作权、非专利技术以及其他特许权的使用权取得的所得；提供著作权的使用权取得的所得，不包括稿酬所得。

41. 个人以非货币性资产投资所得，应在发生应税行为的次月10日内向主管税务机关申报纳税。（　）

**【参考答案】** 错误

**【答案解析】** 根据《财政部 国家税务总局关于个人非货币性资产投资有关个人所得税政策的通知》(财税〔2015〕41号)的规定，个人以非货币性资产投资所得，应在发生应税行为的次月15日内向主管税务机关申报纳税。

42. 个人所得税法第七次修订后，个人所得税新的征管模式调整为："代扣代缴、自行申报，汇算清缴、多退少补，优化服务、事后监管"。（　）

**【参考答案】** 错误

**【答案解析】** 《中华人民共和国个人所得税法》第七次修订后确定的个人所得税新的征管模式为："代扣代缴、自行申报，汇算清缴、多退少补，优化服务、事后抽查"。

43. 拍卖受赠获得的物品，在计算个人所得税时可扣除的财产原值为该拍卖品的市场价值。（　）

**【参考答案】** 错误

**【答案解析】** 根据《国家税务总局关于加强和规范个人取得拍卖收入征收个人所

得税有关问题的通知》(国税发〔2007〕38号),通过赠送取得的,财产原值为其受赠该拍卖品时发生的相关税费。

44. 钱某捐赠股权,按股权原值确定公益性捐赠支出金额。 (　　)

**【参考答案】** 正确

**【答案解析】** 根据《财政部 税务总局关于公益慈善事业捐赠个人所得税政策的公告》(财政部 税务总局公告2019年第99号)的规定,捐赠股权、房产的,按照个人持有股权、房产的财产原值确定。

45. 林先生2024年3月退休,每月领取养老金2 300元。5月被一家公司聘用,月工资6 600元。不考虑其他扣除的情况下,2024年5月林先生应被预扣预缴个人所得税是48元。 (　　)

**【参考答案】** 正确

**【答案解析】** 根据《国家税务总局关于个人兼职和退休人员再任职取得收入如何计算征收个人所得税问题的批复》(国税函〔2005〕382号)的规定,退休人员再任职取得的收入,在减除按个人所得税法规定的费用扣除标准后,按"工资、薪金所得"应税项目缴纳个人所得税。林先生应预扣预缴个人所得税=(6 600－5 000)×3%=48(元)。

46. 个人持有限售股中存在部分限售股原值不明确,导致无法准确计算全部限售股成本原值的,其成本费用一律不得扣除。 (　　)

**【参考答案】** 错误

**【答案解析】** 根据《财政部 国家税务总局 证监会关于个人转让上市公司限售股所得征收个人所得税有关问题的补充通知》(财税〔2010〕70号)的规定,个人持有限售股中存在部分限售股原值不明确,导致无法准确计算全部限售股成本原值的,证券登记结算公司一律以实际转让收入的15%作为限售股成本原值和合理税费。

47. 享受大病医疗专项附加扣除的纳税人,只能在办理汇算清缴时扣除。 (　　)

**【参考答案】** 正确

**【答案解析】** 根据《国家税务总局关于修订发布〈个人所得税专项附加扣除操作办法(试行)〉的公告》(国家税务总局公告2022年第7号),享受大病医疗专项附加扣除的纳税人,由其在次年3月1日至6月30日内,自行向汇缴地主管税务机关办理汇算清缴申报时扣除。

48. 高校教师受出版社委托进行审稿取得的报酬属于劳务报酬所得。 (　　)

**【参考答案】** 正确

**【答案解析】** 根据《中华人民共和国个人所得税法》的规定,劳务报酬所得,是指个人独立从事设计、装潢、审稿等劳务取得的报酬。

49. 杂志社财务人员在本单位的杂志上发表作品取得的所得,应按照"工资、薪金所得"缴纳个人所得税。 (　　)

**【参考答案】** 错误

**【答案解析】** 根据《中华人民共和国个人所得税法实施条例》的规定,稿酬所得,是指个人因其作品以图书、报刊等形式出版、发表而取得的所得。杂志社财务人员在本单位的杂志上发表作品取得的所得，应按“稿酬所得”缴纳个人所得税。

50. 国内某作家的一篇小说在一家日报连载一个月，月末报社共支付稿酬 7 000 元。则该作家所获稿酬被预扣预缴的个人所得税为 784 元。（　　）

**【参考答案】** 正确

**【答案解析】** 根据《中华人民共和国个人所得税法实施条例》的规定，该作家预扣预缴个人所得税＝7 000×(1－20%)×70%×20%＝784(元)。

51. 子女教育专项附加扣除中，学历教育，为子女接受全日制学历教育入学的当年至全日制学历教育结束的当月。（　　）

**【参考答案】** 错误

**【答案解析】** 根据《个人所得税专项附加扣除操作办法(试行)》的规定，学历教育，为子女接受全日制学历教育入学的当月至全日制学历教育结束的当月。

52. 个人所得税综合所得汇算清缴时间是 3 月 1 日至 6 月 30 日。（　　）

**【参考答案】** 正确

**【答案解析】** 根据《中华人民共和国个人所得税法》的规定，居民个人取得综合所得，按年计算个人所得税；有扣缴义务人的，由扣缴义务人按月或者按次预扣预缴税款；需要办理汇算清缴的，应当在取得所得的次年 3 月 1 日至 6 月 30 日内办理汇算清缴。

53. 企业职工参加本企业组织的运动会所获得的奖金，可以免征个人所得税。（　　）

**【参考答案】** 错误

**【答案解析】** 根据《中华人民共和国个人所得税法》的规定，省级人民政府、国务院部委和中国人民解放军军以上单位，以及外国组织、国际组织颁发的科学、教育、技术、文化、卫生、体育、环境保护等方面的奖金，免征个人所得税；企业颁发的奖金，需要征收个人所得税。

54. 按照国务院规定发给的资深院士津贴，免征个人所得税。（　　）

**【参考答案】** 正确

**【答案解析】** 根据《中华人民共和国个人所得税法》及其实施条例，按照国家统一规定发给的补贴、津贴，免征个人所得税。按照国家统一规定发给的补贴、津贴，是指按照国务院规定发给的政府特殊津贴、院士津贴、资深院士津贴，以及国务院规定免纳个人所得税的其他补贴、津贴。

55. 个人转让自用 3 年且是家庭唯一住房取得的所得，免征个人所得税。（　　）

**【参考答案】** 错误

**【答案解析】** 根据《国家税务总局关于个人转让房屋有关税收征管问题的通知》(国税发〔2007〕33 号)的规定，个人转让自用达 5 年以上并且是唯一的家庭生活用房取得的所得，免征个人所得税。

56. 将房产提供给债权人使用而放弃的租金收入，应按“财产租赁所得”缴纳个人所得税。（ ）

【参考答案】 正确

【答案解析】 根据《中华人民共和国个人所得税法实施条例》的规定，财产租赁所得，是指个人出租不动产、机器设备、车船以及其他财产取得的所得。个人所得的形式，包括现金、实物、有价证券和其他形式的经济利益；所得为实物的，应当按照取得的凭证上所注明的价格计算应纳税所得额，无凭证的实物或者凭证上所注明的价格明显偏低的，参照市场价格核定应纳税所得额；所得为有价证券的，根据票面价格和市场价格核定应纳税所得额；所得为其他形式的经济利益的，参照市场价格核定应纳税所得额。因此，以房屋租金抵偿债务，属于“财产租赁所得”。

57. 非专利技术使用权让渡给他人使用取得的收入，属于“特许权使用费所得”。（ ）

【参考答案】 正确

【答案解析】 根据《中华人民共和国个人所得税法实施条例》的规定，特许权使用费所得，是指个人提供专利权、著作权、商标权、非专利技术以及其他特许权的使用权取得的所得。

58. 纳税人取得应税所得没有扣缴义务人的，应当在取得所得的次月 15 日内向税务机关报送纳税申报表，并缴纳税款。（ ）

【参考答案】 正确

【答案解析】 根据《中华人民共和国个人所得税法实施条例》的规定，纳税人取得应税所得没有扣缴义务人的，应当在取得所得的次月 15 日内向税务机关报送纳税申报表，并缴纳税款。

59. 纳税人没有任职受雇单位的，向其户籍所在地、经常居住地或者主要收入来源地的主管税务机关申报。（ ）

【参考答案】 正确

【答案解析】 根据《国家税务总局关于办理 2023 年度个人所得税综合所得汇算清缴事项的公告》（国家税务总局公告 2024 年第 2 号）的规定，纳税人没有任职受雇单位的，向其户籍所在地、经常居住地或者主要收入来源地的主管税务机关申报。

60. 在中国境内居住累计满 183 天的任一年度中有一次离境超过 30 天的，其在中国境内居住累计满 183 天的年度的连续年限重新起算。（ ）

【参考答案】 正确

【答案解析】 根据《中华人民共和国个人所得税法实施条例》的规定，在中国境内居住累计满 183 天的任一年度中有一次离境超过 30 天的，其在中国境内居住累计满 183 天的年度的连续年限重新起算。

61. 纳税人办理综合所得汇算清缴，应当准备与收入、专项扣除、专项附加扣除、依

法确定的其他扣除、成本费用、捐赠、享受税收优惠等相关的资料,并按规定留存备查或报送。（　　）

**【参考答案】** 错误

**【答案解析】** 根据《中华人民共和国个人所得税法》及其实施条例,纳税人办理综合所得汇算清缴,应当准备与收入、专项扣除、专项附加扣除、依法确定的其他扣除、捐赠、享受税收优惠等相关的资料,并按规定留存备查或报送。

62. 2019 年 1 月 1 日起,纳税人取得的“工资、薪金所得”“劳务报酬所得”“稿酬所得”“特许权使用费所得”四项所得称为综合所得,按纳税年度合并计算个人所得税。（　　）

**【参考答案】** 错误

**【答案解析】** 根据《中华人民共和国个人所得税法》,居民个人取得工资、薪金所得,劳务报酬所得,稿酬所得,特许权使用费所得,按纳税年度合并计算个人所得税;非居民个人取得工资、薪金所得,劳务报酬所得,稿酬所得,特许权使用费所得,按月或者按次分项计算个人所得税。

63. 偶然所得,是指个人得奖、中奖、中彩以及其他偶然性质的所得。（　　）

**【参考答案】** 正确

**【答案解析】** 根据《中华人民共和国个人所得税法实施条例》的规定,偶然所得,是指个人得奖、中奖、中彩以及其他偶然性质的所得。

64. “稿酬所得”项目里的作品,包括文学作品、书画作品、摄影作品以及其他作品。（　　）

**【参考答案】** 正确

**【答案解析】** 根据《中华人民共和国个人所得税法实施条例》的规定,稿酬所得的作品,包括文学作品、书画作品、摄影作品以及其他作品。

65. 个人直接向教育、扶贫、济困等公益慈善事业的捐赠(以下简称公益捐赠),发生的公益捐赠支出,可以按照个人所得税法有关规定在计算应纳税所得额时扣除。（　　）

**【参考答案】** 错误

**【答案解析】** 根据《财政部 税务总局关于公益慈善事业捐赠个人所得税政策的公告》(财政部 税务总局公告 2019 年第 99 号)的规定,个人通过中华人民共和国境内公益性社会组织、县级以上人民政府及其部门等国家机关,向教育、扶贫、济困等公益慈善事业的捐赠,发生的公益捐赠支出,可以按照个人所得税法有关规定在计算应纳税所得额时扣除。

66. 纳税人享受学历(学位)继续教育专项附加扣除,为在境内外接受学历(学位)继续教育入学的当月至学历(学位)继续教育结束的当月。（　　）

**【参考答案】** 正确

**【答案解析】** 根据《个人所得税专项附加扣除暂行办法》的规定,纳税人享受学历(学位)继续教育专项附加扣除,为在中国境内接受学历(学位)继续教育入学的当月至学历(学位)继续教育结束的当月。

67. 利息、股息、红利所得，是指个人拥有债权、股权等而取得的利息、股息、红利所得。（　　）

**【参考答案】** 正确

**【答案解析】** 根据《中华人民共和国个人所得税法实施条例》的规定，利息、股息、红利所得，是指个人拥有债权、股权等而取得的利息、股息、红利所得。

68. 2024 年钱某女儿就读于重点高中，则钱某可享受子女教育专项附加扣除标准为每月 1 000 元。（　　）

**【参考答案】** 错误

**【答案解析】** 根据《国务院关于提高个人所得税有关专项附加扣除标准的通知》(国发〔2023〕13 号)的规定，子女教育专项附加扣除标准，由每个子女每月 1 000 元提高到 2 000 元。

69. 纳税人申请年度汇算退税，应当提供其在中国境内开设的符合条件的银行账户。（　　）

**【参考答案】** 正确

**【答案解析】** 根据《国家税务总局关于办理 2023 年度个人所得税综合所得汇算清缴事项的公告》(国家税务总局公告 2024 年第 2 号)的规定，纳税人申请汇算退税，应当提供其在中国境内开设的符合条件的银行账户。税务机关按规定审核后，按照国库管理有关规定办理税款退库。纳税人未提供本人有效银行账户，或者提供的信息资料有误的，税务机关将通知纳税人更正，纳税人按要求更正后依法办理退税。

70. 年度汇算需补税的纳税人，年度汇算期结束后未足额补缴税款的，税务机关将依法加收滞纳金，并在其《个人所得税纳税记录》中予以标注。（　　）

**【参考答案】** 正确

**【答案解析】** 根据《国家税务总局关于办理 2023 年度个人所得税综合所得汇算清缴事项的公告》(国家税务总局公告 2024 年第 2 号)的规定，年度汇算需补税的纳税人，年度汇算期结束后未足额补缴税款的，税务机关将依法加收滞纳金，并在其《个人所得税纳税记录》中予以标注。

71. 按照方便就近原则，纳税人自行办理或受托人为纳税人代为办理年度汇算的，向纳税人任职受雇单位的主管税务机关申报；有两处及以上任职受雇单位的，可自主选择向其中一处申报。（　　）

**【参考答案】** 正确

**【答案解析】** 根据《个人所得税综合所得汇算清缴工作规范》，按照方便就近原则，纳税人自行办理或受托人为纳税人代为办理年度汇算的，向纳税人任职受雇单位的主管税务机关申报；有两处及以上任职受雇单位的，可自主选择向其中一处申报。

72. 年度汇算的“年度”即为纳税年度，也就是公历 1 月 1 日起至 12 月 31 日。年度汇算时的收入、扣除，均为该时间区间内实际取得的收入和实际发生的符合条件或规定

标准的费用或支出。（　　）

**【参考答案】** 正确

**【答案解析】** 根据《个人所得税综合所得汇算清缴工作规范》，年度汇算的"年度"即为纳税年度，也就是公历1月1日起至12月31日。年度汇算时的收入、扣除，均为该时间区间内实际取得的收入和实际发生的符合条件或规定标准的费用或支出。

73. 纳税人因申报信息填写错误造成年度汇算多退或少缴税款的，纳税人主动或经税务机关提醒后及时改正的，税务机关可以按照"首违不罚"原则免予处罚。（　　）

**【参考答案】** 正确

**【答案解析】** 根据《个人所得税综合所得汇算清缴工作规范》，纳税人因申报信息填写错误造成年度汇算多退或少缴税款的，纳税人主动或经税务机关提醒后及时改正的，税务机关可以按照"首违不罚"原则免予处罚。

74. 个人将土地使用权对外出租取得的所得，应按"财产租赁所得"征收个人所得税。（　　）

**【参考答案】** 正确

**【答案解析】** 根据《中华人民共和国个人所得税法实施条例》的规定，个人将土地使用权对外出租取得的所得，应按"财产租赁所得"征收个人所得税。

75. 特殊工种补助，不属于"工资、薪金所得"的应税项目。（　　）

**【参考答案】** 错误

**【答案解析】** 根据《中华人民共和国个人所得税法实施条例》的规定，工资、薪金所得，是指个人因任职或者受雇而取得的工资、薪金、奖金、年终加薪、劳动分红、津贴、补贴以及与任职或者受雇有关的其他所得。所以，特殊工种补助属于"工资、薪金所得"的应税项目。

76. 所有的津贴、补贴都应该按"工资、薪金所得"项目征收个人所得税。（　　）

**【参考答案】** 错误

**【答案解析】** 根据《国家税务总局关于印发〈征收个人所得税若干问题的规定〉的通知》（国税发〔1994〕89号）的规定，对于一些不属于工资、薪金性质的补贴、津贴或者不属于纳税人本人工资、薪金所得项目的收入，如独生子女补贴，不予征税。

77. 金某取得经营所得，没有取得综合所得，可在按月或按季办理经营所得个人所得税税款预缴时，允许扣除专项附加扣除。（　　）

**【参考答案】** 错误

**【答案解析】** 根据《中华人民共和国个人所得税法实施条例》的规定，取得经营所得的个人，没有综合所得的，计算其每一纳税年度的应纳税所得额时，应当减除费用6万元、专项扣除、专项附加扣除以及依法确定的其他扣除。专项附加扣除在办理汇算清缴时减除。

78. 纳税人出售自有住房并在现住房出售后1年内，在同一城市重新购买住房的，可按规定申请退还其出售现住房已缴纳的个人所得税。（　　）

**【参考答案】** 正确

**【答案解析】** 根据《财政部 税务总局 住房城乡建设部关于延续实施支持居民换购住房有关个人所得税政策的公告》(财政部 税务总局 住房城乡建设部公告2023年第28号)的规定,自2024年1月1日至2025年12月31日,纳税人出售自有住房并在现住房出售后1年内,在同一城市重新购买住房的,可按规定申请退还其出售现住房已缴纳的个人所得税。

79. 根据《中华人民共和国个人所得税法》的规定,纳税人取得经营所得,按年计算个人所得税,由纳税人在月度或者季度终了后15日内向税务机关报送纳税申报表,并预缴税款;在取得所得的次年6月30日前办理汇算清缴。 ( )

**【参考答案】** 错误

**【答案解析】** 根据《中华人民共和国个人所得税法》的规定,纳税人取得经营所得,按年计算个人所得税,由纳税人在月度或者季度终了后十五日内向税务机关报送纳税申报表,并预缴税款;在取得所得的次年3月31日前办理汇算清缴。

80. 关于赡养老人专项附加扣除,约定分摊优于指定分摊。 ( )

**【参考答案】** 错误

**【答案解析】** 根据《个人所得税专项附加扣除暂行办法》的规定,纳税人为非独生子女的,由其与兄弟姐妹分摊每月2 000元的扣除额度,每人分摊的额度不能超过每月1 000元。可以由赡养人均摊或者约定分摊,也可以由被赡养人指定分摊。约定或者指定分摊的须签订书面分摊协议,指定分摊优于约定分摊。

81. 以除股票溢价发行外的其他资本公积转增股本属于个人股东部分,按照"利息、股息、红利所得"项目计征个人所得税。 ( )

**【参考答案】** 正确

**【答案解析】** 根据《中华人民共和国个人所得税法》及《国家税务总局关于进一步加强高收入者个人所得税征收管理的通知》(国税发〔2010〕54号)的规定,加强企业转增注册资本和股本管理,对以未分配利润、盈余公积和除股票溢价发行外的其他资本公积转增注册资本和股本的,要按照"利息、股息、红利所得"项目,依政策规定计征个人所得税。

82. 劳务报酬所得、稿酬所得、特许权使用费所得收入和收入额的计算方法是一样的。 ( )

**【参考答案】** 错误

**【答案解析】** 根据《中华人民共和国个人所得税法实施条例》的规定,劳务报酬所得、稿酬所得、特许权使用费所得以收入减除费用后的余额为收入额;其中,稿酬所得的收入额减按70%计算。

83. 纳税人取得经营所得,按月或按季计算应纳个人所得税,向经营管理所在地主管税务机关办理纳税申报。 ( )

**【参考答案】** 错误

**【答案解析】** 根据《中华人民共和国个人所得税法》的规定，纳税人取得经营所得，按年计算个人所得税，由纳税人在月度或者季度终了后15日内向税务机关报送纳税申报表，并预缴税款；在取得所得的次年3月31日前办理汇算清缴。

84.无住所个人一个纳税年度内在中国境内累计居住天数，按照个人在中国境内累计停留的天数计算。在中国境内停留的当天不足24小时的，按半天计入中国境内居住天数。（　　）

**【参考答案】** 错误

**【答案解析】** 根据《财政部 税务总局关于在中国境内无住所的个人居住时间判定标准的公告》（财政部 税务总局公告2019年第34号）的规定，无住所个人一个纳税年度内在中国境内累计居住天数，按照个人在中国境内累计停留的天数计算。在中国境内停留的当天满24小时的，计入中国境内居住天数，在中国境内停留的当天不足24小时的，不计入中国境内居住天数。

85.非居民个人取得综合所得，按纳税年度合并计算个人所得税。（　　）

**【参考答案】** 错误

**【答案解析】** 根据《中华人民共和国个人所得税法》的规定，非居民个人取得前款第一项至第四项所得，按月或者按次分项计算个人所得税。

86.纳税人年满3岁至小学入学前处于学前教育阶段的子女，可享受子女教育个人所得税专项附加扣除政策。（　　）

**【参考答案】** 正确

**【答案解析】** 根据《个人所得税专项附加扣除暂行办法》的规定，纳税人年满3岁至小学入学前处于学前教育阶段的子女，可享受子女教育个人所得税专项附加扣除政策。

87.偶然所得，以每个月累计取得该项收入为一次。（　　）

**【参考答案】** 错误

**【答案解析】** 根据《中华人民共和国个人所得税法实施条例》的规定，偶然所得，以每次取得该项收入为一次。

88.自2023年1月1日起，赡养老人专项附加扣除标准，提高到每月2 000元。（　　）

**【参考答案】** 错误

**【答案解析】** 根据《国务院关于提高个人所得税有关专项附加扣除标准的通知》（国发〔2023〕13号），赡养老人专项附加扣除标准，由每月2 000元提高到3 000元。其中，独生子女按照每月3 000元的标准定额扣除；非独生子女与兄弟姐妹分摊每月3 000元的扣除额度，每人分摊的额度不能超过每月1 500元。

89.原个人所得税扣缴义务人应当自纳税人离职不再发放工资薪金所得的次月起，停止办理个人所得税专项附加扣除。（　　）

**【参考答案】** 错误

**【答案解析】** 根据《国家税务总局关于修订发布〈个人所得税专项附加扣除操作办法(试行)〉的公告》(国家税务总局公告2022年第7号),原扣缴义务人应当自纳税人离职不再发放工资薪金所得的当月起,停止为其办理专项附加扣除。

90.个人所得税专项附加扣除,包括子女教育、继续教育、大病医疗、住房贷款利息或住房租金、赡养老人等支出。 ( )

**【参考答案】** 错误

**【答案解析】** 根据《中华人民共和国个人所得税法》的规定,专项附加扣除,包括子女教育、继续教育、大病医疗、住房贷款利息或者住房租金、赡养老人等支出。国发〔2022〕8号文件新增了3岁以下婴幼儿照护。

91.闫某2023年发生与基本医保相关的医药费用支出,扣除医保报销后个人负担100 000元,闫某在办理年度汇算清缴时,可扣除80 000元。 ( )

**【参考答案】** 正确

**【答案解析】** 根据《个人所得税专项附加扣除暂行办法》的规定,在一个纳税年度内,纳税人发生的与基本医保相关的医药费用支出,扣除医保报销后个人负担(指医保目录范围内的自付部分)累计超过15 000元的部分,由纳税人在办理年度汇算清缴时,在80 000元限额内据实扣除。

92.纳税人可以委托扣缴义务人或者其他单位和个人办理汇算清缴。 ( )

**【参考答案】** 正确

**【答案解析】** 根据《中华人民共和国个人所得税法实施条例》的规定,纳税人可以委托扣缴义务人或者其他单位和个人办理汇算清缴。

93.对个人取得企业派发的现金网络红包,应该按照偶然所得项目计算缴纳个人所得税,税款由派发红包的企业代扣代缴。 ( )

**【参考答案】** 正确

**【答案解析】** 根据《国家税务总局关于加强网络红包个人所得税征收管理的通知》(税总函〔2015〕409号)的规定,对个人取得企业派发的现金网络红包,应按照偶然所得项目计算缴纳个人所得税,税款由派发红包的企业代扣代缴。

94.A公司为该公司自然人股东金某购买一辆价值40万元的轿车,根据相关规定,应按照"财产转让所得"项目征收个人所得税。 ( )

**【参考答案】** 错误

**【答案解析】** 根据《国家税务总局关于企业为股东个人购买汽车征收个人所得税的批复》(国税函〔2005〕364号),依据《中华人民共和国个人所得税法》以及有关规定,企业购买车辆并将车辆所有权办到股东个人名下,其实质为企业对股东进行了红利性质的实物分配,应按照"利息、股息、红利所得"项目征收个人所得税。

95.税务机关应当对纳税人报送的专项附加扣除信息的真实性、准确性、完整性负责。 ( )

**【参考答案】** 错误

**【答案解析】** 根据《个人所得税专项附加扣除暂行办法》的规定，纳税人应当对报送的专项附加扣除信息的真实性、准确性、完整性负责，而不是由税务机关负责。

96. 居民个人负无限纳税义务，其取得的应纳税所得，无论来源于境内还是境外，都要在中国缴纳个人所得税。（　　）

**【参考答案】** 正确

**【答案解析】** 根据《中华人民共和国个人所得税法》及其实施条例，居民纳税义务人所取得的应纳税所得，无论来源于中国境内还是中国境外任何地方，都要在中国缴纳个人所得税。

97. 某位著名小说家林某去世后，其儿子小林取得其遗作稿酬。小林应按稿酬所得征收个人所得税。（　　）

**【参考答案】** 正确

**【答案解析】** 根据《国家税务总局关于印发〈征收个人所得税若干问题的规定〉的通知》（国税发〔1994〕89 号）的规定，作者去世后，对取得其遗作稿酬的个人，按稿酬所得征收个人所得税，并入综合所得进行年度汇算。

98. 根据个人所得税的相关规定，个体工商户根据生产经营活动的需要以经营租赁方式租入固定资产支付的租赁费，应于实际支付时进行税前扣除。（　　）

**【参考答案】** 错误

**【答案解析】** 根据《国家税务总局个体工商户个人所得税计税办法》（国家税务总局令第 35 号）的规定，以经营租赁方式租入固定资产发生的租赁费支出，按照租赁期限均匀扣除。

99. 居民个人可以同时享受住房贷款利息和住房租金专项附加扣除政策。（　　）

**【参考答案】** 错误

**【答案解析】** 根据《国务院关于印发个人所得税专项附加扣除暂行办法的通知》（国发〔2018〕41 号）的规定，纳税人及其配偶在一个纳税年度内不能同时分别享受住房贷款利息和住房租金专项附加扣除。

100. 两个或两个以上的个人共同取得同一项目收入的，个人所得税实行“先分、后扣、再税”的办法。（　　）

**【参考答案】** 正确

**【答案解析】** 根据《中华人民共和国个人所得税法实施条例》的规定，两人或两人以上共同取得同一项目收入的，每个人应当就其取得的收入分别按照税法规定减除费用后计算缴纳个人所得税。

101. 居民个人来源于境外的经营所得，按照个人所得税法及其实施条例的有关规定计算的亏损，可以抵减其境内或他国（地区）的应纳税所得额。（　　）

**【参考答案】** 错误

**【答案解析】** 根据《财政部 税务总局关于境外所得有关个人所得税政策的公告》（财政部 税务总局公告 2020 年第 3 号）的规定，居民个人来源于中国境外的经营所得，应当与境内经营所得合并计算应纳税额。居民个人来源于境外的经营所得，按照个人所得税法及其实施条例的有关规定计算的亏损，不得抵减其境内或他国（地区）的应纳税所得额，但可以用来源于同一国家（地区）以后年度的经营所得按中国税法规定弥补。

102. 居民个人从中国境外取得的所得，可以从其应纳税额中抵免已在境外缴纳的个人所得税税额，但抵免额不得超过该纳税人境外所得按规定计算的应纳税额。（ ）

**【参考答案】** 正确

**【答案解析】** 根据《中华人民共和国个人所得税法》的规定，居民个人从中国境外取得的所得，可以从其应纳税额中抵免已在境外缴纳的个人所得税税额，但抵免额不得超过该纳税人境外所得依照本法规定计算的应纳税额。

103. 扣缴义务人向居民个人支付工资、薪金所得时，应当按照累计预扣法计算预扣税款，预扣余额为负值时，应及时办理退税。（ ）

**【参考答案】** 错误

**【答案解析】** 根据《个人所得税扣缴申报管理办法（试行）》的规定，余额为负值时，暂不退税。纳税年度终了后余额仍为负值时，由纳税人通过办理综合所得年度汇算清缴，税款多退少补。

104. 纳税人取得的全年一次性资金应平均分配到每一个月的工资、薪金所得中计算缴纳个人所得税。（ ）

**【参考答案】** 错误

**【答案解析】** 根据《财政部 税务总局关于延续实施全年一次性奖金个人所得税政策的公告》（财政部 税务总局公告 2023 年第 30 号），居民个人取得全年一次性奖金，符合《国家税务总局关于调整个人取得全年一次性奖金等计算征收个人所得税方法问题的通知》（国税发〔2005〕9 号）规定的，不并入当年综合所得，以全年一次性奖金收入除以 12 个月得到的数额，按照本公告所附按月换算后的综合所得税率表，确定适用税率和速算扣除数，单独计算纳税。

105. 专项附加扣除一个纳税年度扣不完的，不能结转以后年度扣除。（ ）

**【参考答案】** 正确

**【答案解析】** 根据《个人所得税专项附加扣除暂行办法》及《个人所得税专项附加扣除操作办法（试行）》，专项附加扣除一个纳税年度扣不完的，不能结转以后年度扣除。

106. 我国现行个人所得税采取的税制类型是混合所得税。（ ）

**【参考答案】** 正确

**【答案解析】** 根据《中华人民共和国个人所得税法》及其实施条例的规定，自 2019 年 1 月 1 日起，我国个人所得税采取混合征收，即工资、薪金所得，劳务报酬所得，稿酬所得和特许权使用费所得采取综合征收，除这些之外的其他各项所得采取分类征收。

107. 纳税人按照规定实际支付的拍卖费（佣金）、鉴定费、评估费、图录费、证书费可在税前扣除。（ ）

**【参考答案】** 正确

**【答案解析】** 根据《国家税务总局关于加强和规范个人取得拍卖收入征收个人所得税有关问题的通知》(国税发〔2007〕38号)的规定，个人财产拍卖所得适用“财产转让所得”项目计算应纳税所得额时，纳税人凭合法有效凭证(税务机关监制的正式发票、相关境外交易单据或海关报关单据、完税证明等)，从其转让收入额中减除相应的财产原值、拍卖财产过程中缴纳的税金及有关合理费用。

108.单位按低于购置或建造成本价格出售住房给职工，职工因此而少支出的差价部分，属于个人所得税应税所得，应按照“财产转让所得”项目缴纳个人所得税。（　　）

**【参考答案】** 错误

**【答案解析】** 根据《财政部 国家税务总局关于单位低价向职工售房有关个人所得税问题的通知》(财税〔2007〕13号)的规定，单位按低于购置或建造成本价格出售住房给职工，职工因此而少支出的差价部分，属于个人所得税应税所得，应按照“工资、薪金所得”项目缴纳个人所得税。

109.个人在华居住满183天临时离境工作期间的工资、薪金所得，仅就由中国境内企业或个人雇主支付的部分缴纳个人所得税。（　　）

**【参考答案】** 错误

**【答案解析】** 根据《中华人民共和国个人所得税法实施条例》的规定，临时离境，不扣减在华天数，仍按居住满1年计算。

110.个人直接对学校的捐赠支出，准予在个人所得税税前全额扣除。（　　）

**【参考答案】** 错误

**【答案解析】** 根据《中华人民共和国个人所得税法实施条例》的规定，个人直接对受赠人的捐赠，不属于公益性捐赠，不得在个人所得税税前扣除。

111.居民个人取得的工资薪金所得、劳务报酬所得、稿酬所得、财产租赁所得，在个人所得税汇算清缴时，可以采用3%～45%的七级超额累进税率。（　　）

**【参考答案】** 错误

**【答案解析】** 根据《个人所得税扣缴申报管理办法(试行)》的规定，居民个人取得的工资薪金所得、劳务报酬所得、稿酬所得和特许权使用费所得，属于综合所得，汇算清缴时，适用3%～45%的七级超额累进税率。

112.居民个人取得的经营所得适用五级超额累进税率。（　　）

**【参考答案】** 正确

**【答案解析】** 根据《个人所得税扣缴申报管理办法(试行)》的规定，居民个人取得的经营所得适用五级超额累进税率。

113.财产租赁所得、财产转让所得、利息股息红利所得，适用20%个人所得税税率。
（　　）

**【参考答案】** 正确

**【答案解析】** 根据《中华人民共和国个人所得税法》的规定，财产租赁所得、财产转让让所得、利息股息红利所得，适用20%个人所得税税率。

114. 个体工商户对外投资所得，适用5%～35%的五级超额累进税率征收个人所得税。（ ）

【参考答案】 错误

【答案解析】 根据《中华人民共和国个人所得税法》及其实施条例的规定，个体工商户对外投资所得按照"利息、股息、红利所得"计征个人所得税，适用20%比例税率。

115. 外籍个人按合理标准内取得的境外出差补贴，免征个人所得税。（ ）

【参考答案】 正确

【答案解析】 根据《国家税务总局关于外籍个人取得有关补贴征免个人所得税执行问题的通知》（国税发〔1997〕54号）、《财政部 税务总局关于延续实施外籍个人有关津补贴个人所得税政策的公告》（财政部 税务总局公告2023年第29号）的规定，对外籍个人按合理标准取得的境内、外出差补贴免征个人所得税。

116. 个人实际领（支）取原提存的基本养老保险金、基本医疗保险金、失业保险金和住房公积金时，免征个人所得税。（ ）

【参考答案】 正确

【答案解析】 根据《财政部 国家税务总局关于基本养老保险费 基本医疗保险费 失业保险费 住房公积金有关个人所得税政策的通知》（财税〔2006〕10号）的规定，个人实际领（支）取原提存的基本养老保险金、基本医疗保险金、失业保险金和住房公积金时，免征个人所得税。

117. 个人转让离婚析产房屋取得的收入，不征收个人所得税。（ ）

【参考答案】 错误

【答案解析】 根据《国家税务总局关于明确个人所得税若干政策执行问题的通知》（国税发〔2009〕121号）的规定，个人转让离婚析产房屋所取得的收入，允许扣除其相应的财产原值和合理费用后，余额按照规定的税率缴纳个人所得税。

118. 离退休人员除退休工资外，从原任职单位取得的各类补贴、奖金、实物，不征收个人所得税。（ ）

【参考答案】 错误

【答案解析】 根据《国家税务总局关于离退休人员取得单位发放离退休工资以外奖金补贴征收个人所得税的批复》（国税函〔2008〕723号）的规定，离退休人员除按规定领取离退休工资或养老金外，另从原任职单位取得的各类补贴、奖金、实物，不属于《中华人民共和国个人所得税法》第四条规定可以免税的退休工资、离休工资、离休生活补助费。根据《中华人民共和国个人所得税法》及其实施条例的有关规定，离退休人员从原任职单位取得的各类补贴、奖金、实物，应在减除费用扣除标准后，按"工资、薪金所得"应税项目缴纳个人所得税。

119. 2024年3月1日居民钱先生按市场价格出租境内住房，取得不含税租金收入40 000元，在3月发生修理费用支出1 200元。则2024年3月，钱先生应缴纳320元个

人所得税。（　）

【参考答案】 错误

【答案解析】 根据《财政部 国家税务总局关于廉租住房 经济适用住房和住房租赁有关税收政策的通知》(财税〔2008〕24 号)的规定,对个人出租住房取得的所得,自 2008 年 3 月 1 日起暂减按 10%的税率征收个人所得税。钱先生应缴纳个人所得税=(40 000÷10－800－800)×10%=240(元)。

120. 2024 年年初戚某将自有商铺对外出租,租金 8 000 元/月。在不考虑其他税费的情况下,戚某每月租金应缴纳 1 280 元个人所得税。（　）

【参考答案】 正确

【答案解析】 应缴纳个人所得税=8 000×(1－20%)×20%=1 280(元)。

121. 外籍个人从外商投资企业取得的股息、红利所得,免征收个人所得税。（　）

【参考答案】 正确

【答案解析】 根据《财政部 国家税务总局关于个人所得税若干政策问题的通知》(财税字〔1994〕020 号)的规定,外籍个人从外商投资企业取得的股息、红利所得,暂免征收个人所得税。

122. 个人用限售股认购或申购交易型开放式指数基金份额,以转让当日该股份实际转让价格计算转让收入。（　）

【参考答案】 错误

【答案解析】 根据《财政部 国家税务总局 证监会关于个人转让上市公司限售股所得征收个人所得税有关问题的补充通知》(财税〔2010〕70 号)的规定,转让收入以股份过户日的前一交易日该股份收盘价计算。

123. 美国公民爱丽丝,2023 年 6 月购买境内上市公司股票,2023 年 11 月取得该公司分配的股息收入 1 500 元,并在当月将股票全部抛售,则爱丽丝应缴纳个人所得税 300 元。（　）

【参考答案】 错误

【答案解析】 根据《财政部 国家税务总局 证监会关于上市公司股息红利差别化个人所得税政策有关问题的通知》(财税〔2015〕101 号)的规定,持股期限超过 1 个月不足 1 年,按 50%计入应纳税所得额。应缴纳个人所得税=1 500×50%×20%=150(元)。

124. 2024 年 1 月,丁某出版一部短篇小说,取得稿酬 30 000 元,则丁某稿酬所得应预扣预缴个人所得税 3 360 元。（　）

【参考答案】 正确

【答案解析】 根据《中华人民共和国个人所得税法实施条例》的规定,丁某出版小说所得应预扣预缴个人所得税=30 000×(1－20%)×70%×20%=3 360(元)。

125. 同一学历(学位)继续教育的扣除期限最长不得超过 24 个月。（　）

【参考答案】 错误

**【答案解析】** 根据《个人所得税专项附加扣除操作办法(试行)》的规定,同一学历(学位)继续教育的扣除期限最长不得超过48个月。

126.赡养老人支出中的被赡养人仅指年满60岁的父母。 ( )

**【参考答案】** 错误

**【答案解析】** 根据《个人所得税专项附加扣除暂行办法》的规定,被赡养人指年满60岁的父母,以及子女均已去世的年满60岁的祖父母、外祖父母。

127.律师事务所支付给雇员(包括律师事务所的投资者)的所得,按照"工资、薪金所得"征收个人所得税。 ( )

**【参考答案】** 错误

**【答案解析】** 根据《国家税务总局关于律师事务所从业人员取得收入征收个人所得税有关业务问题的通知》(国税发〔2000〕149号)的规定,律师事务所支付给雇员(包括律师及行政辅助人员,但不包括律师事务所投资者)的所得,按照"工资、薪金所得"应税项目征收个人所得税。

128.作为律师事务所雇员的律师与律师事务所按规定的比例对收入分成,律师事务所不负担律师办理案件支出的费用,律师当月的分成收入按照"经营所得"应税项目征收个人所得税。 ( )

**【参考答案】** 错误

**【答案解析】** 根据《国家税务总局关于律师事务所从业人员取得收入征收个人所得税有关业务问题的通知》(国税发〔2000〕149号)的规定,作为律师事务所雇员的律师与律师事务所按规定的比例对收入分成,律师事务所不负担律师办理案件支出的费用(如交通费、资料费、通讯费及聘请人员等费用),律师当月的分成收入按规定扣除办理案件支出的费用后,余额与律师事务所发给的工资合并,按"工资、薪金所得"应税项目计征个人所得税。

129.根据个人所得税法规定,技能人员职业资格继续教育、专业技术人员职业资格继续教育,专项附加扣除时间为取得相关证书当月。 ( )

**【参考答案】** 错误

**【答案解析】** 根据《个人所得税专项附加扣除操作办法(试行)》的规定,技能人员职业资格继续教育、专业技术人员职业资格继续教育,为取得相关证书当年。

130.个人独资企业支付给环保部门的罚款允许税前扣除。 ( )

**【参考答案】** 错误

**【答案解析】** 根据《个体工商户个人所得税计税办法》的规定,个人独资企业支付给环保部门的罚款,不得税前扣除。

131.被投资企业拥有土地使用权等资产的个人申报的股权转让收入低于股权对应的净资产公允价值份额20%的转让,应被视为股权转让收入明显偏低。 ( )

**【参考答案】** 错误

**【答案解析】** 根据《股权转让所得个人所得税管理办法(试行)》的规定,视为股权转让收入明显偏低的情形:(1)申报的股权转让收入低于股权对应的净资产份额的;(2)申报的股权转让收入低于初始投资成本或低于取得该股权所支付的价款及相关税费的;(3)申报的股权转让收入低于相同或类似条件下同一企业同一股东或其他股东股权转让收入的;(4)申报的股权转让收入低于相同或类似条件下同类行业的企业股权转让收入的;(5)不具合理性的无偿让渡股权或股份;(6)主管税务机关认定的其他情形。

132.个人行使现金选择权将限售股转让给提供现金选择权的第三方,对其应纳个人所得税采取证券机构预扣预缴、纳税人自行申报清算和证券机构直接扣缴相结合的方式征收。（　）

**【参考答案】** 正确

**【答案解析】** 根据《财政部 国家税务总局 证监会关于个人转让上市公司限售股所得征收个人所得税有关问题的补充通知》(财税〔2010〕70号)的规定,个人行使现金选择权将限售股转让给提供现金选择权的第三方,对其应纳个人所得税采取证券机构预扣预缴、纳税人自行申报清算和证券机构直接扣缴相结合的方式征收。

133.个人依法继承或家庭财产分割让渡限售股所有权,纳税人需自行申报纳税。（　）

**【参考答案】** 正确

**【答案解析】** 根据《财政部 国家税务总局 证监会关于个人转让上市公司限售股所得征收个人所得税有关问题的补充通知》(财税〔2010〕70号),个人依法继承或家庭财产分割让渡限售股所有权,纳税人需自行申报纳税。

134.个人独资企业投资者应纳的个人所得税税款,按年计算,分月或分季预缴,由投资者在每月或每季终了15日内预缴,年度终了后1个月内汇算清缴,多退少补。（　）

**【参考答案】** 错误

**【答案解析】** 根据《关于个人独资企业和合伙企业投资者征收个人所得税的规定》,投资者应纳的个人所得税税款,按年计算,分月或分季预缴,由投资者在每月或每季终了7日内预缴,年度终了后3个月内汇算清缴,多退少补。

135.个人独资企业在纳税年度中间合并、分离、终止时,投资者应当在停止生产经营之日起30日内,向主管税务机关办理当期个人所得税汇算清缴。（　）

**【参考答案】** 错误

**【答案解析】** 根据《关于个人独资企业和合伙企业投资者征收个人所得税的规定》,企业在纳税年度中间合并、分离、终止时,投资者应当在停止生产经营之日起60日内,向主管税务机关办理当期个人所得税汇算清缴。

136.投资者兴办两个或者两个以上个人独资企业,投资者可以选择并固定向一个企业实际经营管理所在地主管税务机关预缴个人所得税。（　）

**【参考答案】** 错误

**【答案解析】** 根据《关于个人独资企业和合伙企业投资者征收个人所得税的规

定》,投资者兴办两个或两个以上企业的,应分别向企业实际经营管理所在地主管税务机关预缴税款。

137.个人因出境定居而一次性领取的年金个人账户资金,适用综合所得税率表计算纳税。 (　　)

**【参考答案】** 正确

**【答案解析】** 根据《财政部 税务总局关于个人所得税法修改后有关优惠政策衔接问题的通知》(财税〔2018〕164号)的规定,个人因出境定居而一次性领取的年金个人账户资金,或个人死亡后,其指定的受益人或法定继承人一次性领取的年金个人账户余额,适用综合所得税率表计算纳税。对个人除上述特殊原因外一次性领取年金个人账户资金或余额的,适用月度税率表计算纳税。

138.根据个人所得税有关规定,如果纳税人的承包、承租期在一个纳税年度内经营不足12个月,要换算成一个完整的纳税年度计算纳税。 (　　)

**【参考答案】** 错误

**【答案解析】** 根据《国家税务总局关于印发〈征收个人所得税若干问题的规定〉的通知》(国税发〔1994〕89号),如果纳税人的承包、承租期在一个纳税年度内经营不足12个月,应以其实际承包、承租经营的期限为一个纳税年度计算纳税。

139.纳税人在一个纳税年度内分次取得承包、承租经营所得,应在每次取得承包、承租经营所得后预缴税款,年终汇算清缴,多退少补。 (　　)

**【参考答案】** 正确

**【答案解析】** 根据《中华人民共和国个人所得税法》及其实施条例的规定,纳税人在一个纳税年度内分次取得承包、承租经营所得,应在每次取得承包、承租经营所得后预缴税款,年终汇算清缴,多退少补。

140.在中国境内无住所的个人,在中国境内居住累计满183天的年度连续不满6年的,从中国境内和境外取得的所得,均需缴纳个人所得税。 (　　)

**【参考答案】** 错误

**【答案解析】** 根据《中华人民共和国个人所得税法实施条例》的规定,在中国境内无住所的个人,在中国境内居住累计满183天的年度连续不满6年的,经向主管税务机关备案,其来源于中国境外且由境外单位或者个人支付所得,免于缴纳个人所得税。

141.在中国境内无住所,但有来源于中国境内收入的外籍个人,是我国个人所得税的非居民纳税人。 (　　)

**【参考答案】** 错误

**【答案解析】** 根据《中华人民共和国个人所得税法》的规定,在中国境内无住所又不居住,或者无住所而一个纳税年度内在中国境内居住累计不满183天的个人,为非居民个人。

142.外籍个人符合居民个人条件,2023年已享受住房补贴、语言训练费,子女教育

费等津补贴个人所得税免税优惠政策，可以同时享受个人所得税专项附加扣除。（　）

【参考答案】 错误

【答案解析】 外籍个人符合居民个人条件的，可以选择享受个人所得税专项附加扣除，也可以选择按照《财政部 国家税务总局关于个人所得税若干政策问题的通知》(财税字〔1994〕020 号)、《国家税务总局关于外籍个人取得有关补贴征免个人所得税执行问题的通知》(国税发〔1997〕54 号)和《财政部 国家税务总局关于外籍个人取得港澳地区住房等补贴征免个人所得税的通知》(财税〔2004〕29 号)规定，享受住房补贴、语言训练费、子女教育费等津补贴免税优惠政策，但不得同时享受。外籍个人一经选择，在一个纳税年度内不得变更。

143. 2023 年 1 月 1 日至 2027 年 12 月 31 日，个体工商户不区分征收方式，经营所得年应纳所得额不超过 200 万元的部分，减半征收个人所得税。（　）

【参考答案】 正确

【答案解析】 根据《国家税务总局关于进一步落实支持个体工商户发展个人所得税优惠政策有关事项的公告》(国家税务总局公告 2023 年第 12 号)，对个体工商户年应纳税所得额不超过 200 万元的部分，减半征收个人所得税。个体工商户在享受现行其他个人所得税优惠政策的基础上，可叠加享受本条优惠政策。个体工商户不区分征收方式，均可享受。

144. 生育妇女按照县级以上人民政府根据国家有关规定制定的生育保险办法，取得生育津贴、生育医疗费或其他属于生育保险性质的津贴、补贴，免征个人所得税。（　）

【参考答案】 正确

【答案解析】 根据《财政部 国家税务总局关于生育津贴和生育医疗费有关个人所得税政策的通知》(财税〔2008〕8 号)的规定，生育妇女按照县级以上人民政府根据国家有关规定制定的生育保险办法，取得的生育津贴、生育医疗费或其他属于生育保险性质的津贴、补贴，免征个人所得税。

145. 合伙企业的投资者以全部生产经营所得为个人所得税应纳所得额。（　）

【参考答案】 错误

【答案解析】 根据《财政部 国家税务总局关于合伙企业合伙人所得税问题的通知》(财税〔2008〕159 号)的规定，个人独资企业的投资者以全部生产经营所得为应纳税所得额；合伙企业的投资者按照合伙企业的全部生产经营所得和合伙协议约定的分配比例确定应纳税所得额，合伙协议没有约定分配比例的，以全部生产经营所得和合伙人数量平均计算每个投资者的应纳税所得额。

146. 个体工商户业主本人缴纳的补充养老保险费、补充医疗保险费，分别在不超过从业人员工资总额 5%标准内的部分据实扣除；超过部分，不得扣除。（　）

【参考答案】 错误

【答案解析】 根据《个体工商户个人所得税计税办法》的规定，个体工商户业主本人缴纳的补充养老保险费、补充医疗保险费，以当地（地级市）上年度社会平均工资的3倍为计算基数，分别在不超过该计算基数5%标准内的部分据实扣除；超过部分，不得扣除。

147. 个人从非雇佣单位取得的营销业绩奖励，应按“劳务报酬所得”计征个人所得税。（ ）

【参考答案】 正确

【答案解析】 根据《财政部 国家税务总局关于企业以免费旅游方式提供对营销人员个人奖励有关个人所得税政策的通知》（财税〔2004〕11号）的规定，对企业雇员享受的此类奖励，应与当期的工资薪金合并，按照“工资、薪金所得”项目征收个人所得税；对其他人员享受的此类奖励，应作为当期的劳务收入，按照“劳务报酬所得”项目征收个人所得税。

148. 提供著作权的使用权取得的所得，包括稿酬所得。（ ）

【参考答案】 错误

【答案解析】 根据《中华人民共和国个人所得税法》的规定，特许权使用费所得，是指个人提供专利权、商标权、著作权、非专利技术以及其他特许权的使用权取得的所得；提供著作权的使用权取得的所得，不包括稿酬所得。

149. 除兼职律师在律师事务所兼职取得的收入外，其他个人兼职取得的收入，按照劳务报酬所得征税。（ ）

【参考答案】 正确

【答案解析】 根据《中华人民共和国个人所得税法》的规定，个人兼职取得的收入，应按照“劳务报酬所得”项目缴纳个人所得税。

150. 对境外个人投资者投资经国务院批准对外开放的中国境内原油等货物期货品种取得的所得，减半征收个人所得税。（ ）

【参考答案】 错误

【答案解析】 根据《财政部 税务总局 中国证监会关于延续实施支持原油等货物期货市场对外开放个人所得税政策的公告》（财政部 税务总局 中国证监会公告2023年第26号）的规定，对境外个人投资者投资经国务院批准对外开放的中国境内原油等货物期货品种取得的所得，暂免征收个人所得税。

151. 股份制企业的个人投资者以该企业的资本金进行个人消费，按“经营所得”项目计征个人所得税。（ ）

【参考答案】 错误

【答案解析】 根据《财政部 国家税务总局关于规范个人投资者个人所得税征收管理的通知》（财税〔2003〕158号）的规定，股份制企业的个人投资者以该企业的资本金进行个人消费，应按“利息、股息、红利所得”项目计征个人所得。

152. 纳税年度内，股份制企业的个人投资者从该企业借款，超过纳税年度未归还，

又未用于企业生产经营的借款，按“利息、股息、红利所得”项目计征个人所得税。（　　）

**【参考答案】** 正确

**【答案解析】** 根据《财政部 国家税务总局关于规范个人投资者个人所得税征收管理的通知》(财税〔2003〕158号)的规定，纳税年度内个人投资者从其投资企业(个人独资企业、合伙企业除外)借款，在该纳税年度终了后既不归还，又未用于企业生产经营的，其未归还的借款可视为企业对个人投资者的红利分配，依照“利息、股息、红利所得”项目计征个人所得税。

153.个人取得的教育储蓄存款利息，免征个人所得税。（　　）

**【参考答案】** 正确

**【答案解析】** 《中华人民共和国个人所得税法》规定，国债利息、教育储蓄存款利息、国家发行的金融债券利息，免征个人所得税。

154.个人取得的国家发行的金融债券利息，按规定缴纳个人所得税。（　　）

**【参考答案】** 错误

**【答案解析】** 《中华人民共和国个人所得税法》规定，国债和国家发行的金融债券利息免征个人所得税。

155.居民获得的孳生的储蓄存款利息，免征个人所得税。（　　）

**【参考答案】** 正确

**【答案解析】** 根据《财政部 国家税务总局关于储蓄存款利息所得有关个人所得税政策的通知》(财税〔2008〕132号)的规定，自2008年10月9日起，对储蓄存款利息所得暂免征收个人所得税。

156.贾某在一个集体所有制企业工作，后因企业要改制为股份合作制企业而取得了价值10万元的股权(取得该股权时实际支付的费用及相关税费为2万元)，则贾某取得该项股权时应该缴纳个人所得税1.6万元。（　　）

**【参考答案】** 错误

**【答案解析】** 根据《国家税务总局关于企业改组改制过程中个人取得的量化资产征收个人所得税问题的通知》(国税发〔2000〕60号)的规定，对职工个人以股份形式取得的拥有所有权的企业量化资产，暂缓征收个人所得税。

157.企业在年会中向本单位以外的个人赠送礼品，个人取得的礼品收入，应按“偶然所得”项目征收个人所得税。（　　）

**【参考答案】** 正确

**【答案解析】** 根据《财政部 税务总局关于个人取得有关收入适用个人所得税应税所得项目的公告》(财政部 税务总局公告2019年第74号)的规定，企业在业务宣传、广告等活动中，随机向本单位以外的个人赠送礼品(包括网络红包)，以及企业在年会、座谈会、庆典以及其他活动中向本单位以外的个人赠送礼品，个人取得的礼品收入，按照“偶然所得”项目计算缴纳个人所得税，但企业赠送的具有价格折扣或折让性质的消费券、代金券、抵用券、优惠券等礼品除外。

158. 个人为他人提供担保获得的收入，按照“偶然所得”项目计算缴纳个人所得税。（ ）

**【参考答案】** 正确

**【答案解析】** 根据《财政部 税务总局关于个人取得有关收入适用个人所得税应税所得项目的公告》（财政部 税务总局公告 2019 年第 74 号），个人为单位或他人提供担保获得收入，按照“偶然所得”项目计算缴纳个人所得税。

159. 房屋产权所有人将房屋产权无偿赠与对其承担直接抚养或者赡养义务的抚养人或者赡养人，对当事双方不征收个人所得税。（ ）

**【参考答案】** 正确

**【答案解析】** 根据《财政部 国家税务总局关于个人无偿受赠房屋有关个人所得税问题的通知》（财税〔2009〕78 号）的规定，房屋产权所有人将房屋产权无偿赠与对其承担直接抚养或者赡养义务的抚养人或者赡养人，对当事双方不征收个人所得税。房屋产权所有人将房屋产权无偿赠与他人的，受赠人因无偿受赠房屋取得的受赠收入，按照“偶然所得”项目计算缴纳个人所得税。

160. 自 2023 年 2 月 4 日至 2023 年 5 月 4 日，一直在中国境内居住的无住所的外籍个人，属于个人所得税的居民个人。（ ）

**【参考答案】** 错误

**【答案解析】** 根据《中华人民共和国个人所得税法》的规定，在中国境内有住所，或者无住所而一个纳税年度内在中国境内居住累计满 183 天的个人，为居民个人。

161. 根据个人所得税法的规定，军人的转业费免征个人所得税。（ ）

**【参考答案】** 正确

**【答案解析】** 根据《中华人民共和国个人所得税法》的规定，军人的转业费、复员费免纳个人所得税。

162. 转让国债的所得，免征个人所得税。（ ）

**【参考答案】** 错误

**【答案解析】** 根据《中华人民共和国个人所得税法》的规定，国债利息免征个人所得税；转让国债的所得不免税，要缴纳个人所得税。

163. 个人举报各种违法犯罪行为而获得的奖金，属于暂免征收个人所得税项目。（ ）

**【参考答案】** 正确

**【答案解析】** 根据《财政部 国家税务总局关于个人所得税若干政策问题的通知》（财税字〔1994〕20 号）的规定，个人举报、协查各种违法、犯罪行为而获得的奖金，暂免征收个人所得税。

164. 某杂志社专职记者 2024 年 1 月取得工资 8 000 元，同时由于在本单位杂志上发表多篇文章，取得所得 2 000 元，则该记者当月应预扣预缴个人所得税额 150 元。（ ）

**【参考答案】** 正确

**【答案解析】** 根据《国家税务总局关于个人所得税若干业务问题的批复》(国税函〔2002〕146号)的规定，任职、受雇于报纸、杂志等单位的记者、编辑等专业人员，因在本单位的报纸、杂志上发表作品取得的所得，属于因任职、受雇而取得的所得，应与其当月工资收入合并，按"工资、薪金所得"计算缴纳个人所得税。该记者当月应预扣预缴个人所得税=(8 000+2 000-5 000)×3%=150(元)。

165.科研机构、高等学校转化职务科技成果以股份或出资比例等股权形式给予科技人员个人奖励，在获奖人按股份、出资比例获得分红时，对其所得按"利息、股息、红利所得"应税项目征收个人所得税。（　　）

**【参考答案】** 正确

**【答案解析】** 根据《国家税务总局关于促进科技成果转化有关个人所得税问题的通知》(国税发〔1999〕125号)的规定，在获奖人按股份、出资比例获得分红时，对其所得按"利息、股息、红利所得"应税项目征收个人所得税。

166.个体工商户和从事生产、经营的个人，取得与生产、经营活动无关的其他各项应税所得，一并计入经营所得项目计征个人所得税。（　　）

**【参考答案】** 错误

**【答案解析】** 根据《国家税务总局个体工商户个人所得税计税办法》(国家税务总局令第35号)的规定，个体工商户生产经营活动中，应当分别核算生产经营费用和个人、家庭费用。对于生产经营与个人、家庭生活混用难以分清的费用，其40%视为与生产经营有关费用，准予扣除。

167.2023年某个体工商户取得不含税销售收入40万元，将不含税价格为5万元的商品用于家庭成员和亲友消费；当年取得银行利息收入1万元，转让股票取得转让所得10万元，取得基金分红1万元。则该个体工商户允许税前扣除的广告费和业务宣传费限额为6.75万元。（　　）

**【参考答案】** 正确

**【答案解析】** 用于家庭成员和亲友消费视同销售；转让股票按照财产转让所得征税；剩余两个按照利息、股息、红利所得征税。

个体工商户年销售(营业)收入=40+5=45(万元)，广告费和业务宣传费的扣除限额=销售(营业)收入×15%=45×15%=6.75(万元)。

168.肖某从2023年4月1日起开始承包一加工厂，承包经营期限9个月，经营成果归肖某所有。取得承包收入40 000元，另外每月还从该加工厂领取工资4 000元。肖某当年无其他所得，则肖某当年应缴纳个人所得税1600元。（　　）

**【参考答案】** 正确

**【答案解析】** 肖某应缴纳个人所得税=(40 000+4 000×9-5 000×9)×10%-1 500=1 600(元)。

169.个人对中国老龄事业发展基金会的捐赠支出未超过纳税人申报的应纳税所得

额 30%的部分，可以以其应纳税所得额税前扣除。（　）

**【参考答案】** 错误

**【答案解析】** 根据《财政部 国家税务总局关于中国老龄事业发展基金会等 8 家单位捐赠所得税政策问题的通知》（财税〔2006〕66 号），对企业、事业单位、社会团体和个人等社会力量，通过中国老龄事业发展基金会、中国华文教育基金会、中国绿化基金会、中国妇女发展基金会、中国关心下一代健康体育基金会、中国生物多样性保护基金会、中国儿童少年基金会和中国光彩事业基金会用于公益救济性捐赠，准予在缴纳企业所得税和个人所得税前全额扣除。

170. 根据居民换购住房个人所得税有关规定，对出售自有住房并在现住房出售后 1 年内在市场重新购买住房的纳税人，新购住房金额小于现住房转让金额的，按新购住房金额占现住房转让金额的比例退还出售现住房已缴纳的个人所得税。（　）

**【参考答案】** 正确

**【答案解析】** 根据《财政部 税务总局 住房城乡建设部关于延续实施支持居民换购住房有关个人所得税政策的公告》（财政部 税务总局 住房城乡建设部公告 2023 年第 28 号）的规定，自 2024 年 1 月 1 日至 2025 年 12 月 31 日，对出售自有住房并在现住房出售后 1 年内在市场重新购买住房的纳税人，对其出售现住房已缴纳的个人所得税予以退税优惠。新购住房金额小于现住房转让金额的，按新购住房金额占现住房转让金额的比例退还出售现住房已缴纳的个人所得税。

171. 子女无偿取得父母赠与的房屋，不征收个人所得税。（　）

**【参考答案】** 正确

**【答案解析】** 根据《财政部 税务总局 关于个人取得有关收入适用个人所得税应税所得项目的公告》（财政部 税务总局公告 2019 年第 74 号）的规定，房屋产权所有人将房屋产权无偿赠与配偶、父母、子女、祖父母、外祖父母、孙子女、外孙子女、兄弟姐妹，双方都不征收个人所得税。

172. 房屋产权所有人将房屋产权无偿赠与他人的，受赠人不征收个人所得税。

（　）

**【参考答案】** 错误

**【答案解析】** 根据《财政部 税务总局 关于个人取得有关收入适用个人所得税应税所得项目的公告》（财政部 税务总局公告 2019 年第 74 号）的规定，房屋产权所有人将房屋产权无偿赠与他人的，受赠人因无偿受赠房屋取得的受赠收入，按照“偶然所得”项目计算缴纳个人所得税。

173. 企业年金或职业年金单位缴费部分，在计入个人账户时，应视为个人一个月的工资缴纳个人所得税。（　）

**【参考答案】** 错误

**【答案解析】** 《财政部 人力资源社会保障部 国家税务总局关于企业年金 职业年金个人所得税有关问题的通知》（财税〔2013〕103 号）的规定，企业和事业单位根据国家有关政策规定的办法和标准，为在本单位任职或者受雇的全体职工缴付的企业年金或职业年金单位缴费部分，在计入个人账户时，个人暂不缴纳个人所得税。

174.个人按本人缴费工资计税基数的4%缴纳的年金，在计算个人所得税时可全额扣除。（　）

**【参考答案】** 正确

**【答案解析】**《财政部 人力资源社会保障部 国家税务总局关于企业年金 职业年金个人所得税有关问题的通知》（财税〔2013〕103号）的规定，个人根据国家有关政策规定缴付的年金个人缴费部分，在不超过本人缴费工资计税基数的4%标准内的部分，暂从个人当期的应纳税所得额中扣除。

175.单位按低于购置价出售住房给职工，职工因此而少支出的差价部分，不并入当年综合所得，以差价收入除以12个月得到的数额，按照月度税率表，单独计算纳税。（　）

**【参考答案】** 正确

**【答案解析】** 根据财税〔2018〕164号文件的规定，单位按低于购置或建造成本价格出售住房给职工，职工因此而少支出的差价部分，符合《财政部 国家税务总局关于单位低价向职工售房有关个人所得税问题的通知》（财税〔2007〕13号）第二条规定的，不并入当年综合所得，以差价收入除以12个月得到的数额，按照月度税率表确定适用税率和速算扣除数，单独计算纳税。

176.从事建筑安装业的个体工商户和未领取营业执照承揽建筑安装业工程作业的建筑安装队和个人，以及建筑安装企业实行个人承包后，工商登记改变为个体经济性质的，按照“经营所得”项目计征个人所得税。（　）

**【参考答案】** 正确

**【答案解析】** 根据《国家税务总局关于印发〈建筑安装业个人所得税征收管理暂行办法〉的通知》（国税发〔1996〕127号）的规定，从事建筑安装业的个体工商户和未领取营业执照承揽建筑安装业工程作业的建筑安装队和个人，以及建筑安装企业实行个人承包后，工商登记改变为个体经济性质的，按照“经营所得”项目计征个人所得税。

177.股权转让行为结束后，当事人双方签订并执行解除原股权转让合同、退回股权的协议，对前次转让行为征收的个人所得税款应予以退回。（　）

**【参考答案】** 错误

**【答案解析】** 根据《国家税务总局关于纳税人收回转让的股权征收个人所得税问题的批复》（国税函〔2005〕130号）的规定，股权转让行为结束后，当事人双方签订并执行解除原股权转让合同、退回股权的协议，是另一次股权转让行为，对前次转让行为征收的个人所得税款不予退回。

178.股权转让合同未履行完毕，因执行仲裁委员会作出的解除股权转让合同及补充协议的裁决、停止执行原股权转让合同，并原价收回已转让股权的，纳税人不应缴纳个人所得税。（　）

【参考答案】 正确

【答案解析】 根据《国家税务总局关于纳税人收回转让的股权征收个人所得税问题的批复》(国税函〔2005〕130号)的规定，股权转让合同未履行完毕，因执行仲裁委员会作出的解除股权转让合同及补充协议的裁决、停止执行原股权转让合同，并原价收回已转让股权的，由于其股权转让行为尚未完成、收入未完全实现，随着股权转让关系的解除，股权收益不复存在，根据个人所得税法和征管法的有关规定，以及从行政行为合理性原则出发，纳税人不应缴纳个人所得税。

179.拍卖通过拍卖行拍得的物品，财产原值为拍得该物品实际支付的价款及缴纳的相关税费。 （ ）

【参考答案】 正确

【答案解析】 根据《国家税务总局关于加强和规范个人取得拍卖收入征收个人所得税有关问题的通知》(国税发〔2007〕38号)的规定，拍卖通过拍卖行拍得的物品，财产原值为拍得该物品实际支付的价款及缴纳的相关税费。

180.律师事务所雇员的律师从其分成收入中扣除办理案件支出费用的标准，在律师当月分成收入的35%比例内确定。 （ ）

【参考答案】 正确

【答案解析】 根据《国家税务总局关于律师事务所从业人员取得收入征收个人所得税有关业务问题的通知》(国税发〔2000〕149号)，作为律师事务所雇员的律师从其分成收入中扣除办理案件支出费用的标准，由现行在律师当月分成收入的30%比例内确定，调整为35%比例内确定。实行上述收入分成办法的律师办案费用不得在律师事务所重复列支。

181.中小高新技术企业转增股本，个人股东获得转增的股本，应按照"利息、股息、红利所得"项目，适用20%的税率征收个人所得税。 （ ）

【参考答案】 正确

【答案解析】 根据《财政部 国家税务总局关于将国家自主创新示范区有关税收试点政策推广到全国范围实施的通知》(财税〔2015〕116号)的规定，个人股东获得转增的股本，应按照"利息、股息、红利所得"项目，适用20%的税率征收个人所得税。

182.个人股东取得非上市及未在全国中小企业股份转让系统挂牌的其他企业以未分配利润、盈余公积、资本公积转增的股本，不征收个人所得税。 （ ）

【参考答案】 错误

【答案解析】 根据《国家税务总局关于股权奖励和转增股本个人所得税征管问题的公告》(国家税务总局公告2015年第80号)的规定，按"利息、股息、红利所得"征收个人所得税。

183.工资、薪金所得的个人所得税按月预扣预缴，由扣缴义务人缴入国库的期限是次月15日内。 （ ）

【参考答案】 正确

**【答案解析】** 根据《国家税务总局关于发布〈个人所得税扣缴申报管理办法(试行)〉的公告》(国家税务总局公告 2018 年第 61 号)的规定,扣缴义务人每月或者每次预扣、代扣的税款,应当在次月 15 日内缴入国库,并向税务机关报送《个人所得税扣缴申报表》。

184.居民个人从中国境外取得所得的,应当在取得所得的次年 3 月 31 日前,向中国境内任职、受雇单位所在地主管税务机关办理纳税申报。（　　）

**【参考答案】** 错误

**【答案解析】** 根据《国家税务总局关于个人所得税自行纳税申报有关问题的公告》(国家税务总局公告 2018 年第 62 号),居民个人从中国境外取得所得的,应当在取得所得的次年 3 月 1 日至 6 月 30 日内,向中国境内任职、受雇单位所在地主管税务机关办理纳税申报。

185.根据个人所得税专项附加扣除规定,赡养老人专项附加由非独生子女与兄弟姐妹分摊扣除的,对每个人的分摊额度不做限制。（　　）

**【参考答案】** 错误

**【答案解析】** 根据《国务院关于提高个人所得税有关专项附加扣除标准的通知》(国发〔2023〕13 号)的规定,赡养老人专项附加扣除标准,由每月 2 000 元提高到 3 000 元。其中,独生子女按照每月 3 000 元的标准定额扣除;非独生子女与兄弟姐妹分摊每月 3 000 元的扣除额度,每人分摊的额度不能超过每月 1 500 元。

186.对职工个人以股份形式取得的拥有所有权的企业量化资产,个人将股份转让时,应就其转让收入额,减除个人取得该股份时实际支付的费用支出和合理转让费用后的余额,按"利息、股息、红利所得"项目计征个人所得税。（　　）

**【参考答案】** 错误

**【答案解析】** 根据《国家税务总局关于企业改组改制过程中个人取得的量化资产征收个人所得税问题的通知》(国税发〔2000〕60 号)的规定,对职工个人以股份形式取得的拥有所有权的企业量化资产,暂缓征收个人所得税;待个人将股份转让时,就其转让收入额,减除个人取得该股份时实际支付的费用支出和合理转让费用后的余额,按"财产转让所得"项目计征个人所得税。

187.根据规定,残疾、孤老人员和烈属取得综合所得办理汇算清缴时,汇算清缴地与预扣预缴地规定不一致的,用预扣预缴地规定计算的减免税额与用汇算清缴地规定计算的减免税额相比较,确定减免税额时按照孰高值确定。（　　）

**【参考答案】** 正确

**【答案解析】** 根据《财政部 税务总局关于个人所得税综合所得汇算清缴涉及有关政策问题的公告》(财政部 税务总局公告 2019 年第 94 号)的规定,残疾、孤老人员和烈属取得综合所得办理汇算清缴时,汇算清缴地与预扣预缴地规定不一致的,用预扣预缴地规定计算的减免税额与用汇算清缴地规定计算的减免税额相比较,按照孰高值确定减免税额。

188. 林某为某上市股份有限公司财务经理。该公司出资购买一处房屋，将所有权登记为林某名下，应按“经营所得”计征个人所得税。 （ ）

**【参考答案】** 错误

**【答案解析】** 根据《财政部 国家税务总局关于规范个人投资者个人所得税征收管理的通知》（财税〔2003〕158 号）的规定，对除个人独资企业、合伙企业之外的其他企业的其他人员（非个人投资者或其家庭成员）取得以企业资金为本人、家庭成员及其相关人员购买汽车、住房等财产性支出，按照“工资、薪金所得”项目计征个人所得税。

189. 被拆迁人按国家有关规定标准取得的拆迁补偿款，免征个人所得税。 （ ）

**【参考答案】** 正确

**【答案解析】** 根据《财政部 国家税务总局关于城镇房屋拆迁有关税收政策的通知》（财税〔2005〕45 号）的规定，对被拆迁人按照国家有关城镇房屋拆迁管理办法规定的标准取得的拆迁补偿款，免征个人所得税。

190. 个体工商户业主、企事业单位承包承租经营者、个人独资和合伙企业投资者自行购买符合条件的商业健康保险产品的，据实扣除的标准是每年不超过 1 200 元。

（ ）

**【参考答案】** 错误

**【答案解析】** 根据《财政部 国家税务总局 保监会关于将商业健康保险个人所得税试点政策推广到全国范围实施的通知》（财税〔2017〕39 号）的规定，个体工商户业主、企事业单位承包承租经营者、个人独资和合伙企业投资者自行购买符合条件的商业健康保险产品的，在不超过 2 400 元/年的标准内据实扣除。一年内保费金额超过 2 400 元的部分，不得税前扣除。

191. 根据规定，自 2019 年 9 月 1 日（含）起，个人转让新三板挂牌公司原始股的个人所得税，其扣缴义务人为股票转让方。 （ ）

**【参考答案】** 错误

**【答案解析】** 根据《财政部 税务总局 证监会关于个人转让全国中小企业股份转让系统挂牌公司股票有关个人所得税政策的通知》（财税〔2018〕137 号）的规定，自 2019 年 9 月 1 日（含）起，个人转让新三板挂牌公司原始股的个人所得税，以股票托管的证券机构为扣缴义务人，由股票托管的证券机构所在地主管税务机关负责征收管理。

192. 对转让住房收入计算个人所得税应纳税所得额时，经济适用房的房屋原值为原购房人实际支付的房价款及相关税费，以及按规定交纳的土地出让金。 （ ）

**【参考答案】** 正确

**【答案解析】** 根据《国家税务总局关于个人住房转让所得征收个人所得税有关问题的通知》（国税发〔2006〕108 号）的规定，对转让住房收入计算个人所得税应纳税所得额时，纳税人可凭原购房合同、发票等有效凭证，经税务机关审核后，允许从其转让收入中减除房屋原值、转让住房过程中缴纳的税金及有关合理费用。经济适用房（含集资合作建房、安居工程住房）房产原值为：原购房人实际支付的房价款及相关税费，以及按规定交纳的土地出让金。

193.纳税人转让商品房，能提供实际支付装修费用的税务统一发票，并且发票上所列付款人姓名与转让房屋产权人一致的，经税务机关审核，其转让的住房在转让前实际发生的装修费用，最高扣除限额为房屋原值的 15%。（　　）

**【参考答案】** 错误

**【答案解析】** 根据《国家税务总局关于个人住房转让所得征收个人所得税有关问题的通知》(国税发〔2006〕108 号)的规定，已购公有住房、经济适用房：最高扣除限额为房屋原值的 15%。商品房及其他住房：最高扣除限额为房屋原值的 10%。

194.根据个人所得税的规定，合伙创投企业采取股权投资方式直接投资于初创科技型企业满 2 年的，法人合伙人可以按照对初创科技型企业投资额的 80%抵扣法人合伙人从合伙创投企业分得的所得。（　　）

**【参考答案】** 错误

**【答案解析】** 根据《财政部 税务总局关于创业投资企业和天使投资个人有关税收政策的通知》(财税〔2018〕55 号)的规定，合伙创投企业采取股权投资方式直接投资于初创科技型企业满 2 年的，该合伙创投企业的法人合伙人可以按照对初创科技型企业投资额的 70%抵扣法人合伙人从合伙创投企业分得的所得；当年不足抵扣的，可以在以后纳税年度结转抵扣。

195.创投企业按照单一投资基金核算个人合伙人股权转让所得的，个人合伙人按照其应从基金年度股权转让所得中分得的份额计算其应纳税额，并由创投企业在次年 3 月 31 日前代扣代缴个人所得税。（　　）

**【参考答案】** 正确

**【答案解析】** 根据《财政部 税务总局 发展改革委 证监会关于创业投资企业个人合伙人所得税政策问题的通知》(财税〔2019〕8 号)的规定，个人合伙人按照其应从基金年度股权转让所得中分得的份额计算其应纳税额，并由创投企业在次年 3 月 31 日前代扣代缴个人所得税。

196.创投企业选择按单一投资基金核算的，应当在按照规定完成备案的 15 内，向主管税务机关进行核算方式备案；未按规定备案的，视同选择按创投企业年度所得整体核算。（　　）

**【参考答案】** 错误

**【答案解析】** 根据《财政部 税务总局 发展改革委 证监会关于创业投资企业个人合伙人所得税政策问题的通知》(财税〔2019〕8 号)的规定，创投企业选择按单一投资基金核算的，应当在按照规定完成备案的 30 日内，向主管税务机关进行核算方式备案；未按规定备案的，视同选择按创投企业年度所得整体核算。

197.根据规定，科研机构、高等学校转化职务科技成果以股份或出资比例等股权形式给予科技人员个人奖励，暂免征收个人所得税。（　　）

**【参考答案】** 错误

【答案解析】 根据《国家税务总局关于促进科技成果转化有关个人所得税问题的通知》(国税发〔1999〕125 号)的规定,科研机构、高等学校转化职务科技成果以股份或出资比例等股权形式给予科技人员个人奖励,经主管税务机关审核后,暂不征收个人所得税。

198. 根据科技人员取得职务科技成果转化现金奖励的税收政策,现金奖励是指非营利性科研机构和高校在取得科技成果转化收入 5 年内奖励给科技人员的现金。 ( )

【参考答案】 错误

【答案解析】 根据《财政部 税务总局 科技部关于科技人员取得职务科技成果转化现金奖励有关个人所得税政策的通知》(财税〔2018〕58 号)的规定,科技成果转化是指非营利性科研机构和高校向他人转让科技成果或者许可他人使用科技成果。现金奖励是指非营利性科研机构和高校在取得科技成果转化收入 3 年(36 个月)内奖励给科技人员的现金。

199. 根据个人所得税的规定,纳税人在 2023 年度已依法预缴个人所得税且纳税人年度汇算需补税金额不超过 400 元的无需办理年度汇算。 ( )

【参考答案】 正确

【答案解析】 根据《国家税务总局关于办理 2023 年度个人所得税综合所得汇算清缴事项的公告》(国家税务总局公告 2024 年第 2 号),纳税人在 2023 年度已依法预缴个人所得税且纳税人年度汇算需补税金额不超过 400 元的,无需办理汇算。

200. 根据规定,无住所个人预先判定为居民个人,因缩短居住天数不能达到居民个人条件的,在不能达到居民个人条件之日起至年度终了 10 日内,应当向主管税务机关报告,按照非居民个人重新计算应纳税额,申报补缴税款,不加收税收滞纳金。 ( )

【参考答案】 错误

【答案解析】 根据《财政部 税务总局关于非居民个人和无住所居民个人有关个人所得税政策的公告》(财政部 税务总局公告 2019 年第 35 号)的规定,无住所个人预先判定为居民个人,因缩短居住天数不能达到居民个人条件的,在不能达到居民个人条件之日起至年度终了 15 天内,应当向主管税务机关报告,按照非居民个人重新计算应纳税额,申报补缴税款,不加收税收滞纳金。

201. 根据税法规定,无住所个人未委托境内雇主代为缴纳税款的,境内雇主应当在相关所得支付当月终了后 15 天内向主管税务机关报告相关信息。 ( )

【参考答案】 正确

【答案解析】 根据《财政部 税务总局关于非居民个人和无住所居民个人有关个人所得税政策的公告》(财政部 税务总局公告 2019 年第 35 号)的规定,无住所个人未委托境内雇主代为缴纳税款的,境内雇主应当在相关所得支付当月终了后 15 天内向主管税务机关报告相关信息,包括境内雇主与境外关联方对无住所个人的工作安排、境外支付情况以及无住所个人的联系方式等信息。

202.一个纳税年度内在船航行时间累计满183天的远洋船员，其取得的工资薪金收入减按50%计入应纳税所得额，依法缴纳个人所得税。（　　）

**【参考答案】**　正确

**【答案解析】**　根据《财政部 税务总局关于延续实施远洋船员个人所得税政策的公告》（财政部 税务总局公告2023年第31号）的规定，一个纳税年度内在船航行时间累计满183天的远洋船员，其取得的工资薪金收入减按50%计入应纳税所得额，依法缴纳个人所得税。

203.非居民个人发生的公益捐赠支出，按规定可以在应纳税所得额中扣除而未实际扣除的，可按照规定追补扣除。（　　）

**【参考答案】**　正确

**【答案解析】**　根据《财政部 税务总局关于公益慈善事业捐赠个人所得税政策的公告》（财政部 税务总局公告2019年第99号）的规定，非居民个人按规定可以在应纳税所得额中扣除公益捐赠支出而未实际扣除的，可按照本公告第五条规定追补扣除。

204.非居民个人发生的公益捐赠支出，当月从应纳税所得额中扣除不完的，可以结转以后月份扣除。（　　）

**【参考答案】**　错误

**【答案解析】**　根据《财政部 税务总局关于公益慈善事业捐赠个人所得税政策的公告》（财政部 税务总局公告2019年第99号）的规定，非居民个人发生的公益捐赠支出，未超过其在公益捐赠支出发生的当月应纳税所得额30%的部分，可以从其应纳税所得额中扣除。扣除不完的公益捐赠支出，可以在经营所得中继续扣除。

205.根据个人所得税的规定，扣缴义务人已经代扣且解缴税款的，居民个人可以在公益捐赠之日起60日内提请扣缴义务人向征收税款的税务机关办理更正申报追补扣除，税务机关和扣缴义务人应当予以办理。（　　）

**【参考答案】**　错误

**【答案解析】**　根据《财政部 税务总局关于公益慈善事业捐赠个人所得税政策的公告》（财政部 税务总局公告2019年第99号）的规定，扣缴义务人已经代扣且解缴税款的，居民个人可以在公益捐赠之日起90日内提请扣缴义务人向征收税款的税务机关办理更正申报追补扣除。

206.报社印刷车间工作人员在该社报纸发表作品获得的报酬，应按照"稿酬所得"征收个人所得税。（　　）

**【参考答案】**　正确

**【答案解析】**　根据《国家税务总局关于印发〈征收个人所得税若干问题的规定〉的通知》（国税发〔1994〕89号）、《中华人民共和国个人所得税法实施条例》，稿酬所得，是指个人因其作品以图书、报刊形式出版、发表而取得的所得。报社印刷车间工作人员在该社报纸发表作品获得的报酬，应按照"稿酬所得"征收个人所得税。

207.创投企业选择按单一投资基金核算的，其个人合伙人从该基金应分得的股权

转让所得和股息红利所得，按照20%税率计算缴纳个人所得税。 （ ）

**【参考答案】** 正确

**【答案解析】** 根据《财政部 税务总局 国家发展改革委 中国证监会关于延续实施创业投资企业个人合伙人所得税政策的公告》（财政部 税务总局 国家发展改革委 中国证监会公告2023年第24号）的规定，创投企业选择按单一投资基金核算的，其个人合伙人从该基金应分得的股权转让所得和股息红利所得，按照20%税率计算缴纳个人所得税。

208. 将苏东坡的书法作品拍卖取得所得按照“特许权使用费”项目计征个人所得税。 （ ）

**【参考答案】** 错误

**【答案解析】** 根据《国家税务总局关于加强和规范个人取得拍卖收入征收个人所得税有关问题的通知》（国税发〔2007〕38号）的规定，个人将自己的文字作品手稿原件或复印件拍卖取得的所得，按“特许权使用费所得”项目缴纳个人所得税。将别人的文字作品手稿原件或复印件拍卖取得的所得，属于财产转让所得。

209. 将自己的小说手稿和书法作品拍卖取得所得按照“特许权使用费”项目计征个人所得税。 （ ）

**【参考答案】** 正确

**【答案解析】** 根据《国家税务总局关于加强和规范个人取得拍卖收入征收个人所得税有关问题的通知》（国税发〔2007〕38号）的规定，个人将自己的文字作品手稿原件或复印件拍卖取得的所得，按“特许权使用费所得”项目缴纳个人所得税。

210. 个人办书法展览取得的所得按照“特许权使用费”项目计征个人所得税。

（ ）

**【参考答案】** 错误

**【答案解析】** 根据《中华人民共和国个人所得税法》及其实施条例，个人办书法展览取得的所得，应按照“劳务报酬所得”项目计征个人所得税。

211. 纳税义务人出租财产取得的财产租赁收入，准予全额一次性扣除发生的费用。

（ ）

**【参考答案】** 错误

**【答案解析】** 根据《国家税务总局关于印发〈征收个人所得税若干问题的规定〉的通知》（国税发〔1994〕89号），纳税义务人出租财产取得财产租赁收入，在计算征税时，除可依法减除规定费用和有关税、费外，还准予扣除能够提供有效、准确凭证，证明由纳税义务人负担的该出租财产实际开支的修缮费用。允许扣除的修缮费用，以每次800元为限，一次扣除不完的，准予在下一次继续扣除，直至扣完为止。

212. 利息、股息、红利所得，在计算个人所得税时，不得扣除任何费用。 （ ）

**【参考答案】** 正确

**【答案解析】** 根据《中华人民共和国个人所得税法实施条例》，利息、股息、红利所得以个人每次取得的收入额为应纳税所得额，不得从收入额中扣除任何费用，按照法定税率计算应纳个人所得税额。

213. 非居民个人取得的劳务报酬所得，属于一次性收入的，以一个月内取得的收入为一次。（ ）

**【参考答案】** 正确

**【答案解析】** 根据《财政部 税务总局关于非居民个人和无住所居民个人有关个人所得税政策的公告》（财政部 税务总局公告 2019 年第 35 号）的规定，非居民个人取得的劳务报酬所得、稿酬所得、特许权使用费所得，属于一次性收入的，以取得该项收入为一次；属于同一项目连续性收入的，以一个月内取得的收入为一次。

214. 依据个人所得税应纳税所得额的规定，利息所得，以支付利息时取得的收入为一次。（ ）

**【参考答案】** 正确

**【答案解析】** 根据《中华人民共和国个人所得税法实施条例》，利息、股息、红利所得，以支付利息、股息、红利时取得的收入为一次。

215. 依据个人所得税的相关规定，通过非营利性的社会团体向贫困山区生产企业的捐赠支出准予税前全额扣除。（ ）

**【参考答案】** 错误

**【答案解析】** 根据《中华人民共和国个人所得税法实施条例》，个人通过非营利性社会团体向重点文物保护单位，以及遭受严重自然灾害地区、贫困地区的捐赠，捐赠额不超过应纳税所得额 30%的部分，可从其应纳税所得额中扣除。

216. 依据无住所个人适用税收协定的计税方法，无住所个人为对方税收居民个人，其取得的工资、薪金所得可享受境外受雇所得协定待遇的，可不缴纳个人所得税。

（ ）

**【参考答案】** 正确

**【答案解析】** 根据《财政部 税务总局关于非居民个人和无住所居民个人有关个人所得税政策的公告》（财政部 税务总局公告 2019 年第 35 号），无住所个人为对方税收居民个人，其取得的工资薪金所得可享受境外受雇所得协定待遇的，可不缴纳个人所得税。

217. 无住所居民个人为对方税收居民个人，其取得的特许权使用费所得、稿酬所得或劳务报酬所得，一律纳入综合所得计算纳税。（ ）

**【参考答案】** 错误

**【答案解析】** 根据《财政部 税务总局关于非居民个人和无住所居民个人有关个人所得税政策的公告》（财政部 税务总局公告 2019 年第 35 号）的规定，无住所居民个人为对方税收居民个人，其取得的特许权使用费所得、稿酬所得或者劳务报酬所得可享受特许权使用费或者技术服务费协定待遇的，可不纳入综合所得，在取得当月按照税收协定规定的计税所得额和征税比例计算应纳税额，并预扣预缴税款。

218. 对方税收居民个人为高管人员，该个人取得的高管人员报酬按照税收协定董事费条款规定可以在境内征收个人所得税的，应按照有关工资、薪金所得或者劳务报酬所得规定缴纳个人所得税。（　　）

**【参考答案】** 正确

**【答案解析】** 根据《财政部 税务总局关于非居民个人和无住所居民个人有关个人所得税政策的公告》(财政部 税务总局公告 2019 年第 35 号)的规定，对方税收居民个人为高管人员，该个人取得的高管人员报酬按照税收协定董事费条款规定可以在境内征收个人所得税的，应按照有关工资薪金所得或者劳务报酬所得规定缴纳个人所得税。

219. 根据个人所得税的相关规定，在计算个体工商户的应纳税所得额时，向非金融企业和个人借款的利息支出允许据实扣除。（　　）

**【参考答案】** 错误

**【答案解析】** 根据《个体工商户个人所得税计税办法》的规定，个体工商户在生产经营活动中发生的下列利息支出，准予扣除：(1)向金融企业借款的利息支出；(2)向非金融企业和个人借款的利息支出，不超过按照金融企业同期同类贷款利率计算的数额的部分。

220. 根据个人所得税的相关规定，在计算个体工商户的应纳税所得额时，赞助支出不允许扣除。（　　）

**【参考答案】** 正确

**【答案解析】** 根据《个体工商户个人所得税计税办法》的规定，个体工商户下列支出不得扣除：(1)个人所得税税款；(2)税收滞纳金；(3)罚金、罚款和被没收财物的损失；(4)不符合扣除规定的捐赠支出；(5)赞助支出；(6)用于个人和家庭的支出；(7)与取得生产经营收入无关的其他支出；(8)国家税务总局规定不准扣除的支出。

221. 跨省异地施工单位应就其所支付的工程作业人员工资、薪金所得，向工程作业所在地税务机关办理全员全额扣缴明细申报。凡实行全员全额扣缴明细申报的，工程作业所在地税务机关不得核定征收个人所得税。（　　）

**【参考答案】** 正确

**【答案解析】** 根据《国家税务总局关于建筑安装业跨省异地工程作业人员个人所得税征收管理问题的公告》(国家税务总局公告 2015 年第 52 号)的规定，跨省异地施工单位应就其所支付的工程作业人员工资、薪金所得，向工程作业所在地税务机关办理全员全额扣缴明细申报。凡实行全员全额扣缴明细申报的，工程作业所在地税务机关不得核定征收个人所得税。

222. 总承包企业和分承包企业通过劳务派遣公司聘用劳务人员跨省异地工作期间的工资、薪金所得个人所得税，由劳务派遣公司依法代扣代缴并向工程作业所在地税务机关申报缴纳。（　　）

**【参考答案】** 正确

**【答案解析】** 根据《国家税务总局关于建筑安装业跨省异地工程作业人员个人所

得税征收管理问题的公告》(国家税务总局公告 2015 年第 52 号)的规定,总承包企业、分承包企业派驻跨省异地工程项目的管理人员、技术人员和其他工作人员在异地工作期间的工资、薪金所得个人所得税,由总承包企业、分承包企业依法代扣代缴并向工程作业所在地税务机关申报缴纳。总承包企业和分承包企业通过劳务派遣公司聘用劳务人员跨省异地工作期间的工资、薪金所得个人所得税,由劳务派遣公司依法代扣代缴并向工程作业所在地税务机关申报缴纳。

223. 个人股东获得转增的股本,在股东转让该部分股权之前,企业依法宣告破产,股东进行相关权益处置后没有取得收益或收益小于初始投资额的,主管税务机关对其尚未缴纳的个人所得税可不予追征。　(　　)

**【参考答案】** 正确

**【答案解析】** 根据《财政部 国家税务总局关于将国家自主创新示范区有关税收试点政策推广到全国范围实施的通知》(财税〔2015〕116 号),在股东转让该部分股权之前,企业依法宣告破产,股东进行相关权益处置后没有取得收益或收益小于初始投资额的,主管税务机关对其尚未缴纳的个人所得税可不予追征。

224. 对未领取营业执照承揽建筑安装工程作业的单位和个人,主管税务机关可以根据其工程规模,责令其缴纳一定数额的纳税保证金,在纳税人按规定的期限结清税款后,退还纳税保证金。　(　　)

**【参考答案】** 正确

**【答案解析】** 根据《国家税务总局关于印发〈建筑安装业个人所得税征收管理暂行办法〉的通知》(国税发〔1996〕127 号)的规定,对未领取营业执照承揽建筑安装业工程作业的单位和个人,主管税务机关可以根据其工程规模,责令其缴纳一定数额的纳税保证金。在规定的期限内结清税款后,退还纳税保证金;逾期未结清税款的,以纳税保证金抵缴应纳税款和滞纳金。

225. 依据个人投资者收购企业股权后将原盈余积累转增股本个人所得税的规定,新股东以不低于净资产价格收购股权的,企业原盈余积累已全部计入股权交易价格,新股东取得盈余积累转增股本的部分,按股息红利所得征收个人所得税。　(　　)

**【参考答案】** 错误

**【答案解析】** 根据《国家税务总局关于个人投资者收购企业股权后将原盈余积累转增股本个人所得税问题的公告》(国家税务总局公告 2013 年第 23 号)的规定,新股东以不低于净资产价格收购股权的,企业原盈余积累已全部计入股权交易价格,新股东取得盈余积累转增股本的部分,不征收个人所得税。

226. 个人以非货币性资产投资,应在发生上述应税行为的次月 10 日内向主管税务机关申报缴纳个人所得税。　(　　)

**【参考答案】** 错误

**【答案解析】** 根据《财政部 国家税务总局关于个人非货币性资产投资有关个人所得税政策的通知》(财税〔2015〕41 号)的规定,个人应在发生上述应税行为的次月 15 日内向主管税务机关申报纳税。

227.依据全国中小企业股份转让系统挂牌公司股息、红利差别化个人所得税政策有关规定，挂牌公司是指股票在全国中小企业股份转让系统公开转让的上市公司。（　）

**【参考答案】** 错误

**【答案解析】** 根据《财政部 税务总局 证监会关于继续实施全国中小企业股份转让系统挂牌公司股息红利差别化个人所得税政策的公告》（财政部 税务总局 证监会公告2019年第78号）的规定，挂牌公司是指股票在全国中小企业股份转让系统公开转让的非上市公众公司。

228.员工接受企业授予的股票期权时，以当日收盘价按“劳务报酬所得”征收个人所得税。（　）

**【参考答案】** 错误

**【答案解析】** 根据《财政部 国家税务总局关于个人股票期权所得征收个人所得税问题的通知》（财税〔2005〕35号），员工接受实施股票期权计划企业授予的股票期权时，除另有规定外，一般不作为应税所得征税。

229.通过公益性群众团体的公益性捐赠税前扣除资格在全国范围内有效，有效期为五年。（　）

**【参考答案】** 错误

**【答案解析】** 根据《财政部 税务总局关于通过公益性群众团体的公益性捐赠税前扣除有关事项的公告》（财政部 税务总局公告2021年第20号），公益性捐赠税前扣除资格在全国范围内有效，有效期为三年。

230.某教师为某企业讲课两个月，每星期日讲一次，每次讲课费1 000元，按月发放讲课酬金。第一个月讲课4次，第二个月讲课5次，该教师两个月应预缴的个人所得税为1 440元。（　）

**【参考答案】** 正确

**【答案解析】** 根据《个人所得税扣缴申报管理办法（试行）》的规定，劳务报酬所得属于同一事项连续取得收入，以一个月内取得的收入为一次。应预缴的个人所得税＝(1 000×4－800)×20%＋1 000×5×(1－20%)×20%＝640＋800＝1 440(元)。

231.个体工商户因管理不善发生的存货损失，允许在个人所得税税前扣除。（　）

**【参考答案】** 正确

**【答案解析】** 根据《国家税务总局个体工商户个人所得税计税办法》（国家税务总局令第35号）的规定，个体工商户因管理不善发生的存货损失，允许在个人所得税税前扣除。

232.某个体工商户代公司员工负担的个人所得税税款，允许在个人所得税税前扣除。（　）

**【参考答案】** 错误

**【答案解析】** 根据《国家税务总局个体工商户个人所得税计税办法》(国家税务总局令第 35 号)的规定,个体工商户代其从业人员或者他人负担的税款,不得税前扣除。

233. 依据个人所得税的相关规定,个人独资企业计提的准备金支出不得税前扣除。
（　　）

**【参考答案】** 正确

**【答案解析】** 根据《财政部　国家税务总局关于印发〈关于个人独资企业和合伙企业投资者征收个人所得税的规定〉的通知》(财税〔2000〕91 号)的规定,个人独资企业计提的各种准备金支出不得税前扣除。

234. 根据个人所得税有关规定,个体工商户在资产建造期间发生的合理借款费用,准予直接在税前扣除。（　　）

**【参考答案】** 错误

**【答案解析】** 根据《国家税务总局个体工商户个人所得税计税办法》(国家税务总局令第 35 号)的规定,个体工商户在生产经营活动中发生的合理的不需要资本化的借款费用,准予扣除。个体工商户为购置、建造固定资产、无形资产和经过 12 个月以上的建造才能达到预定可销售状态的存货发生借款的,在有关资产购置、建造期间发生的合理的借款费用,应当作为资本性支出计入有关资产的成本,依照规定扣除。

235. 某演员 2024 年 1 月 1 日参加某卫视举办的跨年晚会演出,出场费为 100 000 元,则本次演出应预缴个人所得税 20 000 元。（　　）

**【参考答案】** 错误

**【答案解析】** 根据《中华人民共和国个人所得税法》及其实施条例,参加演出的出场费为劳务报酬所得,应预缴的个人所得税＝100 000×(1－20%)×40%－7 000＝25 000(元)。

236. 私营企业的个人投资者以企业资金为本人购买的汽车,应按“经营所得”项目征税。（　　）

**【参考答案】** 错误

**【答案解析】** 根据《财政部　国家税务总局关于规范个人投资者个人所得税征收管理的通知》(财税〔2003〕158 号)的规定,除个人独资企业、合伙企业以外的其他企业的个人投资者以企业资金为本人购买的汽车,按“利息、股息、红利所得”征收个人所得税。

237. 个人独资企业的个人投资者以企业资金为本人购买的住房,应按“经营所得”项目征税。（　　）

**【参考答案】** 正确

**【答案解析】** 根据《财政部　国家税务总局关于规范个人投资者个人所得税征收管理的通知》(财税〔2003〕158 号)的规定,个人独资企业、合伙企业的个人投资者以企业资金为本人、家庭成员及其相关人员支付与企业生产经营无关的消费性支出及购买汽车、住房等财产性支出,视为企业对个人投资者的利润分配,并入投资者个人的生产经营所得，依照“经营所得”项目计征个人所得税。

238. 个人从任职的上市公司取得股票增值权和限制性股票的所得，应按照“股息、红利所得”缴纳个人所得税。（　　）

**【参考答案】** 错误

**【答案解析】** 根据《中华人民共和国个人所得税法》及其实施条例和财税〔2009〕5号文件的规定，个人因任职、受雇从上市公司取得的股票增值权所得和限制性股票所得，由上市公司或其境内机构按照“工资、薪金所得”项目和股票期权所得个人所得税计税方法，依法扣缴其个人所得税。

239. 刘某于 2023 年 12 月办理了提前退休手续，距离法定退休年龄尚有 3 年，取得一次性补偿款收入 90 000 元。刘某 12 月应缴纳个人所得税 30 元。（　　）

**【参考答案】** 错误

**【答案解析】** 根据《财政部 税务总局关于个人所得税法修改后有关优惠政策衔接问题的通知》（财税〔2018〕164 号），个人办理提前退休手续而取得的一次性补贴收入，应按照办理提前退休手续至法定离退休年龄之间实际年度数平均分摊，确定适用税率和速算扣除数，单独适用综合所得税率表。刘某应纳税所得额＝90 000÷3－60 000＝－30 000＜0，无需缴纳个人所得税。

240. 兼职律师从律师事务所取得工资、薪金性质的所得，减除个人所得税法规定的费用缴纳个人所得税。（　　）

**【参考答案】** 错误

**【答案解析】** 根据《国家税务总局关于律师事务所从业人员取得收入征收个人所得税有关业务问题的通知》（国税发〔2000〕149 号）的规定，兼职律师从律师事务所取得工资、薪金性质的所得，律师事务所在代扣代缴其个人所得税时，不再减除个人所得税法规定的费用扣除标准，以收入全额（取得分成收入的为扣除办理案件支出费用后的余额）直接确定适用税率，计算扣缴个人所得税。

241. 律师从当事人处取得法律顾问费或其他酬金等收入，应并入其从律师事务所取得的其他收入，按照规定计算缴纳个人所得税。（　　）

**【参考答案】** 正确

**【答案解析】** 根据《国家税务总局关于律师事务所从业人员有关个人所得税问题的公告》（国家税务总局公告 2012 年第 53 号），律师从接受法律事务服务的当事人处取得法律顾问费或其他酬金等收入，应并入其从律师事务所取得的其他收入，按照规定计算缴纳个人所得税。

242. 律师个人承担的按照律师协会规定参加的业务培训费用，可据实扣除。（　　）

**【参考答案】** 正确

**【答案解析】** 根据《国家税务总局关于律师事务所从业人员有关个人所得税问题的公告》（国家税务总局公告 2012 年第 53 号），律师个人承担的按照律师协会规定参加的业务培训费用，可据实扣除。

243. 老刘 2023 年全年发生的与基本医保相关的医疗费支出为 45 000 元，全部取得医保定点医疗机构的医疗单据。其中 20 000 元为医保报销部分，剩余部分由自己负担，当年老刘在个人所得税汇算清缴时可以扣除的大病医疗支出为 25 000 元。（　）

**【参考答案】** 错误

**【答案解析】** 根据《个人所得税专项附加扣除暂行办法》的规定，在一个纳税年度内，纳税人发生的与基本医保相关的医药费用支出，扣除医保报销后个人负担（指医保目录范围内的自付部分）累计超过 15 000 元的部分，由纳税人在办理年度汇算清缴时，在 80 000 元限额内据实扣除。老刘可以税前扣除的大病医疗支出＝45 000－20 000－15 000＝10 000（元）。

244. 按照个人所得税有关专项附加扣除标准，纳税人照护 3 岁以下婴幼儿子女的相关支出，每个婴幼儿每月 1 500 元的标准定额扣除。（　）

**【参考答案】** 错误

**【答案解析】** 根据《国务院关于提高个人所得税有关专项附加扣除标准的通知》（国发〔2023〕13 号），3 岁以下婴幼儿照护、子女教育专项附加扣除标准，由每个婴幼儿（子女）每月 1 000 元提高到 2 000 元。

245. 内地个人投资者通过沪港通投资香港联交所上市的非 H 股取得的股息红利，由中国结算按照 20%的税率代扣个人所得税。（　）

**【参考答案】** 正确

**【答案解析】** 根据《财政部 国家税务总局 证监会关于沪港股票市场交易互联互通机制试点有关税收政策的通知》（财税〔2014〕81 号），内地个人投资者通过沪港通投资香港联交所上市的非 H 股取得的股息红利，由中国结算按照 20%的税率代扣个人所得税。

246. 居民个人发生的公益捐赠支出，在当期一个所得项目扣除不完的公益捐赠支出，可以按规定在其他所得项目中继续扣除。（　）

**【参考答案】** 正确

**【答案解析】** 根据《财政部 税务总局关于公益慈善事业捐赠个人所得税政策的公告》（财政部 税务总局公告 2019 年第 99 号），居民个人发生的公益捐赠支出可以在财产租赁所得、财产转让所得、利息股息红利所得、偶然所得、综合所得或者经营所得中扣除。在当期一个所得项目扣除不完的公益捐赠支出，可以按规定在其他所得项目中继续扣除。

247. 为方便办理退税，综合所得全年收入额不超过 6 万元且已预缴个人所得税的纳税人，可选择使用个税 App 及自然人电子税务局网站提供的简易申报功能，便捷办理年度汇算退税。（　）

**【参考答案】** 正确

**【答案解析】** 根据《国家税务总局关于办理 2023 年度个人所得税综合所得汇算清

缴事项的公告》(国家税务总局公告 2024 年第 2 号),为方便办理退税,2023 年综合所得全年收入额不超过 6 万元且已预缴个人所得税的纳税人,可选择使用个税 App 或网站提供的简易申报功能,便捷办理汇算退税。

248. 某出版社的专业作者撰写的作品,在本社以图书形式出版而取得的所得,应按"稿酬所得"项目计算缴纳个人所得税。 ( )

**【参考答案】** 正确

**【答案解析】** 根据《国家税务总局关于个人所得税若干业务问题的批复》(国税函〔2002〕146 号)的规定,出版社的专业作者撰写、编写或翻译的作品,由本社以图书形式出版而取得的稿费收入,应按"稿酬所得"项目计算缴纳个人所得税。

249. 某演员从所任职的剧团取得的与本岗位相关的收入,其所得应按"工资、薪金所得"项目计征个人所得税。 ( )

**【参考答案】** 正确

**【答案解析】** 根据《中华人民共和国个人所得税法》及其实施条例,工资、薪金所得,是指个人因任职或者受雇取得的工资、薪金、奖金、年终加薪、劳动分红、津贴、补贴以及与任职或者受雇有关的其他所得。劳务报酬所得,是指个人从事劳务取得的所得,包括从事设计、装潢、安装、制图、化验、测试、医疗、法律、会计、咨询、讲学、翻译、审稿、书画、雕刻、影视、录音、录像、演出、表演、广告、展览、技术服务、介绍服务、经纪服务、代办服务以及其他劳务取得的所得。因此,该演员从所任职的剧团取得的与本岗位相关的收入,其所得应按"工资、薪金所得"项目计征个人所得税。

250. 某财经学院会计学在校大学生在会计师事务所实习而取得的所得,应按"劳务报酬所得"项目计征个人所得税。 ( )

**【参考答案】** 正确

**【答案解析】** 根据《中华人民共和国个人所得税法》及其实施条例,劳务报酬所得,是指个人从事劳务取得的所得,包括从事设计、装潢、安装、制图、化验、测试、医疗、法律、会计、咨询、讲学、翻译、审稿、书画、雕刻、影视、录音、录像、演出、表演、广告、展览、技术服务、介绍服务、经纪服务、代办服务以及其他劳务取得的所得。因此,财经学院会计学在校大学生在会计师事务所实习而取得的所得,应按"劳务报酬所得"项目计征个人所得税。

251. 纳税人同时从两处以上取得工资、薪金所得,并由扣缴义务人减除专项附加扣除的,在一个纳税年度内可以选择从一处取得的所得中扣除所有的专项附加扣除。

( )

**【参考答案】** 错误

**【答案解析】** 根据《国家税务总局关于发布〈个人所得税扣缴申报管理办法(试行)〉的公告》(国家税务总局公告 2018 年第 61 号)的规定,纳税人同时从两处以上取得工资、薪金所得,并由扣缴义务人减除专项附加扣除的,对同一专项附加扣除项目,在一个纳税年度内只能选择从一处取得的所得中减除。

252.股权转让方个人因受让方个人未按规定期限支付价款而取得的违约金收入，按照“财产转让所得”项目计算缴纳个人所得税。（　　）

【参考答案】　正确

【答案解析】　根据《国家税务总局关于个人股权转让过程中取得违约金收入征收个人所得税问题的批复》(国税函〔2006〕866号)，股权成功转让后，转让方个人因受让方个人未按规定期限支付价款而取得的违约金收入，属于因财产转让而产生的收入。转让方个人取得的该违约金应并入财产转让收入，按照“财产转让所得”项目计算缴纳个人所得税，税款由取得所得的转让方个人向主管税务机关自行申报缴纳。

253.财产租赁所得，是指个人出租不动产、机器设备、车船以及其他财产取得的所得。（　　）

【参考答案】　正确

【答案解析】　根据《中华人民共和国个人所得税法实施条例》，财产租赁所得，是指个人出租不动产、机器设备、车船以及其他财产取得的所得。

254.财产转让所得，是指个人转让有价证券、股权、合伙企业中的财产份额、不动产、机器设备、车船以及其他财产取得的所得。（　　）

【参考答案】　正确

【答案解析】　根据《中华人民共和国个人所得税法实施条例》，财产转让所得，是指个人转让有价证券、股权、合伙企业中的财产份额、不动产、机器设备、车船以及其他财产取得的所得。

255.非居民个人在一个纳税年度内税款扣缴方法保持不变，达到居民个人条件时，应当告知扣缴义务人基础信息变化情况，年度终了后按照居民个人有关规定办理汇算清缴。（　　）

【参考答案】　正确

【答案解析】　根据《国家税务总局关于发布〈个人所得税扣缴申报管理办法(试行)〉的公告》(国家税务总局公告2018年第61号)的规定，非居民个人在一个纳税年度内税款扣缴方法保持不变，达到居民个人条件时，应当告知扣缴义务人基础信息变化情况，年度终了后按照居民个人有关规定办理汇算清缴。

256.子女教育的学前教育阶段，为子女年满3周岁当月至小学入学前一月。（　　）

【参考答案】　正确

【答案解析】　根据《个人所得税专项附加扣除操作办法(试行)》的规定，子女教育的学前教育阶段，为子女年满3周岁当月至小学入学前一月。

257.根据《个体工商户个人所得税计税办法》，个体工商户按照规定缴纳的摊位费、行政性收费、协会会费等，不超过限额部分准予扣除。（　　）

【参考答案】　错误

【答案解析】　根据《国家税务总局个体工商户个人所得税计税办法》(国家税务总

局令第35号),个体工商户按照规定缴纳的摊位费、行政性收费、协会会费等,按实际发生数额扣除。

258.按照个人所得税的有关优惠政策,购买福利彩票中奖2万元,免征个人所得税。 ( )

**【参考答案】** 错误

**【答案解析】** 根据《国家税务总局关于社会福利有奖募捐发行收入税收问题的通知》(国税发〔1994〕127号)的规定,对个人购买社会福利有奖募捐奖券一次中奖收入不超过10 000元的暂免征收个人所得税,对一次中奖收入超过10 000元的,应按税法法规全额征税。

259.纳税人未取得工资、薪金所得,仅取得劳务报酬所得需要享受专项附加扣除的,应当在次年1月1日至3月31日内,自行向汇缴地主管税务机关报送《扣除信息表》,并在办理汇算清缴申报时扣除。 ( )

**【参考答案】** 错误

**【答案解析】** 根据《个人所得税专项附加扣除暂行办法》,纳税人未取得工资、薪金所得,仅取得劳务报酬所得需要享受专项附加扣除的,应当在次年3月1日至6月30日内,自行向汇缴地主管税务机关报送《扣除信息表》,并在办理汇算清缴申报时扣除。

260.大学生小林2023年7月毕业后进入某公司工作。该公司发放7月工资并计算当期应预扣预缴的个人所得税时,可减除基本费用27 000元。 ( )

**【参考答案】** 错误

**【答案解析】** 根据《国家税务总局关于完善调整部分纳税人个人所得税预扣预缴方法的公告》(国家税务总局公告2020年第13号)的规定,自2020年7月1日起,对一个纳税年度内首次取得工资、薪金所得的居民个人,扣缴义务人在预扣预缴个人所得税时,可按照5 000元/月乘以纳税人当年截至本月月份数计算累计减除费用。首次取得工资、薪金所得的居民个人:自纳税年度首月起至新入职时,未取得工资、薪金所得或者未按照累计预扣法预扣预缴过连续性劳务报酬所得个人所得税的居民个人。因此,小林在7月取得的工资预扣预缴个人所得税时,可以扣除基本减除费用=5 000×7=35 000(元)。

261.个人投资者从基金分配中取得的企业债券差价收入,应按税法规定对个人投资者征收个人所得税,税款由基金管理公司代扣代缴个人所得税。 ( )

**【参考答案】** 正确

**【答案解析】** 根据《财政部 国家税务总局关于证券投资基金税收问题的通知》(财税字〔1998〕55号)的规定,对个人投资者从基金分配中取得的企业债券差价收入,应按税法规定对个人投资者征收个人所得税,税款由基金在分配时依法代扣代缴。

262.在境内定居的上海某大学外教,在个人所得税法中属于居民个人。 ( )

**【参考答案】** 正确

**【答案解析】** 根据《中华人民共和国个人所得税法》的规定,居民个人的判定标准有两个：一是在中国境内有住所；二是无住所，在中国境内无住所而一个纳税年度内在中国境内居住满 183 天的个人。两个标准只要符合其中之一，即为居民个人。

263. 某外籍个人受某外国公司委派于 2023 年 8 月开始赴中国担任其驻华代表处首席代表，截至 2023 年 12 月 31 日未离开中国。11 月将其拥有的专利技术许可一境外公司在大陆的分支机构使用取得的收入，属于来源于中国境内所得。（　　）

**【参考答案】** 正确

**【答案解析】** 根据《中华人民共和国个人所得税法实施条例》的规定，除国务院财政、税务主管部门另有规定外，下列所得，不论支付地点是否在中国境内，均为来源于中国境内的所得：(1)因任职、受雇、履约等在中国境内提供劳务取得的所得；(2)将财产出租给承租人在中国境内使用而取得的所得；(3)许可各种特许权在中国境内使用而取得的所得；(4)转让中国境内的不动产等财产或者在中国境内转让其他财产取得的所得；(5)从中国境内企业、事业单位、其他组织以及居民个人取得的利息、股息、红利所得。

264. 非居民个人汤姆在杂志上连载六期的小说，再出版，取得的稿酬所得，应视为一次计算个人所得税应纳税所得额。（　　）

**【参考答案】** 错误

**【答案解析】** 根据《中华人民共和国个人所得税法实施条例》和《国家税务总局关于发布〈个人所得税扣缴申报管理办法（试行）〉的公告》（国家税务总局公告 2018 年第 61 号）的规定，同一作品先在报刊上连载，然后再出版，或者先出版，再在报刊上连载的，应视为两次稿酬所得征税，即连载作为一次，出版作为另一次。

265. 杨某 2023 年转让新三板挂牌公司非原始股取得的所得，暂免征收个人所得税。（　　）

**【参考答案】** 正确

**【答案解析】** 根据《财政部　税务总局　证监会关于个人转让全国中小企业股份转让系统挂牌公司股票有关个人所得税政策的通知》（财税〔2018〕137 号）的规定，自 2018 年 11 月 1 日（含）起，对个人转让新三板挂牌公司非原始股取得的所得，暂免征收个人所得税。

266. 提供翻译服务，并在翻译作品上署名并出版取得的所得，应按照“劳务报酬”所得纳税。（　　）

**【参考答案】** 错误

**【答案解析】** 根据《中华人民共和国个人所得税法》及其实施条例，提供翻译服务，并在翻译作品上署名并出版，应当按照“稿酬所得”征收个人所得税。

267. 居民个人取得股票期权，在 2027 年 12 月 31 日前，不并入当年综合所得，全额单独适用综合所得税率表，计算纳税。（　　）

**【参考答案】** 正确

**【答案解析】** 根据《财政部　税务总局关于延续实施上市公司股权激励有关个人所得税政策的公告》（财政部　税务总局公告 2023 年第 25 号）的规定，居民个人取得股票期权，不并入当年综合所得，全额单独适用综合所得税率表，计算纳税。

268.纳税人因移居境外注销中国户籍，尚未办理上一年度综合所得汇算清缴的，应当在办理注销户籍纳税申报时一并办理。（ ）

**【参考答案】** 正确

**【答案解析】** 根据《国家税务总局关于个人所得税自行纳税申报有关问题的公告》（国家税务总局公告2018年第62号），纳税人因移居境外注销中国户籍的，且在注销户籍年度取得综合所得的，应当在注销户籍前，办理当年综合所得的年度汇算。尚未办理上一年度综合所得年度汇算的，应当在办理注销户籍纳税申报时一并办理。

269.顾客在商场消费达到一定额度，抽奖中得的奖品，按照“偶然所得”缴纳个人所得税。（ ）

**【参考答案】** 正确

**【答案解析】** 根据《财政部 国家税务总局关于企业促销展业赠送礼品有关个人所得税问题的通知》（财税〔2011〕50号）的规定，企业对累积消费达到一定额度的顾客，给予额外抽奖机会，个人的获奖所得，按照“偶然所得”项目，全额适用20%的税率缴纳个人所得税。

270.个人转让自用唯一家庭生活用房取得所得，免征个人所得税。（ ）

**【参考答案】** 错误

**【答案解析】** 根据《财政部 国家税务总局关于个人所得税若干政策问题的通知》（财税字〔1994〕020号）的规定，个人转让自用达5年以上，并且是唯一家庭生活用房取得所得，免征个人所得税。

271.根据个人所得税的规定，纳税人从中国境外取得的稿酬所得，在计算抵免限额和实际抵免额时，单独计算应纳税额。（ ）

**【参考答案】** 错误

**【答案解析】** 根据《财政部 税务总局关于境外所得有关个人所得税政策的公告》（财政部 税务总局公告2020年第3号）的规定，稿酬所得属于综合所得，应与境内综合所得合并计算应纳税额。

272.纳税人从中国境外取得的稿酬所得，在计算抵免限额和实际抵免额时，应该先分项计算抵免限额，之后再按照国家（或地区）计算抵免限额。（ ）

**【参考答案】** 正确

**【答案解析】** 根据《财政部 税务总局关于境外所得有关个人所得税政策的公告》（财政部 税务总局公告2020年第3号）的规定，纳税人从中国境外取得的稿酬所得，在计算抵免限额和实际抵免额时，应该先分项计算抵免限额，之后再按照国家（或地区）计算抵免限额。

273.保险赔款可以减征个人所得税。（ ）

**【参考答案】** 错误

**【答案解析】** 根据《中华人民共和国个人所得税法》，保险赔款免征个人所得税。

274.某科技人员获得省政府颁发的科技文明 4 万元，他用其中的 2 万元通过希望工程支援灾区一所小学，但捐赠 2 万元超过扣除限额 30%，所以超过的部分应缴纳个人所得税。（　）

**【参考答案】** 错误

**【答案解析】** 根据《中华人民共和国个人所得税法》，省级人民政府、国务院部委和中国人民解放军军以上单位，以及外国组织、国际组织颁发的科学、教育、技术、文化、卫生、体育、环境保护等方面的奖金，免征个人所得税。

275.居民个人的综合所得，以每一纳税年度的收入额减除费用 6 万元以及专项扣除、专项附加扣除和依法确定的其他扣除后的余额，为应纳税所得额。（　）

**【参考答案】** 正确

**【答案解析】** 根据《中华人民共和国个人所得税法》，居民个人的综合所得，以每纳税年度的收入额减除费用 6 万元以及专项扣除、专项附加扣除和依法确定的其他扣除后的余额，为应纳税所得额。

276.非居民个人的工资、薪金所得，每月收入额减除费用 5 000 元后的余额为应纳税所得额；劳务报酬所得、稿酬所得、特许权使用费所得，以每月收入额为应纳税所得额。（　）

**【参考答案】** 错误

**【答案解析】** 根据《中华人民共和国个人所得税法》，非居民个人的工资、薪金所得，以每月收入额减除费用 5 000 元后的余额为应纳税所得额；劳务报酬所得、稿酬所得、特许权使用费所得，以每次收入额为应纳税所得额。

277.《中华人民共和国个人所得税法》规定的专项扣除，包括子女教育、继续教育、失业保险、住房贷款利息或者住房租金、赡养老人等支出。（　）

**【参考答案】** 错误

**【答案解析】**《中华人民共和国个人所得税法》规定的专项扣除，包括居民个人按照国家规定的范围和标准缴纳的基本养老保险、基本医疗保险、失业保险等社会保险费和住房公积金等。

278.根据个人所得税法有关规定，居民个人从中国境内取得的所得，可以从其应纳税额中抵免已在境外缴纳的个人所得税税额，但抵免额不得超过该纳税人境内所得依照本法规定计算的应纳税额。（　）

**【参考答案】** 错误

**【答案解析】** 根据《中华人民共和国个人所得税法》，居民个人从境外取得的所得，可以从其应纳税额中抵免已在境外缴纳的个人所得税税额，但抵免额不得超过该纳税人境外所得依照本法规定计算的应纳税额。

279.根据《中华人民共和国个人所得税法》，税务机关依照规定作出纳税调整，需要补征税款的，应当补征税款，并依法按日加收滞纳金。（　）

**【参考答案】** 错误

【答案解析】 根据《中华人民共和国个人所得税法》，税务机关依照规定作出纳税调整，需要补征税款的，应当补征税款，并依法加收利息。

280.纳税人有中国公民身份号码的，以中国公民身份号码为纳税人识别号；纳税人没有中国公民身份号码的，由税务机关赋予其纳税人识别号。（　　）

【参考答案】 正确

【答案解析】 根据《中华人民共和国个人所得税法》，纳税人有中国公民身份号码的，以中国公民身份号码为纳税人识别号；纳税人没有中国公民身份号码的，由税务机关赋予其纳税人识别号。

281.居民个人在中国境内从两处以上取得工资、薪金所得的，应当依法办理纳税申报。（　　）

【参考答案】 错误

【答案解析】 根据《中华人民共和国个人所得税法》，有下列情形之一的，纳税人应当依法办理纳税申报：(1)取得综合所得需要办理汇算清缴；(2)取得应税所得没有扣缴义务人；(3)取得应税所得，扣缴义务人未扣缴税款；(4)取得境外所得；(5)因移居境外注销中国户籍；(6)非居民个人在中国境内从两处以上取得工资、薪金所得；(7)国务院规定的其他情形。

282.居民个人向扣缴义务人提供专项附加扣除信息的，扣缴义务人按月预扣预缴税款时应当按照规定予以扣除，不得拒绝。（　　）

【参考答案】 正确

【答案解析】 根据《中华人民共和国个人所得税法》，居民个人向扣缴义务人提供专项附加扣除信息的，扣缴义务人按月预扣预缴税款时应当按照规定予以扣除，不得拒绝。

283.个人转让不动产的，税务机关应当根据不动产登记等相关信息核验应缴的个人所得税，登记机构办理转移登记时，应当查验与该不动产转让相关的个人所得税的完税凭证。（　　）

【参考答案】 正确

【答案解析】 根据《中华人民共和国个人所得税法》，个人转让不动产的，税务机关应当根据不动产登记等相关信息核验应缴的个人所得税，登记机构办理转移登记时，应当查验与该不动产转让相关的个人所得税的完税凭证。

284.科研机构、高等学校转化职务科技成果以股份或出资比例等股权形式给予科技人员个人奖励，获奖人转让股权、出资比例，对其所得按“财产转让所得”应税项目征收个人所得税，财产原值为零。（　　）

【参考答案】 正确

【答案解析】 根据《国家税务总局关于促进科技成果转化有关个人所得税问题的通知》(国税发〔1999〕125 号)的规定，科研机构、高等学校转化职务科技成果以股份或出资比例等股权形式给予科技人员个人奖励，获奖人转让股权、出资比例，对其所得按“财产转让所得”应税项目征收个人所得税，财产原值为零。

285. 在任职单位取得董事费收入，应按“劳务报酬所得”缴纳个人所得税。（　　）

**【参考答案】** 错误

**【答案解析】** 根据《国家税务总局关于明确个人所得税若干政策执行问题的通知》（国税发〔2009〕121号），个人担任公司董事、监事，且不在公司任职、受雇的，个人由于担任董事职务所取得的董事费收入，属于劳务报酬所得性质，按照劳务报酬所得项目征收个人所得税。个人在公司（包括关联公司）任职、受雇，同时兼任董事、监事的，应将董事费、监事费与个人工资收入合并，统一按工资、薪金所得项目缴纳个人所得税。

286. 中国居民林某，在境外工作，只就来源于中国境外的所得征收个人所得税。

（　　）

**【参考答案】** 错误

**【答案解析】** 根据《中华人民共和国个人所得税法》的规定，我国居民个人所得税按照居民管辖权，承担无限义务，需要对境内境外所得征收个人所得税。

287. 扣缴义务人首次向纳税人支付所得时，应当按照纳税人提供的纳税人识别号等基础信息，填写《个人所得税基础信息表（A表）》，并于次月扣缴申报时向税务机关报送。（　　）

**【参考答案】** 正确

**【答案解析】** 根据《个人所得税扣缴申报管理办法（试行）》，扣缴义务人首次向纳税人支付所得时，应当按照纳税人提供的纳税人识别号等基础信息，填写《个人所得税基础信息表（A表）》，并于次月扣缴申报时向税务机关报送。

288. 我国个人所得税实行居民税收管辖权和地域税收管辖权。（　　）

**【参考答案】** 正确

**【答案解析】** 根据《中华人民共和国个人所得税法》及其实施条例，我国个人所得税纳税人分为居民纳税人和非居民纳税人，明确实行居民税收管辖权；个人所得税所得来源分为境内所得和境外所得，明确实行地域税收管辖权。

289. 根据现行个人所得税专项附加扣除政策规定，住房租金支出由签订租赁住房合同的承租人扣除。（　　）

**【参考答案】** 正确

**【答案解析】** 根据《个人所得税专项附加扣除暂行办法》，住房租金支出由签订租赁住房合同的承租人扣除。

290. 根据现行个人所得税专项附加扣除政策规定，养母不可以享受个人所得税法的专项附加扣除。（　　）

**【参考答案】** 错误

**【答案解析】** 根据《个人所得税专项附加扣除暂行办法》，本办法所称被赡养人是指年满60岁的父母，以及子女均已去世的年满60岁的祖父母、外祖父母。本办法所称父母，是指生父母、继父母、养父母。

291.根据现行个人所得税专项附加扣除政策规定，纳税人无法提供留存备查资料，或者留存备查资料不足以证明相关情况的，税务机关可以要求纳税人提供其他佐证材料。（ ）

**【参考答案】** 正确

**【答案解析】** 根据《个人所得税专项附加扣除操作办法（试行）》，纳税人无法提供留存备查资料，或者留存备查资料不足以证明相关情况的，税务机关可以要求纳税人提供其他佐证材料。

292.一个纳税年度内，纳税人在扣缴义务人预扣预缴税款环节未享受或未足额享受专项附加扣除的，只能在当年内向支付工资、薪金的扣缴义务人申请在剩余月份发放工资、薪金时补充扣除。（ ）

**【参考答案】** 错误

**【答案解析】** 根据《个人所得税专项附加扣除操作办法（试行）》的规定，一个纳税年度内，纳税人在扣缴义务人预扣预缴税款环节未享受或未足额享受专项附加扣除的，可以在当年内向支付工资、薪金的扣缴义务人申请在剩余月份发放工资、薪金时补充扣除，也可以在次年3月1日至6月30日内，向汇缴地主管税务机关办理汇算清缴时申报扣除。

293.非居民个人取得特许权使用费所得且扣缴义务人未扣缴税款的，应当在取得所得的次年3月1日至6月30日内，向扣缴义务人主管税务机关办理纳税申报。（ ）

**【参考答案】** 错误

**【答案解析】** 根据《国家税务总局关于个人所得税自行纳税申报有关问题的公告》（国家税务总局公告2018年第62号），非居民个人取得工资、薪金所得，劳务报酬所得，稿酬所得，特许权使用费所得的，应当在取得所得的次年6月30日前，向扣缴义务人所在地主管税务机关办理纳税申报。

294.扣缴义务人向居民个人支付工资、薪金所得时，应当按照累计预扣法计算预扣税款，并按月办理全员全额扣缴申报。（ ）

**【参考答案】** 正确

**【答案解析】** 根据《国家税务总局关于全面实施新个人所得税法若干征管衔接问题的公告》（国家税务总局公告2018年第56号）的规定，扣缴义务人向居民个人支付工资、薪金所得时，应当按照累计预扣法计算预扣税款，并按月办理全员全额扣缴申报。

295.纳税人子女在中国境外接受教育的，纳税人应当留存境外学校录取通知书、留学签证等相关教育的证明资料备查。（ ）

**【参考答案】** 正确

**【答案解析】** 根据《国家税务总局关于修订发布〈个人所得税专项附加扣除操作办法（试行）〉的公告》（国家税务总局公告2022年第7号）的规定，纳税人子女在中国境外接受教育的，纳税人应当留存境外学校录取通知书、留学签证等相关教育的证明资料备查。

296. 居民个人取得境外所得，在中国境内没有任职、受雇单位的，向户籍所在地或中国境内经常居住地主管税务机关办理纳税申报。户籍所在地与中国境内经常居住地不一致的，选择户籍所在地主管税务机关办理纳税申报。　（　　）

**【参考答案】**　错误

**【答案解析】**　根据《国家税务总局关于个人所得税自行纳税申报有关问题的公告》（国家税务总局公告 2018 年第 62 号）的规定，居民个人从中国境外取得所得的，应当在取得所得的次年 3 月 1 日至 6 月 30 日内，向中国境内任职、受雇单位所在地主管税务机关办理纳税申报；在中国境内没有任职、受雇单位的，向户籍所在地或中国境内经常居住地主管税务机关办理纳税申报；户籍所在地与中国境内经常居住地不一致的，选择其中一地主管税务机关办理纳税申报；在中国境内没有户籍的，向中国境内经常居住地主管税务机关办理纳税申报。

297. 纳税人子女只要满 3 周岁就可以享受子女教育支出个人所得税专项附加扣除政策，不论是否入学。　（　　）

**【参考答案】**　正确

**【答案解析】**　根据《个人所得税专项附加扣除暂行办法》，纳税人子女只要满 3 周岁就可以享受子女教育支出个人所得税专项附加扣除政策。

298. 纳税人享受赡养老人支出个人所得税税前扣除政策时，被赡养人年度中间去世的，纳税人可以继续享受扣除政策至当年年末。　（　　）

**【参考答案】**　正确

**【答案解析】**　根据《个人所得税专项附加扣除操作办法（试行）》，被赡养人年度中间去世的，纳税人可以继续享受扣除政策至当年年末。

299. 居民个人取得的综合所得，年度综合所得收入不超过 12 万元且需要汇算清缴补税的，或者年度汇算清缴补税金额不超过 400 元的，居民个人可免于办理个人所得税综合所得汇算清缴。　（　　）

**【参考答案】**　正确

**【答案解析】**　根据《财政部 税务总局关于延续实施个人所得税综合所得汇算清缴有关政策的公告》（财政部 税务总局公告 2023 年第 32 号）的规定，2024 年 1 月 1 日至 2027 年 12 月 31 日居民个人取得的综合所得，年度综合所得收入不超过 12 万元且需要汇算清缴补税的，或者年度汇算清缴补税金额不超过 400 元的，居民个人可免于办理个人所得税综合所得汇算清缴。

300. 取得经营所得的个人，在计算每一纳税年度的应纳税所得额时，应当以经营收入减去经营成本和费用作为应纳税所得额，不得减除费用 6 万元，专项扣除、专项附加扣除以及依法确定的其他扣除。　（　　）

**【参考答案】**　错误

**【答案解析】**　根据《中华人民共和国个人所得税法实施条例》的规定，取得经营所得的个人，没有综合所得的，计算其每一纳税年度的应纳税所得额时，应当减除费用6万元、专项扣除、专项附加扣除以及依法确定的其他扣除。专项附加扣除在办理汇算清缴时减除。

301. 对个人投资者取得铁路债券利息收入，减按50%计入应纳税所得额计算征收个人所得税。税款由兑付机构在向个人投资者兑付利息时代扣代缴。　　(　　)

**【参考答案】** 正确

**【答案解析】** 根据《财政部 税务总局关于铁路债券利息收入所得税政策的公告》(财政部 税务总局公告2023年第64号)，对个人投资者持有2024—2027年发行的铁路债券取得的利息收入，减按50%计入应纳税所得额计算征收个人所得税。税款由兑付机构在向个人投资者兑付利息时代扣代缴。

302. 在中国境内无住所又不居住，或者无住所而一个纳税年度内在中国境内居住累计不满183天的个人，为非居民个人。　　(　　)

**【参考答案】** 正确

**【答案解析】** 根据《中华人民共和国个人所得税法》的规定，在中国境内无住所又不居住，或者无住所而一个纳税年度内在中国境内居住累计不满183天的个人，为非居民个人。

303. 劳务报酬所得，是指个人从事劳务取得的所得，包括从事设计、装潢、安装、制图、化验、测试、医疗、法律、会计、咨询、讲学、翻译、审稿、书画、雕刻、影视、录音、录像、演出、表演、广告、展览、技术服务、介绍服务、经纪服务、代办服务以及其他劳务取得的所得。　　(　　)

**【参考答案】** 正确

**【答案解析】** 根据《中华人民共和国个人所得税法实施条例》，劳务报酬所得，是指个人从事劳务取得的所得，包括从事设计、装潢、安装、制图、化验、测试、医疗、法律、会计、咨询、讲学、翻译、审稿、书画、雕刻、影视、录音、录像、演出、表演、广告、展览、技术服务、介绍服务、经纪服务、代办服务以及其他劳务取得的所得。

304. 单位为职工个人购买商业性补充养老保险(不含税收递延型商业养老保险)等，在办理投保手续时应作为个人所得税的"工资、薪金所得"项目计征个人所得税。　　(　　)

**【参考答案】** 正确

**【答案解析】** 根据《财政部 国家税务总局关于个人所得税有关问题的批复》(财税〔2005〕94号)，单位为职工个人购买商业性补充养老保险等，在办理投保手续时应作为个人所得税的"工资、薪金所得"项目，按税法规定缴纳个人所得税。

305. 个人转让股权所得在计征个人所得税时，以股权转让方为纳税人，以受让方为扣缴义务人。　　(　　)

**【参考答案】** 正确

**【答案解析】** 根据《股权转让所得个人所得税管理办法(试行)》，个人股权转让所得个人所得税,以股权转让方为纳税人,以受让方为扣缴义务人。

306.个人转让以现金出资方式取得的股权,应按照实际支付的价款确认股权原值。（　）

**【参考答案】** 错误

**【答案解析】** 根据《股权转让所得个人所得税管理办法(试行)》,个人转让以现金出资方式取得的股权,按照实际支付的价款与取得股权直接相关的合理税费之和确认股权原值。

307.依据个人所得税相关规定,股权转让方取得与股权转让相关的补偿金,应并入股权转让收入。（　）

**【参考答案】** 正确

**【答案解析】** 根据《股权转让所得个人所得税管理办法(试行)》,股权转让方取得与股权转让相关的各种款项,包括违约金、补偿金以及其他名目的款项、资产、权益等,均应当并入股权转让收入。

308.在计算个人所得税时,个人独资企业和合伙企业发生的与生产经营有关的业务招待费,在其收入总额的5‰以内据实扣除。（　）

**【参考答案】** 错误

**【答案解析】** 根据《财政部 国家税务总局关于调整个体工商户个人独资企业和合伙企业个人所得税税前扣除标准有关问题的通知》(财税〔2008〕65号),个体工商户、个人独资企业和合伙企业每一纳税年度发生的与其生产经营业务直接相关的业务招待费支出,按照发生额的60%扣除,但最高不得超过当年销售(营业)收入的5‰。

309.个人投资者以个人独资企业或者合伙企业的形式兴办两个或两个以上企业的,年度终了时应分别按每个企业的应纳税所得额确定税率计算缴纳个人所得税。（　）

**【参考答案】** 错误

**【答案解析】** 根据《财政部 国家税务总局关于印发〈关于个人独资企业和合伙企业投资者征收个人所得税的规定〉的通知》(财税〔2000〕91号)的规定,投资者以个人独资企业或合伙企业形式兴办两个或两个以上企业的,年度终了时,应汇总从所有企业取得的应纳税所得额,据此确定适用税率并计算缴纳应纳税款。

310.实行查账征税方式的个人独资企业和合伙企业改为核定征税以后,在查账征税方式下认定的年度经营亏损未弥补完的部分,不得再继续弥补。（　）

**【参考答案】** 正确

**【答案解析】** 根据《国家税务总局关于〈关于个人独资企业和合伙企业投资者征收个人所得税的规定〉执行口径的通知》(国税函〔2001〕84号)的规定,实行查账征税方式的个人独资企业和合伙企业改为核定征税以后,在查账征税方式下认定的年度经营亏损未弥补完的部分,不得再继续弥补。

311.国内某大学教授被学校评为校级优秀教师获得的奖金,免征个人所得税。（　）

【参考答案】 错误

【答案解析】 根据《中华人民共和国个人所得税法》,省级人民政府、国务院部委和中国人民解放军军以上单位,以及外国组织颁发的科学、教育、技术、文化、卫生、体育、环境保护等方面的奖金,免征个人所得税。被学校评为校级优秀教师获得的奖金,应按照规定征收个人所得税。

312. 同一作品加印取得的稿酬,应视为两次稿酬所得。 (　　)

【参考答案】 错误

【答案解析】 根据《中华人民共和国个人所得税法实施条例》,同一作品加印取得的稿酬,应与以前出版、发表时取得的稿酬合并为一次征税。

313. 员工将取得的不可公开交易股票期权在行权前转让,按照“财产转让所得”项目征收个人所得税。 (　　)

【参考答案】 错误

【答案解析】 根据《财政部 国家税务总局关于个人股票期权所得征收个人所得税问题的通知》(财税〔2005〕35 号)的规定,员工将取得的不可公开交易股票期权在行权前转让,转让净收入按照“工资、薪金所得”项目征收个人所得税。

314. 个体工商户生产经营过程中发生的财产转让损失,允许在个人所得税税前扣除。 (　　)

【参考答案】 正确

【答案解析】 根据《个体工商户个人所得税计税办法》的规定,个体工商户生产经营过程中发生的财产转让损失,允许在个人所得税税前扣除。

315. 根据个人所得税法的规定,区分居民纳税人和非居民纳税人的判断标准包括住所和居住时间。 (　　)

【参考答案】 正确

【答案解析】 根据《中华人民共和国个人所得税法》的规定,个人所得税纳税义务人依据住所和居住时间两个标准,区分为居民个人和非居民个人,分别承担不同的纳税义务。

316. 参加本单位的年会活动,获得的有奖竞猜奖品,按照“偶然所得”计征个人所得税。 (　　)

【参考答案】 错误

【答案解析】 根据《财政部 税务总局关于个人取得有关收入适用个人所得税应税所得项目的公告》(财政部 税务总局公告 2019 年第 74 号)的规定,企业在业务宣传、广告等活动中,随机向本单位以外的个人赠送礼品(包括网络红包),以及企业在年会、座谈会、庆典以及其他活动中向本单位以外的个人赠送礼品,按照“偶然所得”项目计算缴纳个人所得税。参加本单位的年会活动,获得的有奖竞猜奖品,按照“工资、薪金所得”计征个人所得税。

317. 合伙制律师事务所应将年度经营所得全额作为基数,按出资比例或者事先约

定的比例计算各合伙人应分配的所得，据以征收个人所得税。（　）

**【参考答案】** 正确

**【答案解析】** 根据《国家税务总局关于律师事务所从业人员取得收入征收个人所得税有关业务问题的通知》（国税发〔2000〕149号），合伙制律师事务所应将年度经营所得全额作为基数，按出资比例或者事先约定的比例计算各合伙人应分配的所得，据以征收个人所得税。

318.非居民个人在中国境内从两处以上取得工资、薪金所得，应当依法办理纳税申报。（　）

**【参考答案】** 正确

**【答案解析】** 根据《国家税务总局关于个人所得税自行纳税申报有关问题的公告》（国家税务总局公告2018年第62号）的规定，非居民个人在中国境内从两处以上取得工资、薪金所得的，应当在取得所得的次月15日内，向其中一处任职、受雇单位所在地主管税务机关办理纳税申报，并报送《个人所得税自行纳税申报表（A表）》。

319.纳税人年度中间更换工作单位的，在原单位任职、受雇期间已享受的专项附加扣除金额，不得在新任职、受雇单位扣除。（　）

**【参考答案】** 正确

**【答案解析】** 根据《个人所得税专项附加扣除操作办法（试行）》的规定，纳税人年度中间更换工作单位的，在原单位任职、受雇期间已享受的专项附加扣除金额，不得在新任职、受雇单位扣除。原扣缴义务人应当自纳税人离职不再发放工资薪金所得的当月起，停止为其办理专项附加扣除。

320.我国个人所得税采取源泉扣缴和自行申报纳税两种纳税方法。（　）

**【参考答案】** 正确

**【答案解析】** 根据《中华人民共和国个人所得税法》及其实施条例、《个人所得税自行纳税申报办法（试行）》，我国个人所得税采取源泉扣缴和自行申报纳税两种纳税方法。

321.根据个人所得税股票期权的相关规定，行权时的行权价与施权价之间的差额按“股息、红利所得”项目缴纳个人所得税。（　）

**【参考答案】** 错误

**【答案解析】** 根据《财政部 国家税务总局关于个人股票期权所得征收个人所得税问题的通知》（财税〔2005〕35号）的规定，员工行权时，其从企业取得股票的实际购买价（施权价）低于购买日公平市场价（指该股票当日的收盘价）的差额，是因员工在企业的表现和业绩情况而取得的与任职、受雇有关的所得，应按“工资、薪金所得”适用的规定计算缴纳个人所得税。

322.根据个人所得税相关规定，个人转让限售股时，个人持有的限售股被司法扣划的，转让收入以司法执行日的前一交易日该股收盘价计算。（　）

**【参考答案】** 正确

**【答案解析】** 根据《财政部 国家税务总局 证监会关于个人转让上市公司限售股所得征收个人所得税有关问题的补充通知》(财税〔2010〕70 号)的规定,个人转让限售股时,个人持有的限售股被司法扣划的,转让收入以司法执行日的前一交易日该股收盘价计算。

323. 依据个人投资者收购企业股权后将盈余积累转增股本有关个人所得税的规定,企业发生股权交易及转增股本等事项后,应在次月 7 日内将相关资料报送给税务机关。 ( )

**【参考答案】** 错误

**【答案解析】** 根据《国家税务总局关于个人投资者收购企业股权后将原盈余积累转增股本个人所得税问题的公告》(国家税务总局公告 2013 年第 23 号)的规定,企业发生股权交易及转增股本等事项后,应在次月 15 日内,将股东及其股权变化情况、股权交易前原账面记载的盈余积累数额、转增股本数额及扣缴税款情况报告主管税务机关。

324. 公司职工取得的购买企业国有股权的劳动分红,按照“利息、股息、红利”项目征收个人所得税。 ( )

**【参考答案】** 错误

**【答案解析】** 根据《中华人民共和国个人所得税法实施条例》,工资、薪金所得是指个人因任职或者受雇而取得的工资、薪金、奖金、年终加薪、劳动分红、津贴、补贴以及与任职或者受雇有关的其他所得。公司职工取得的购买企业国有股权的劳动分红,按照“工资、薪金所得”项目征收个人所得税。

325. 吴某将住房出租 10 个月,共取得房租收入 10 000 元,应该以一个月内取得的收入为一次计算个人所得税。 ( )

**【参考答案】** 正确

**【答案解析】** 根据《中华人民共和国个人所得税法》及实施条例,个人出租房产取得的所得属于“财产租赁所得”项目,以一个月内取得的收入为一次计算个人所得税,每次收入不超过 4 000 元的,减除费用 800 元;4 000 元以上的,减除 20%的费用,其余额为应纳税所得额。

326. 个人持有挂牌公司的股票,持股期限不超过 1 年的,对股息红利所得暂免征收个人所得税。 ( )

**【参考答案】** 错误

**【答案解析】** 根据《财政部 国家税务总局 证监会关于上市公司股息红利差别化个人所得税政策有关问题的通知》(财税〔2015〕101 号)的规定,个人持有挂牌公司的股票,持股期限超过 1 年的,对股息红利所得暂免征收个人所得税。

327. 大学本科及以下的学历继续教育只能作为继续教育专项附加扣除由接受教育的本人扣除。 ( )

**【参考答案】** 错误

**【答案解析】** 根据《个人所得税专项附加扣除暂行办法》及《个人所得税专项附加

扣除操作办法(试行)》的规定,大学本科及以下的学历继续教育可以由接受教育的本人扣除,也可以由其父母按照子女教育扣除,但对于同一教育事项,不得重复扣除。

328.上市公司派发股息红利时,对个人持股1年以内(含1年)的,上市公司暂不扣缴个人所得税,待个人转让股票时,证券登记结算公司根据其持股期限计算应纳税额,由证券公司等股票托管机构从个人资金账户中扣收并划付证券登记结算公司,证券登记结算公司应于次月5个工作日内划付挂牌公司。（　　）

**【参考答案】** 正确

**【答案解析】** 根据《财政部　国家税务总局　证监会关于上市公司股息红利差别化个人所得税政策有关问题的通知》(财税〔2015〕101号)的规定,对个人持股1年以内(含1年)的,上市公司暂不扣缴个人所得税,待个人转让股票时,证券登记结算公司根据其持股期限计算应纳税额,由证券公司等股票托管机构从个人资金账户中扣收并划付证券登记结算公司,证券登记结算公司应于次月5个工作日内划付挂牌公司。

329.2019年1月1日起,居民个人取得的劳务报酬所得、稿酬所得、特许权使用费所得以收入减除费用后的余额为收入额。稿酬所得的收入额减按70%计算。（　　）

**【参考答案】** 正确

**【答案解析】** 根据《中华人民共和国个人所得税法》及其实施条例、《个人所得税扣缴申报管理办法(试行)》的规定,2019年1月1日起,居民个人取得的劳务报酬所得、稿酬所得、特许权使用费所得以收入减除费用后的余额为收入额。稿酬所得的收入额减按70%计算。

330.可抵免的境外所得税税额,是指居民个人取得境外所得,依照该所得来源国(地区)税收法律应当缴纳且实际已经缴纳的所得税性质的税额。（　　）

**【参考答案】** 正确

**【答案解析】** 根据《财政部　税务总局关于境外所得有关个人所得税政策的公告》(财政部　税务总局公告2020年第3号),可抵免的境外所得税税额,是指居民个人取得境外所得,依照该所得来源国(地区)税收法律应当缴纳且实际已经缴纳的所得税性质的税额。

331.在中国境内无住所的个人,在一个纳税年度内在中国境内居住累计不超过183天的,其来源于中国境内的所得,由境外雇主支付并且不由该雇主在中国境内的机构、场所负担的部分,免予缴纳个人所得税。（　　）

**【参考答案】** 错误

**【答案解析】** 根据《中华人民共和国个人所得税法实施条例》,在中国境内无住所的个人,在一个纳税年度内在中国境内居住累计不超过90天的,其来源于中国境内的所得,由境外雇主支付并且不由该雇主在中国境内的机构、场所负担的部分,免予缴纳个人所得税。

332.个人缴付符合国家规定的企业年金属于个人所得税专项扣除。（　　）

**【参考答案】** 错误

**【答案解析】** 根据《中华人民共和国个人所得税法》《中华人民共和国个人所得税法实施条例》，个人缴付符合国家规定的企业年金属于其他扣除。

333. 全员全额扣缴申报，是指扣缴义务人在代扣税款的次月 15 日内，向主管税务机关报送其支付所得的所有个人的有关信息、支付所得数额、扣除事项和数额、扣缴税款的具体数额和总额以及其他相关涉税信息资料。 ( )

**【参考答案】** 正确

**【答案解析】** 《中华人民共和国个人所得税法》所称全员全额扣缴申报，是指扣缴义务人在代扣税款的次月 15 日内，向主管税务机关报送其支付所得的所有个人的有关信息、支付所得数额、扣除事项和数额、扣缴税款的具体数额和总额以及其他相关涉税信息资料。

334. 个人所得税专项附加扣除项目有一定灵活性。 ( )

**【参考答案】** 正确

**【答案解析】** 根据《个人所得税专项附加扣除暂行办法》及《个人所得税专项附加扣除操作办法(试行)》的规定，专项附加扣除项目有一定灵活性。专项附加扣除项目较多，如子女教育、大病医疗、住房贷款利息、住房租金、赡养老人等都可以选择在特定家庭成员所得中扣除或者约定扣除。

335. 某外籍公民 A 先生在中国境内无住所，2021 年 1 月来华工作后一直在中国境内居住。A 先生 2023 年 8 月取得一笔来源于境外并由境外公司支付的特许权使用费，这笔所得应在中国缴纳个人所得税。 ( )

**【参考答案】** 错误

**【答案解析】** 根据《中华人民共和国个人所得税法实施条例》，在中国境内无住所的个人，在中国境内居住累计满 183 天的年度连续不满 6 年的，其来源于中国境外且由境外单位或者个人支付所得，免于缴纳个人所得税。

336. 个人从中国境内企业、事业单位、其他组织以及居民个人取得的利息、股息、红利所得，不论支付地点是否在中国境内，均为来源于中国境内的所得。 ( )

**【参考答案】** 正确

**【答案解析】** 根据《中华人民共和国个人所得税法实施条例》，除国务院财政、税务主管部门另有规定外，下列所得，不论支付地点是否在中国境内，均为来源于中国境内的所得：(1)因任职、受雇、履约等在中国境内提供劳务取得的所得；(2)将财产出租给承租人在中国境内使用而取得的所得；(3)许可各种特许权在中国境内使用而取得的所得；(4)转让中国境内的不动产等财产或者在中国境内转让其他财产取得的所得；(5)从中国境内企业、事业单位、其他组织以及居民个人取得的利息、股息、红利所得。

337. 居民个人取得综合所得，按年计算个人所得税。 ( )

**【参考答案】** 正确

**【答案解析】** 根据《中华人民共和国个人所得税法》，居民个人取得综合所得，按年计算个人所得税，需要办理汇算清缴的，应当在取得所得的次年 3 月 1 日至 6 月 30 日内办理汇算清缴。

338. 纳税人因移居境外注销中国户籍，应当在办理注销户籍前 30 日内办理税款清算。（　）

**【参考答案】** 错误

**【答案解析】** 根据《中华人民共和国个人所得税法》，纳税人因移居境外注销中国户籍的，应当在注销中国户籍前办理税款清算。无具体日期规定。

339. 个人因任职、受雇、履约等在中国境内提供劳务取得的所得，支付方在境外的，为来源于境外所得。（　）

**【参考答案】** 错误

**【答案解析】** 根据《中华人民共和国个人所得税法实施条例》，除国务院财政、税务主管部门另有规定外，个人因任职、受雇、履约等在中国境内提供劳务取得的所得，不论支付地点是否在中国境内，均为来源于中国境内的所得。

340. 营改增后，个人转让房屋的个人所得税应税收入不含增值税，其取得房屋时支付价款中包含的增值税计入财产原值，计算转让所得时可扣除的税费不包括本次转让缴纳的增值税。（　）

**【参考答案】** 正确

**【答案解析】** 根据《财政部　国家税务总局关于营改增后契税　房产税　土地增值税　个人所得税计税依据问题的通知》（财税〔2016〕43 号），个人转让房屋的个人所得税应税收入不含增值税，其取得房屋时所支付价款中包含的增值税计入财产原值，计算转让所得时可扣除的税费不包括本次转让缴纳的增值税。

341. 在中国境内从两处以上取得工资、薪金所得的非居民个人，向两处任职、受雇地主管税务机关分别办理纳税申报。（　）

**【参考答案】** 错误

**【答案解析】** 根据《国家税务总局关于个人所得税自行纳税申报有关问题的公告》（国家税务总局公告 2018 年第 62 号）的规定，在中国境内从两处以上取得工资、薪金所得的非居民个人，选择其中一处任职、受雇地主管税务机关办理纳税申报。

342. 个人依法从事办学、医疗、咨询的所得，属于“劳动报酬所得”，适用 20％的比例税率。（　）

**【参考答案】** 错误

**【答案解析】** 根据《国家税务总局关于个人所得税自行纳税申报有关问题的公告》（国家税务总局公告 2018 年第 62 号）、《个人所得税扣缴申报管理办法（试行）》的规定，个人依法从事办学、医疗、咨询的所得，属于“经营所得”，适用五级超额累进税率。

343. 个人中奖取得的收入，计算个人所得税应纳税额所得时，不作任何扣除，税率为 20％。（　）

**【参考答案】** 正确

**【答案解析】** 根据《中华人民共和国个人所得税法》及其实施条例、《个人所得税扣缴申报管理办法(试行)》的规定,个人中奖属于"偶然所得",偶然所得的计税基数是收入全额,不作任何扣除,适用20%的比例税率。

344.高中教师金某2023年12月取得学校发放的托儿补助费,应缴纳个人所得税。( )

**【参考答案】** 错误

**【答案解析】** 根据《国家税务总局关于印发〈征收个人所得税若干问题的规定〉的通知》(国税发〔1994〕89号)的规定,个人按照规定标准取得的独生子女补贴和托儿补助费,不征收个人所得税。

345.证券经纪人取得的佣金收入,应并入综合所得计算个人所得税应纳税额。( )

**【参考答案】** 正确

**【答案解析】** 根据《财政部 税务总局关于个人所得税法修改后有关优惠政策衔接问题的通知》(财税〔2018〕164号),保险营销员、证券经纪人取得的佣金收入,属于劳务报酬所得,以不含增值税的收入减除20%的费用后的余额为收入额,收入额减去展业成本以及附加税费后,并入当年综合所得,计算缴纳个人所得税。

346.上市公司高管人员取得股票期权所得时,纳税确有困难的,可自其股票期权行权之日起,在不超过24个月的期限内分期缴纳个人所得税。( )

**【参考答案】** 错误

**【答案解析】** 根据《财政部 国家税务总局关于股票增值权所得和限制性股票所得征收个人所得税有关问题的通知》(财税〔2009〕5号)、《国家税务总局关于股权激励有关个人所得税问题的通知》(国税函〔2009〕461号)、《财政部 国家税务总局关于完善股权激励和技术入股有关所得税政策的通知》(财税〔2016〕101号)有关规定,上市公司授予个人的股票期权、限制性股票和股权奖励,经向主管税务机关备案,个人可自股票期权行权、限制性股票解禁或取得股权奖励之日起,在不超过12个月的期限内缴纳个人所得税。

347.在职博士研究生购买债券取得利息,可以按照累计预扣法预扣预缴个人所得税。( )

**【参考答案】** 错误

**【答案解析】** 根据《国家税务总局关于发布〈个人所得税扣缴申报管理办法(试行)〉的公告》(国家税务总局公告2018年第61号)的规定,在职博士研究生购买债券取得利息,按"次"预扣预缴个人所得税。

348.通过离婚析产的方式分割房屋产权,允许扣除其相应的财产原值和合理费用后,余额按照规定的税率缴纳个人所得税。( )

**【参考答案】** 错误

**【答案解析】** 根据《国家税务总局关于明确个人所得税若干政策执行问题的通知》(国税发〔2009〕121号)的规定,通过离婚析产的方式分割房屋产权是夫妻双方对共同共有财产的处置，个人因离婚办理房屋产权过户手续，不征收个人所得税。

349. 居民个人来源于中国境外的利息、股息、红利所得，应当与境内所得合并计算应纳税额。（　　）

**【参考答案】** 错误

**【答案解析】** 根据《财政部 税务总局关于境外所得有关个人所得税政策的公告》（财政部 税务总局公告 2020 年第 3 号）的规定，居民个人来源于中国境外的利息、股息、红利所得，财产租赁所得，财产转让所得和偶然所得，不与境内所得合并，应当分别单独计算应纳税额。

350. 个人购买的税收递延型商业养老保险支出，在计算个人所得税综合所得应纳税所得额时不得扣除。（　　）

**【参考答案】** 错误

**【答案解析】** 根据《财政部 国家税务总局 保监会关于将商业健康保险个人所得税试点政策推广到全国范围实施的通知》（财税〔2017〕39 号）、《财政部 税务总局关于个人取得有关收入适用个人所得税应税所得项目的公告》（财政部 税务总局公告 2019 年第 74 号）有关规定，个人购买符合国家规定的商业健康保险、税收递延型商业养老保险的支出，属于依法确定的其他扣除，可以在计算个人所得税综合所得应纳税所得额时扣除。

351. 个人所得税以所得人为纳税人，以税务机关指定的单位或者个人为扣缴义务人。（　　）

**【参考答案】** 错误

**【答案解析】** 根据《中华人民共和国个人所得税法》，个人所得税以所得人为纳税人，以支付所得的单位或者个人为扣缴义务人。扣缴义务是法定的，税务机关无权指定。

352. 企业对累积消费达到一定额度的个人按消费积分反馈礼品，消费者因此获得的礼品所得，不征收个人所得税。（　　）

**【参考答案】** 正确

**【答案解析】** 根据《财政部 国家税务总局关于企业促销展业赠送礼品有关个人所得税问题的通知》（财税〔2011〕50 号）的规定，企业对累积消费达到一定额度的个人按消费积分反馈礼品，不征收个人所得税。

353. 根据个人所得税专项附加扣除有关规定，直辖市的住房租金支出的扣除标准是每月 1 500 元。（　　）

**【参考答案】** 正确

**【答案解析】** 根据《个人所得税专项附加扣除暂行办法》及《个人所得税专项附加扣除操作办法（试行）》，直辖市、省会（首府）城市、计划单列市以及国务院确定的其他城市，住房租金支出的扣除标准为每月 1 500 元。

354. 闫某拍卖其收藏品取得收入 60 000 元，不能提供合法、完整、准确的收藏品财

产原值凭证。闫某应缴纳个人所得税 1 200 元。（　　）

**【参考答案】** 错误

**【答案解析】** 根据《国家税务总局关于加强和规范个人取得拍卖收入征收个人所得税有关问题的通知》(国税发〔2007〕38 号)，对于个人拍卖收入，纳税人如不能提供合法、完整、准确的财产原值凭证，不能正确计算财产原值的，按转让收入额的 3%征收率计算个人所得税。闫某应缴纳个人所得税＝60 000×3%＝1 800(元)。

355. 宋某将其位于市区的一处公寓通过非营利的社会组织捐赠，作为公共租赁住房。该资产价值 25 万元，市场价格 35 万元。则宋某应缴纳个人所得税 2.5 万元。（　　）

**【参考答案】** 错误

**【答案解析】** 根据《中华人民共和国个人所得税法》及其实施条例、《财政部 税务总局关于公益慈善事业捐赠个人所得税政策的公告》(财政部 税务总局公告 2019 年第 99 号)的规定，本题中对于个人捐赠的住房，不征收个人所得税。

356. 实行绩效工资办法兑现的绩效工资收入，可按全年一次性奖金计算个人所得税。（　　）

**【参考答案】** 正确

**【答案解析】** 根据《国家税务总局关于调整个人取得全年一次性奖金等计算征收个人所得税方法问题的通知》(国税发〔2005〕9 号)的规定，一次性奖金也包括年终加薪、实行年薪制和绩效工资办法的单位根据考核情况兑现的年薪和绩效工资。

357. 受赠人转让受赠房屋的，以其转让受赠房屋的收入减除原捐赠人取得该房屋的实际购置成本以及赠与和转让过程中受赠人支付的相关税费后的余额，为受赠人的应纳税所得额，依法计征个人所得税。（　　）

**【参考答案】** 正确

**【答案解析】** 根据《财政部 国家税务总局关于个人无偿受赠房屋有关个人所得税问题的通知》(财税〔2009〕78 号)的规定，受赠人转让受赠房屋的，以其转让受赠房屋的收入减除原捐赠人取得该房屋的实际购置成本以及赠与和转让过程中受赠人支付的相关税费后的余额，为受赠人的应纳税所得额，依法计征个人所得税。

358. 律师事务所向该所作为律师的投资者支付的所得，按“工资、薪金所得”应税项目征收个人所得税。（　　）

**【参考答案】** 错误

**【答案解析】** 根据《国家税务总局关于律师事务所从业人员取得收入征收个人所得税有关业务问题的通知》(国税发〔2000〕149 号)的规定，律师事务所支付给雇员(包括律师及行政辅助人员，但不包括律师事务所的投资者)的所得，按“工资、薪金所得”应税项目征收个人所得税。

359. 兼职律师从律师事务所取得工资、薪金所得，应于次月 7 日内自行向主管税务机关申报两处或两处以上取得的工资、薪金所得，合并计算缴纳个人所得税。（　　）

**【参考答案】** 正确

**【答案解析】** 根据《国家税务总局关于律师事务所从业人员取得收入征收个人所得税有关业务问题的通知》(国税发〔2000〕149号)的规定，兼职律师从律师事务所取得工资、薪金性质的所得，律师事务所在代扣代缴其个人所得税时，不再减除个人所得税法规定的费用扣除标准，以收入全额(取得分成收入的为扣除办理案件支出费用后的余额)直接确定适用税率，计算扣缴个人所得税。兼职律师应于次月7日内自行向主管税务机关申报两处或两处以上取得的工资、薪金所得，合并计算缴纳个人所得税。

360.受雇于律师事务所的律师从事务所取得的分成收入，应单独作为一个月的工资薪金，扣除办案费用后缴纳个人所得税。　　(　　)

**【参考答案】** 错误

**【答案解析】** 根据《国家税务总局关于律师事务所从业人员取得收入征收个人所得税有关业务问题的通知》(国税发〔2000〕149号)的规定，受雇于律师事务所的律师从事务所取得的分成收入，应与律师事务所发给的工资合并，按工资、薪金所得应税项目计征个人所得税。

361.居民个人已申报境外所得、未进行税收抵免，在以后纳税年度取得纳税凭证并申报境外所得税收抵免的，可以追溯至该境外所得所属纳税年度进行抵免，但追溯年度不得超过3年。　　(　　)

**【参考答案】** 错误

**【答案解析】** 根据《财政部 税务总局关于境外所得有关个人所得税政策的公告》(财政部 税务总局公告2020年第3号)的规定，居民个人已申报境外所得、未进行税收抵免，在以后纳税年度取得纳税凭证并申报境外所得税收抵免的，可以追溯至该境外所得所属纳税年度进行抵免，但追溯年度不得超过五年。自取得该项境外所得的五个年度内，境外征税主体出具的税款所属纳税年度纳税凭证载明的实际缴纳税额发生变化的，按实际缴纳税额重新计算并办理补退税，不加收税收滞纳金，不退还利息。

362.劳务报酬所得，稿酬所得，工资、薪金所得，财产租赁所得实行全员全额扣缴申报个人所得税。　　(　　)

**【参考答案】** 正确

**【答案解析】** 根据《国家税务总局关于发布〈个人所得税扣缴申报管理办法(试行)〉的公告》(国家税务总局公告2018年第61号)，实行个人所得税全员全额扣缴申报的应税所得包括：工资、薪金所得；劳务报酬所得；稿酬所得；特许权使用费所得；利息股息、红利所得；财产租赁所得；财产转让所得；偶然所得。

363.个人担任非任职公司独立董事职务取得的董事费收入，属于劳务报酬所得。　　(　　)

**【参考答案】** 正确

**【答案解析】** 根据《国家税务总局关于明确个人所得税若干政策执行问题的通知》(国税发〔2009〕121号)的规定，个人担任公司董事、监事，且不在公司任职、受雇的董事费按劳务报酬所得项目征税。

364. 城镇事业单位为职工个人缴纳失业保险费超过规定比例的部分，应并入个人当期的工资、薪金收入，计征个人所得税。（ ）

**【参考答案】** 正确

**【答案解析】** 根据《财政部 国家税务总局关于基本养老保险费 基本医疗保险费 失业保险费 住房公积金有关个人所得税政策的通知》（财税〔2006〕10号）的规定，企事业单位和个人超过规定的比例和标准缴付的基本养老保险费、基本医疗保险费和失业保险费，应将超过部分并入个人当期的工资、薪金收入，计征个人所得税。

365. 职工与用人单位解除劳动关系而取得的一次性补偿收入，其收入在当地上年职工年平均工资3倍数额以内的部分，免征个人所得税。（ ）

**【参考答案】** 正确

**【答案解析】** 根据《财政部 税务总局关于个人所得税法修改后有关优惠政策衔接问题的通知》（财税〔2018〕164号）的规定，个人因与用人单位解除劳动关系而取得的一次性补偿收入（包括用人单位发放的经济补偿金、生活补助费和其他补助费用），其收入在当地上年职工平均工资3倍数额以内的部分，免征个人所得税。

366. 个人获得的车险赔款，免征个人所得税。（ ）

**【参考答案】** 正确

**【答案解析】** 根据《中华人民共和国个人所得税法》，保险赔款免征个人所得税。

367. 对外籍个人以非现金形式或实报实销形式取得的合理的住房补贴、伙食补贴和洗衣费免征个人所得税。（ ）

**【参考答案】** 正确

**【答案解析】** 根据《国家税务总局关于外籍个人取得有关补贴征免个人所得税执行问题的通知》（国税发〔1997〕54号），对外籍个人以非现金形式或实报实销形式取得的合理的住房补贴、伙食补贴和洗衣费免征个人所得税，应由纳税人在初次取得上述补贴或上述补贴数额、支付方式发生变化的月份的次月进行工资薪金所得纳税申报时，向主管税务机关提供上述补贴的有效凭证，由主管税务机关核准确认免税。

368. 根据个人所得税法有关规定，职工加班补助费免征个人所得税。（ ）

**【参考答案】** 错误

**【答案解析】** 根据《中华人民共和国个人所得税法》《中华人民共和国个人所得税法实施条例》的规定，个人在国家法定节假日加班取得2倍或3倍的等加班工资，应并入工资、薪金所得，依法计征个人所得税。

369. 根据远洋船员个人所得税有关规定，远洋船员是指在海事管理部门依法登记注册的国际航行船舶船员和在渔业管理部门依法登记注册的远洋渔业船员。（ ）

**【参考答案】** 正确

**【答案解析】** 根据《财政部 税务总局关于延续实施远洋船员个人所得税政策的公告》（财政部 税务总局公告2023年第31号）的规定，远洋船员是指在海事管理部门依法登记注册的国际航行船舶船员和在渔业管理部门依法登记注册的远洋渔业船员。

370. 自 2022 年 1 月 1 日起，对个人养老金实施递延纳税优惠政策。在领取环节，个人领取的个人养老金，不并入综合所得，单独按照 5%的税率计算缴纳个人所得税，其缴纳的税款计入“工资、薪金所得”项目。（　）

**【参考答案】** 错误

**【答案解析】** 根据《财政部 税务总局关于个人养老金有关个人所得税政策的公告》（财政部 税务总局公告 2022 年第 34 号）的规定，自 2022 年 1 月 1 日起，对个人养老金实施递延纳税优惠政策。在领取环节，个人领取的个人养老金，不并入综合所得，单独按照 3%的税率计算缴纳个人所得税，其缴纳的税款计入“工资、薪金所得”项目。

371. 个人按规定领取个人养老金时，由开立个人养老金资金账户所在市的商业银行机构代扣代缴其应缴的个人所得税。（　）

**【参考答案】** 正确

**【答案解析】** 根据《财政部 税务总局关于个人养老金有关个人所得税政策的公告》（财政部 税务总局公告 2022 年第 34 号）的规定，个人按规定领取个人养老金时，由开立个人养老金资金账户所在市的商业银行机构代扣代缴其应缴的个人所得税。

372. 对个体工商户年应纳税所得额不超过 200 万元的部分，减半征收个人所得税。个体工商户在享受现行其他个人所得税优惠政策的基础上，不可叠加享受本条优惠政策。（　）

**【参考答案】** 错误

**【答案解析】** 根据《财政部 税务总局关于进一步支持小微企业和个体工商户发展有关税费政策的公告》（财政部 税务总局公告 2023 年第 12 号）的规定，对个体工商户年应纳税所得额不超过 200 万元的部分，减半征收个人所得税。个体工商户在享受现行其他个人所得税优惠政策的基础上，可叠加享受本条优惠政策。

373. 合伙企业的每一个自然人合伙人，均是个人所得税纳税义务人。（　）

**【参考答案】** 正确

**【答案解析】** 根据《财政部 国家税务总局关于合伙企业合伙人所得税问题的通知》（财税〔2008〕159 号），合伙企业以每一个合伙人为纳税义务人。

374. 实行内部退养的个人在其办理内部退养手续后至法定离退休年龄之间从原任职单位取得的工资、薪金，不缴纳个人所得税。（　）

**【参考答案】** 错误

**【答案解析】** 根据《国家税务总局关于个人所得税有关政策问题的通知》（国税发〔1999〕58 号）的规定，实行内部退养的个人在其办理内部退养手续后至法定离退休年龄之间从原任职单位取得的工资、薪金，不属于离退休工资，应按“工资、薪金所得”项目计征个人所得税。

375. 居民个人填报专项附加扣除信息存在明显错误，经税务机关通知，居民个人拒不更正或者不说明情况的，税务机关可暂停纳税人享受专项附加扣除。居民个人按规定更正相关信息或者说明情况后，经税务机关确认，居民个人可继续享受专项附加扣除，以前月份未享受扣除的，可按规定追补扣除。（　　）

**【参考答案】** 正确

**【答案解析】** 根据《财政部 税务总局关于个人所得税综合所得汇算清缴涉及有关政策问题的公告》(财政部 税务总局公告2019年第94号)的规定，居民个人填报专项附加扣除信息存在明显错误，经税务机关通知，居民个人拒不更正或者不说明情况的，税务机关可暂停纳税人享受专项附加扣除。居民个人按规定更正相关信息或者说明情况后，经税务机关确认，居民个人可继续享受专项附加扣除，以前月份未享受扣除的，可按规定追补扣除。

376.某上市公司的一名研发员工，同时担任其公司的监事，该员工应对其研发岗位取得的报酬和担任监事职位取得的报酬，分别按“工资、薪金所得”项目和“劳务报酬”项目计征个人所得税。（　　）

**【参考答案】** 错误

**【答案解析】** 根据《国家税务总局关于印发〈征收个人所得税若干问题的规定〉的通知》(国税发〔1994〕89号)、《国家税务总局关于明确个人所得税若干政策执行问题的通知》(国税发〔2009〕121号)有关规定，工资、薪金所得是属于非独立个人劳务活动，即在机关、团体、学校、部队、企事业单位及其他组织中任职、受雇而得到的报酬。个人在公司(包括关联公司)任职、受雇，同时兼任董事、监事的，应将董事费、监事费与个人工资收入合并，统一按工资、薪金所得项目缴纳个人所得税。

## 四、综合实务题

1.中国公民闫某位于某市，2023年取得的收入情况如下。

(1)1月至12月每月取得工资8 000元，12月取得全年一次性奖金22 000元。

(2)购买国家发行的金融债券，取得利息3 600元；转让手中持有的境内上市公司股票，该股票购入价格为30 000元，售出价格为36 000元。

(3)利用技术专长为境内某企业提供设计服务，取得收入40 000元。

(4)闫某从拍卖会上以50万元购买一项打包债权。该打包债权的债权人为甲企业，包括债务人A欠的15万元，债务人B欠的20万元，债务人C欠的35万元。闫某经过努力，将B债务人的所有欠款收回。

要求：根据上述资料，回答下列问题。

(1)闫某12月取得全年一次性奖金应缴纳的个人所得税为(　　)元。(全年一次奖金选择单独纳税)

A.660　　B.720

C.790　　D.1 430

**【参考答案】** A

【答案解析】 22 000÷12=1 833.33(元),适用3%的税率。闫某取得全年一次性奖金应缴纳个人所得税=22 000×3%=660(元)。

(2)闫某取得金融债券利息和转让股票所得应缴纳的个人所得税为(　　)元。

A. 0　　B. 600

C. 1 400　　D. 800

【参考答案】 A

【答案解析】 国家发行的金融债券的利息免征个人所得税。转让境内上市公司股票所得暂不征收个人所得税。

(3)闫某提供境内设计服务取得的收入应预扣预缴的个人所得税为(　　)元。

A. 3 280　　B. 4 860

C. 7 600　　D. 5 420

【参考答案】 C

【答案解析】 应纳税所得额=40 000×(1-20%)=32 000(元)。闫某提供境内设计服务取得收入应预扣预缴个人所得税=32 000×30%-2 000=7 600(元)。

(4)闫某处置打包债权个人所得税的应纳税所得额是(　　)元。

A. 25 000　　B. 55 000

C. 50 000　　D. 200 000

【参考答案】 B

【答案解析】 闫某处置打包债权个人所得税应纳税所得额=20-50×[20÷(20+35+15)]=55 000(元)。

(5)闫某处置打包债权应缴纳的个人所得税为(　　)元。

A. 40 000　　B. 11 000

C. 15 000　　D. 5 000

【参考答案】 B

【答案解析】 闫某处置打包债权应缴纳个人所得税=55 000×20%=11 000(元)。

2. 中国居民个人孙某2023年收入和部分支出如下。

(1)每月工资9 000元,含符合国家标准"三险一金"1 000元。

(2)3月购买符合个人所得税税前扣除规定的商业健康保险,保费每年6 000元,并于当月向公司提交保险凭证。

(3)4月向《夕阳红》杂志投稿,获得税前稿费17 000元。

(4)取得上年度年终奖48 000元,选择单独计税。

其他相关资料:孙某2022年6月生育一子,相关专项附加扣除均由孙某100%扣除,孙某已向公司提交专项附加扣除资料。

要求:根据上述资料,回答下列问题。

(1)若孙某4月将婴幼儿信息提供给任职单位,则单位在发放4月工资时,可为孙某申报1至4月累计3岁以下婴幼儿照护专项附加扣除金额为(　　)元。

A. 0　　　　B. 1 000

C. 4 000　　　　D. 8 000

**【参考答案】** D

**【答案解析】** 纳税人照护3岁以下婴幼儿子女的相关支出，在计算缴纳个人所得税前按照每名婴幼儿每月2 000元的标准定额扣除。所以1至4月扣除金额为8 000元。

(2)孙某当年可以扣除的商业健康保险保费为(　　)元。

A. 1 800　　　　B. 2 000

C. 2 400　　　　D. 3 600

**【参考答案】** B

**【答案解析】** 自2017年7月1日起，对个人购买符合规定的商业健康保险产品的支出，允许在当年(月)计算应纳税所得额时予以税前扣除，扣除限额为2 400元/年(200元/月)。孙某当年可以扣除的商业健康保险保费＝200×10＝2 000(元)。

(3)杂志社在支付稿酬时应预扣预缴的个人所得税是(　　)元。

A. 1 904　　　　B. 1 800

C. 2 400　　　　D. 2 840

**【参考答案】** A

**【答案解析】** 杂志社支付孙某稿酬时应预扣预缴个人所得税＝17 000×(1－20％)×70％×20％＝1 904(元)。

(4)孙某取得年终奖适用的个人所得税税率是(　　)，速算扣除数是(　　)。

A. 3％；0　　　　B. 10％；210

C. 10％；2 520　　　　D. 20％；16 920

**【参考答案】** B

**【答案解析】** 将居民个人取得的全年一次性奖金，除以12个月，按其商数依照按月换算后的综合所得税率表确定适用税率和速算扣除数。48 000÷12＝4 000(元)，税率为10％，速算扣除数为210元。

(5)孙某取得年终奖应缴纳的个人所得税是(　　)元。

A. 4 590　　　　B. 1 440

C. 2 280　　　　D. 0

**【参考答案】** A

**【答案解析】** 孙某取得年终奖应缴纳个人所得税＝48 000×10％－210＝4 590(元)。

3. 中国公民金某是某科技有限公司的高管人员，2023年取得以下各项收入。

(1)每月取得工资9 000元，6月取得上半年奖金15 000元，12月公司为其家庭财产购买商业保险6 000元，假设无其他扣除项目。

(2)金某还担任某有限责任公司董事，2023年12月从该公司取得董事费收入 132 000 元。

(3)金某从 6 月 1 日开始按市场价格出租一套居住房屋，每月收取不含税租金 10 000 元(仅考虑房产税，不考虑其他税费)。

(4)金某通过拍卖行将一幅珍藏多年的名人书画拍卖，取得收入 500 000 元。经主管税务机关核定，金某收藏该书画发生的费用为 200 000 元，拍卖时支付相关税费 50 000 元。

要求：根据上述资料，回答下列问题。

(1)金某取得的工资、奖金以及公司为其购买的商业保险应预扣预缴的个人所得税合计为(　　)元。

A. 7 800　　B. 4 380

C. 1 220　　D. 6 850

**【参考答案】** B

**【答案解析】** 6 月取得的上半年奖金与当月工资、薪金收入合并纳税。工资收入应预扣预缴个人所得税＝(9 000×12＋15 000＋6 000－60 000)×10%－2 520＝4 380(元)。

(2)金某的董事费收入应按照(　　)计算个人所得税。

A. 工资、薪金所得　　B. 劳务报酬所得

C. 偶然所得　　D. 经营所得

**【参考答案】** B

**【答案解析】** 金某的董事费收入按照劳务报酬所得缴纳个人所得税。

(3)金某取得的董事费收入应预扣预缴个人所得税(　　)元。

A. 29 680　　B. 35 240

C. 21 120　　D. 49 440

**【参考答案】** B

**【答案解析】** 金某董事费收入应预扣预缴个人所得税＝132 000×(1－20%)×40%－7 000＝35 240(元)。

(4)金某出租房屋应缴纳的个人所得税(　　)元。

A. 0　　B. 10 000

C. 45 000　　D. 5 376

**【参考答案】** D

**【答案解析】** 金某出租房屋应缴纳的个人所得税＝(10 000－10 000×4%)×(1－20%)×10%×7＝5 376(元)。

(5)金某拍卖字画所得应缴纳个人所得税为(　　)元。

A. 50 000　　B. 70 000

C. 90 000　　D. 100 000

**【参考答案】** A

**【答案解析】** 金某拍卖字画所得应缴纳个人所得税＝(500 000－200 000－50 000)×20%＝50 000(元)。

4. 某公司工程师闫某 2023 年除每月应税工资 6 000 元之外，还取得以下收入。

(1)12 月取得 2023 年全年一次性奖金收入 36 000 元，年终奖选择单独计税。

(2)3 月公司实施雇员持股激励机制，实行股票期权计划。3 月 10 日，该公司授予闫某股票期权 40 000 股，授予价 2.5 元/股；该期权无公开市场价格，并约定 2023 年 11 月 10 日起可以行权，行权前不得转让。

(3)11 月 1 日公司股票在境外上市，11 月 10 日闫某以授予价购买股票 40 000 股，当日该股票的每股公开市场价格 4 元。

(4)12 月 25 日，闫某将持有的境外上市股票中的 5 000 股出售，每股公开市场价格 18 元。

要求：根据上述资料，回答下列问题。

(1)闫某 12 月取得全年一次性奖金适用的税率与速算扣除数是(　　)。

A. 3%；0　　B. 10%；2 510

C. 20%；0　　D. 20%；16 920

**【参考答案】** A

**【答案解析】** 12 月取得全年一次性奖金应缴纳个人所得税：一次性奖金除以 12 的商数来确定适用税率和速算扣除数。每月的奖金＝36 000÷12＝3 000(元)，适用税率和速算扣除数分别为 3%和 0。

(2)闫某 12 月取得全年一次性奖金应缴纳的个人所得税为(　　)元。

A. 2 320　　B. 1 080

C. 684　　D. 2 105

**【参考答案】** B

**【答案解析】** 全年一次性奖金收入应缴纳个人所得税＝36 000×3%＝1 080(元)。

(3)闫某 3 月接受股票期权计划应缴纳的个人所得税为(　　)元。

A. 0　　B. 3 750

C. 7 500　　D. 15 000

**【参考答案】** A

**【答案解析】** 3 月接受股票期权计划，应缴纳个人所得税为 0。员工接受股票期权时，一般不作为应税所得征税。

(4)闫某 11 月行使股票期权计划应缴纳的个人所得税为(　　)元。

A. 1 956　　B. 1 056

C. 1 800　　D. 3 480

**【参考答案】** D

**【答案解析】** 11 月行使股票期权计划，应缴纳个人所得税＝40 000×(4－2.5)×10%－2 520＝3 480(元)。

(5)闫某12月出售股票应缴纳的个人所得税为(　　)元。

A. 14 000　　B. 4 480

C. 3 000　　D. 0

**【参考答案】** A

**【答案解析】** 12月出售股票,应缴纳个人所得税=(18－4)×5 000×20%=14 000(元)。

5. 中国公民李某为在华外商企业的职员,2023年其收入情况如下。

(1)每月工资7 500元,缴纳社保、公积金1 100元/月,无其他可扣除项目。

(2)3月为某高校提供就业咨询宣讲活动,获得报酬45 000元。

(3)4月从国内一单位分三次取得工程设计费共计25 000元。

(4)5月从国外一次取得特许权使用费收入折合人民币13 000元(税前),并提供了来源国纳税凭证,纳税折合人民币1 300元。

(5)9月该企业为李某支付商业保险金6 000元。

要求:根据上述资料,回答下列问题。

(1)李某单位支付工资、薪金合计应预扣预缴个人所得税(　　)元。

A. 714　　B. 324

C. 684　　D. 625

**【参考答案】** C

**【答案解析】** 单位支付的工资、薪金应预扣预缴个人所得税=(7 500×12+6 000－5 000×12－1 100×12)×3%=684(元)。

(2)李某就业咨询宣讲应预扣预缴个人所得税(　　)元。

A. 8 800　　B. 9 000

C. 11 000　　D. 9 500

**【参考答案】** A

**【答案解析】** 就业咨询宣讲所得应预扣预缴个人所得税=45 000×(1－20%)×30%－2 000=8 800(元)。

(3)李某从国内一单位分三次取得工程设计费应预扣预缴个人所得税(　　)元。

A. 4 200　　B. 4 000

C. 3 800　　D. 2 600

**【参考答案】** B

**【答案解析】** 工程设计收入应预扣预缴个人所得税=25 000×(1－20%)×30%－2 000=4 000(元)。

(4)李某境内外综合所得应缴纳个人所得税(　　)元。

A. 3 200　　B. 8 400

C. 7 400　　D. 6 400

**【参考答案】** D

【答案解析】 境内外综合所得应缴纳个人所得税＝[7 500×12＋6 000＋45 000×(1－20%)＋25000×(1－20%)＋13 000×(1－20%)－5 000×12－1 100×12]×10%－2 520＝6 400(元)。

(5)李某从国外一次取得特许权使用费收入应补缴个人所得税(　　)元。

A. 360　　B. 1 300

C. 1 080　　D. 0

【参考答案】 D

【答案解析】 境外综合所得个人所得税抵免限额＝6 400×13 000×(1－20%)÷[7 500×12＋6 000＋45 000×(1－20%)＋25 000×(1－20%)＋13 000×(1－20%)]＝360(元)。

在境外已纳税额 1 300 元,所以可以抵免个人所得税 360 元,应补缴税额为 0。

6. 中国公民王某于 2023 年 5 月与单位解除劳动关系成为自由职业者,2023 年收入情况如下。

(1)5 月,根据合同规定,王某从单位取得一次性补偿金 100 000 元,当地上年职工平均工资是 25 000 元。

(2)6 月 30 日将闲置的一处居民用住房按市场价格对外出租,合同约定租期半年,从 7 月起王某每月收取不含税租金 7 000 元,发生准予抵扣的税费 280 元。此外,王某 7 月对房屋进行简单修缮,发生修缮费 2 200 元。

(3)从 10 月开始,王某每月到境外为境外某单位进行员工技能培训,取得劳务收入 25 000 元。境外取得的劳务报酬收入在境外已缴纳个人所得税 3 500 元/月。王某年底回国。

(4)12 月,王某将持有的境外 A 公司的股票转让,取得转让收入 500 000 元。该股票买价为 250 000 元,买卖过程中缴纳相关税费共计 2 200 元。王某将股票转让所得中的 100 000 元通过国家机关捐赠给贫困地区,并选择在本项所得中扣除。

其他资料:前 5 个月每月取得工资薪金所得 6 000 元,不考虑除个人所得税外的其他税费。

要求:根据上述资料,回答下列问题。

(1)王某取得的一次性补偿金收入应缴纳个人所得税(　　)元。

A. 0　　B. 350

C. 750　　D. 1 080

【参考答案】 C

【答案解析】 王某取得一次性补偿金收入应缴纳个人所得税＝(100 000－25 000×3)×3%＝750(元)。

(2)王某 2023 年 9 月出租房屋应缴纳的个人所得税是(　　)元。

A. 480　　B. 489. 6

C. 564. 9　　D. 419. 92

【参考答案】 B

【答案解析】 王某9月应缴纳个人所得税＝(7 000－280－600)×(1－20％)×10％＝489.6(元)。

(3)王某2023年出租房屋应缴纳个人所得税(　　)元。

A. 2 951.52　　B. 2 591.52

C. 3 225.6　　D. 3 049.6

【参考答案】 D

【答案解析】 王某7月和8月共应缴纳个人所得税＝(7 000－280－800)×(1－20％)×10％×2＝947.2(元)；10月—12月应缴纳个人所得税＝(7 000－280)×(1－20％)×10％×3＝1 612.8(元)。王某出租房屋应缴纳个人所得税＝947.2＋489.6＋1 612.8＝3 049.6(元)。

(4)王某2023年在境外取得劳务报酬所得，在境内应补缴的个人所得税为(　　)元。

A. 2 460　　B. 10 500

C. 603　　D. 0

【参考答案】 D

【答案解析】 境内外综合所得应缴纳个人所得税＝(6 000×5＋25 000×(1－20％)×3－5 000×12)×3％＝900(元)。

境外综合所得个人所得税抵免限额＝900×25 000×(1－20％)×3÷[6 000×5＋25 000×(1－20％)×3]＝600(元)，在境外已纳税额＝3 500×3＝10 500(元)，所以可以抵免个人所得税600元，应补缴税额为0。

(5)王某转让股票应缴纳个人所得税(　　)元。

A. 50 036　　B. 24 780

C. 34 692　　D. 0

【参考答案】 C

【答案解析】 个人转让股票未扣除捐赠的应纳税所得额＝500 000－250 000－2 200＝247 800(元)，公益性捐赠扣除限额＝247 800×30％＝74 340(元)，实际捐赠100 000元，超过扣除限额，税前可扣除金额为74 340元，应缴纳个人所得税＝(247 800－74 340)×20％＝34 692(元)。

7. 中国居民程某为天使投资人，2023年收支情况如下。

(1)6月10日，程某以每股12.5元转让初创科技型甲股份有限公司股份110万股。该股份是2020年1月1日以现金500万取得，每股成本2.5元。

(2)9月5日，程某取得甲公司转增股本80万元。其中来源于股票溢价发行形成的资本公积50万元、未分配利润30万元。

(3)程某持股10％的境内合伙企业分回经营所得50万元。该合伙企业当年实现经营所得800万元，合伙协议约定按投资份额进行分配。

(4)程某开办境外个人独资企业，当年按我国税法确定的境外所得为 48.91 万元。已在境外缴纳个人所得税 2.76 万元。

(5)程某通过某市教育局向农村义务教育捐赠 500 万元，选择在股份转让所得中扣除；通过某民政部门捐赠现金 52 万元，用于抗洪救灾在选择的经营所得中扣除。

(6)程某每月按照标准缴纳“三险一金”4 400 元，无其他扣除项目。

要求：根据上述资料，回答下列问题。

(1)程某取得该股份转让所得应该缴纳的个人所得税是(　　)万元。

A. 56　　B. 120
C. 50　　D. 126

**【参考答案】** C

**【答案解析】** 天使投资个人采取股权投资方式直接投资于初创科技型企业满 2 年的，可以按照投资额的 70%抵扣转让该初创科技型企业股权取得的应纳税所得额。股权转让所得应纳税所得额＝(12.5－2.5)×110－500×70%＝750(万元)。对个人通过非营利的社会团体和国家机关向农村义务教育的捐赠，准予在计算个人所得税时全额扣除。程某取得该股份转让所得应该缴纳的个人所得税＝(750－500)×20%＝50(万元)。

(2)程某取得的转增股本所得应该缴纳的个人所得税是(　　)万元。

A. 6　　B. 8
C. 16　　D. 10

**【参考答案】** A

**【答案解析】** 对股份制企业股票溢价发行收入所形成的资本公积金转增股本不属于股息、红利性质的分配，对个人取得的转增股本数额，不作为个人所得，不征收个人所得税。应缴纳的个人所得税＝30×20%＝6(万元)。

(3)下列关于个人公益性捐赠税前扣除的说法，正确的有(　　)。

A. 居民个人发生的公益性捐赠支出，可以在捐赠当月取得分类所得中扣除
B. 在经营所得中扣除的公益性捐赠支出，只能在办理汇算清缴(预缴或汇缴)
C. 居民个人可以自行选择在综合所得、经营所得、分类所得中，扣除公益性捐赠支出的顺序
D. 个人同时发生限额扣除和全额扣除的公益性捐赠支出，可自行选择税前扣除的顺序
E. 居民个人发生的公益性捐赠支出，不可以在取得劳务报酬所得当期的预扣预缴时扣除

**【参考答案】** ACDE

**【答案解析】** 选项 B，在经营所得中扣除公益捐赠支出的，可以选择在预缴税款时扣除，也可以选择在汇算清缴时扣除。

(4)程某取得境内外经营所得的应纳税所得额是(　　)万元。

A. 61. 34　　　　B. 69. 24

C. 90. 24　　　　D. 82. 34

**【参考答案】** D

**【答案解析】** 程某境内外经营所得额＝800×10%＋48. 91－6－4 400×12÷10 000＝117. 63(万元)。捐赠限额＝117. 63×30%＝35. 29(万元)。实际发生的捐赠支出为 52 万元,超过限额,只能扣除 35. 29 万元。程某取得境内外经营所得的应纳税所得额＝117. 63－35. 29＝82. 34(万元)。

(5)程某取得的境外经营所得的抵免限额是(　　)万元。

A. 13. 23　　　　B. 13. 57

C. 11. 88　　　　D. 12. 49

**【参考答案】** A

**【答案解析】** 程某境内外经营所得应缴纳的个人所得税＝82. 34×35%－6. 55＝22. 27(万元)。取得的境外经营所得的抵免限额＝22. 27×48. 9÷82. 34＝13. 23(万元)。

8. 中国居民林某为某公司高层管理人员,2023 年有关涉税信息和收支情况如下:

(1)每月应发工资薪金 20 000 元,公司每月按规定标准为其扣缴“三险一金”合计 4 000 元。

(2)2 月签订不动产租赁合同,将原值 300 万元的一套住房按市场价格出租,租期 5 年,约定 4 月 1 日交付使用,每月租金 6 000 元。

(3)3 月取得劳务报酬收入 10 000 元,将其中 6 000 元通过民政局捐给农村义务教育;5 月取得稿酬收入 5 000 元;6 月取得特许权使用费收入 2 000 元。

(注:林某无免税收入,从 2023 年 1 月开始每月享受专项附加扣除 3 000 元,取得各项综合所得时支付方已预缴个人所得税,出租房产每月缴纳房产税,不考虑增值税和附加税费)

要求:根据上述资料,回答下列问题。

(1)林某 2023 年出租住房应缴纳房产税(　　)元。

A. 2 160　　　　B. 6 000

C. 2 200　　　　D. 6 600

**【参考答案】** A

**【答案解析】** 林某出租住房应缴纳房产税＝6 000×4%×9＝2 160(元)。

(2)林某 2023 年出租住房应缴纳个人所得税(　　)元。

A. 8 000　　　　B. 4 000

C. 7 680　　　　D. 4 147. 2

**【参考答案】** D

**【答案解析】** 林某出租住房应缴纳个人所得税＝(6 000－6 000×4%)×(1－20%)×10%×9＝4 147. 2(元)。

(3)林某2023年综合所得的计税收入额是(　　)元。

A. 253 200　　B. 252 000

C. 252 400　　D. 246 000

**【参考答案】** C

**【答案解析】** 林某综合所得的计税收入额=20 000×12+10 000×(1-20%)+5 000×(1-20%)×70%+2 000×(1-20%)=252 400(元)。

(4)林某2023年综合所得应预扣预缴个人所得税(　　)元。

A. 9 720　　B. 9 560

C. 8 200　　D. 9 480

**【参考答案】** D

**【答案解析】** 林某工资、薪金所得应预扣预缴个人所得税=(20 000×12-5 000×12-4 000×12-3 000×12)×10%-2 520=7 080(元)。

林某劳务报酬所得应预扣预缴个人所得税=10 000×(1-20%)×20%=1 600(元)。

林某稿酬所得应预扣预缴个人所得税=5 000×(1-20%)×70%×20%=560(元)。

林某特许权使用费所得应预扣预缴个人所得税=(2 000-800)×20%=240(元)。

林某综合所得应预扣预缴个人所得税合计金额=7 080+1 600+560+240=9 480(元)。

(5)林某2023年综合所得应缴纳个人所得税(　　)元。

A. 7 720　　B. 6 880

C. 7 580　　D. 7 480

**【参考答案】** A

**【答案解析】** 林某综合所得应纳税所得额=252 400-60 000-4 000×12-3 000×12=108 400(元)。

个人通过非营利的社会团体和国家机关向农村义务教育的捐赠，准予在计算个人所得税时全额扣除。所以捐赠支出6 000元，可以全额扣除。

林某综合所得应缴纳个人所得税=(108 400-6 000)×10%-2 520=7 720(元)。

9. 美国公民琳达，受雇于我国境内一家上市公司。2023年度在中国境内居住满183天且没有离境记录。2023年琳达取得以下收入。

(1)每月应税工资48 000元。

(2)每月实报实销的住房补贴13 000元。

(3)每月现金方式的餐补10 000元。

(4)取得境内一次性稿酬3 500元。

(5)2021年5月被授予公司股票期权10 000股，授予价1元/股；2023年6月按36元/股全部行权；2023年11月取得该公司股息收入1 500元；2023年12月将该股票(非限售股)全部转让,取得转让收入 380 000 元,与转让有关的税费合计 1 000 元。

(6)担任非任职公司独立董事,年终一次性取得董事费 5 万元。通过市民政局向贫困地区捐赠 2 万元。

要求:根据上述资料,回答下列问题。

(1)琳达 1 月工薪收入应预扣预缴个人所得税(　　)元。

A. 1 195　　B. 805

C. 1 906　　D. 2 780

**【参考答案】** D

**【答案解析】** 琳达 1 月工薪收入应预扣预缴个人所得税=(48 000+10 000-5 000)×10%-2 520=2 780(元)。外籍个人以非现金形式或实报实销形式取得的住房补贴、伙食补贴、搬迁费、洗衣费,免征个人所得税。

(2)琳达稿酬所得应预扣预缴个人所得税(　　)元。

A. 378　　B. 180

C. 440　　D. 336

**【参考答案】** A

**【答案解析】** 琳达稿酬所得应预扣预缴个人所得税=(3 500-800)×70%×20%=378(元)。

(3)琳达股票期权行权所得应缴纳个人所得税(　　)元。

A. 82 440　　B. 55 580

C. 10 395　　D. 92 940

**【参考答案】** B

**【答案解析】** 琳达股票期权行权所得应缴纳个人所得税=(36-1)×10 000×25%-31 920=55 580(元)。

(4)琳达取得股息收入应缴纳个人所得税(　　)元。

A. 120　　B. 0

C. 300　　D. 150

**【参考答案】** D

**【答案解析】** 琳达取得股息收入应缴纳个人所得税=1 500×50%×20%=150(元)。

提示:持股期限超过 1 个月不足 1 年,按 50%计入应纳税所得额。

(5)琳达股票转让所得应缴纳个人所得税(　　)元。

A. 11 800　　B. 30 000

C. 60 000　　D. 0

**【参考答案】** D

**【答案解析】** 转让上市公司股票免征个人所得税。所以琳达股票转让所得应缴纳个人所得税为 0。

10. 中国公民闫某供职于境内某上市公司，2023 年度取得下列所得。

(1)每月获得工资薪金 6 500 元，假设闫某无专项扣除和专项附加扣除。

(2)个人持有 2022 年 8 月从股票市场取得某上市公司股票 100 000 股。2023 年 6 月收到派发的红利 20 000 元，随后将上述股票全部转让。

(3)7 月利用业余时间取得劳务收入 4 000 元，从中拿出 1 000 元通过国家机关捐给农村义务教育。

(4)2023 年 3 月 1 日，所在单位授予其 10 000 股股票期权。该股票期权的施权价每股 5 元。2023 年 11 月 30 日，按照规定行权，行权日该股票市场平均价格每股 14 元。

(5)从 A 国取得特许权使用费收入折合人民币 20 000 元，在 A 国缴纳了个人所得税 2 800 元；从 B 国取得偶然所得折合人民币 10 000 元，在 B 国缴纳了个人所得税 2 500 元。

要求：根据上述资料，回答下列问题。

(1)闫某工资薪金所得全年应预扣预缴个人所得税合计为(　　)元。

A. 580　　B. 430

C. 540　　D. 200

**【参考答案】** C

**【答案解析】** 闫某工资薪金所得全年应预扣预缴个人所得税＝(6 500×12－5 000×12)×3%＝540(元)。

(2)闫某 6 月红利所得应缴纳个人所得税为(　　)元。

A. 0　　B. 500

C. 4 000　　D. 2 000

**【参考答案】** D

**【答案解析】** 闫某所持有的上市公司股票，持有期限为 11 个月，其红利所得可以减按 50%计入应纳税所得额。红利所得应缴纳个人所得税＝20 000×50%×20%＝2 000(元)。

(3)闫某 7 月兼职收入预扣预缴应纳税所得额为(　　)元。

A. 3 000　　B. 3 200

C. 4 000　　D. 4 250.52

**【参考答案】** B

**【答案解析】** 闫某兼职收入预扣预缴应纳税所得额＝4 000×(1－20%)＝3 200(元)。

(4)闫某 7 月兼职收入应预扣预缴个人所得税(　　)元。

A. 63 200　　B. 581.90

C. 440　　D. 640

**【参考答案】** D

**【答案解析】** 居民个人取得劳务报酬所得、稿酬所得、特许权使用费所得的，预扣预缴时不扣除公益捐赠支出，统一在汇算清缴时扣除。闫某应预扣预缴个人所得税＝3 200×20%＝640(元)。

(5)闫某11月股票期权所得应缴纳个人所得税(　　)元。

A. 2 463　　B. 1 495

C. 6 480　　D. 3 655

**【参考答案】** C

**【答案解析】** 闫某应纳税所得额＝(14－5)×10 000＝90 000(元)，适用税率10%，速算扣除数2 520。闫某股票期权所得应缴纳个人所得税＝90 000×10%－2 520＝6 480(元)。

11. 中国居民闫某为某国企员工。该企业实行绩效工资制度。2023年闫某收入情况如下。

(1)每月应税工资8 500元，餐补500元。

(2)每月公务交通，通信补贴800元，所在省规定的标准为600元/月。

(3)2月取得过节费4 000元。

(4)10月取得省政府颁发的科技创新奖10 000元，因到临时工作场所工作，取得误餐补助300元。

(5)12月另取得年度绩效工资34 000元，在另一公司取得独立董事费50 000元，储蓄存款利息2 000元，保险赔偿5 000元。全年一次性奖金选择单独计税。

要求：根据上述资料，回答下列问题。

(1)闫某取得年度绩效工资应纳个人所得税(　　)元。

A. 2 295　　B. 2 240

C. 1 020　　D. 1 005

**【参考答案】** C

**【答案解析】** 年度绩效工资按照全年一次性奖金计算个人所得税。闫某年度绩效工资分摊到每个月＝34 000÷12＝2 833.33(元)，适用税率为3%，应纳税额＝34 000×3%＝1 020(元)。

(2)闫某取得独立董事费应预扣预缴个人所得税(　　)元。

A. 9 000　　B. 7 590

C. 10 000　　D. 4 445

**【参考答案】** C

**【答案解析】** 独立董事费按照劳务报酬所得计算个人所得税。闫某取得独立董事费应预扣预缴税额＝50 000×(1－20%)×30%－2 000＝10 000(元)。

(3)闫某1月应预扣预缴个人所得税(　　)元。

A. 245　　B. 284

C. 126　　D. 142

**【参考答案】** C

**【答案解析】** 闫某1月应预扣预缴税额=(8 500+500+800-600-5 000)×3%=126(元)。

(4)闫某2月应预扣预缴个人所得税(　　)元。

A. 126　　B. 246

C. 372　　D. 495

**【参考答案】** B

**【答案解析】** 闫某2月应预扣预缴税额=(8 500×2+500×2+800×2-600×2+4 000-5 000×2)×3%-126=246(元)。

12. 居民个人林某,为中国境内某公司职员,2023年发生了以下经济业务。

(1)5月入职,取得扣除社保公积金等费用后的工资9 000元。

(2)6月为某外企提供翻译服务取得所得30 000元。

(3)7月购买体育彩票中奖,取得奖金50 000元。

(4)8月从境内某上市公司分得股息60 000元(持股3个月)。

(其他资料:林某未婚,每月首套住房贷款利息5 000元,林某选择在预扣预缴时进行专项附加扣除)

要求:根据上述资料,回答下列问题。

(1)林某5月的工资应被预扣预缴个人所得税(　　)元。

A. 30　　B. 90

C. 120　　D. 270

**【参考答案】** B

**【答案解析】** 林某5月取得工资应被预扣预缴个人所得税=(9 000-5 000-1 000)×3%=90(元)。

(2)林某提供翻译服务取得的所得应被预扣预缴个人所得税(　　)元。

A. 3 240　　B. 5 200

C. 3 440　　D. 3 540

**【参考答案】** B

**【答案解析】** 根据《国家税务总局关于发布〈个人所得税扣缴申报管理办法(试行)〉的公告》(国家税务总局公告2018年第61号)的规定,预扣预缴税款时,劳务报酬所得、稿酬所得、特许权使用费所得每次收入不超过4 000元的,减除费用按800元计算;每次收入4 000元以上的,减除费用按收入的20%计算。故林某提供翻译服务取得的所得应被预扣预缴个人所得税=30 000×(1-20%)×30%-2 000=5 200(元)。

(3)林某取得的彩票奖金应缴纳个人所得税(　　)元。

A. 7 000　　B. 8 000

C. 9 000　　D. 10 000

**【参考答案】** D

**【答案解析】** 林某中奖应缴纳个人所得税=50 000×20%=10 000(元)。

(4)林某分得的股息应缴纳个人所得税(　　)元。

A. 6 000　　B. 12 000

C. 30 000　　D. 60 000

**【参考答案】** A

**【答案解析】** 根据《财政部国家税务总局证监会关于上市公司股息红利差别化个人所得税政策有关问题的通知》(财税〔2015〕101号)的规定,个人从公开发行和转让市场取得的上市公司股票持股期限在1个月以上至1年(含1年)的,获得的股息暂减按50%计入应纳税所得额。故林某取得的股息所得应缴纳个人所得税=60 000×50%×20%=6 000(元)。

13. 林先生在境内甲企业任职,2023年1月至12月每月在甲企业取得工资薪金收入16 000元,无免税收入;每月缴纳"三险一金"2 500元;从1月开始享受子女教育和赡养老人专项附加扣除共计为4 000元,无其他扣除。林先生2023年1月取得特许权使用费收入4 000元,稿酬收入5 000元;10月取得劳务报酬收入30 000元;12月取得全年一次性奖金80 000元。

要求:根据上述资料,回答下列问题。

(1)林先生1月工资收入应预扣预缴个人所得税(　　)元。

A. 0　　B. 135

C. 155　　D. 175

**【参考答案】** B

**【答案解析】** 根据《国家税务总局关于发布〈个人所得税扣缴申报管理办法(试行)〉的公告》(国家税务总局公告2018年第61号)的相关规定,林先生1月工资收入应预扣预缴个人所得税=(16 000-5 000-2 00-4 000)×3%=135(元)。

(2)林先生1月取得特许权使用费收入应预扣预缴个人所得税(　　)元。

A. 640　　B. 800

C. 960　　D. 104

**【参考答案】** A

**【答案解析】** 根据《国家税务总局关于发布〈个人所得税扣缴申报管理办法(试行)〉的公告》(国家税务总局公告2018年第61号)的相关规定,林先生1月取得特许权使用费收入应预扣预缴个人所得税=(4 000-800)×20%=640(元)。

(3)林先生1月取得稿酬收入应预扣预缴个人所得税(　　)元。

A. 278　　B. 318

C. 320　　D. 588

**【参考答案】** D

**【答案解析】** 根据《国家税务总局关于发布〈个人所得税扣缴申报管理办法(试行)〉的公告》(国家税务总局公告2018年第61号)的相关规定,林先生1月取得稿酬收入应预扣预缴个人所得税=(5 000-800)×70%×20%=588(元)。

(4)林先生 10 月取得劳务报酬收入应预扣预缴个人所得税(　　)元。

A. 5 200　　　　B. 4 800

C. 720　　　　D. 3 340

**【参考答案】** A

**【答案解析】** 根据《国家税务总局关于发布〈个人所得税扣缴申报管理办法(试行)〉的公告》(国家税务总局公告 2018 年第 61 号)的相关规定,林先生 10 月取得劳务报酬收入应预扣预缴个人所得税=30 000×(1−20%)×30%−2 000=5 200(元)。

14. 中国公民林某(独生子)是境内 A 公司员工,2023 年年初向 A 公司申报的专项附加扣除信息如下:在小学读书的孩子一名、尚处于还款期限的首套住房一套、年满 60 周岁的父母。夫妻双方约定,子女教育支出平均分摊扣除,首套住房贷款利息由林某扣除。2023 年还有医保目录范围内的大病医疗支出费用,扣除报销后自付 20 000 元。2023 年林某收入如下。

(1)林某在 A 公司每月取得扣除"三险一金"后的工资 9 000 元。

(2)林某 3 月、6 月、9 月、12 月从 A 公司分别取得季度奖金 6 000 元。

(3)林某 12 月从 A 公司取得年终奖金 30 000 元,林某选择不并入综合所得,单独计税。

(4)林某为 A 公司监事会成员,12 月领取监事费 20 000 元。

(5)林某 6 月从某上市公司分得股息 1 500 元(持股期限是 3 个月),从银行取得存款利息 3 000 元,从未上市某投资公司分得股息 2 000 元。

(6)林某 7 月—12 月在 B 公司兼职,每月取得劳务报酬 4 000 元。

不考虑其他扣除事项。

要求:根据上述资料,回答下列问题。

(1)林某 12 月从 A 公司取得年终奖金应缴纳个人所得税(　　)元。

A. 975　　　　B. 900

C. 312　　　　D. 387

**【参考答案】** B

**【答案解析】** 根据《财政部 税务总局关于个人所得税法修改后有关优惠政策衔接问题的通知》(财税〔2018〕164 号)的规定,居民个人取得年终奖,不并入综合所得的,应将其分摊到每个月度,按照月税率表确定其适用税率和速算扣除数,计算应纳税额。30 000÷12=2 500(元),适用税率 3%,林某 12 月从公司取得年终奖应缴纳个人所得税=30 000×3%=900(元)。

(2)A 公司 1 月向林某支付工资时,应预扣预缴个人所得税(　　)元。

A. 0　　　　B. 15

C. 25　　　　D. 45

**【参考答案】** A

**【答案解析】** 根据《国家税务总局关于发布〈个人所得税扣缴申报管理办法(试

行)〉的公告》(国家税务总局公告 2018 年第 61 号)的相关规定，A 公司 1 月向林某支付工资时，应预扣预缴个人所得税＝(9 000－5 000－1 000－1 000－3 000)×3%＝－30<0(元)，因此，无须扣缴个人所得税。

(3)林某从 A 公司取得的工资性质的所得全年应合计预扣预缴个人所得税(　　)元。

A. 2 067　　B. 960

C. 2 480　　D. 3 375

**【参考答案】** B

**【答案解析】** 根据《国家税务总局关于发布〈个人所得税扣缴申报管理办法(试行)〉的公告》(国家税务总局公告 2018 年第 61 号)的相关规定，林某取得工资和监事费收入合计全年预扣预缴个人所得税＝(9 000×12＋6 000×4＋20 000－60 000－1 000×12－1 000×123 000×12)×3%＝960(元)。

(4)林某 6 月取得股息、利息应缴纳个人所得税(　　)元。

A. 550　　B. 65

C. 750　　D. 850

**【参考答案】** A

**【答案解析】** 根据《中华人民共和国个人所得税法》《中华人民共和国个人所得税法实施条例》等相关规定，从银行取得存款利息免税；上市公司股持股期限在 1 个月以上至 1 年(含 1 年)的，从上市公司取得股息所得减按 50%计入应纳税所得额征收个人所得税；非上市公司取得股息，全额计税。林某 6 月取得股息、利息应缴纳个人所得税＝1 500×50%×20%＋2 000×20%＝550(元)。

(5)林某 7 月—12 月兼职收入应缴纳个人所得税(　　)元。

A. 4 800　　B. 3 840

C. 2 400　　D. 1 920

**【参考答案】** B

**【答案解析】** 根据《国家税务总局关于发布〈个人所得税扣缴申报管理办法(试行)〉的公告》(国家税务总局公告 2018 年第 61 号)的相关规定，林某 7 月—12 月兼职收入应缴纳个人所得税＝4 000×(1－20%)×20%×6＝3 840(元)。

15. 中国居民金某任职于某国有企业，每月缴纳符合规定的社保费 2 000 元，住房公积金 1 300 元，2023 年收入情况如下。

(1)每月应税工资 12 000 元，餐补 500 元。

(2)2 月取得过节费 4 000 元，因到临时工作场所工作取得误餐补助 300 元。

(3)3 月取得省政府颁发的科技创新奖 10 000 元。

(4)5 月在某家上市公司取得独立董事费 50 000 元。

(5)8 月取得储蓄存款利息 2 000 元，保险赔偿 5 000 元。

(6)12 月取得全年一次性奖金 35 000 元，全年一次性奖金选择单独计税。

不考虑其他因素。

要求：根据上述资料，回答下列问题。

(1)金某1月应预扣预缴个人所得税(　　)元。

A. 245　　B. 284

C. 126　　D. 142

**【参考答案】** C

**【答案解析】** 根据《国家税务总局关于发布〈个人所得税扣缴申报管理办法(试行)〉的公告》(国家税务总局公告2018年第61号)的相关规定，金某1月应预扣预缴个人所得税＝(12 000＋500－5 000－2 000－1 300)×3%＝126(元)。

(2)金某2月应预扣预缴个人所得税(　　)元。

A. 126　　B. 246

C. 372　　D. 495

**【参考答案】** B

**【答案解析】** 根据《国家税务总局关于发布〈个人所得税扣缴申报管理办法(试行)〉的公告》(国家税务总局公告2018年第61号)的相关规定，金某2月应预扣预缴个人所得税＝(12 000×2＋500×2＋4 000－5 000×2－2 000×2－1 300×2)×3%－126＝246(元)。

(3)金某应缴纳个人所得税的项目是(　　)。

A. 每月餐补　　B. 误餐补助

C. 省政府颁发的科技创新奖　　D. 储蓄存款利息

**【参考答案】** A

**【答案解析】** 根据《中华人民共和国个人所得税法》《中华人民共和国个人所得税法实施条例》等相关规定，选项A，按工资、薪金项目计征个人所得税；其他选项免征个人所得税。

(4)金某取得全年一次性奖金应缴纳个人所得税(　　)元。

A. 2 295　　B. 2 240

C. 1 050　　D. 1 005

**【参考答案】** C

**【答案解析】** 根据《财政部 税务总局关于个人所得税法修改后有关优惠政策衔接问题的通知》(财税〔2018〕164号)的规定，居民个人取得年终奖，不并入综合所得的，应将其分摊到每个月度，按照月税率表确定其适用税率和速算扣除数，计算应纳税额。35 000÷12＝2 916.67(元)，适用税率为3%，金某取得全年一次性奖金应缴纳个人所得税＝35 000×3%＝1 050(元)。

(5)金某取得独立董事费应缴纳个人所得税(　　)元。

A. 9 000　　B. 7 590

C. 10 000　　D. 4 445

**【参考答案】** C

**【答案解析】** 根据《中华人民共和国个人所得税法》《中华人民共和国个人所得税法实施条例》等相关规定，独立董事费按照劳务报酬所得计算个人所得税。金某取得独立董事费应缴纳个人所得税＝50 000×(1－20％)×30％－2 000＝10 000(元)。

# 第四章　模拟试卷及答案解析

## 模拟试卷(一)

**一、单项选择题(本题型共 20 题,每题 1 分,共 20 分。每题只有 1 个正确答案,请将正确答案填在括号内)**

1. 关于个人所得税专项附加扣除,下列表述正确的是(　　)。

A. 纳税人未取得工资、薪金所得,仅取得劳务报酬所得、稿酬所得、特许权使用费所得需要享受专项附加扣除的,应当在次年 3 月 1 日至 6 月 30 日内在办理汇算清缴申报时扣除

B. 一个纳税年度内,纳税人在扣缴义务人预扣预缴税款环节未享受或未足额享受专项附加扣除的,不能在当年内补充扣除,只能在次年汇算清缴时补充扣除

C. 纳税人次年需要由扣缴义务人继续办理专项附加扣除的,应当于每年 1 月份对当年享受专项附加扣除的内容进行确认并报送至扣缴义务人

D. 纳税人年度中间更换工作单位的,在原单位任职、受雇期间已享受的专项附加扣除金额,在新任职、受雇单位可继续扣除,年终汇算清缴时多退少补

2. 下列项目中,按照"工资、薪金所得"缴纳个人所得税的是(　　)。

A. 劳动分红　　B. 独生子女补贴

C. 托儿补助费　　D. 误餐补助

3. 下列关于财产租赁所得个人所得税的说法中,正确的是(　　)。

A. 由纳税人负担的出租财产实际开支的修缮费用,不得从收入中扣除

B. 对租金收入计征的附加税费,允许从税前收入中扣除

C. 在确认财产租赁所得的纳税义务人时,应以产权凭证为依据,对无产权凭证的,以领取租金的个人为纳税义务人

D. 在确定财产租赁所得的纳税义务人时,产权所有人死亡,在未办理产权继承手续期间,该财产出租而有租金收入的,由主管税务机关根据实际情况确定

4. 纳税人以非货币性资产投资，一次性缴税有困难的，可合理确定分期缴纳计划并报主管税务机关备案后，自发生上述应税行为之日起不超过(　　)个公历年度内(含)分期缴纳个人所得税。

A. 2　　　　B. 3

C. 5　　　　D. 10

5. 对于高新技术企业的科技人员因企业转化科技成果而取得的股权奖励，分期纳税的最长期限是(　　)年。

A. 2　　　　B. 5

C. 8　　　　D. 10

6. 非居民个人取得工资、薪金所得，劳务报酬所得，稿酬所得，特许权使用费所得，从两处以上取得工资薪金所得自行申报的期限为(　　)。

A. 次年 3 月 1 日至 6 月 30 日　　　　B. 次年 3 月 31 日

C. 次年 6 月 30 日前　　　　D. 次月 15 日

7. 根据个人所得税的相关规定，下列收入中，按“劳务报酬所得”纳税的是(　　)。

A. 来源于非任职公司的董事费收入

B. 退休人员再任职取得的收入

C. 担任任职公司的关联企业的监事取得的监事费收入

D. 在任职公司担任监事的监事费收入

8. 根据个人所得税法的有关规定，下列表述正确的是(　　)。

A. 同一作品先在报刊上连载，然后再出版取得的稿酬所得应合并为一次纳税

B. 作者去世后，对取得其遗作稿酬的个人，按稿酬所得征税

C. 同一作品出版后，加印取得的稿酬应按两次所得纳税

D. 同一作品在两处同时出版、发表取得的稿酬所得合并为一次纳税

9. 个人缴纳养老金时，可以选择在当年所得预扣预缴或次年汇算清缴时在限额标准内据实扣除的有(　　)。

A. 财产租赁所得

B. 稿酬所得

C. 特许权使用费所得

D. 按累计预扣法预扣预缴的劳务报酬所得

10. 下列表述中，符合个人独资企业和合伙企业纳税规定的是(　　)。

A. 个人独资企业的投资者以全部生产经营所得和对外投资分回的利润作为企业的应纳税所得额

B. 个人以独资企业和合伙企业的形式开办两个或两个以上的企业，应分别按每个企业的应纳税所得额计算缴纳各自的所得税税额

C. 个人独资企业的投资者以企业资金为本人、家庭成员支付与企业生产经营无关的消费性支出，依照“利息、股息、红利所得”项目征税

D. 实行查账征税方式的个人独资企业和合伙企业改为核定征收以后，在原征税方式下认定的年度经营亏损未弥补完的部分，不得再继续弥补

11. 个人获取的下列所得不属于按照“偶然所得”项目的是（　　）。

A. 参加客户单位的周年庆典活动，收到客户单位随机赠送的网络红包

B. 无偿获得房产公司赠与的住房

C. 为他人提供担保取得的收入

D. 参加本单位的年会活动，获得的有奖竞猜奖品

12. 下列在中国境内无住所且不居住的个人中，应向我国缴纳个人所得税的是（　　）。

A. 从境内的外商投资企业取得特许权使用费收入的个人

B. 为境内单位的境外派出机构修理机器设备取得所得的个人

C. 将住房出租给境内公司在境外分支机构使用取得所得的个人

D. 担任境外企业的董事、监事和高级管理职务取得所得的个人

13. 2023 年 10 月金某将其自有一套 60 平方米的住房租给林某，租赁期限为 1 个月，租金为 2 000 元。此租赁业务需要缴纳的相关税费为 350 元。则金某应缴纳个人所得税（　　）元。

A. 85　　B. 132

C. 170　　D. 264

14. 纳税人报送的《个人所得税专项附加扣除信息表》及其他留存备查资料应当自法定汇算清缴期结束后保存一定时间，这个时间是（　　）。

A. 五年　　B. 三年

C. 二年　　D. 十年

15. 居民个人秦先生在 2023 年 10 月取得受雇单位发放的 2023 年第三季度的加班奖 1.5 万元和当月工资 1.2 万元。对于该笔收入的个人所得税政策，下列说法正确的是（　　）。

A. 应将 1.5 万元分摊到第三季度的每个月计算缴税

B. 1.5 万元和 1.2 万元都属于综合所得，应按年合并计算个人所得税纳税

C. 1.5 万元和 1.2 万元应分别各自计算缴纳个人所得税

D. 两笔收入合并计算当月个人所得税并适用 5 000 元的费用扣除标准

16. 根据个人股票期权所得的征税规定，员工行权时，从企业取得股票的实际购买价（施权价）低于购买日公平市场价的差额，应计算缴纳个人所得税，其适用的应税所得项目为（　　）。

A. 财产转让所得　　B. 劳务报酬所得

C. 工资、薪金所得　　D. 利息、股息、红利所得

17. 下列关于个人取得拍卖收入，表述错误的是（　　）。

A. 对个人财产拍卖所得征收个人所得税时，以该项财产最终拍卖成交价格为其转

让收入额

B. 纳税人按照规定实际支付的拍卖费(佣金)、鉴定费、评估费、图录费、证书费可在税前扣除

C. 纳税人如不能提供合法、完整、准确的财产原值凭证,不能正确计算财产原值的,按转让收入额的5%征收率计算缴纳个人所得税

D. 个人财产拍卖所得应纳的个人所得税税款,由拍卖单位负责代扣代缴

18. 个人取得的下列利息收入中,不免征个人所得税的是(　　)。

A. 教育储蓄存款利息收入

B. 国家金融债券利息收入

C. 个人投资者持有2024—2027年发行的铁路债券取得的利息收入

D. 国债利息收入

19. 关于股权转让所得个人所得税纳税申报,(　　)应当在董事会或股东会结束后5个工作日内,向主管税务机关报送与股权变动事项相关的董事会或股东会决议、会议纪要等资料。

A. 纳税人　　　　　　　　　　B. 扣缴义务人

C. 被投资企业　　　　　　　　D. 投资企业

20. 2024年1月,中国公民闫某以5万元的资金持有深圳证券交易所的某境内上市公司的股票10 000股,2024年3月取得该上市公司每股0.6元的分红,2024年4月将上述股票以6.2万元的价格转让。闫某上述行为应缴纳的个人所得税是(　　)元。

A. 0　　　　　　　　　　　　B. 600

C. 2 000　　　　　　　　　　D. 2 500

**二、多项选择题(本题型共20题,每题2分,共40分。每题至少有两个正确答案,请将正确答案填在括号内)**

1. 下列各项中,属于个人所得税中居民个人的有(　　)。

A. 在中国境内无住所,但一个纳税年度中在中国境内居住满183天的个人

B. 在中国境内无住所,而在境内居住超过90天但不满183天的个人

C. 在中国境内有住所的个人

D. 在中国境内无住所,在中国境内居住累计满183天的年度连续不满六年的个人

2. 在计算个人所得税时,关于财产转让所得中的财产原值的确定,下列说法正确的有(　　)。

A. 有价证券,为买入价以及买入时按照规定交纳的有关费用

B. 建筑物,为建造费或者购进价格以及其他有关费用

C. 土地使用权,为取得土地使用权所支付的金额、开发土地的费用以及其他有关费用

D. 机器设备、车船,为购进价格、运输费、安装费以及其他有关费用

3. 下列个人取得的收入中,可以免征个人所得税的有(　　)。

A. 钱某取得的保险赔款

B. 林某取得地方政府债券利息

C. 闫某转让自用2年且家庭唯一住房的所得

D. 林某举报犯罪行为获得的奖金

4. 个人取得的下列收入中，应按“特许权使用费所得”项目计征个人所得税的有(　　)。

A. 作者将自己的文字作品手稿原件公开拍卖取得的收入

B. 作者去世后，财产继承人取得的遗作稿酬收入

C. 摄影记者在本单位杂志上发表摄影作品取得的收入

D. 个人取得著作权的经济赔偿收入

5. 居民个人取得的下列所得中，按照规定不应计算缴纳个人所得税的有(　　)。

A. 取得储蓄存款利息

B. 取得的体育彩票中奖收入5 000元

C. 转让美国上市公司股票取得的所得

D. 因解除劳动合同而取得的相当于当地上年职工年平均工资3倍数额的一次性补偿收入

6. 下列项目中，不得享受个人所得税减免税优惠政策的有(　　)。

A. 外籍个人以实报实销形式取得的伙食补贴

B. 外籍个人取得搬迁费的现金补贴

C. 个人取得的保险赔款

D. 个人取得的企业债券利息收入

7. 根据个人所得税法的规定，外籍个人取得的下列所得中，免征个人所得税的有(　　)。

A. 以现金形式取得的住房补贴

B. 以实报实销形式取得的洗衣费

C. 经批准合理的语言训练费

D. 按合理标准取得境内、外出差补贴

8. 关于支持居民换购住房个人所得税政策，下列说法正确的有(　　)。

A. 在2022年10月1日至2023年12月31日期间，纳税人出售自有住房并在现住房出售后1年内，在同一城市重新购买住房的，可按规定申请退还其出售现住房已缴纳的个人所得税

B. 新购住房金额小于或等于现住房转让金额的，退税金额＝现住房转让时缴纳的个人所得税

C. 新购住房金额大于现住房转让金额的，退税金额＝(新购住房金额÷现住房转让金额)×现住房转让时缴纳的个人所得税

D. 现住房转让金额和新购住房金额与核定计税价格不一致的，以核定计税价格为准

9. 下列关于个体工商户的生产、经营所得的计税方法，错误的有（　　）。

A. 为业主缴纳的补充养老保险、补充医疗保险，分别在不超过其工资总额 10%标准内的部分据实扣除

B. 生产经营费用、个人家庭费用难以分清的，60%视为生产经营费用准予扣除

C. 公益事业捐赠不超过其应纳税所得额 12%的部分可以据实扣除

D. 个体工商户代其从业人员或者他人负担的税款，不得税前扣除

10. 下列关于个人独资企业、合伙企业征收个人所得税的表述中，正确的有（　　）。

A. 合伙企业生产经营所得和其他所得采取“先分后税”的原则

B. 合伙企业的个人投资者以企业资金为家庭成员支付与企业生产经营无关的消费性支出及购买汽车、住房等财产性支出、视为企业对个人投资者利润分配，并入投资者个人的生产经营所得，依照“经营所得”项目计征个人所得税

C. 以合伙企业名义对外投资分回利息或者股息、红利的，应按比例确定各个投资者的利息、股息、红利所得，分别按“利息、股息、红利所得”项目计征个人所得税

D. 实行查账征税方式的个人独资企业和合伙企业改为核定征税方式后，在查账征税方式下认定的年度经营亏损未弥补完的部分可以在 5 年内弥补亏损

11. 下列关于居民个人公益性捐赠扣除的相关表述中，正确的有（　　）。

A. 纳税人取得稿酬所得的，预扣预缴时不扣除公益捐赠支出

B. 个体工商户发生的公益捐赠支出，在其经营所得中扣除

C. 经营所得采取核定征收方式的，以 30%为限额扣除公益性捐赠支出

D. 在经营所得中扣除公益捐赠支出的，可以选择在预缴税款时扣除，也可以选择在汇算清缴时扣除

12. 下列行为的受赠人，无需计算缴纳个人所得税的是（　　）。

A. 房屋产权所有人将房屋产权无偿赠与亲妹妹

B. 房屋产权所有人将房屋产权无偿赠与赡养人

C. 房屋产权所有人死亡，依法取得房屋产权的遗嘱继承人

D. 房屋产权所有人将房屋产权无偿赠与外甥

13. 下列有关领取企业年金的个人所得税处理，表述错误的有（　　）。

A. 个人领取的企业年金，一律适用年度税率表计算纳税

B. 个人达到国家规定的退休年龄，领取的企业年金、职业年金，符合规定的不并入综合所得，全额单独计算应纳税款

C. 个人按季领取的企业年金，平均分摊计入各月，按每月领取额适用月度税率表计算纳税

D. 个人按季领取的企业年金，减除法定减除费用后适用月度税率表计算纳税

14. 下列关于个人转让离婚析产房屋的税务处理，说法错误的有（　　）。

A. 个人因离婚办理房屋产权过户手续，应征收个人所得税

B. 个人转让离婚析产房屋所取得的收入，以扣除其相应的财产原值和合理费用后的余额缴纳个人所得税

C. 个人转让离婚析产房屋的财产原值，为房屋初次购置全部原值和相关税费之和

D. 个人转让离婚析产房屋所取得的收入，符合家庭生活自用3年以上唯一住房的，免征个人所得税

15. 下列关于个人取得拍卖收入征收个人所得税的说法，错误的有（　　）。

A. 对个人财产拍卖所得征收个人所得税时，以该项财产最终拍卖成交价格为其转让收入额

B. 纳税人不能提供合法、完整、准确的财产原值凭证，不能正确计算财产原值的，且拍卖品为经文物部门认定是海外回流文物的，按转让收入额的5%征收率计算缴纳个人所得税

C. 个人财产拍卖所得应纳的个人所得税税款，应由拍卖单位负责代扣代缴，并按规定向拍卖单位所在地主管税务机关办理纳税申报

D. 个人财产拍卖所得按照“特许权使用费所得”项目计算缴纳个人所得税

16. 根据个人所得税的相关规定，下列关于住房租金专项附加扣除的表述中，正确的有（　　）。

A. 纳税人及其配偶主要工作城市相同且在主要工作城市均没有自有住房而发生的住房租金支出，经双方约定，可以选择由双方分别按扣除标准的50%扣除

B. 夫妻双方主要工作城市相同的，只能由一方扣除住房租金支出

C. 住房租金支出由签订租赁住房合同的承租人扣除

D. 纳税人及其配偶在一个纳税年度内可以同时分别享受住房贷款利息和住房租金专项附加扣除

17. 下列关于个人养老金个人所得税的说法，正确的有（　　）。

A. 在缴费环节，个人向个人养老金资金账户的缴费，按照24 000元/年的限额标准，在综合所得或经营所得中据实扣除

B. 在投资环节，计入个人养老金资金账户的投资收益暂不征收个人所得税

C. 在领取环节，个人领取的个人养老金，不并入综合所得，单独按照3%的税率计算缴纳个人所得税，其缴纳的税款计入“劳务报酬所得”项目

D. 个人缴费享受税前扣除优惠时，以个人养老金信息管理服务平台出具的扣除凭证为扣税凭据

18. 下列关于个人转让上市公司限售股计缴个人所得税的表述中，正确的有（　　）。

A. 个人转让限售股取得的所得，按照“财产转让所得”缴纳个人所得税

B. 纳税人同时持有限售股及该股流通股的，其股票转让所得，按照限售股优先原则，即：转让股票视同为先转让限售股，按规定计算缴纳个人所得税

C. 因个人持有限售股中存在部分限售股成本原值不明确，导致无法准确计算全部

限售股原值的，一律以实际转让收入的 20%作为限售股成本原值和合理税费

D. 个人转让限售股取得的所得，免征个人所得税

19. 根据个人所得税的相关规定，下列关于汇算清缴及申报纳税期限的表述中，正确的有（　　）。

A. 居民个人取得综合所得，需要办理汇算清缴的，在取得所得的次年 5 月 31 日前办理汇算清缴

B. 经营所得，在取得所得的次年 3 月 31 日前办理汇算清缴

C. 居民个人从中国境外取得所得，在取得所得的次年 3 月 1 日至 6 月 30 日内申报纳税

D. 在中国境内无住所的纳税人在 6 月 30 日前离境的，可以在离境前办理。

20. 关于全年一次性奖金，下列说法正确的有（　　）。

A. 全年一次性奖金是指行政机关、企事业单位等扣缴义务人根据其全年经济效益和对雇员全年工作业绩的综合考核情况，向雇员发放的一次性奖金

B. 一次性奖金包括年终加薪、实行年薪制和绩效工资办法的单位根据考核情况兑现的年薪和绩效工资

C. 全年一次性奖金在哪个年度发放就属于哪个年度

D. 在一个纳税年度内，对每一个纳税人，该计税办法可以采用很多次

**三、判断题（本题型共 20 题，每题 1 分，共 20 分。请判断每题的正误，正确的打“√”，错误的打“×”，并填入括号内）**

1. 在一个纳税年度内仅取得经营所得的个人，在计算个人所得税应纳税所得额时，专项附加扣除只能在办理汇算清缴时减除。（　　）

2. 2024 年 1 月，闫某出售了一套住房，转让金额为 260 万元，缴纳个人所得税 12 万元。2024 年 4 月，其在同一城市重新购买了一套住房，新购住房金额为 480 万元。以上金额均为不含增值税价格。闫某同时满足享受换购住房个人所得税政策的其他条件，则闫某能够申请个人所得税退税金额为 12 万元。（　　）

3. 居民个人发生的公益捐赠支出可以在财产租赁所得、财产转让所得、利息股息红利所得、偶然所得、综合所得或者经营所得中扣除。（　　）

4. 创投企业选择按单一投资基金核算或按创投企业年度所得整体核算后，5 年内不能变更。（　　）

5. 子女无偿取得父母赠与的房屋，不征收个人所得税。（　　）

6. 企业年金或职业年金单位缴费部分，在计入个人账户时，应视为个人一个月的工资缴纳个人所得税。（　　）

7. 从事建筑安装业的个体工商户和未领取营业执照承揽建筑安装业工程作业的建筑安装队和个人，以及建筑安装企业实行个人承包后，工商登记改变为个体经济性质的，按照“经营所得”项目计征个人所得税。（　　）

8. 股权转让行为结束后，当事人双方签订并执行解除原股权转让合同、退回股权的

协议，对前次转让行为征收的个人所得税款应予以退回。（ ）

9. 根据规定，残疾、孤老人员和烈属取得综合所得办理汇算清缴时，汇算清缴地与预扣预缴地规定不一致的，用预扣预缴地规定计算的减免税额与用汇算清缴地规定计算的减免税额相比较，确定减免税额时按照孰高值确定。（ ）

10. 根据规定，单位统一组织为员工购买或者单位和个人共同负担购买符合规定的商业健康保险产品，单位负担部分应当实名计入个人工资薪金明细清单，视同个人购买，并自购买产品次月起扣除，在不超过200元/月的标准内按月扣除。（ ）

11. 纳税人转让商品房，能提供实际支付装修费用的税务统一发票，并且发票上所列付款人姓名与转让房屋产权人一致的，经税务机关审核，其转让的住房在转让前实际发生的装修费用，最高扣除限额为房屋原值的15%。（ ）

12. 依法批准设立的非营利性研究开发机构和高等学校根据《中华人民共和国促进科技成果转化法》规定，从职务科技成果转化收入中给予科技人员的现金奖励，可减50%计入科技人员当月"工资、薪金所得"，依法缴纳个人所得税。（ ）

13. 根据规定，无住所个人预先判定为居民个人，因缩短居住天数不能达到居民个人条件的，在不能达到居民个人条件之日起至年度终了10日内，应当向主管税务机关报告，按照非居民个人重新计算应纳税额，申报补缴税款，不加收税收滞纳金。（ ）

14. 非居民个人发生的公益捐赠支出，按规定可以在应纳税所得额中扣除而未实际扣除的，可按照规定追补扣除。（ ）

15. 根据个人所得税的相关规定，在计算个体工商户的应纳税所得额时，赞助支出不允许扣除。（ ）

16. 总承包企业和分承包企业通过劳务派遣公司聘用劳务人员跨省异地工作期间的工资、薪金所得个人所得税，由劳务派遣公司依法代扣代缴并向工程作业所在地税务机关申报缴纳。（ ）

17. 个人股东获得转增的股本，在股东转让该部分股权之前，企业依法宣告破产，股东进行相关权益处置后没有取得收益或收益小于初始投资额的，主管税务机关对其尚未缴纳的个人所得税可不予追征。（ ）

18. 依据全国中小企业股份转让系统挂牌公司股息、红利差别化个人所得税政策有关规定，个人持有挂牌公司的股票，持股期限在1个月以内（含1个月）的，其股息、红利所得全额计入应纳税所得额。（ ）

19. 为方便办理退税，2023年综合所得全年收入额不超过6万元且已预缴个人所得税的纳税人，可选择使用个税App或网站提供的简易申报功能，便捷办理年度汇算退税。（ ）

20. 纳税人未取得工资、薪金所得，仅取得劳务报酬所得需要享受专项附加扣除的，应当在次年1月1日至3月31日内，自行向汇缴地主管税务机关报送《个人所得税专项附加扣除信息表》，并在办理汇算清缴申报时扣除。（ ）

**四、综合实务题(本题型共 2 题,每题设 5 问,每问 2 分,共 20 分。请将正确答案填在括号内)**

1. 中国公民闫某于 2023 年 5 月与单位解除劳动关系成为自由职业者,2023 年收入情况如下。

(1)5 月,根据合同规定,从单位取得一次性补偿金 150 000 元。当地上年职工平均工资是 28 000 元。

(2)6 月 30 日将闲置的一处居民用住房按市场价格对外出租,合同约定租期半年,从 7 月起闫某每月收取不含税租金 6 000 元,发生准予抵扣的税费 251 元;此外,7 月对房屋进行简单修缮,发生修缮费 2 100 元。

(3)从 10 月开始,每月到境外为境外某单位进行员工技能培训,取得劳务报酬收入 28 000 元,境外取得的劳务报酬收入在境外已缴纳个人所得税 3 900 元/月,年底回国。

(4)12 月,将持有的境外 A 公司的股票转让,取得转让收入 550 000 元,该股票买价为 220 000 元,买卖过程中缴纳相关税费共计 2 500 元;闫某将股票转让所得中的 200 000 元通过国家机关捐赠给贫困地区,并选择在本项所得中扣除。

其他资料:前 5 个月每月取得工资、薪金所得 6 000 元,不考虑除个人所得税外的其他税费。

要求:根据上述资料,回答下列问题。

(1)闫某取得的一次性补偿金收入应缴纳个人所得税(　　)元。

A. 0　　B. 395

C. 3 160　　D. 4 080

(2)闫某 2023 年 9 月出租房屋应缴纳的个人所得税是(　　)元。

A. 480　　B. 459. 94

C. 524. 9　　D. 419. 92

(3)闫某 2023 年出租房屋应缴纳个人所得税(　　)元。

A. 2 951. 52　　B. 2 591. 52

C. 1 827. 52　　D. 2 042. 25

(4)闫某 2023 年在境外取得劳务报酬所得,在境内应补缴的个人所得税为(　　)元。

A. 2460　　B. 4720

C. 1320　　D. 0

(5)闫某转让股票应缴纳个人所得税(　　)元。

A. 50 036　　B. 49 500

C. 45 850　　D. 0

2. 约翰为在华工作的外籍人士,在中国境内无住所。2023 年约翰在中国境内居住满 183 天且全年无离境记录,取得收入如下。

(1)每月从中国境内任职企业取得工资收入 28 000 元;从境外取得工资折合人民币

15 000 元。(不考虑境外缴纳的税款)

(2)当年将闲置的一套住房对外出租,取得全年不含税租金收入 192 000 元,租赁期未发生修缮费用。(仅考虑房产税,不考虑其他税费)

(3)每月以实报实销方式取得伙食补贴 1 800 元。

(4)通过拍卖行将一幅珍藏多年的名人字画,取得收入 90 000 元,不能提供财产原值凭证。

(5)10 月从境内非任职的某公司取得董事费收入 30 000 元。

要求:根据上述资料,回答下列问题。

(1)约翰 2023 年全年工资收入应预扣预缴个人所得税(　　)元。

A. 102 750　　B. 108 100

C. 83 880　　D. 98 460

(2)约翰取得的董事费收入应预扣预缴个人所得税(　　)元。

A. 5 200　　B. 4 800

C. 2 080　　D. 2 240

(3)约翰转让名人字画应缴纳个人所得税(　　)元。

A. 4 300　　B. 4 100

C. 2 700　　D. 2 400

(4)约翰财产租赁每月应缴纳个人所得税(　　)元。

A. 656.56　　B. 1 228.8

C. 1 153.73　　D. 1 280

(5)约翰财产租赁所得当年应缴纳个人所得税(　　)元。

A. 7 878.7　　B. 14 745.6

C. 13 844.7　　D. 15 360

# 模拟试卷(一)答案及解析

**一、单项选择题(本题型共 20 题,每题 1 分,共 20 分。每题只有 1 个正确答案,请将正确答案填在括号内)**

1.**【参考答案】** A

**【答案解析】** 根据《国家税务总局关于修订发布〈个人所得税专项附加扣除操作办法(试行)〉的公告》(国家税务总局公告 2022 年第 7 号),纳税人未取得工资、薪金所得,仅取得劳务报酬所得、稿酬所得、特许权使用费所得需要享受专项附加扣除的,应当在次年 3 月 1 日至 6 月 30 日内,自行向汇缴地主管税务机关报送《个人所得税专项附加扣除信息表》,并在办理汇算清缴申报时扣除。扣缴义务人办理工资、薪金所得预扣预缴税款时,应当根据纳税人报送的《个人所得税专项附加扣除信息表》为纳税人办理专项附加扣除。纳税人年度中间更换工作单位的，在原单位任职、受雇期间已享受的专项附加扣除金额，不得在新任职、受雇单位扣除。原扣缴义务人应当自纳税人离职不再发放工资薪金所得的当月起，停止为其办理专项附加扣除。一个纳税年度内，纳税人在扣缴义务人预扣预缴税款环节未享受或未足额享受专项附加扣除的，可以在当年内向支付工资、薪金的扣缴义务人申请在剩余月份发放工资、薪金时补充扣除，也可以在次年 3 月 1 日至 6 月 30 日内，向汇缴地主管税务机关办理汇算清缴时申报扣除。纳税人次年需要由扣缴义务人继续办理专项附加扣除的，应当于每年 12 月份对次年享受专项附加扣除的内容进行确认，并报送至扣缴义务人。纳税人未及时确认的，扣缴义务人于次年 1 月起暂停扣除，待纳税人确认后再行办理专项附加扣除。

2.**【参考答案】** A

**【答案解析】** 根据我国目前个人收入的构成情况，对于一些不属于工资、薪金性质的补贴、津贴或者不属于纳税人本人工资、薪金所得项目的收入，不予征税。这些项目包括：(1)独生子女补贴；(2)执行公务员工资制度未纳入基本工资总额的补贴、津贴差额和家属成员的副食品补贴；(3)托儿补助费；(4)差旅费津贴、误餐补助。

3.**【参考答案】** B

**【答案解析】** 选项 A，根据《国家税务总局关于个人所得税若干业务问题的批复》(国税函〔2002〕146 号)的规定，个人出租财产取得的财产租赁收入，在计算缴纳个人所得税时，由纳税人负担的出租财产实际开支的修缮费用，准予从收入中扣除；选项 C，无产权凭证的，由主管税务机关根据实际情况确定纳税义务人；选项 D，产权所有人死亡，在未办理产权继承手续期间，该财产出租而有租金收入的，以领取租金的个人为纳税义务人。

4.**【参考答案】** C

**【答案解析】** 根据《财政部 国家税务总局关于个人非货币性资产投资有关个人所得税政策的通知》(财税〔2015〕41 号)的规定，纳税人一次性缴税有困难的，可合理确定分期缴纳计划并报主管税务机关备案后，自发生上述应税行为之日起不超过 5 个公历年度内(含)分期缴纳个人所得税。

5.**【参考答案】** B

**【答案解析】** 根据《财政部 国家税务总局关于将国家自主创新示范区有关税收试点政策推广到全国范围实施的通知》(财税〔2015〕116 号)的规定，自 2016 年 1 月 1 日起，全国范围内的高新技术企业转化科技成果，给予本企业相关技术人员的股权奖励，个人一次缴纳税款有困难的，可根据实际情况自行制定分期缴税计划，在不超过 5 个公历年度内(含)分期缴纳，并将有关资料报主管税务机关备案。

6.**【参考答案】** D

**【答案解析】** 非居民个人取得工资、薪金所得，劳务报酬所得，稿酬所得，特许权使用费所得，从两处以上取得工资薪金所得自行申报的期限为次月 15 日。

7.**【参考答案】** A

**【答案解析】** 个人担任公司董事、监事，且不在公司任职、受雇的情形，取得的董事费按“劳务报酬所得”项目征税方法计算征收个人所得税；个人在公司(包括关联公司)任职、受雇，同时兼任董事、监事的，应将董事费、监事费与个人工资收入合并，统一按“工资、薪金所得”项目缴纳个人所得税。

8.**【参考答案】** B

**【答案解析】** 同一作品先在报刊上连载，然后再出版取得的稿酬所得，应当分次纳税；同一作品出版后，加印取得的稿酬应合并为一次所得纳税；同一作品在两处同时出版、发表取得的稿酬所得为分别在各处取得的所得分次纳税。

9.**【参考答案】** D

**【答案解析】** 根据《财政部 税务总局关于个人养老金有关个人所得税政策的公告》(财政部 税务总局公告 2022 年第 34 号)的规定，取得工资薪金所得、按累计预扣法预扣预缴个人所得税劳务报酬所得的，其缴费可以选择在当年预扣预缴或次年汇算清缴时在限额标准内据实扣除。选择在当年预扣预缴的，应及时将相关凭证提供给扣缴单位。扣缴单位应按照本公告有关要求，为纳税人办理税前扣除有关事项。取得其他劳务报酬、稿酬、特许权使用费等所得或经营所得的，其缴费在次年汇算清缴时在限额标准内据实扣除。

10.**【参考答案】** D

**【答案解析】** 根据《国家税务总局关于〈关于个人独资企业和合伙企业投资者征收个人所得税的规定〉执行口径的通知》(国税函〔2001〕84 号)的规定，个人独资企业和合伙企业对外投资分回的利息或者股息、红利，不并入企业的收入，而应单独作为投资者个人取得的利息、股息、红利所得，按“利息、股息、红利所得”应税项目计算缴纳个人所得税。根据《国家税务总局关于个人所得税自行纳税申报有关问题的公告》(国家税务总局公告 2018 年第 62 号)的规定，从两处以上取得经营所得的，选择向其中一处经营管理所在地主管税务机关办理年度汇总申报，并报送《个人所得税经营所得纳税申报表(C 表)》。根据《财政部 国家税务总局关于规范个人投资者个人所得税征收管理的通知》(财税〔2003〕158 号)的规定，个人独资、合伙企业的个人投资者用企业资金为本人、家庭成员及其相关人员支付与企业生产经营无关的消费性支出，以及购买汽车，住房等财产性支出，应当看作是企业对个人投资者的利润分配，并入投资者个人生产经营所得，按照“个体工商户的生产、经营所得”项目计算缴纳个人所得税。企业的上述支出不允许在所得税前扣除。

11.**【参考答案】** D

**【答案解析】** 根据《财政部 税务总局关于个人取得有关收入适用个人所得税应税所得项目的公告》(财政部 税务总局公告 2019 年第 74 号)，企业在业务宣传、广告等活动中，随机向本单位以外的个人赠送礼品(包括网络红包)，以及企业在年会、座谈会、庆典以及其他活动中向本单位以外的个人赠送礼品，个人取得的礼品收入，按照“偶然所得”项目计算缴纳个人所得税。因此，参加本单位的年会活动，获得的有奖竞猜奖品，按照"工资、薪金所得"计征个人所得税。

12.【参考答案】　A

【答案解析】　非居民个人取得来源于中国境内的所得，应向我国缴纳个人所得税。根据《企业所得税法实施条例》中所得来源地的确定，特许权在中国境内企业使用而取得的所得，属于来源于中国境内的所得，应向我国缴纳个人所得税。选项 BCD，均为来源于中国境外的所得，不需要向我国缴纳个人所得。

13.【参考答案】　A

【答案解析】　根据《财政部 国家税务总局关于调整住房租赁市场税收政策的通知》(财税〔2000〕125 号)的规定，个人出租住房取得的所得暂减按 10%的税率计征个税。金某应缴纳个人所得税＝(2 000－350－800)×10%＝85(元)。

14.【参考答案】　A

【答案解析】　根据《国家税务总局关于发布〈个人所得税专项附加扣除操作办法(试行)〉的公告》(国家税务总局公告 2018 年第 60 号)的规定，纳税人应当将《个人所得税专项附加扣除信息表》及相关留存备查资料，自法定汇算清缴期结束后保存五年。纳税人报送给扣缴义务人的《个人所得税专项附加扣除信息表》，扣缴义务人应当自预扣预缴年度的次年起留存五年。

15.【参考答案】　D

【答案解析】　根据《国家税务总局关于调整个人取得全年一次性奖金等计算征收个人所得税方法问题的通知》(国税发〔2005〕9 号)的规定，雇员取得除全年一次性奖金以外的其它各种名目奖金，如半年奖、季度奖、加班奖、先进奖、考勤奖等，一律与当月工资、薪金收入合并，按税法规定缴纳个人所得税。

16.【参考答案】　C

【答案解析】　根据《财政部 国家税务总局关于个人股票期权所得征收个人所得税问题的通知》(财税〔2005〕35 号)，员工行权时，其从企业取得股票的实际购买价(施权价)低于购买日公平市场价(指该股票当日的收盘价)的差额，是因员工在企业的表现和业绩情况而取得的与任职、受雇有关的所得，应按"工资、薪金所得"适用的规定计算缴纳个人所得税。

17.【参考答案】　C

【答案解析】　根据《国家税务总局关于加强和规范个人取得拍卖收入征收个人所得税有关问题的通知》(国税发〔2007〕38 号)，纳税人如不能提供合法、完整、准确的财产原值凭证，不能正确计算财产原值的，按转让收入额的 3%征收率计算缴纳个人所得税。

18.【参考答案】　C

【答案解析】　根据《财政部 税务总局关于铁路债券利息收入所得税政策的公告》(财政部 税务总局公告 2023 年第 64 号)，对企业投资者持有 2024—2027 年发行的铁路债券取得的利息收入，减半征收企业所得税。对个人投资者持有 2024—2027 年发行的铁路债券取得的利息收入，减按 50%计入应纳税所得额计算征收个人所得税。税款由兑付机构在向个人投资者兑付利息时代扣代缴。

19.**【参考答案】** C

**【答案解析】** 根据《国家税务总局关于发布〈股权转让所得个人所得税管理办法(试行)〉的公告》(国家税务总局公告2014年第67号)的规定,关于股权转让所得个人所得税纳税申报,被投资企业应当在董事会或股东会结束后5个工作日内,向主管税务机关报送与股权变动事项相关的董事会或股东会决议、会议纪要等资料。

20.**【参考答案】** B

**【答案解析】** 转让境内上市公司股票的行为暂不缴纳个人所得税。根据《财政部 国家税务总局 证监会关于上市公司股息红利差别化个人所得税政策有关问题的通知》(财税〔2015〕101号)的规定,个人从公开发行和转让市场取得的上市公司股票,持股期限在1个月以内(含1个月)的,其股息红利所得全额计入应纳税所得额;持股期限在1个月以上至1年(含1年)的,暂减按50%计入应纳税所得额;上述所得统一适用20%的税率计征个人所得税。故闫某应缴纳个人所得税=10 000×0.6×50%×20%=600(元)。

**二、多项选择题(本题型共20题,每题2分,共40分。每题至少有两个正确答案,请将正确答案填在括号内)**

1.**【参考答案】** ACD

**【答案解析】** 根据《中华人民共和国个人所得税法》,在中国境内有住所,或者无住所而一个纳税年度内在中国境内居住累计满183天的个人,为居民个人。居民个人从中国境内和境外取得的所得,依照本法规定缴纳个人所得税。

2.**【参考答案】** ABCD

**【答案解析】** 根据《中华人民共和国个人所得税法实施条例》第十六条,个人所得税法第六条第一款第五项规定的财产原值,按照下列方法确定:(1)有价证券,为买入价以及买入时按照规定交纳的有关费用;(2)建筑物,为建造费或者购进价格以及其他有关费用;(3)土地使用权,为取得土地使用权所支付的金额、开发土地的费用以及其他有关费用;(4)机器设备、车船,为购进价格、运输费、安装费以及其他有关费用。其他财产,参照前款规定的方法确定财产原值。纳税人未提供完整、准确的财产原值凭证,不能按照本条第一款规定的方法确定财产原值的,由主管税务机关核定财产原值。个人所得税法第六条第一款第五项所称合理费用,是指卖出财产时按照规定支付的有关税费。

3.**【参考答案】** ABD

**【答案解析】** 根据《中华人民共和国个人所得税法》的规定,保险赔款免征个人所得税。根据《财政部 国家税务总局关于地方政府债券利息免征所得税问题的通知》(财税〔2013〕5号),对企业和个人取得的2012年及以后年度发行的地方政府债券利息收入,免征企业所得税和个人所得税。根据《财政部 国家税务总局关于个人所得税若干政策问题的通知》(财税字〔1994〕020号),个人举报、协查各种违法、犯罪行为而获得的奖金，个人转让自用达5年以上、并且是唯一的家庭生活用房取得的所得，暂免征收个人所得税。

4.**【参考答案】**　AD

**【答案解析】**　根据《中华人民共和国个人所得税法实施条例》第六条，个人所得税法规定的各项个人所得的范围：工资、薪金所得，是指个人因任职或者受雇取得的工资、薪金、奖金、年终加薪、劳动分红、津贴、补贴以及与任职或者受雇有关的其他所得。稿酬所得，是指个人因其作品以图书、报刊等形式出版、发表而取得的所得。特许权使用费所得，是指个人提供专利权、商标权、著作权、非专利技术以及其他特许权的使用权取得的所得；提供著作权的使用权取得的所得，不包括稿酬所得。选项B，应按"稿酬所得"项目计征个人所得税。选项C，应按"工资、薪金所得"项目计征个人所得税

5.**【参考答案】**　ABD

**【答案解析】**　选项A，《对储蓄存款利息所得征收个人所得税的实施办法》（中华人民共和国国务院令第272号发布），自2008年10月9日起，对储蓄存款利息所得暂免征收个人所得税；选项B，根据《财政部　国家税务总局关于个人取得体育彩票中奖所得征免个人所得税问题的通知》（财税字〔1998〕12号），个人购买社会福利有奖募捐奖券、体育彩票，一次中奖收入在1万元以下的（含1万元）暂免征收个人所得税，超过1万元的，全额征收个人所得税；选项D，根据《财政部　国家税务总局关于个人与用人单位解除劳动关系取得的一次性补偿收入征免个人所得税问题的通知》（财税〔2001〕157号），职工与用人单位解除劳动关系而取得的一次性补偿收入，其收入在当地上年职工年平均工资3倍数额以内的部分，免征个人所得税。

6.**【参考答案】**　BD

**【答案解析】**　根据《中华人民共和国个人所得税法》，国债和国家发行的金融债券利息，保险赔款免征个人所得税。根据《国家税务总局关于外籍个人取得有关补贴征免个人所得税执行问题的通知》（国税发〔1997〕54号），对外籍个人以非现金形式或实报实销形式取得的合理的住房补贴、伙食补贴和洗衣费免征个人所得税，应由纳税人在初次取得上述补贴或上述补贴数额、支付方式发生变化的月份的次月进行工资薪金所得纳税申报时，向主管税务机关提供上述补贴的有效凭证，由主管税务机关核准确认免税。选项B，外籍个人以非现金形式或实报实销形式取得的住房补贴、伙食补贴、搬迁费、洗衣费，暂免征收个人所得税；选项D，个人取得的国债和国家发行的金融债券利息免征个人所得税，企业债券利息照章缴纳个人所得税。

7.**【参考答案】**　BCD

**【答案解析】**　根据《国家税务总局关于外籍个人取得有关补贴征免个人所得税执行问题的通知》（国税发〔1997〕54号），对外籍个人以非现金形式或实报实销形式取得的合理的住房补贴、伙食补贴和洗衣费免征个人所得税，应由纳税人在初次取得上述补贴或上述补贴数额、支付方式发生变化的月份的次月进行工资薪金所得纳税申报时，向主管税务机关提供上述补贴的有效凭证，由主管税务机关核准确认免税。对外籍个人按

合理标准取得的境内、外出差补贴免征个人所得税，应由纳税人提供出差的交通费、住宿费凭证(复印件)或企业安排出差的有关计划，由主管税务机关确认免税。对外籍个人取得的语言培训费和子女教育费补贴免征个人所得税，应由纳税人提供在中国境内接受上述教育的支出凭证和期限证明材料，由主管税务机关审核，对其在中国境内接受语言培训以及子女在中国境内接受教育取得的语言培训费和子女教育费补贴，且在合理数额内的部分免予纳税。

8.**【参考答案】** AD

**【答案解析】** 根据《国家税务总局关于支持居民换购住房个人所得税政策有关征管事项的公告》(国家税务总局公告 2022 年第 21 号)，在 2022 年 10 月 1 日至 2023 年 12 月 31 日期间，纳税人出售自有住房并在现住房出售后 1 年内，在同一城市重新购买住房的，可按规定申请退还其出售现住房已缴纳的个人所得税。

纳税人换购住房个人所得税退税额的计算公式为：新购住房金额大于或等于现住房转让金额的，退税金额＝现住房转让时缴纳的个人所得税；新购住房金额小于现住房转让金额的，退税金额＝(新购住房金额÷现住房转让金额)×现住房转让时缴纳的个人所得税。现住房转让金额和新购住房金额与核定计税价格不一致的，以核定计税价格为准。现住房转让金额和新购住房金额均不含增值税。

9.**【参考答案】** ABC

**【答案解析】** 根据《个体工商户个人所得税计税办法》，个体工商户生产经营活动中，应当分别核算生产经营费用和个人、家庭费用。对于生产经营与个人、家庭生活混用难以分清的费用，其 40％视为与生产经营有关费用，准予扣除。个体工商户为从业人员缴纳的补充养老保险费、补充医疗保险费，分别在不超过从业人员工资总额 5％标准内的部分据实扣除；超过部分，不得扣除。个体工商户通过公益性社会团体或者县级以上人民政府及其部门，用于《中华人民共和国公益事业捐赠法》规定的公益事业的捐赠，捐赠额不超过其应纳税所得额 30％的部分可以据实扣除。个体工商户代其从业人员或者他人负担的税款，不得税前扣除。

10.**【参考答案】** ABC

**【答案解析】** 根据《财政部 国家税务总局关于合伙企业合伙人所得税问题的通知》(财税〔2008〕159 号)，合伙企业生产经营所得和其他所得采取“先分后税”的原则。本通知所称生产经营所得和其他所得，包括合伙企业分配给所有合伙人的所得和企业当年留存的所得(利润)。根据《国家税务总局关于〈关于个人独资企业和合伙企业投资者征收个人所得税的规定〉执行口径的通知》(国税函〔2001〕84 号)，关于个人独资企业和合伙企业对外投资分回利息、股息、红利的征税问题。个人独资企业和合伙企业对外投资分回的利息或者股息、红利，不并入企业的收入，而应单独作为投资者个人取得的利息、股息、红利所得，按“利息、股息、红利所得”应税项目计算缴纳个人所得税。以合伙企业名义对外投资分回利息或者股息、红利的，应按本通知所附规定的第五条精神确定各个投资者的利息、股息、红利所得，分别按“利息、股息、红利所得”应税项目计算缴纳个人所得税。关于个人独资企业和合伙企业由实行查账征税方式改为核定征税方式后，未弥补完的年度经营亏损是否允许继续弥补的问题。实行查账征税方式的个人独资企业和合伙企业改为核定征税方式后，在查账征税方式下认定的年度经营亏损未弥补完的部分，不得再继续弥补。

11.**【参考答案】**　ABD

**【答案解析】**　根据《财政部 税务总局关于公益慈善事业捐赠个人所得税政策的公告》(财政部 税务总局公告 2019 年第 99 号)，居民个人取得劳务报酬所得、稿酬所得、特许权使用费所得的，预扣预缴时不扣除公益捐赠支出，统一在汇算清缴时扣除。在经营所得中扣除公益捐赠支出，应按以下规定处理：(1)个体工商户发生的公益捐赠支出，在其经营所得中扣除。(2)个人独资企业、合伙企业发生的公益捐赠支出，其个人投资者应当按照捐赠年度合伙企业的分配比例(个人独资企业分配比例为百分之百)，计算归属于每一个人投资者的公益捐赠支出，个人投资者应将其归属的个人独资企业、合伙企业公益捐赠支出和本人需要在经营所得扣除的其他公益捐赠支出合并，在其经营所得中扣除。(3)在经营所得中扣除公益捐赠支出的，可以选择在预缴税款时扣除，也可以选择在汇算清缴时扣除。(4)经营所得采取核定征收方式的，不扣除公益捐赠支出。

12.**【参考答案】**　ABC

**【答案解析】**　根据《财政部 国家税务总局关于个人无偿受赠房屋有关个人所得税问题的通知》(财税〔2009〕78 号)，以下情形的房屋产权无偿赠与，对当事双方不征收个人所得税：(1)房屋产权所有人将房屋产权无偿赠与配偶、父母、子女、祖父母、外祖父母、孙子女、外孙子女、兄弟姐妹；(2)房屋产权所有人将房屋产权无偿赠与对其承担直接抚养或者赡养义务的抚养人或者赡养人；(3)房屋产权所有人死亡，依法取得房屋产权的法定继承人、遗嘱继承人或者受遗赠人。选项 D，应当计算缴纳个人所得税。

13.**【参考答案】**　AD

**【答案解析】**　根据《财政部 税务总局关于个人所得税法修改后有关优惠政策衔接问题的通知》(财税〔2018〕164 号)，关于个人领取企业年金、职业年金的政策。个人达到国家规定的退休年龄，领取的企业年金、职业年金，符合《财政部 人力资源社会保障部 国家税务总局关于企业年金 职业年金个人所得税有关问题的通知》(财税〔2013〕103 号)规定的，不并入综合所得，全额单独计算应纳税款。其中按月领取的，适用月度税率表计算纳税；按季领取的，平均分摊计入各月，按每月领取额适用月度税率表计算纳税；按年领取的，适用综合所得税率表计算纳税。个人因出境定居而一次性领取的年金个人账户资金，或个人死亡后，其指定的受益人或法定继承人一次性领取的年金个人账户余额，适用综合所得税率表计算纳税。对个人除上述特殊原因外一次性领取年金个人账户资金或余额的，适用月度税率表计算纳税。

14.**【参考答案】**　ACD

**【答案解析】**　根据《国家税务总局关于明确个人所得税若干政策执行问题的通知》(国税发〔2009〕121 号)，关于个人转让离婚析产房屋的征税问题：(1)通过离婚析产的方式分割房屋产权是夫妻双方对共同共有财产的处置，个人因离婚办理房屋产权过户手续，不征收个人所得税。(2)个人转让离婚析产房屋所取得的收入，允许扣除其相应的财产原值和合理费用后，余额按照规定的税率缴纳个人所得税；其相应的财产原值，为房屋初次购置全部原值和相关税费之和乘以转让者占房屋所有权的比例。(3)个人转让离婚析产房屋所取得的收入，符合家庭生活自用5年以上唯一住房的，可以申请免征个人所得税，其购置时间按照《国家税务总局关于房地产税收政策执行中几个具体问题的通知》(国税发〔2005〕172号)执行。选项A，个人因离婚办理房屋产权过户手续，不征收个人所得税；选项C，个人转让离婚析产房屋的财产原值，为房屋初次购置全部原值和相关税费之和乘以转让者占房屋所有权的比例；选项D，个人转让离婚析产房屋所取得的收入，符合家庭生活自用5年以上唯一住房的，可以申请免征个人所得税。

15.**【参考答案】** BD

**【答案解析】** 根据《国家税务总局关于加强和规范个人取得拍卖收入征收个人所得税有关问题的通知》(国税发〔2007〕38号)，对个人财产拍卖所得征收个人所得税时，以该项财产最终拍卖成交价格为其转让收入额。个人财产拍卖所得适用“财产转让所得”项目计算应纳税所得额时，纳税人凭合法有效凭证(税务机关监制的正式发票、相关境外交易单据或海关报关单据、完税证明等)，从其转让收入额中减除相应的财产原值、拍卖财产过程中缴纳的税金及有关合理费用。纳税人如不能提供合法、完整、准确的财产原值凭证，不能正确计算财产原值的，按转让收入额的3%征收率计算缴纳个人所得税；拍卖品为经文物部门认定是海外回流文物的，按转让收入额的2%征收率计算缴纳个人所得税。个人财产拍卖所得应纳的个人所得税税款，由拍卖单位负责代扣代缴，并按规定向拍卖单位所在地主管税务机关办理纳税申报。

16.**【参考答案】** BC

**【答案解析】** 根据《个人所得税专项附加扣除暂行办法》，纳税人在主要工作城市没有自有住房而发生的住房租金支出，可以按照以下标准定额扣除：(1)直辖市、省会(首府)城市、计划单列市以及国务院确定的其他城市，扣除标准为每月1 500元。(2)除第一项所列城市以外，市辖区户籍人口超过100万的城市，扣除标准为每月1 100元；市辖区户籍人口不超过100万的城市，扣除标准为每月800元。纳税人的配偶在纳税人的主要工作城市有自有住房的，视同纳税人在主要工作城市有自有住房。市辖区户籍人口，以国家统计局公布的数据为准。本办法所称主要工作城市是指纳税人任职受雇的直辖市、计划单列市、副省级城市、地级市(地区、州、盟)全部行政区域范围；纳税人无任职受雇单位的，为受理其综合所得汇算清缴的税务机关所在城市。夫妻双方主要工作城市相同的，只能由一方扣除住房租金支出。住房租金支出由签订租赁住房合同的承租人扣除。纳税人及其配偶在一个纳税年度内不能同时分别享受住房贷款利息和住房租金专项附加扣除。

17.**【参考答案】** BD

**【答案解析】** 根据《财政部 税务总局关于个人养老金有关个人所得税政策的公

告》(财政部 税务总局公告2022年第34号),自2022年1月1日起,对个人养老金实施递延纳税优惠政策。在缴费环节,个人向个人养老金资金账户的缴费,按照12 000元/年的限额标准,在综合所得或经营所得中据实扣除;在投资环节,计入个人养老金资金账户的投资收益暂不征收个人所得税;在领取环节,个人领取的个人养老金,不并入综合所得,单独按照3%的税率计算缴纳个人所得税,其缴纳的税款计入"工资、薪金所得"项目。个人缴费享受税前扣除优惠时,以个人养老金信息管理服务平台出具的扣除凭证为扣税凭据。

18.**【参考答案】** AB

**【答案解析】** 根据《财政部 国家税务总局 证监会关于个人转让上市公司限售股所得征收个人所得税有关问题的通知》(财税〔2009〕167号),自2010年1月1日起,对个人转让限售股取得的所得,按照"财产转让所得",适用20%的比例税率征收个人所得税。个人转让限售股,以每次限售股转让收入,减除股票原值和合理税费后的余额,为应纳税所得额。即:应纳税所得额=限售股转让收入-(限售股原值+合理税费);应纳税额=应纳税所得额×20%。本通知所称的限售股转让收入,是指转让限售股股票实际取得的收入。限售股原值,是指限售股买入时的买入价及按照规定缴纳的有关费用。合理税费,是指转让限售股过程中发生的印花税、佣金、过户费等与交易相关的税费。如果纳税人未能提供完整、真实的限售股原值凭证的,不能准确计算限售股原值的,主管税务机关一律按限售股转让收入的15%核定限售股原值及合理税费。纳税人同时持有限售股及该股流通股的,其股票转让所得,按照限售股优先原则,即:转让股票视同为先转让限售股,按规定计算缴纳个人所得税。

19.**【参考答案】** BC

**【答案解析】** 根据《国家税务总局关于办理2023年度个人所得税综合所得汇算清缴事项的公告》(国家税务总局公告2024年第2号),2023年度汇算办理时间为2024年3月1日至6月30日。在中国境内无住所的纳税人在3月1日前离境的,可以在离境前办理。根据《国家税务总局关于个人所得税自行纳税申报有关问题的公告》(国家税务总局公告2018年第62号),纳税人取得经营所得,按年计算个人所得税,由纳税人在月度或季度终了后15日内,向经营管理所在地主管税务机关办理预缴纳税申报,并报送《个人所得税经营所得纳税申报表(A表)》。在取得所得的次年3月31日前,向经营管理所在地主管税务机关办理汇算清缴,并报送《个人所得税经营所得纳税申报表(B表)》;从两处以上取得经营所得的,选择向其中一处经营管理所在地主管税务机关办理年度汇总申报,并报送《个人所得税经营所得纳税申报表(C表)》。居民个人从中国境外取得所得的,应当在取得所得的次年3月1日至6月30日内,向中国境内任职、受雇单位所在地主管税务机关办理纳税申报。

20.**【参考答案】** ABC

**【答案解析】** 根据《国家税务总局关于调整个人取得全年一次性奖金等计算征收个人所得税方法问题的通知》(国税发〔2005〕9号),在一个纳税年度内,对每一个纳税人，该计税办法只允许采用一次。

**三、判断题（本题型共20题，每题1分，共20分。请判断每题的正误，正确的打“√”，错误的打“×”，并填入括号内）**

1.**【参考答案】** 正确

**【答案解析】** 根据《中华人民共和国个人所得税法实施条例》的规定，取得经营所得的个人，没有综合所得的，计算其每一纳税年度的应纳税所得额时，应当减除费用6万元、专项扣除、专项附加扣除以及依法确定的其他扣除。专项附加扣除在办理汇算清缴时减除。

2.**【参考答案】** 正确

**【答案解析】** 根据《财政部 税务总局 住房和城乡建设部关于延续实施支持居民换购住房有关个人所得税政策的公告》（财政部 税务总局 住房城乡建设部公告2023年第28号）的规定，自2024年1月1日至2025年12月31日，对出售自有住房并在现住房出售后1年内在市场重新购买住房的纳税人，对其出售现住房已缴纳的个人所得税予以退税优惠。其中，新购住房金额大于或等于现住房转让金额的，全部退还已缴纳的个人所得税；新购住房金额小于现住房转让金额的，按新购住房金额占现住房转让金额的比例退还出售现住房已缴纳的个人所得税。

3.**【参考答案】** 正确

**【答案解析】** 根据《财政部 税务总局关于公益慈善事业捐赠个人所得税政策的公告》（财政部 税务总局公告2019年第99号）的规定，居民个人发生的公益捐赠支出可以在财产租赁所得、财产转让所得、利息股息红利所得、偶然所得、综合所得或者经营所得中扣除。在当期一个所得项目扣除不完的公益捐赠支出，可以按规定在其他所得项目中继续扣除。

4.**【参考答案】** 错误

**【答案解析】** 根据《财政部 税务总局 国家发展改革委 中国证监会关于延续实施创业投资企业个人合伙人所得税政策的公告》（财政部 税务总局 国家发展改革委 中国证监会公告2023年第24号），创投企业选择按单一投资基金核算或按创投企业年度所得整体核算后，3年内不能变更。

5.**【参考答案】** 正确

**【答案解析】** 根据《财政部 税务总局关于个人取得有关收入适用个人所得税应税所得项目的公告》（财政部 税务总局公告2019年第74号）的规定，房屋产权所有人将房屋产权无偿赠与配偶、父母、子女、祖父母、外祖父母、孙子女、外孙子女、兄弟姐妹，双方都不征收个人所得税。

6.**【参考答案】** 错误

**【答案解析】** 根据《财政部 人力资源社会保障部 国家税务总局关于企业年金 职业年金个人所得税有关问题的通知》（财税〔2013〕103号）的规定，企业和事业单位（以下统称单位）根据国家有关政策规定的办法和标准，为在本单位任职或者受雇的全体职工缴付的企业年金或职业年金单位缴费部分，在计入个人账户时，个人暂不缴纳个人所得税。

7.**【参考答案】**　正确

**【答案解析】**　根据《国家税务总局关于印发〈建筑安装业个人所得税征收管理暂行办法〉的通知》（国税发〔1996〕127 号）的规定，从事建筑安装业的个体工商户和未领取营业执照承揽建筑安装业工程作业的建筑安装队和个人，以及建筑安装企业实行个人承包后，工商登记改变为个体经济性质的，按照“经营所得”项目计征个人所得税。

8.**【参考答案】**　错误

**【答案解析】**　根据《国家税务总局关于纳税人收回转让的股权征收个人所得税问题的批复》（国税函〔2005〕130 号），股权转让行为结束后，当事人双方签订并执行解除原股权转让合同、退回股权的协议，是另一次股权转让行为，对前次转让行为征收的个人所得税款不予退回。

9.**【参考答案】**　正确

**【答案解析】**　根据《财政部 税务总局关于个人所得税综合所得汇算清缴涉及有关政策问题的公告》（财政部 税务总局公告 2019 年第 94 号）的规定，残疾、孤老人员和烈属取得综合所得办理汇算清缴时，汇算清缴地与预扣预缴地规定不一致的，用预扣预缴地规定计算的减免税额与用汇算清缴地规定计算的减免税额相比较，按照孰高值确定减免税额。

10.**【参考答案】**　正确

**【答案解析】**　根据《财政部 国家税务总局 保监会关于将商业健康保险个人所得税试点政策推广到全国范围实施的通知》（财税〔2017〕39 号）的规定，对个人购买符合规定的商业健康保险产品的支出，允许在当年（月）计算应纳税所得额时予以税前扣除，扣除限额为 2 400 元/年（200 元/月）。单位统一为员工购买符合规定的商业健康保险产品的支出，应分别计入员工个人工资薪金，视同个人购买，按上述限额予以扣除。

11.**【参考答案】**　错误

**【答案解析】**　根据《国家税务总局关于个人住房转让所得征收个人所得税有关问题的通知》（国税发〔2006〕108 号）的规定，纳税人能提供实际支付装修费用的税务统一发票，并且发票上所列付款人姓名与转让房屋产权人一致的，经税务机关审核，其转让的住房在转让前实际发生的装修费用，可在以下规定比例内扣除：已购公有住房、经济适用房，最高扣除限额为房屋原值的 15%；商品房及其他住房，最高扣除限额为房屋原值的 10%。

12.**【参考答案】**　正确

**【答案解析】**　根据《财政部 税务总局 科技部关于科技人员取得职务科技成果转化现金奖励有关个人所得税政策的通知》（财税〔2018〕58 号），依法批准设立的非营利性研究开发机构和高等学校根据《中华人民共和国促进科技成果转化法》规定，从职务科技成果转化收入中给予科技人员的现金奖励，可减按 50%计入科技人员当月“工资、薪金所得”，依法缴纳个人所得税。

13.**【参考答案】** 错误

**【答案解析】** 根据《财政部 税务总局关于非居民个人和无住所居民个人有关个人所得税政策的公告》(财政部 税务总局公告 2019 年第 35 号)的规定，无住所个人预先判定为居民个人，因缩短居住天数不能达到居民个人条件的，在不能达到居民个人条件之日起至年度终了 15 天内，应当向主管税务机关报告，按照非居民个人重新计算应纳税额，申报补缴税款，不加收税收滞纳金。

14.**【参考答案】** 正确

**【答案解析】** 根据《财政部 税务总局关于公益慈善事业捐赠个人所得税政策的公告》(财政部 税务总局公告 2019 年第 99 号)，非居民个人按规定可以在应纳税所得额中扣除公益捐赠支出而未实际扣除的，可按照本公告第五条规定追补扣除。

15.**【参考答案】** 正确

**【答案解析】** 根据《个体工商户个人所得税计税办法》，个体工商户下列支出不得扣除：(1)个人所得税税款；(2)税收滞纳金；(3)罚金、罚款和被没收财物的损失；(4)不符合扣除规定的捐赠支出；(5)赞助支出；(6)用于个人和家庭的支出；(7)与取得生产经营收入无关的其他支出；(8)国家税务总局规定不准扣除的支出。

16.**【参考答案】** 正确

**【答案解析】** 根据《国家税务总局关于建筑安装业跨省异地工程作业人员个人所得税征收管理问题的公告》(国家税务总局公告 2015 年第 52 号)的规定，总承包企业、分承包企业派驻跨省异地工程项目的管理人员、技术人员和其他工作人员在异地工作期间的工资、薪金所得个人所得税，由总承包企业、分承包企业依法代扣代缴并向工程作业所在地税务机关申报缴纳。总承包企业和分承包企业通过劳务派遣公司聘用劳务人员跨省异地工作期间的工资、薪金所得个人所得税，由劳务派遣公司依法代扣代缴并向工程作业所在地税务机关申报缴纳。

17.**【参考答案】** 正确

**【答案解析】** 根据《财政部 国家税务总局关于将国家自主创新示范区有关税收试点政策推广到全国范围实施的通知》(财税〔2015〕116 号)，个人股东获得转增的股本，在股东转让该部分股权之前，企业依法宣告破产，股东进行相关权益处置后没有取得收益或收益小于初始投资额的，主管税务机关对其尚未缴纳的个人所得税可不予追征。

18.**【参考答案】** 正确

**【答案解析】** 根据《财政部 税务总局 证监会关于继续实施全国中小企业股份转让系统挂牌公司股息红利差别化个人所得税政策的公告》(财政部 税务总局 证监会公告 2019 年第 78 号)的规定，个人持有挂牌公司的股票，持股期限在 1 个月以内(含 1 个月)的，其股息红利所得全额计入应纳税所得额；持股期限在 1 个月以上至 1 年(含 1 年)的，其股息红利所得暂减按 50%计入应纳税所得额；上述所得统一适用 20%的税率计征个人所得税。

19.**【参考答案】**　正确

**【答案解析】**　根据《国家税务总局关于办理2023年度个人所得税综合所得汇算清缴事项的公告》(国家税务总局公告2024年第2号),为方便办理退税,2023年综合所得全年收入额不超过6万元且已预缴个人所得税的纳税人,可选择使用个税App或网站提供的简易申报功能,便捷办理汇算退税。

20.**【参考答案】**　错误

**【答案解析】**　根据《个人所得税专项附加扣除暂行办法》,纳税人未取得工资、薪金所得,仅取得劳务报酬所得需要享受专项附加扣除的,应当在次年3月1日至6月30日内,自行向汇缴地主管税务机关报送《个人所得税专项附加扣除信息表》,并在办理汇算清缴申报时扣除。

**四、综合实务题(本题型共2题,每题设5问,每问2分,共20分。请将正确答案填在括号内)**

1.**【参考答案及解析】**

(1)D

闫某取得的一次性补偿金收入应缴纳个人所得税＝(150 000－28 000×3)×10%－2 520＝4 080(元)。

(2)D

9月应缴纳个人所得税＝(6 000－251－500)×(1－20%)×10%＝419.92(元)。

(3)B

7月和8月共应缴纳个人所得税＝(6 000－251－800)×(1－20%)×10%×2＝791.84(元);10月—12月应缴纳个人所得税＝(6 000－251)×(1－20%)×10%×3＝1 379.76(元)。

闫某出租房屋应缴纳个人所得税＝791.84＋419.92＋1 379.76＝2 591.52(元)。

(4)D

境内外综合所得应缴纳个人所得税＝(6 000×5＋28 000×(1－20%)×3－5 000×12)×10%－2 520＝1 200(元)。

境外综合所得个人所得税抵免限额＝1 200×28 000×(1－20%)×3÷[6 000×5＋28 000×(1－20%)×3]＝829.63(元),在境外已纳税额＝3 900×3＝11 700(元),所以可以抵免个人所得税829.63元,应补缴税额为0。

(5)C

个人转让股票未扣除捐赠的应纳税所得额＝550 000－220 000－2 500＝327 500(元),公益性捐赠扣除限额＝327 500×30%＝98 250(元),实际捐赠200 000元,超过扣除限额,税前可扣除金额为98250元,应缴纳个人所得税＝(327 500－98 250)×20%＝45 850(元)。

2.**【参考答案及解析】**

(1)C

外籍个人每月以实报实销方式取得伙食补贴的1 200元免征个人所得税，所以约翰全年工资收入应预扣预缴个人所得税＝(28 000×12＋15 000×12－5 000×12)×30%－52 920＝83 880(元)。

(2)A

约翰取得董事费收入应预扣预缴个人所得税＝30 000×(1－20%)×30%－2 000＝5 200(元)。

(3)C

个人将书画作品、古玩等公开拍卖取得的收入减除其财产原值和合理费用后的余额，按“财产转让所得”项目计征个人所得税。其财产原值确定方法为：能提供完整、准确的财产原值凭证的，以凭证上注明的价格为其财产原值；不能提供完整、准确的财产原值凭证，不能正确计算财产原值的，按转让收入额的3%征收率计算缴纳个人所得税。税款由拍卖单位负责代扣代缴。约翰转让名人字画应缴纳的个人所得税＝90 000×3%＝2 700(元)。

(4)B

财产租赁所得，按月计算应纳的个人所得税，月租金＝192 000÷12＝16 000(元)，个人出租住房按照10%缴纳个人所得税。约翰财产租赁每月应缴纳的个人所得税＝(16 000－16 000×4%)×(1－20%)×10%＝1 228.8(元)。

(5)B

约翰财产租赁所得当年应缴纳的个人所得税＝1 228.8×12＝14 745.6(元)。

# 模拟试卷(二)

**一、单项选择题(本题型共20题，每题1分，共20分。每题只有1个正确答案，请将正确答案填在括号内)**

1. 个人独资企业的投资者缴纳个人所得税时，下列各项不应作为生产经营所得的是(　　)。

A. 个人独资企业对外投资分回来的股息

B. 投资者个人从独资企业领取的工资

C. 个人独资企业分配给投资者个人的所得

D. 个人独资企业来源于中国境外的生产经营所得

2. 根据个人所得税法的有关规定，下列选项属于居民个人与非居民个人的划分标准的是(　　)。

A. 户籍标准　　　　B. 住所标准

C. 工作地标准　　　　D. 国籍标准

3. 下列项目中，不属于个人所得税免税项目的是(　　)。

A. 保险赔款　　B. 军人的转业费

C. 福利费、抚恤金、救济金　　D. 因自然灾害造成重大损失的

4. 非上市公司授予本公司员工的股票期权，符合规定条件并向主管税务机关备案的，可享受个人所得税的(　　)。

A. 免税政策　　B. 延期纳税政策

C. 分期纳税政策　　D. 递延纳税政策

5. 2020 年 5 月，甲某以一项生物专利权投资入股到境内居民企业 A，A 企业给予对价全部为股权。该专利权原值 10 万元，评估价值 100 万元。假定上述技术成果的评估价值是合理的，甲某在 2021 年 6 月以 150 万元转让上述股权。下列说法正确的是(　　)。

A. 若选择技术成果投资入股递延纳税政策的，经向主管税务机关审批，投资入股当期可暂不纳税，允许递延至转让股权时计算缴纳所得税

B. 甲某在 2021 年 6 月转让股权时，应缴纳 10 万元个人所得税

C. 甲某 2020 年 5 月投资入股时，应确认 90 万元的非货币性资产转让所得，缴纳 18 万元个人所得税，可申请在 5 年内分期缴纳

D. 甲某 2020 年 5 月投资入股时，应确认 90 万元的非货币性资产转让所得，缴纳 18 万元个人所得税，可申请在 6 年内分期缴纳

6. 下列关于个人所得税的征收管理的说法，错误的是(　　)。

A. 居民个人和非居民个人取得综合所得，都要办理汇算清缴

B. 居民个人取得综合所得按年计算个人所得税

C. 居民个人取得综合所得，有扣缴义务人的，由扣缴义务人按月或按次扣缴税款

D. 非居民个人取得综合所得，有扣缴义务人的，由扣缴义务人按月或按次扣缴税款

7. 下列房产处置不缴纳个人所得税的是(　　)。

A. 居民个人出售自用 3 年的生活用房

B. 转让无偿受赠的房产

C. 转让离婚析产房屋

D. 通过离婚析产的方式分割房屋产权

8. 下列关于个人投资者收购企业股权后将盈余积累转增股本个人所得税的说法，错误的是(　　)。

A. 新股东以不低于净资产价格收购股权的，企业原盈余积累已全部计入股权交易价格，新股东取得盈余积累转增股本的部分，按“利息、股息、红利所得”征收个人所得税

B. 新股东以低于净资产价格收购股权的，企业原盈余积累中，对于股权收购价格减去原股本的差额部分已经计入股权交易价格，新股东取得盈余积累转增股本的部分，不征收个人所得税

C. 对于股权收购价格低于原所有者权益的差额部分未计入股权交易价格，新股东取得

盈余积累转增股本的部分，应按照“利息、股息、红利所得”项目征收个人所得税

D. 新股东将所持股权转让时，其财产原值为其收购企业股权实际支付的对价及相关税费

9. (　　)应当对报送的专项附加扣除信息的真实性、准确性、完整性负责。

A. 扣缴义务人　　B. 纳税人

C. 扣缴义务人或纳税人　　D. 受托人或纳税人

10. 居民个人付某有两个哥哥，其父母均已年满 60 周岁，其爷爷奶奶仍健在，则付某在办理综合所得汇算清缴时，赡养老人支出最多可以扣除(　　)元。

A. 6 000　　B. 12 000

C. 18 000　　D. 24 000

11. 个人转让下列财产取得的差价收入中，免征个人所得税的是(　　)。

A. 自行研发的机器设备　　B. 从二级市场购买的 A 股股票

C. 从二手车市场购入的机动车辆　　D. 从二级市场购买的企业债券

12. 2022 年 1 月某上市公司员工周某以 1 元/股的价格持有该公司的限制性股票 5 万股(通过股权激励方式取得)。该股票在中国证券登记结算公司登记日收盘价为 3 元/股，2023 年 12 月解禁股票 3 万股，解禁当日收盘价 8 元/股。暂不考虑交易环节发生的相关税费。周某本次解禁股票的应纳税所得额是(　　)元。

A. 135 000　　B. 147 000

C. 180 000　　D. 286 000

13. 2024 年，居民个人黄某在甲国转让股权的应纳税所得额为 50 000 元，已按甲国税法缴纳个人所得税 9 000 元；在甲国取得偶然所得 10 000 元，已按甲国税法缴纳个人所得税 2 500 元。若无其他所得项目，则黄某在我国应补缴个人所得税(　　)元。

A. 50　　B. 500

C. 1 000　　D. 1 100

14. 2024 年 1 月，居民个人林某与原公司解除劳动合同，取得一次性经济补偿 240 000 元，生活补助费 60 000 元。若林某所在地职工平均工资为每月 5 000 元，则林某就其取得的一次性经济补偿收入应缴纳个人所得税(　　)元。

A. 0　　B. 4 680

C. 9 480　　D. 3 480

15. 2024 年 2 月，金某将闲置多年的一套住房出租给外来打工人员周某，并约定按月收取租金 4 000 元。当月房屋漏水，金某修缮房屋花费 1 000 元，则金某当月应缴纳个人所得税(　　)元。

A. 480　　B. 240

C. 120　　D. 200

16. 按照现行个人所得税的规定，下列表述正确的是(　　)。

A. 纳税人在两处或两处以上取得工资、薪金所得，应该在取得所得的次月 15 日内，

选择并固定在任职、受雇的一地单位所在地主管税务机关自行办理纳税申报

B. 个人经政府有关部门批准，取得执照从事办学、医疗等活动，应按“劳务报酬所得”项目征收个人所得税

C. 个人对企事业单位承包、承租经营，一律按“承包、承租经营所得”项目征收个人所得税

D. 个人投资兴办两个或两个以上企业的，其费用扣除标准由税务机关核定在其中一处扣除

17. 创投企业选择按单一投资基金核算的，其个人合伙人从该基金应分得的股权转让所得和股息红利所得，则(　　)。

A. 按照“经营所得”项目、5%～35%的超额累进税率计算缴纳个人所得税

B. 按照 20%税率计算缴纳个人所得税

C. 按照“综合所得”项目、3%～45%的超额累进税率计算缴纳个人所得税

D. 免征个人所得税

18. 从 2019 年 1 月 1 日起，纳税人申请开具税款所属期为 2019 年 1 月 1 日(含)以后的个人所得税缴(退)税情况证明的，税务机关应开具(　　)。

A.《税收完税证明》(文书式)

B.《税收完税证明》(表格式)

C.《纳税情况证明》

D.《纳税记录》

19. 下列关于企业年金计征个人所得税的表述中，错误的是(　　)。

A. 个人死亡后，其指定的受益人或法定继承人一次性领取的年金个人账户余额，适用月度税率表计算纳税

B. 按月领取的，适用月度税率表计算纳税

C. 按季领取的，平均分摊计入各月，按每月领取额适用月度税率表计算纳税

D. 按年领取的，适用综合所得税率表计算纳税

20. 下列关于纳税人专项附加扣除信息报送的说法，不符合规定的是(　　)。

A. 纳税人选择在扣缴义务人发放工资、薪金所得时享受专项附加扣除的，首次享受时应当填写并向扣缴义务人报送《个人所得税专项附加扣除信息表》；纳税年度中间相关信息发生变化的，纳税人应当更新《个人所得税专项附加扣除信息表》相应栏次，并及时报送给扣缴义务人

B. 纳税人向扣缴义务人提供专项附加扣除信息的，扣缴义务人应当按照规定予以扣除，不得拒绝

C. 纳税人应当将《个人所得税专项附加扣除信息表》及相关留存备查资料，自预扣预缴年度当年起保存五年

D. 纳税人选择在汇算清缴申报时享受专项附加扣除的，应当填写并向汇缴地主管税务机关报送《个人所得税专项附加扣除信息表》

**二、多项选择题(本题型共 20 题,每题 2 分,共 40 分。每题至少有两个正确答案,请将正确答案填在括号内)**

1. 根据个人所得税法的相关规定,下列不属于中国居民个人与非居民个人的划分标准有(　　)。

A. 户籍所在地标准　　B. 住所标准和居住时间标准

C. 住所标准和国籍标准　　D. 工作地点所在地标准

2. 据个人所得税专项附加扣除政策的规定,个人接受境内继续教育,可以选择由其父母扣除的继续教育阶段有(　　)。

A. 技工中专　　B. 大学专科

C. 大学本科　　D. 硕士研究生

3. 下列个人取得的收入中,可以免征个人所得税的有(　　)。

A. 钱某取得的保险赔款

B. 林某取得地方政府债券利息

C. 闫某转让自用 2 年且家庭唯一住房的所得

D. 林某举报犯罪行为获得的奖金

4. 下列所得属于个人所得税免税项目的有(　　)。

A. 保险赔款

B. 个人取得的教育储蓄存款利息

C. 残疾、孤老人员和烈属的所得

D. 外籍个人取得的探亲费和子女教育费

5. 下列各项中,应按“经营所得”项目征收个人所得税的有(　　)。

A. 法人企业为其股东购买小汽车,将汽车办理在股东名下

B. 个人取得的国债转让所得

C. 个人独资企业投资者用企业资金进行个人消费

D. 个人独资企业的留存利润

6. 下列关于个人所得税的表述中,正确的有(　　)。

A. 在中国境内无住所,但在一个纳税年度内在中国境内居住累计满 183 天的个人,为居民个人

B. 在中国境内无住所,且在一个纳税年度内在中国境内居住累计不满 183 天的个人,为非居民个人

C. 在中国境内无住所的个人,在中国境内居住累计满 183 天的年度连续不满 6 年的,就全部境内、境外所得缴纳个人所得税

D. 在中国境内无住所的个人,在一个纳税年度内在中国境内居住累计不超过 90 天的,免予缴纳个人所得税

7. 下列关于横琴粤澳深度合作区个人所得税优惠政策的说法,正确的有(　　)。

A. 对在横琴粤澳深度合作区工作的境内外高端人才和紧缺人才,其个人所得税负

超过25%的部分予以免征

B. 对享受优惠政策的高端人才和紧缺人才实行清单管理，具体管理办法由粤澳双方研究提出，提请粤港澳大湾区建设领导小组审定

C. 对在横琴粤澳深度合作区工作的澳门居民，其个人所得税负超过澳门税负的部分予以免征

D. 按照清单管理办法列入人才清单的高端人才和紧缺人才以及在横琴粤澳深度合作区工作的澳门居民，在横琴粤澳深度合作区办理个人所得税年度汇算清缴时享受上述优惠政策

8. 下列关于外籍个人取得有关补贴计征个人所得税的说法，正确的有(　　)。

A. 对外籍个人以非现金形式或实报实销形式取得的合理的住房补贴、伙食补贴和洗衣费免征个人所得税

B. 对外籍个人因到中国任职或离职，以实报实销形式取得的搬迁收入免征个人所得税

C. 对外籍个人按合理标准取得的境内、外出差补贴免征个人所得税

D. 对外籍个人取得的探亲费在15%限额内免征个人所得税

9. 下列选项中，属于个人所得税综合所得的有(　　)。

A. 稿酬所得

B. 特许权使用费所得

C. 利息、股息、红利所得

D. 劳务报酬所得

10. 下列选项中，说法正确的有(　　)。

A. 非居民个人取得劳务报酬所得，按月或者按次分项计算个人所得税

B. 非居民个人取得特许权使用费所得，按纳税年度合并计算个人所得税

C. 综合所得，适用3%～45%的超额累进税率

D. 经营所得，适用5%～35%的超额累进税率

11. 根据个人所得税的相关规定，下列说法正确的是(　　)。

A. 非上市公司授予本公司员工的股票期权、股权期权、限制性股票和股权奖励，符合规定条件的，经向主管税务机关备案，可实行递延纳税政策

B. 享受递延纳税政策的非上市公司股权激励政策，仅适用于中国境内居民企业

C. 上市公司授予个人的股票期权、限制性股票和股权奖励，经向主管税务机关备案，个人可自股票期权行权、限制性股票解禁或取得股权奖励之日起，在不超过12个月的期限内缴纳个人所得税

D. 上市公司授予个人的股票期权、限制性股票和股权奖励，经向主管税务机关备案，个人可递延至转让该股权时纳税

12. 下列关于个人所得税专项附加扣除的说法，正确的有(　　)。

A. 省会城市的住房租金支出的扣除标准是每月 1 500 元
B. 职业资格技术教育在取得相关证书的当年，按照 3 600 元定额标准扣除
C. 同一学历的继续教育扣除期限不得超过 36 个月
D. 对子女均已去世的年满 60 岁的祖父母的赡养支出属于专项附加扣除

13. 根据现行个人所得税法的规定，下列关于非居民个人和无住所居民个人的说法正确的有（　　）。
A. 境内工作期间按照个人在境内工作天数计算，包括其在境内的实际工作日以及境内工作期间在境内、境外享受的公休假、个人休假、接受培训的天数
B. 在境内、境外单位同时担任职务或者仅在境外单位任职的个人，在境内停留的当天不足 24 小时的，不计入工作天数
C. 在一个纳税年度内，在境内累计居住不超过 90 天的高管人员，仅就归属于境内工作期间并由境内雇主支付或者负担的工资薪金所得计算缴纳个人所得税
D. 在一个纳税年度内，在境内居住累计超过 90 天但不满 183 天的高管人员，其取得的工资薪金所得，除归属于境外工作期间且不是由境内雇主支付或者负担的部分外，应当计算缴纳个人所得税

14. 根据现行个人所得税的规定，属于来源于中国境外的所得的有（　　）。
A. 中国境外企业、其他组织以及非居民个人支付且负担的偶然所得
B. 中国境外企业以及其他组织支付且负担的稿酬所得
C. 将财产出租给承租人在中国境外使用而取得的所得
D. 从中国境外企业、其他组织以及非居民个人取得的利息、股息、红利所得

15. 下列关于上市公司股息红利差别化个人所得税政策的说法，正确的有（　　）。
A. 个人从公开发行和转让市场取得的上市公司股票，持股期限超过 1 年的，股息红利所得暂免征收个人所得税
B. 个人从公开发行和转让市场取得的上市公司股票，持股期限在 1 个月以内（含 1 个月）的，其股息红利所得全额计入应纳税所得额
C. 持股期限在 1 个月以上至 6 个月（含 6 个月）的，暂减按 50%计入应纳税所得额
D. 持股期限在 1 个月以上至 1 年（含 1 年）的，暂减按 50%计入应纳税所得额

16. 下列关于个人所得税大病医疗专项附加扣除的说法，正确的有（　　）。
A. 大病医疗可以扣除的部分为在一个纳税年度内，纳税人发生的与基本医保相关的医药费用支出，扣除医保报销后个人负担（指医保目录范围内的自付部分）累计超过 15 000 元的部分
B. 由纳税人在办理年度汇算清缴时，在 80 000 元限额内定额扣除
C. 纳税人发生的医药费用支出可以选择由本人或者其配偶扣除
D. 未成年子女发生的医药费用支出可以选择由其父母一方扣除

17. 下列关于个人所得税住房贷款利息专项附加扣除的说法，正确的有（　　）。

A. 发生的首套住房贷款利息支出，在实际发生贷款利息的年度，按照每月 1 500 元的标准定额扣除

B. 住房贷款利息，扣除期限最长不超过 240 个月

C. 经夫妻双方约定，可以选择由其中一方扣除，具体扣除方式在一个纳税年度内不能变更

D. 夫妻双方婚前分别购买住房发生的首套住房贷款，其贷款利息支出，婚后可以选择其中一套购买的住房，由购买方按扣除标准的 100%扣除，也可以由夫妻双方对各自购买的住房分别按扣除标准的 50%扣除

18. 个人从公开发行和转让市场取得的上市公司股票包括(　　)。

A. 上市公司合并，个人持有的被合并公司股票转换的合并后公司股票

B. 上市公司分立，个人持有的被分立公司股票转换的分立后公司股票

C. 因依法继承或家庭财产分割取得的股票

D. 持有从代办股份转让系统转到主板市场(或中小板、创业板市场)的股票

19. 个人无偿受赠房屋，赠与双方办理免税手续时，应向税务机关提交的资料包括(　　)。

A. 赠与双方当事人的有效身份证件

B. 公证机构出具的赠与人和受赠人亲属关系的公证书

C. 提供公证机构出具的抚养关系或者赡养关系公证书

D. 乡镇政府或街道办事处出具的抚养关系或者赡养关系证明

20. 下列关于个人所得税公益捐赠支出专项附加扣除的说法，正确的有(　　)。

A. 居民个人发生的公益捐赠支出，不可在捐赠当月取得的分类所得中扣除

B. 非居民个人发生的公益捐赠支出，未超过其在公益捐赠支出发生的当月应纳税所得额 30%的部分，可以从其应纳税所得额中扣除

C. 非居民个人按规定可以在应纳税所得额中扣除公益捐赠支出而未实际扣除的，可追补扣除

D. 个人同时发生按 30%扣除和全额扣除的公益捐赠支出，自行选择扣除次序

**三、判断题(本题型共 20 题，每题 1 分，共 20 分。请判断每题的正误，正确的打“√”，错误的打“×”，并填入括号内)**

1. 个人专营种植业、养殖业、饲养业取得的收入，应按照“经营所得”项目计算缴纳个人所得税。(　　)

2. 出租车属个人所有，但挂靠出租汽车经营单位或企事业单位，驾驶员向挂靠单位缴纳管理费的，出租车驾驶员从事客货运营取得的收入，应按照“经营所得”项目计算缴纳个人所得税。(　　)

3. 纳税人按照规定实际支付的拍卖费(佣金)、鉴定费、评估费、图录费、证书费可在税前扣除。(　　)

4. 居民个人取得的工资、薪金所得，劳务报酬所得，稿酬所得，财产租赁所得，在个

人所得税汇算清缴时，可以采用3%～45%的七级超额累进税率。（ ）

5. 企业实行个人承包、承租经营后，承包经营、承租经营者按照承包、承租经营合同（协议）规定取得的所得，承包、承租人对企业经营成果不拥有所有权取得的所得，适用七级超额累进税率。（ ）

6. 外籍个人取得的现金住房补贴所得，免征个人所得税。（ ）

7. 个人根据遗嘱继承房产所得，不征收个人所得税。（ ）

8. 离退休人员除退休工资外，从原任职单位取得的各类补贴、奖金、实物，不征收个人所得税。（ ）

9. 2023年3月1日居民于先生按市场价格出租境内住房，取得2023年不含税租金收入40 000元，3月发生修理费用支出1 200元，则2023年3月，于先生应缴纳320元个人所得税。（ ）

10. 个人用限售股认购或申购交易型开放式指数基金份额，以转让当日该股份实际转让价格计算转让收入。（ ）

11. 作为律师事务所雇员的律师与律师事务所按规定的比例对收入分成，律师事务所不负担律师办理案件支出的费用，律师当月的分成收入按照"经营所得"应税项目征收个人所得税。（ ）

12. 根据个人所得税的规定，技能人员职业资格继续教育、专业技术人员职业资格继续教育，专项附加扣除时间为取得相关证书当月。（ ）

13. 个人行使现金选择权将限售股转让给提供现金选择权的第三方，对其应纳个人所得税采取证券机构预扣预缴、纳税人自行申报清算和证券机构直接扣缴相结合的方式征收。（ ）

14. 投资者兴办两个或者两个以上个人独资企业，投资者可以选择并固定向一个企业实际经营管理所在地主管税务机关预缴个人所得税。（ ）

15. 2023年1月1日至2027年12月31日，个体工商户不区分征收方式，经营所得年应纳所得额不超过200万元部分，减半征收个人所得税。（ ）

16. 生育妇女按照县级以上人民政府根据国家有关规定制定的生育保险办法，取得生育津贴、生育医疗费或其他属于生育保险性质的津贴、补贴，免征个人所得税。

（ ）

17. 合伙企业的投资者以全部生产经营所得为个人所得税应纳所得额。（ ）

18. 企业在年会中向本单位以外的个人赠送礼品。个人取得的礼品收入，应按"偶然所得"项目征收个人所得税。（ ）

19. 根据个人所得税有关规定，个体工商户在资产建造期间发生的合理借款费用，准予直接在税前扣除。（ ）

20. 根据个人所得税的相关规定，在中国境内无住所，但在一个纳税年度中在中国境内居住90日以内的外籍个人（非高级管理人员或董事），其来源于境内所得境外企业支付的部分不缴纳个人所得税。（ ）

**四、综合实务题(本题型共2题,每题设5问,每问2分,共20分。请将正确答案填在括号内)**

1. 林先生在东海公司任职,2023年1月—12月每月在东海公司取得工资薪金收入16 000元,无免税收入;每季度最后一个月取得30 000元季度考核奖金收入;每月缴纳“三险一金”3 200元。林先生是家中的独生子,父母都年满60周岁,自己的大女儿在英国读小学5年级(子女教育支出由林先生扣除),小女儿2岁还未上幼儿园,无其他扣除项目。另外,2023年3月利用业余时间为A公司翻译合同取得收入3 000元,在《星源瞭望》杂志发稿取得收入2 000元;6月为B公司制图取得收入30 000元,将自己的一项设计专利给C公司使用取得收入2 000元。林先生委托东海公司扣除专项附加扣除。

要求:根据上述资料,回答下列问题。

(1)关于林先生综合所得专项附加扣除中的子女教育支出,下列说法错误的是(　　)。

A. 在税前扣除大女儿教育支出时,必须留存学校录取通知书等相关教育的证明资料备查

B. 大女儿接受全日制学历教育的相关支出,按照每个子女每月1 000元的标准定额扣除

C. 年满3岁至小学入学前处于学前教育阶段的子女,按照子女教育支出扣除

D. 父母可以选择由其中一方按扣除标准的100%扣除,也可以选择由双方分别按扣除标准的50%扣除

(2)2023年3月,扣缴义务人应预扣预缴林先生劳务报酬所得个人所得税(　　)元。

A. 600　　B. 440

C. 300　　D. 220

(3)2023年3月,扣缴义务人应预扣预缴林先生稿酬所得个人所得税(　　)元。

A. 440　　B. 168

C. 608　　D. 768

(4)2023年度,扣缴义务人应累计预扣预缴林先生个人所得税(　　)元。

A. 18 600　　B. 5 200

C. 24 648　　D. 19 848

2. 2024年1月,某上市公司发生以下业务。

(1)发放2023年度全年一次性奖金,贾某取得了单位发放的年终奖36 001元,适用单独适用全年一次性奖金政策。

(2)向25名经纪人员每人支付1月业务报酬10 000元。

(3)其服务的上市公司限售股股东林某以每股10.4元的价格,转让100 000股,取得时的成本无法计算。

(4)召开周年庆嘉年华,邀请企业客户于某和丁某为嘉宾,在会上赠送两人一人一

台外购的苹果手机，每台价值 8 000 元。以上业务不考虑其他税费。

要求：根据上述资料，回答下列问题。

(1)贾某取得的年终奖应缴纳个人所得税(　　)元。

A. 1 080. 03　　B. 3 600. 1

C. 3 390. 1　　D. 3 560. 1

(2)下列各项中，不属于工资、薪金所得的是(　　)。

A. 企业支付给营销人员的年终奖

B. 个体工商户业主的工资

C. 大学发给本校老师的科研奖励

D. 企业支付给职工的过节费

(3)向经纪人员支付 1 月业务报酬应扣缴每人的个人所得税为(　　)元。(不考虑其他税费)

A. 30　　B. 240

C. 600　　D. 180

(4)限售股转让应扣缴林某的个人所得税为(　　)元。(不考虑其他税费)

A. 123 760　　B. 166 400

C. 208 000　　D. 176 800

(5)赠送苹果手机应扣缴个人所得税的计算方式正确的是(　　)；每人应扣缴个人所得税(　　)元。

A. 免征个人所得税；0　　B. 按照劳务报酬所得计税；800

C. 按照工资薪金所得计税；1 600　　D. 按照偶然所得计税；1 600

## 模拟试卷(二)答案及解析

**一、单项选择题(本题型共 20 题，每题 1 分，共 20 分。每题只有 1 个正确答案，请将正确答案填在括号内)**

1.**【参考答案】** A

**【答案解析】** 根据《国家税务总局关于〈关于个人独资企业和合伙企业投资者征收个人所得税的规定〉执行口径的通知》(国税函〔2001〕84 号)的规定，个人独资企业和合伙企业对外投资分回的利息或者股息、红利，不并入企业的收入，而应单独作为投资者个人取得的利息、股息、红利所得，按“利息、股息、红利所得”应税项目计算缴纳个人所得税。

2.**【参考答案】** B

**【答案解析】** 《中华人民共和国个人所得税法》参照国际通行做法，依据住所和居住时间两个标准，将个人所租税纳税义务人区分为居民纳税人和非居民纳税人，行使不同的税收管辖权。

3.【参考答案】 D

【答案解析】 根据《中华人民共和国个人所得税法》，有下列情形之一的，可以减征个人所得税，具体幅度和期限，由省、自治区、直辖市人民政府规定，并报同级人民代表大会常务委员会备案：(1)残疾、孤老人员和烈属的所得；(2)因自然灾害遭受重大损失的。国务院可以规定其他减税情形，报全国人民代表大会常务委员会备案。

4.【参考答案】 D

【答案解析】 根据《财政部 国家税务总局关于完善股权激励和技术入股个人所得税政策的通知》(财税〔2016〕101 号)的规定，非上市公司授予本公司员工的股票期权、股权期权、限制性股票和股权奖励，符合规定条件的，经向主管税务机关备案，可实行递延纳税政策，即员工在取得股权激励时可暂不纳税，递延至转让该股权时纳税；股权转让时，按照股权转让收入减除股权取得成本以及合理税费后的差额，适用“财产转让所得”项目，按照 20%的税率计算缴纳个人所得税。

5.【参考答案】 C

【答案解析】 根据《财政部 国家税务总局关于完善股权激励和技术入股个人所得税政策的通知》(财税〔2016〕101 号)的规定，企业或个人以技术成果投资入股到境内居民企业，被投资企业支付的对价全部为股票(权)的，企业或个人可选择继续按现行有关税收政策执行，也可选择适用递延纳税优惠政策。选择技术成果投资入股递延纳税政策的，经向主管税务机关备案，投资入股当期可暂不纳税，允许递延至转让股权时，按股权转让收入减去技术成果原值和合理税费后的差额计算缴纳所得税。选项 A，是向主管税务机关备案，而不是审批；选项 B，甲某转让股权应缴纳个人所得税＝(150－10)×20%＝28(万元)；选项 CD，甲某 2020 年 5 月投资入股时应缴纳个人所得税＝(100－10)×20%＝18(万元)，并在不超过 5 个公历年度内(含)分期缴纳个人所得税。

6.【参考答案】 A

【答案解析】 根据《国家税务总局关于个人所得税自行纳税申报有关问题的公告》(国家税务总局公告 2018 年第 62 号)的规定，纳税人取得综合所得且符合一定情形的，应当依法办理汇算清缴。根据个人所得税法的规定，非居民个人取得工资、薪金所得，劳务报酬所得，稿酬所得和特许权使用费所得，有扣缴义务人的，由扣缴义务人按月或者按次代扣代缴税款，不办理汇算清缴。

7.【参考答案】 D

【答案解析】 根据《国家税务总局关于明确个人所得税若干政策执行问题的通知》(国税发〔2009〕121 号)的规定，通过离婚析产的方式分割房屋产权是夫妻双方对共同共有财产的处置，个人因离婚办理房屋产权过户手续，不征收个人所得税。

8.【参考答案】 A

【答案解析】 根据《国家税务总局关于个人投资者收购企业股权后将原盈余积累转增股本个人所得税问题的公告》(国家税务总局公告 2013 年第 23 号)的规定，1 名或多名个人投资者以股权收购方式取得被收购企业100%股权，股权收购前，被收购企业原账面金额中的“资本公积、盈余公积、未分配利润”等盈余积累未转增股本，而在股权交易时将其一并计入股权转让价格并履行了所得税纳税义务。股权收购后，企业将原账面金额中的盈余积累向个人投资者(新股东，下同)转增股本，有关个人所得税问题区分以下情形处理：新股东以不低于净资产价格收购股权的，企业原盈余积累已全部计入股权交易价格，新股东取得盈余积累转增股本的部分，不征收个人所得税。

9.**【参考答案】** B

**【答案解析】**《国家税务总局关于修订发布〈个人所得税专项附加扣除操作办法(试行)〉的公告》(国家总局公告2022年第7号)的规定，纳税人应当对报送的专项附加扣除信息的真实性、准确性、完整性负责。

10.**【参考答案】** C

**【答案解析】** 根据《国务院关于提高个人所得税有关专项附加扣除标准的通知》(国发〔2023〕13号)，自2023年1月1日起，赡养老人专项附加扣除标准，由每月2 000元提高到3 000元，其中独生子女按照每月3 000元的标准定额扣除，非独生子女与兄弟姐妹分摊每月3 000元的扣除额度，每人分摊的额度不能超过每月1 500元。则付某最多可扣除1 500×12=18 000(元)。

11.**【参考答案】** B

**【答案解析】** 根据《财政部 国家税务总局证监会关于个人转让上市公司限售股所得征收个人所得税有关问题的通知》(财税〔2009〕167号)的规定，对个人在上海证券交易所、深圳证券交易所转让从上市公司公开发行和转让市场取得的上市公司股票所得，继续免征个人所得税。选项ACD，按照财产转让所得缴纳个人所得税。

12.**【参考答案】** A

**【答案解析】** 根据国税函〔2009〕461号文件的规定，原则上应在限制性股票所有权归属于被激励对象时确认其限制性股票所得的应纳税所得额。即：上市公司实施限制性股票计划时，应以被激励对象限制性股票在中国证券登记结算公司(境外为证券登记托管机构)进行股票登记日期的股票市价(指当日收盘价，下同)和本批次解禁股票当日市价(指当日收盘价，下同)的平均价格乘以本批次解禁股票份数，减去被激励对象本批次解禁股份数所对应的为获取限制性股票实际支付资金数额，其差额为应纳税所得额。被激励对象限制性股票应纳税所得额计算公式为：应纳税所得额=(股票登记日股票市价+本批次解禁股票当日市价)÷2×本批次解禁股票份数－被激励对象实际支付的资金总额×(本批次解禁股票份数÷被激励对象获取的限制性股票总份数)周某本次解禁股票应纳税所得额=(4+7)÷2×30 000－50 000×(30 000÷50 000)=135 000(元)。

13.**【参考答案】** B

**【答案解析】** 根据《中华人民共和国个人所得税法》《中华人民共和国个人所得税法实施条例》的规定，居民个人从中国境外取得的所得，可以从其应纳税额中抵免已在境外缴纳的个人所得税税额，但抵免额不得超过该纳税人境外所得依照本法规定计算的应纳税额。纳税人境外所得依照本法规定计算的应纳税额，是居民个人抵免已在境外缴纳的综合所得、经营所得以及其他所得的所得税税额的限额(以下简称抵免限额)。除国务院财政、税务主管部门另有规定外，来源于中国境外一个国家(地区)的综合所得抵免限额、经营所得抵免限额以及其他所得抵免限额之和，为来源于该国家(地区)所得的抵免限额。居民个人在中国境外一个国家(地区)实际已经缴纳的个人所得税税额，低于依照前款规定计算出的来源于该国家(地区)所得的抵免限额的，应当在中国缴纳差额部分的税款。黄某转让股权在我国应缴纳个人所得税＝50 000×20％＝10 000(元)，偶然所得应缴纳个人所得税＝10 000×20％＝2 000(元)，故黄某应补缴个人所得税＝10 000＋2 000－(9 000＋2 500)＝500(元)。

14.**【参考答案】** C

**【答案解析】** 个人与用人单位解除劳动关系取得一次性补偿收入(包括用人单位发放的经济补偿金、生活补助费和其他补助费)，在当地上年职工平均工资 3 倍数额以内的部分，免征个人所得税；超过 3 倍数额的部分，不并入当年综合所得，单独适用综合所得税率表，计算纳税。故林某的应纳税所得额＝240 000＋60 000－12×5 000×3＝120 000(元)，查看综合所得年度税率表适用税率为 10％，速算扣除数为 2 520，故林某应缴纳个人所得税＝120 000×10％－2 520＝9 480(元)。

15.**【参考答案】** B

**【答案解析】** 根据《中华人民共和国个人所得税法》的规定，应纳税所得额的计算，财产租赁所得，每次收入不超过 4 000 元的，减除费用 800 元；4 000 元以上的，减除 20％的费用，其余额为应纳税所得额。根据《国家税务总局关于印发〈征收个人所得税若干问题的规定〉的通知》(国税发〔1994〕89 号)的规定，允许扣除的修缮费用，以每次 800 元为限，一次扣除不完的，准予在下一次继续扣除，直至扣完为止。对个人出租房屋取得的所得暂减按 10％的税率征收个人所得税。则金某当月应缴纳个人所得税＝(4 000－800－800)×10％＝240(元)。

16.**【参考答案】** A

**【答案解析】** 按照个人所得税法的规定，纳税人在两处或两处以上取得工资、薪金所得，应该在取得所得的次月 15 日内，选择并固定在任职、受雇的一地单位所在地主管税务机关自行办理纳税申报。选项 B，个人经政府有关部门批准，取得执照从事办学、医疗等活动，应按“经营所得”项目征收个人所得税。选项 C，个人对企事业单位承包、承租经营，要分不同情况：对经营成果不拥有所有权的，按“工资、薪金所得”项目征税；对经营成果拥有所有权的，按“企事业单位的承包经营、承租经营所得”项目征个人所得税。选项 D，个人投资兴办两个或两个以上企业的，其费用扣除标准由投资者选择在其中一个企业的生产经营所得中扣除，不是由税务机关核定。

17.**【参考答案】** B

**【答案解析】** 根据《财政部 税务总局发展改革委 证监会关于创业投资企业个人合伙人所得税政策问题的通知》(财税〔2019〕8 号)的规定，创投企业选择按单一投资基金核算的，其个人合伙人从该基金应分得的股权转让所得和股息红利所得，按照20%税率计算缴纳个人所得税。

18.【参考答案】 D

【答案解析】 根据《国家税务总局关于将个人所得税〈税收完税证明〉（文书式）调整为〈纳税记录〉有关事项的公告》（国家税务总局公告2018年第55号）的规定，从2019年1月1日起，纳税人申请开具税款所属期为2019年1月1日含）以后的个人所得税缴（退）税情况证明的，税务机关不再开具《税收完税证明》（文书式），调整为开具《纳税记录》。

19.【参考答案】 A

【答案解析】 根据《财政部 人力资源社会保障部 国家税务总局关于企业年金 职业年金个人所得税有关问题的通知》（财税〔2013〕103号）的规定，对个人因出境定居而一次性领取的年金个人账户资金，或个人死亡后，其指定的受益人或法定继承人一次性领取的年金个人账户余额，允许领取人将一次性领取的年金个人账户资金或余额按12个月分摊到各月，就其每月分摊额，按照本通知第三条第1项和第2项的规定计算缴纳个人所得税。对个人除上述特殊原因外一次性领取年金个人账户资金或余额的，则不允许采取分摊的方法，而是就其一次性领取的总额，单独作为一个月的工资薪金所得，按照本通知第三条第1项和第2项的规定，计算缴纳个人所得税。

20.【参考答案】 C

【答案解析】 根据《国家税务总局关于发布〈个人所得税专项附加扣除操作办法（试行）〉的公告》（国家税务总局公告2018年第60号）的规定，纳税人应当将《个人所得税专项附加扣除信息表》及相关留存备查资料，自法定汇算清缴期结束后保存五年。

**二、多项选择题（本题型共20题，每题2分，共40分。每题至少有两个正确答案，请将正确答案填在括号内）**

1.【参考答案】 ACD

【答案解析】 根据《中华人民共和国个人所得税法》，在中国境内有住所，或者无住所而一个纳税年度内在中国境内居住累计满183天的个人，为居民个人。居民个人从中国境内和境外取得的所得，依照本法规定缴纳个人所得税。在中国境内无住所又不居住，或者无住所而一个纳税年度内在中国境内居住累计不满183天的个人，为非居民个人。非居民个人从中国境内取得的所得，依照本法规定缴纳个人所得税。纳税年度，自公历1月1日起至12月31日止。所以，个人所得税纳税人根据住所与居住时间两个标准，分为居民个人和非居民个人。

2.【参考答案】 ABC

【答案解析】 根据《个人所得税专项附加扣除暂行办法》，个人接受本科及以下学历（学位）继续教育，符合本办法规定扣除条件的，可以选择由其父母扣除，也可以选择由本人扣除。

3.【参考答案】 ABD

**【答案解析】** 根据《中华人民共和国个人所得税法》的规定，保险赔款免征个人所得税。根据《财政部 国家税务总局关于地方政府债券利息免征所得税问题的通知》(财税〔2013〕5 号)，对企业和个人取得的 2012 年及以后年度发行的地方政府债券利息收入，免征企业所得税和个人所得税。根据《财政部 国家税务总局关于个人所得税若干政策问题的通知》(财税字〔1994〕020 号)，个人举报、协查各种违法、犯罪行为而获得的奖金，个人转让自用达 5 年以上、并且是唯一的家庭生活用房取得的所得，暂免征收个人所得税。

4.**【参考答案】** ABD

**【答案解析】** 根据《中华人民共和国个人所得税法》的规定，保险赔款免征个人所得税。《国家税务总局 中国人民银行 教育部关于印发〈教育储蓄存款利息所得免征个人所得税实施办法〉的通知》(国税发〔2005〕148 号)，对个人取得的教育储蓄存款利息所得以及国务院财政部门确定的其他专项储蓄存款或者储蓄性专项基金存款的利息所得，免征个人所得税。根据《国家税务总局关于外籍个人取得有关补贴征免个人所得税执行问题的通知》(国税发〔1997〕54 号)，对外籍个人取得的语言培训费和子女教育费补贴免征个人所得税。

5.**【参考答案】** CD

**【答案解析】** 根据《中华人民共和国个人所得税法实施条例》，经营所得，是指：(1)个体工商户从事生产、经营活动取得的所得，个人独资企业投资人、合伙企业的个人合伙人来源于境内注册的个人独资企业、合伙企业生产、经营的所得；(2)个人依法从事办学、医疗、咨询以及其他有偿服务活动取得的所得；(3)个人对企业、事业单位承包经营、承租经营以及转包、转租取得的所得；(4)个人从事其他生产、经营活动取得的所得。利息、股息、红利所得，是指个人拥有债权、股权等而取得的利息、股息、红利所得。财产租赁所得，是指个人出租不动产、机器设备、车船以及其他财产取得的所得。财产转让所得，是指个人转让有价证券、股权、合伙企业中的财产份额、不动产、机器设备、车船以及其他财产取得的所得。选项 A，按“利息、股息、红利所得”项目征收个人所得税；选项 B，按照“财产转让所得”项目征收个人所得税；选项 CD，按照“经营所得”项目征收个人所得税。

6.**【参考答案】** AB

**【答案解析】** 根据《中华人民共和国个人所得税法》，在中国境内有住所，或者无住所而一个纳税年度内在中国境内居住累计满 183 天的个人，为居民个人。居民个人从中国境内和境外取得的所得，依照本法规定缴纳个人所得税。在中国境内无住所又不居住，或者无住所而一个纳税年度内在中国境内居住累计不满 183 天的个人，为非居民个人。选项 C，在中国境内无住所的个人，在中国境内居住累计满 183 天的年度连续不满 6 年的，经向主管税务机关备案，其来源于中国境外且由境外单位或者个人支付的所得，免予缴纳个人所得税；选项 D，在中国境内无住所的个人，在一个纳税年度内在中国境内居住累计不超过 90 天的，其来源于中国境内的所得，由境外雇主支付并且不由该雇主在中国境内的机构、场所负担的部分，免予缴纳个人所得税。

7.【参考答案】 BCD

【答案解析】 根据《财政部 税务总局关于横琴粤澳深度合作区个人所得税优惠政策的通知》(财税〔2022〕3号)，对在横琴粤澳深度合作区工作的境内外高端人才和紧缺人才，其个人所得税负超过15%的部分予以免征。对享受优惠政策的高端人才和紧缺人才实行清单管理，具体管理办法由粤澳双方研究提出，提请粤港澳大湾区建设领导小组审定。对在横琴粤澳深度合作区工作的澳门居民，其个人所得税负超过澳门税负的部分予以免征。享受本通知第一条和第二条规定的所得包括来源于横琴粤澳深度合作区的综合所得(包括工资薪金、劳务报酬、稿酬、特许权使用费四项所得)、经营所得以及经地方政府认定的人才补贴性所得。按照清单管理办法列入人才清单的高端人才和紧缺人才以及在横琴粤澳深度合作区工作的澳门居民，在横琴粤澳深度合作区办理个人所得税年度汇算清缴时享受上述优惠政策。

8.【参考答案】 ABC

【答案解析】 根据《国家税务总局关于外籍个人取得有关补贴征免个人所得税执行问题的通知》(国税发〔1997〕54号)，对外籍个人取得的探亲费免征个人所得税，应由纳税人提供探亲的交通支出凭证(复印件)，由主管税务机关审核，对其实际用于本人探亲，且每年探亲的次数和支付的标准合理的部分给予免税。

9.【参考答案】 ABD

【答案解析】 根据《中华人民共和国个人所得税法》，下列各项个人所得，应当缴纳个人所得税：(1)工资、薪金所得；(2)劳务报酬所得；(3)稿酬所得；(4)特许权使用费所得；(5)经营所得；(6)利息、股息、红利所得；(7)财产租赁所得；(8)财产转让所得；(9)偶然所得。居民个人取得第(1)项至第(4)项所得，按纳税年度合并计算个人所得税；非居民个人取得第(1)项至第(4)项所得，按月或者按次分项计算个人所得税。纳税人取得第(5)项至第(9)项所得，依照本法规定分别计算个人所得税。

10.【参考答案】 ACD

【答案解析】 根据《中华人民共和国个人所得税法》，下列各项个人所得，应当缴纳个人所得税：(1)工资、薪金所得；(2)劳务报酬所得；(3)稿酬所得；(4)特许权使用费所得；(5)经营所得；(6)利息、股息、红利所得；(7)财产租赁所得；(8)财产转让所得；(9)偶然所得。居民个人取得第(1)项至第(4)项所得(以下称综合所得)，按纳税年度合并计算个人所得税；非居民个人取得第(1)项至第(4)项所得，按月或者按次分项计算个人所得税。纳税人取得第(5)项至第(9)项所得，依照本法规定分别计算个人所得税。个人所得税的税率：(1)综合所得，适用3%～45%的超额累进税率；(2)经营所得，适用5%～35%的超额累进税率。

11.【参考答案】 ABC

【答案解析】 选项D，根据《财政部 国家税务总局关于完善股权激励和技术入股有关所得税政策的通知》(财税〔2016〕101号)的规定，上市公司授予个人的股票期权、限制性股票和股权奖励，经向主管税务机关备案，个人可自股票期权行权、限制性股票解禁或取得股权奖励之日起，在不超过12个月的期限内缴纳个人所得税。

12.**【参考答案】** ABD

**【答案解析】** 选项C，根据《国务院关于印发个人所得税专项附加扣除暂行办法的通知》(国发〔2018〕41号)，纳税人在中国境内接受学历(学位)继续教育的支出，在学历(学位)教育期间按照每月400元定额扣除。同一学历(学位)继续教育的扣除期限不能超过48个月。纳税人接受技能人员职业资格继续教育、专业技术人员职业资格继续教育的支出，在取得相关证书的当年，按照3 600元定额扣除。

13.**【参考答案】** AD

**【答案解析】** 根据《财政部 税务总局关于非居民个人和无住所居民个人有关个人所得税政策的公告》(财政部 税务总局公告2019年第35号)的规定，选项B，个人取得归属于中国境内(以下称境内)工作期间的工资薪金所得为来源于境内的工资薪金所得。境内工作期间按照个人在境内工作天数计算，包括其在境内的实际工作日以及境内工作期间在境内、境外享受的公休假、个人休假、接受培训的天数。在境内、境外单位同时担任职务或者仅在境外单位任职的个人，在境内停留的当天不足24小时的，按照半天计算境内工作天数。

选项C，无住所居民个人为高管人员的，工资薪金收入额按照本公告第二条第(二)项规定计算纳税。非居民个人为高管人员的，按照以下规定处理：

(1)高管人员在境内居住时间累计不超过90天的情形。在一个纳税年度内，在境内累计居住不超过90天的高管人员，其取得由境内雇主支付或者负担的工资薪金所得应当计算缴纳个人所得税；不是由境内雇主支付或者负担的工资薪金所得，不缴纳个人所得税。当月工资薪金收入额为当月境内支付或者负担的工资薪金收入额。

(2)高管人员在境内居住时间累计超过90天不满183天的情形。在一个纳税年度内，在境内居住累计超过90天但不满183天的高管人员，其取得的工资薪金所得，除归属于境外工作期间且不是由境内雇主支付或者负担的部分外，应当计算缴纳个人所得税。当月工资薪金收入额计算适用本公告公式三。

14.**【参考答案】** ABCD

**【答案解析】** 根据《财政部 税务总局关于境外所得有关个人所得税政策的公告》(财政部 税务总局公告2020年第3号)，下列所得，为来源于中国境外的所得：(1)因任职、受雇、履约等在中国境外提供劳务取得的所得。(2)中国境外企业以及其他组织支付且负担的稿酬所得。(3)许可各种特许权在中国境外使用而取得的所得。(4)在中国境外从事生产、经营活动而取得的与生产、经营活动相关的所得。(5)从中国境外企业、其他组织以及非居民个人取得的利息、股息、红利所得。(6)将财产出租给承租人在中国境外使用而取得的所得。(7)转让中国境外的不动产、转让对中国境外企业以及其他组织投资形成的股票、股权以及其他权益性资产(以下称权益性资产)或者在中国境外转让其他财产取得的所得。但转让对中国境外企业以及其他组织投资形成的权益性资产，该权益性资产被转让前三年（连续 36 个公历月份）内的任一时间，被投资企业或其他组织的资产公允价值 50%以上直接或间接来自位于中国境内的不动产的，取得的所得为来源于中国境内的所得。(8)中国境外企业、其他组织以及非居民个人支付且负担的偶然所得；(9)财政部、税务总局另有规定的，按照相关规定执行。

15.**【参考答案】** ABD

**【答案解析】** 选项 C，根据《财政部 国家税务总局 证监会关于上市公司股息红利差别化个人所得税政策有关问题的通知》（财税〔2015〕101 号）的规定，个人从公开发行和转让市场取得的上市公司股票，持股期限超过 1 年的，股息红利所得暂免征收个人所得税。个人从公开发行和转让市场取得的上市公司股票，持股期限在 1 个月以内（含 1 个月）的，其股息红利所得全额计入应纳税所得额；持股期限在 1 个月以上至 1 年（含 1 年）的，暂减按 50%计入应纳税所得额；上述所得统一适用 20%的税率计征个人所得税。

16.**【参考答案】** ACD

**【答案解析】** 根据《个人所得税专项附加扣除暂行办法》，在一个纳税年度内，纳税人发生的与基本医保相关的医药费用支出，扣除医保报销后个人负担（指医保目录范围内的自付部分）累计超过 15 000 元的部分，由纳税人在办理年度汇算清缴时，在 80 000 元限额内据实扣除。纳税人发生的医药费用支出可以选择由本人或者其配偶扣除；未成年子女发生的医药费用支出可以选择由其父母一方扣除。纳税人及其配偶、未成年子女发生的医药费用支出，按本办法第十一条规定分别计算扣除额。纳税人应当留存医药服务收费及医保报销相关票据原件（或者复印件）等资料备查。医疗保障部门应当向患者提供在医疗保障信息系统记录的本人年度医药费用信息查询服务。

17.**【参考答案】** BCD

**【答案解析】** 根据《个人所得税专项附加扣除暂行办法》，纳税人本人或者配偶单独或者共同使用商业银行或者住房公积金个人住房贷款为本人或者其配偶购买中国境内住房，发生的首套住房贷款利息支出，在实际发生贷款利息的年度，按照每月 1 000 元的标准定额扣除，扣除期限最长不超过 240 个月。纳税人只能享受一次首套住房贷款的利息扣除。本办法所称首套住房贷款是指购买住房享受首套住房贷款利率的住房贷款。经夫妻双方约定，可以选择由其中一方扣除，具体扣除方式在一个纳税年度内不能变更。夫妻双方婚前分别购买住房发生的首套住房贷款，其贷款利息支出，婚后可以选择其中一套购买的住房，由购买方按扣除标准的 100%扣除，也可以由夫妻双方对各自购买的住房分别按扣除标准的 50%扣除，具体扣除方式在一个纳税年度内不能变更。纳税人应当留存住房贷款合同、贷款还款支出凭证备查。

18.**【参考答案】** ABCD

**【答案解析】** 根据《财政部 国家税务总局 证监会关于实施上市公司股息红利差别化个人所得税政策有关问题的通知》（财税〔2012〕85 号），本通知所称个人从公开发行和转让市场取得的上市公司股票包括：(1)通过证券交易所集中交易系统或大宗交易系统取得的股票;(2)通过协议转让取得的股票;(3)因司法扣划取得的股票;(4)因依法继承或家庭财产分割取得的股票;(5)通过收购取得的股票;(6)权证行权取得的股票;(7)使用可转换公司债券转换的股票;(8)取得发行的股票、配股、股份股利及公积金转增股本;(9)持有从代办股份转让系统转到主板市场(或中小板、创业板市场)的股票;(10)上市公司合并,个人持有的被合并公司股票转换的合并后公司股票;(11)上市公司分立,个人持有的被分立公司股票转换的分立后公司股票;(12)其他从公开发行和转让市场取得的股票。

19.**【参考答案】**　ABCD

**【答案解析】**　根据《财政部 国家税务总局关于个人无偿受赠房屋有关个人所得税问题的通知》(财税〔2009〕78 号),赠与双方办理免税手续时,应向税务机关提交以下资料:(1)《国家税务总局关于加强房地产交易个人无偿赠与不动产税收管理有关问题的通知》(国税发〔2006〕144 号)第一条规定的相关证明材料;(2)赠与双方当事人的有效身份证件;(3)属于本通知第一条第(一)项规定情形的,还须提供公证机构出具的赠与人和受赠人亲属关系的公证书(原件);(4)属于本通知第一条第(二)项规定情形的,还须提供公证机构出具的抚养关系或者赡养关系公证书(原件),或者乡镇政府或街道办事处出具的抚养关系或者赡养关系证明。

税务机关应当认真审核赠与双方提供的上述资料,资料齐全并且填写正确的,在提交的《个人无偿赠与不动产登记表》上签字盖章后复印留存,原件退还提交人,同时办理个人所得税不征税手续。

20.**【参考答案】**　BCD

**【答案解析】**　根据《财政部 税务总局关于公益慈善事业捐赠个人所得税政策的公告》(财政部 税务总局公告 2019 年第 99 号),居民个人发生的公益捐赠支出,可在捐赠当月取得的分类所得中扣除。非居民个人发生的公益捐赠支出,未超过其在公益捐赠支出发生的当月应纳税所得额 30%的部分,可以从其应纳税所得额中扣除。扣除不完的公益捐赠支出,可以在经营所得中继续扣除。非居民个人按规定可以在应纳税所得额中扣除公益捐赠支出而未实际扣除的,可按照本公告第五条规定追补扣除。国务院规定对公益捐赠全额税前扣除的,按照规定执行。个人同时发生按 30%扣除和全额扣除的公益捐赠支出,自行选择扣除次序。

**三、判断题(本题型共 20 题,每题 1 分,共 20 分。请判断每题的正误,正确的打“√”,错误的打“×”,并填入括号内)**

1.**【参考答案】**　错误

**【答案解析】**　根据《财政部 国家税务总局关于个人所得税若干政策问题的通知》(财税字〔1994〕020 号),个人专营种植业、养殖业、饲养业取得的收入,不征收个人所得税。

2.**【参考答案】**　正确

**【答案解析】**　根据《机动出租车驾驶员个人所得税征收管理暂行办法》,出租车属个人所有，但挂靠出租汽车经营单位或企事业单位，驾驶员向挂靠单位缴纳管理费的，或出租汽车经营单位将出租车所有权转移给驾驶员的，出租车驾驶员从事客货运营取得的收入，比照个体工商户的生产经营所得项目征税。

3.**【参考答案】** 正确

**【答案解析】** 根据《国家税务总局关于加强和规范个人取得拍卖收入征收个人所得税有关问题的通知》(国税发〔2007〕38 号)的规定，个人财产拍卖所得适用“财产转让所得”项目计算应纳税所得额时，纳税人凭合法有效凭证(税务机关监制的正式发票、相关境外交易单据或海关报关单据、完税证明等)，从其转让收入额中减除相应的财产原值、拍卖财产过程中缴纳的税金及有关合理费用。

4.**【参考答案】** 错误

**【答案解析】** 根据《个人所得税扣缴申报管理办法(试行)》的规定，居民个人取得的工资、薪金所得，劳务报酬所得，稿酬所得和特许权使用费所得，属于综合所得，汇算清缴时，适用 3%～45%的七级超额累进税率。

5.**【参考答案】** 正确

**【答案解析】** 根据《国家税务总局关于个人对企事业单位实行承包经营、承租经营取得所得征税问题的通知》的规定，承租人对企业经营成果不拥有所有权取得的所得，应按“工资、薪金所得”计征个人所得税，适用七级超额累进税率。

6.**【参考答案】** 错误

**【答案解析】** 根据《财政部 税务总局关于延续实施外籍个人有关津补贴个人所得税政策的公告》(财政部 税务总局公告 2023 年第 29 号)的规定，外籍个人以非现金形式或实报实销形式取得的住房补贴、伙食补贴、搬迁费、洗衣费，暂免征收个人所得税。

7.**【参考答案】** 正确

**【答案解析】** 根据《财政部 税务总局关于个人取得有关收入适用个人所得税应税所得项目的公告》(财政部 税务总局公告 2019 年第 74 号)的规定，房屋产权所有人死亡，依法取得房屋产权的法定继承人、遗嘱继承人或者受遗赠人，不征收个人所得税。

8.**【参考答案】** 错误

**【答案解析】** 根据《国家税务总局关于离退休人员取得单位发放离退休工资以外奖金补贴征收个人所得税的批复》(国税函〔2008〕723 号)的规定，离退休人员除按规定领取离退休工资或养老金外，另从原任职单位取得的各类补贴、奖金、实物，不属于《中华人民共和国个人所得税法》第四条规定可以免税的退休工资、离休工资、离休生活补助费。根据《中华人民共和国个人所得税法》及其实施条例的有关规定，离退休人员从原任职单位取得的各类补贴、奖金、实物，应在减除费用扣除标准后，按“工资、薪金所得”应税项目缴纳个人所得税。

9.**【参考答案】** 错误

**【答案解析】** 根据《财政部 国家税务总局关于调整住房租赁市场税收政策的通知》(财税〔2000〕125 号)的规定，对个人按市场价格出租的居民住房取得的所得，自

2001 年 1 月 1 日起暂减按 10%的税率征收个人所得税。2023 年 3 月于先生应缴纳个人所得税＝(40 000÷10－800－800)×10%＝240(元)。

10.**【参考答案】** 错误

**【答案解析】** 根据《财政部 国家税务总局 证监会关于个人转让上市公司限售股所得征收个人所得税有关问题的补充通知》(财税〔2010〕70 号)的规定,转让收入以股份过户日的前一交易日该股份收盘价计算。

11.**【参考答案】** 错误

**【答案解析】** 根据《国家税务总局关于律师事务所从业人员取得收入征收个人所得税有关业务问题的通知》(国税发〔2000〕149 号)的规定,作为律师事务所雇员的律师与律师事务所按规定的比例对收入分成,律师事务所不负担律师办理案件支出的费用,律师当月的分成收入按规定扣除办理案件支出的费用后,余额与律师事务所发给的工资合并,按"工资、薪金所得"计征个人所得税。

12.**【参考答案】** 错误

**【答案解析】** 根据《个人所得税专项附加扣除操作办法(试行)》,技能人员职业资格继续教育、专业技术人员职业资格继续教育,个人所得税专项附加扣除时间为取得相关证书当年。

13.**【参考答案】** 正确

**【答案解析】** 根据《财政部 国家税务总局 证监会关于个人转让上市公司限售股所得征收个人所得税有关问题的补充通知》(财税〔2010〕70 号)的规定,个人行使现金选择权将限售股转让给提供现金选择权的第三方,对其应纳个人所得税采取证券机构预扣预缴、纳税人自行申报清算和证券机构直接扣缴相结合的方式征收。

14.**【参考答案】** 错误

**【答案解析】** 根据《财政部 国家税务总局关于印发〈关于个人独资企业和合伙企业投资者征收个人所得税的规定〉的通知》(财税〔2000〕91 号),投资者兴办两个或两个以上企业的,应分别向企业实际经营管理所在地主管税务机关预缴税款。

15.**【参考答案】** 正确

**【答案解析】** 根据《国家税务总局关于进一步落实支持个体工商户发展个人所得税优惠政策有关事项的公告》(国家税务总局公告 2023 年第 12 号),对个体工商户年应纳税所得额不超过 200 万元的部分,减半征收个人所得税。个体工商户在享受现行其他个人所得税优惠政策的基础上,可叠加享受本条优惠政策。个体工商户不区分征收方式,均可享受。

16.**【参考答案】** 正确

**【答案解析】** 根据《财政部 国家税务总局关于生育津贴和生育医疗费有关个人所得税政策的通知》(财税〔2008〕8 号)的规定,生育妇女按照县级以上人民政府根据国家有关规定制定的生育保险办法,取得的生育津贴、生育医疗费或其他属于生育保险性质的津贴、补贴,免征个人所得税。

17.**【参考答案】** 错误

**【答案解析】** 根据《财政部 国家税务总局关于合伙企业合伙人所得税问题的通知》(财税〔2008〕159号)的规定,个人独资企业的投资者以全部生产经营所得为应纳税所得额;合伙企业的投资者按照合伙企业的全部生产经营所得和合伙协议约定的分配比例确定应纳税所得额,合伙协议没有约定分配比例的,以全部生产经营所得和合伙人数量平均计算每个投资者的应纳税所得额。

18.**【参考答案】** 正确

**【答案解析】** 根据《财政部 税务总局关于个人取得有关收入适用个人所得税应税所得项目的公告》(财政部 税务总局公告2019年第74号)的规定,企业在业务宣传、广告等活动中,随机向本单位以外的个人赠送礼品(包括网络红包),以及企业在年会、座谈会、庆典以及其他活动中向本单位以外的个人赠送礼品,个人取得的礼品收入,按照"偶然所得"项目计算缴纳个人所得税,但企业赠送的具有价格折扣或折让性质的消费券、代金券、抵用券、优惠券等礼品除外。

19.**【参考答案】** 错误

**【答案解析】** 根据《国家税务总局个体工商户个人所得税计税办法》(国家税务总局令第35号),个体工商户在生产经营活动中发生的合理的不需要资本化的借款费用,准予扣除。个体工商户为购置、建造固定资产、无形资产和经过12个月以上的建造才能达到预定可销售状态的存货发生借款的,在有关资产购置、建造期间发生的合理的借款费用,应当作为资本性支出计入有关资产的成本,依照规定扣除。

20.**【参考答案】** 正确

**【答案解析】**《财政部 税务总局关于非居民个人和无住所居民个人有关个人所得税政策的公告》(财政部 税务总局公告2019年第35号)的规定,在境内居住无住所的个人(非高级管理人员或董事),居住时间不超过90日的,取得境内所得境内支付要交税,境内所得境外支付部分免税;境外所得境内境外支付都不交税。

**四、综合实务题(本题型共2题,每题设5问,每问2分,共20分。请将正确答案填在括号内)**

1.**【参考答案及解析】**

(1)B

根据《国务院关于提高个人所得税有关专项附加扣除标准的通知》(国发〔2023〕13号),子女教育专项附加扣除标准,由每个子女每月1 000元提高到2 000元。

(2)B

根据《国家税务总局关于发布〈个人所得税扣缴申报管理办法(试行)〉的公告》(国家税务总局公告2018年第61号)的规定,林先生劳务报酬所得应被扣缴个人所得税=(3 000−800)×20%=440(元)。

(3)B

根据《国家税务总局关于发布〈个人所得税扣缴申报管理办法(试行)〉的公告》(国

家税务总局公告 2018 年第 61 号）的规定，林先生稿酬所得应被扣缴个人所得税＝(2 000－800)×70％×20％＝168(元)。

(4)D

根据《国家税务总局关于发布〈个人所得税扣缴申报管理办法（试行）〉的公告》（国家税务总局公告 2018 年第 61 号）的规定，林先生全年工资薪金所得应被扣缴个人所得税＝(16 000×12－3200×12－3 000×12－2 000×12＋30 000×4－5 000×12)×20％－16 920＝13 800(元)；3 月劳务报酬所得应被扣缴个人所得税＝(3 000－800)×20％＝440(元)，稿酬所得应被扣缴个人所得税＝(2 000－800)×70％×20％＝168 元；6 月 B 公司应代扣代缴个人所得税＝30 000×(1－20％)×30％－2 000＝5 200(元)，C 公司应代扣代缴个人所得税＝(2 000－800)×20％＝240(元)；2023 年度累计被扣缴个人所得税＝13 800＋440＋168＋5 200＋240＝19 848(元)。

2.**【参考答案及解析】**

(1)C

居民个人取得全年一次性奖金，符合相关规定的，不并入当年综合所得，以全年一次性奖金收入除以 12 个月得到的数额，按照按月换算后的综合所得税率表，确定适用税率和速算扣除数，单独计算纳税。

36 001÷12＝3 000.08(元)，适用 10％的税率 210 元和速算扣除数，36 001×10％－210＝3 390.1(元)。

(2)B

个体工商户业主的工资应计入个体工商户的生产、经营所得，按照“经营所得”项目计征个人所得税。

(3)A

10 000×(1－20％)＝8 000(元)。应扣缴每人个人所得税＝(8 000－5 000－8 000×25％)×3％＝30(元)。

(4)D

10.4×100 000＝1 040 000(元)。限售股转让应扣缴林某个人所得税＝1 040 000×(1－15％)×20％＝176 800(元)。

(5)D

赠送苹果手机应按照偶然所得扣缴个人所得税；每人应扣缴个人所得税＝8 000×20％＝1 600(元)。